中国共产党历次代表大会史丛书

第一辑

中共六大史

李　蓉
叶成林　著

中共党史出版社

图书在版编目（CIP）数据

中共六大史 / 李蓉，叶成林著．-- 北京：中共党史出版社，2024.7．--（中国共产党历次代表大会史丛书）．-- ISBN 978-7-5098-6598-9

Ⅰ．D220

中国国家版本馆 CIP 数据核字第 2024Z8G426 号

书　　名：中共六大史
作　　者：李蓉　叶成林

出版发行：中共党史出版社
责任编辑：崔立仁
责任校对：申宁
责任印制：段文超
社　　址：北京市海淀区芙蓉里南街 6 号院 1 号楼　**邮编：**100080
网　　址：www.dscbs.com
经　　销：新华书店
印　　刷：北京中科印刷有限公司
开　　本：680mm × 960mm　1/16
字　　数：500 千字
印　　张：29
版　　次：2024 年 7 月第 1 版
印　　次：2024 年 7 月第 1 次印刷
书　　号：ISBN 978-7-5098-6598-9
定　　价：70.00 元

中共六大旧址

目录 CONTENTS

序　中共六大与党领导的民主革命

1928 年 6 月在苏联莫斯科郊外召开的中国共产党第六次全国代表大会，是中国共产党成立一百年来唯一一次在境外召开的大会。这次大会也是中国共产党领导的 28 年的新民主主义革命时期召开的七次全国代表大会之一。

在中共六大前，中国共产党已经分别在 1921 年召开了中共一大；1922 年召开了中共二大；1923 年召开了中共三大；1925 年召开了中共四大；1927 年召开了中共五大。每一次全国代表大会，都在中国共产党的历史上留下了一个个不可磨灭的印迹，而不管其印迹在历史上或深或浅，在共产党的发展中作用或大或小，功过是非更是客观存在，任凭后人评说。可以说，中国共产党的每一次全国代表大会，都伴随着党的事业、党的建设在向前推进。中共六大也不例外。随着中共党史多年研究的深化，中共六大档案的逐步公开，过去人们了解不多，知之甚少的历史，以更多更丰富、更鲜活的内容与形式呈现出来。这对于人们了解和学习中国共产党的历史，提供了一个重要的角度，开启了一扇独特的窗口。中共六大与中国共产党领导的新民主主义革命的密切关系，也以从未有过的姿态展现出来。

毛泽东曾讲过，“如果不把党的历史搞清楚，不把党的历史上所走的路搞清楚，便不能把事情办得更好”。①2013 年 3 月 23 日，习近平在莫斯科出席中共六大纪念馆建馆启动仪式时表示，85 年前，在中国人民饱受磨难的时候，在中国革命最艰难的关头，来自中国各地的 140 多名中共代表，

---

① 《毛泽东文集》第 2 卷，人民出版社 1993 年版，第 399 页。

为了国家和民族的前途命运，在俄罗斯人民和国际组织的帮助下，冒着生命危险，冲破重重险阻，远涉万里来到莫斯科，召开了中共六大。中共六大在党的建设和发展、在中国革命和中国人民解放事业征程中发挥了重要作用。[①]

① 《习近平出席中共六大纪念馆启动仪式》，《人民日报》2013 年 3 月 24 日。

第一章　从中共五大到六大

从 1927 年四五月间召开中国共产党第五次全国代表大会，到 1928 年六七月间召开中国共产党第六次全国代表大会，时间相隔仅一年多，但中国社会、中国革命的形势却发生了重大变化，中国共产党也由此前和中国国民党合作时期的合法或半合法存在，被打入地下，共产党员和革命群众则成为国民党反动派通缉、逮捕、关押、枪杀的对象，顿时一片白色恐怖、腥风血雨。中国共产党的生存面临严峻考验，中国革命遭遇巨大危机。有着坚定理想信念的共产党人没有屈服，他们掩埋了烈士的遗体，揩干净身上的血迹，踏着烈士的足迹，继续前进，为着实现民族的独立和人民的解放而奋斗。

一、国共合作破裂，革命形势急转直下

“中国的革命在我们党的第五次和第六次大会的中间，转变到一个很严重的危急时期”。[①] 从 1927 年蒋介石在上海发动四一二反革命政变，屠杀工人和其他革命群众起，紧接着，广州发生四一五反革命事件，长沙发生五二一马日事变。轰轰烈烈的中国大革命形势急转直下。国内局势令人担忧，武汉的形势也岌岌可危。

1927 年 4 月 27 日，中共五大在武汉的一片热烈气氛中开幕。出席会议的，不仅有外国友人、其他国家共产党的代表出席，还有中国国民党代表出席，并且在大会上发表讲话。这时的中国共产党在武汉还处于公开和

---

① 中共中央文献研究室、中央档案馆编:《建党以来重要文献选编（一九二一 —— 一九四九）》第 5 册，中央文献出版社 2011 年版，第 248 页。

合法的状态。但在热闹非凡的开幕式之后，原被视为国民党左派的汪精卫便在6月10日和冯玉祥在郑州举行会议，策划反共。19日，冯玉祥又和蒋介石在徐州会谈，密谋蒋汪合作，共同反共。中国共产党的领导人陈独秀在共产国际代表的指示和影响下，不仅不做应付突然事变的准备，而且命令武汉工人纠察队将武器交给汪精卫的武汉政府。

在革命处于危急关头召开的中国共产党第五次全国代表大会，根据共产国际执委会第七次扩大全会的精神，提出了争取无产阶级对革命的领导权、建立革命民主政权和实行土地革命的一些正确的原则，但对无产阶级如何争取革命领导权，如何领导农民实行土地革命，如何对待武汉国民政府和国民党，特别是如何建立党领导的革命武装等问题，没有能够提出有效的具体措施；对当时全党上下最为焦虑、最为关切的问题即如何正确认识严峻复杂的局势，如何从危难中挽救革命？也没有能够给予明确和正确的回答。因此，中共五大没有能很好地担负起人们期待的挽救中国于危亡之际的艰巨使命。

中共五大结束不久，曾被视为国民党左派的汪精卫决定“清党”，并于7月15日公开宣布与共产党决裂，封闭工会、农会等革命团体。武汉地区的一些反动军警头目提出“宁可错杀三千，决不放过一人”① 的血腥口号，对共产党人和工农群众大开杀戒。由于中国共产党党内以陈独秀为代表的右倾思想发展为右倾机会主义错误并在党的领导机关中占了统治地位，党和人民不能组织有效抵抗，致使大革命在强大的敌人突然袭击下遭到惨重失败，中国共产党领导的革命力量遭到了极大摧残。

中国革命处于危急关头。在这种情况下，中国共产党没有被吓倒，更没有屈服。1927年7月中旬，中共中央改组，成立了临时中央常务委员会，制定了对国民党反动派坚决反击的政策。陈独秀被停职。8月1日，中国共产党领导的南昌起义爆发，打响了武装反抗国民党反动派的第一枪，标志着中国共产党独立领导革命战争、创建人民军队和武装夺取政权的开端。

---

① 刘继增、毛磊、袁继成：《武汉国民政府史》，湖北人民出版社1986年版，第517页。

二、确定武装反抗国民党反动派的方针

1927 年 8 月 7 日，中共中央在汉口召开政治局扩大会议。在十分紧迫的形势下召开的八七会议，审查和纠正了党在大革命后期的右倾错误，总结了大革命失败教训，讨论了党的工作任务，制定并实行了武装反抗国民党反动派和开展土地革命的正确方针。这次纠正了机会主义，虽然“在理论上思想上的斗争，并未完成”，但“在组织上有相当成功”①。

为了更好地总结进入土地革命战争以来的经验教训，进一步确定中国革命的性质、任务，制定党的正确路线、方针和政策，更好地统一全党思想和行动，八七会议明确提出：党必须采取有力措施，及时召开全国代表大会，以保证完成上述使命。《八七会议关于党的组织问题议决案》规定：“中央临时政治局应在六个月内准备召集第六次全国代表大会。第六次全国代表大会以前，中央临时政治局执行中央委员会之一切职权。”同时指出：“现时主要之组织问题上的任务，就是造成坚固的能奋斗的秘密机关，自上至下一切党部都应如此。”② 此时，距离 1927 年 4 月 27 日至 5 月 9 日召开的中共五大结束只有将近 3 个月。八七会议要求中央在半年时间内准备召集第六次全国代表大会，说明当时党的领导人还是希望召开党的全国代表大会来决定党的重大事项。而对召开中共六大的高度重视是显而易见的。

八七会议给中国共产党人以新的生命。1928 年 7 月 9 日通过的中共六大政治决议案，明确指出：“八七紧急会议是根据共产国际的指示，从根本上改正旧时机会主义的错误。因此，他是中国共产党历史上的转变关键，他在使党布尔塞维克化的事业上，有极重大的意义。八七会议用布尔塞维克的公开的精神，指斥机会主义的错误，提出土地革命的中心口号，指出无产阶级与农民要推翻反动的国民党中央政权的目标，定出武装暴动的总

---

① 中共中央文献研究室、中央档案馆编：《建党以来重要文献选编（一九二一——一九四九）》第 6 册，中央文献出版社 2011 年版，第 600 页。

② 中共中央党史研究室、中央档案馆编：《中国共产党第六次全国代表大会档案文献选编》上卷，中共党史出版社 2015 年版，第 3 页。

方针，党员群众起来，开始肃清指导机关中的机会主义成分，改变旧的指导机关，——这样，将党从机会主义的泥坑之中救出来，重新走上革命的大道。”①

在此前后，中国共产党领导了南昌起义、秋收起义、广州起义，湖北、广东、江西以及陕西、河南、直隶等省的党组织也发动了多次武装起义，对国民党反动派进行了英勇的反抗。自从宁汉合流、反动后，“我们领导的重要罢工约47次，有群众318980—341980人。”“农村暴动的县份有94处，约领导群众343840人（两广未算）”，“成立过苏维埃区域有57个，其中26处县苏维埃，31个乡苏维埃，现时尚存有40个”，而“自发斗争要远超过此数”。② 中国共产党人不怕牺牲、英勇奋斗，坚决同国民党反动派斗争，继续坚持反帝反封建革命。

三、“左”倾盲动主义的出现与纠正

在革命形势已经转入低潮的情况下，中国共产党需要认真总结南昌起义以来革命斗争的经验教训，恰当地分析形势，制定出推动中国革命走向复兴的策略。1927年11月9日至10日，中共中央在上海召开临时政治局扩大会议，史称十一月扩大会议。会议由瞿秋白主持，共产国际代表罗米那兹参加。会议通过罗米那兹起草的《中国现状与党的任务决议案》以及组织问题、政治纪律问题等决议。

会议决议案一方面正确地号召一切革命力量在共产党领导下，坚决反对帝国主义，推翻国民党的反动统治；坚决领导农民暴动，实行农村割据；没收地主阶级的土地归农民耕种；组织工农革命军，开展游击战争；等等。但另一方面，又认为中国革命是所谓“无间断的革命”，“现在的革命斗争，已经必然要超越民权主义的范围而急遽的进展”，“必然要彻底解决民

---

① 中共中央党史研究室、中央档案馆编：《中国共产党第六次全国代表大会档案文献选编》下卷，中共党史出版社2015年版，第857页。

② 中共中央党史研究室、中央档案馆编：《中国共产党第六次全国代表大会档案文献选编》上卷，中共党史出版社2015年版，第409页。

权主义任务而急转直下的进于社会主义的道路”。[①] 这样，就混淆了民主革命和社会主义革命的界限。

会议接受共产国际代表的“左”倾观点，认为蒋介石的叛变就是整个民族资产阶级的叛变，汪精卫的叛变就是小资产阶级的叛变，因而提出在反帝反封建的同时，还要反对民族资产阶级和上层小资产阶级。会议不承认革命形势处于低潮，认为国民党新军阀的统治已经处于崩溃的边缘，现时全中国的状况是直接革命的形势。会议据此确定了实行全国武装暴动的总策略，并要求农村暴动同城市暴动相结合，而以城市暴动为“中心及指导者”，以形成城乡的武装总暴动，直到造成一省或几省的革命胜利的局面。

会议还规定了一些过左的政策，如主张没收中外大资本家的企业，“工厂归工人管”，要求在农民暴动时“极端严厉绝无顾惜的杀尽豪绅反革命派”，等等。根据罗米那兹的提议，会议对八七会议后各地武装起义所遭受的失败和挫折不作具体分析，片面地指责起义领导人“犹豫动摇”“违背中央政策”和犯了“机会主义”的错误，并决定给予南昌起义和湘赣边界秋收起义的领导人及有关省委的负责人周恩来、谭平山、毛泽东、彭公达等以不同的政治纪律处分。

这次扩大会议在肯定八七会议以来党在组织上的进步的同时，还把党的指导机关和党员成分工农化的指导思想具体化了。会议通过的《最近组织问题的重要任务议决案》认为，党在组织上的主要缺点之一，就是党的领导干部并非工人，甚至于非贫农，而是小资产阶级知识分子的代表，并指出这是党内产生机会主义的“策源地”。为此，议决案提出：党的最重要的组织任务是将工农分子的新干部替换非无产阶级的知识分子干部，要使党的指导干部中无产阶级及贫民的成分占最大多数。会议要求在党的六大召开之前，彻底改造党的指导机关。“十一月会议继续布尔塞维克化，但对

---

① 中共中央文献研究室、中央档案馆编:《建党以来重要文献选编（一九二一——一九四九）》第 4 册，中央文献出版社 2011 年版，第 623 页。

于盲动主义未能充分预防。”[①]

会议通过《中央关于召开第六次全党代表大会之决议》，提出党的六大将于“一九二八年三月初至三月半之间召集。”同时，规定大会会期和地点，由中央常委决定，中央常委应只通知各省被选的代表。规定了党的六大的代表选举法。规定了党的六大的议事程序。“各省党部代表会议的日期及议事程序，由各省省委决定之，函知中央。但是各省党部会议，至迟当在第六次全党大会两星期以前。各省党部会议时，应当将大会议事程序中的议案，择要先行讨论，中央当在全党大会以前一个月将大会议决案的重要草案送到各省。”[②]

中央临时政治局扩大会议结束后，会议精神开始在各地贯彻执行。一些地区发生强迫工人罢工、农民暴动和盲目烧杀等情况，使党在这些地区一度严重脱离群众。农村的武装起义只有少数取得一定的胜利，多数没有成功，或者根本没有发动起来。武汉、长沙、上海等大城市中少数工人和积极分子举行的罢工，也很快被镇压下去。12 月下旬，以瞿秋白为首的中共中央鉴于各地总暴动难以发动，便连续发出通知，指示一些地区如果条件不具备，就不要号召立刻暴动，并决定停止原计划的湖南、湖北年关暴动，从而避免了一些损失，对纠正盲动错误起了一定的作用。但在共产国际“左”倾错误理论指导下，中共中央这时还没有从指导思想和总策略上认清“左”倾错误，也就不可能彻底地纠正带全局性的盲动错误。瞿秋白曾回忆说：“原本个别的盲动现象，我们和当时的中央从一九二七年十月起就表示反对；对于有些党部不努力去领导和争取群众，反而孤注一掷，或者仅仅去暗杀豪绅之类的行动，我们总是加以纠正的。可是，因为当时整个路线错误，所以不管主观上怎样了解盲动主义现象不好，费力于枝枝节节的纠正，客观上却在领导着盲动主义的发展。中国共产党第六次大会纠

① 中共中央文献研究室、中央档案馆编：《建党以来重要文献选编（一九二一——一九四九）》第 5 册，中央文献出版社 2011 年版，第 384 页。

② 中共中央党史研究室、中央档案馆编：《中国共产党第六次全国代表大会档案文献选编》上卷，中共党史出版社 2015 年版，第 5—6 页。

正了这个错误，使政策走上了正确的道路。”[①]

这次“左”倾盲动错误发生于从大革命失败到土地革命战争兴起的历史转折时期。究其原因，是出于对国民党屠杀政策的愤怒，党内普遍存在着一种急躁拼命情绪。同时，一些犯过右倾错误的人，怕重犯右倾错误，认为“左”比右好，从而为“左”倾错误的发展提供了温床。这时，党对大革命失败后中国革命所面临的各种迫切问题还不可能都作出正确的分析，找出解决的办法，并且缺乏党内斗争的经验，不懂得在反右的同时必须防“左”。共产国际代表罗米那兹对这次“左”倾错误的出现负有重要责任，他是政治上的盲动主义、组织上的惩办主义以及其他“左”倾政策的主要提出者和推行者。以瞿秋白为首的中央临时政治局，对这次“左”倾错误也负有直接的责任。

1927 年 12 月由于敌我力量悬殊，广州起义后，起义军不可能坚守广州。但在起义发动后，领导者没有及时把部队撤出广州，退向农村，这与中央临时政治局十一月扩大会议对于形势估计过于乐观和急于占领中心城市的指导思想有关。在起义的当天晚间，叶挺即主张乘粤军主力没有回到广州之前，把起义军撤出广州。这个正确意见遭到共产国际代表诺伊曼的反对。诺伊曼认为起义只能以城市为中心，而且必须“进攻，进攻，再进攻”，退却就是“动摇”。

1928 年 2 月 25 日，在苏联莫斯科召开的有中国共产党代表团向忠发、李震瀛等参加的共产国际执委会第九次扩大全会上，通过《关于中国问题的议决案》（也称共产国际二月指示），基本正确地分析了中国革命的性质和形势，批评了罗米那兹所谓“不断革命”的错误观点，也为中共中央纠正十一月会议以来的“左”倾盲动主义错误提供了可能和依据。议决案指出：“认为中国革命现时的阶段已经生长成了社会主义的革命之主张，是不对的。同样，认为中国革命是‘无间革命’（共产国际执委驻中国的代表之

① 瞿秋白：《谈党的六大》，中共中央党史研究室第一研究部编：《六大代表回忆录》，中共党史出版社 2014 年版，第 14 页。

主张）也是不对的。”[①] 这在一定程度上为中共六大奠定了重要的思想基础。

1928 年 4 月 28 日，共产国际二月指示传到中国，其中明确指出：“中国革命现时的阶段是资产阶级民权革命的阶段。”“中国工农广大的革命运动之第一个浪潮，大致都在共产党的口号并且大半在共产党的指导之下者，已经过去。”“现在还没有全国范围的新的群众革命运动之强有力的高潮。”“中国革命的经验证实他的一种特性，就是运动的发展在各省是不平衡的，各自有当地历史的条件。”在这种情况下，“可以确定主要的党的策略路线，党应当准备革命之新的浪潮之高潮。”如何准备高潮呢？“现时党的工作之中心，是在征取几千百万的工农群众，对于他们的政治教育，组织他们，使他们围绕着党及党的口号（没收地主阶级的土地，八小时工作制，统一中国，解放中国于帝国主义压迫之下，推翻现存的政权，工农独裁制，组织苏维埃。)”[②] 文件特别强调中国共产党要注意加紧工农之间的群众工作。文件的草案是“苏联及中国共产党代表团、史达林、布哈林、向忠发、李震瀛”提出，经共产国际执行委员会会议通过的。换句话说，其观点不仅代表共产国际、斯大林、布哈林，也反映了中国共产党代表团的意见。

中共临时中央政治局会议讨论共产国际二月指示时，周恩来指出，中央认为革命潮流仍是高涨的，但不是一个最高潮。中国革命因为农民占了一个重要的因素，由此发生一个不平衡的发展问题。过去城市工作的确不好，在乡村的工作还不够，现在是加紧配合工作，加强领导。[③] 任弼时认为，决议对盲动主义的批评是对的。公布这个决议时要解释：一是中国革命性质目前还是资产阶级民权革命，但发展前途是社会主义革命。二是参加黄色工会应有选择。对那类极反动的或没有群众的工会是不应该加入的。建

---

① 中共中央党史研究室、中央档案馆编：《中国共产党第六次全国代表大会档案文献选编》上卷，中共党史出版社 2015 年版，第 11 页。

② 中共中央文献研究室、中央档案馆编：《建党以来重要文献选编（一九二一 —— 一九四九）》第 5 册，中央文献出版社 2011 年版，第 158 页。

③ 中共中央文献研究室编：《周恩来年谱》（1898—1949）修订本，中央文献出版社 1998 年版，第 142—143 页。

议将这类重大问题提交党的六大讨论①。

会议接受共产国际二月指示，并于1928年4月30日发出中共中央第四十四号通告，承认中国共产党内存在着“左”倾盲动错误，并指出争取群众，建立城乡的群众组织，巩固并健全党的组织，以与白色恐怖奋斗，是当前最重要的工作，也是准备工农总暴动胜利的必须条件。通告强调：“在最短期间，于本党第六次代表大会之前，必须切实执行这议决案必要的具体步骤。”共产国际的决议“就是指导我们努力继续战胜这些盲动主义以及青年团之先锋主义倾向，在艰苦斗争之中锻炼真正布尔塞维克的思想，彻底肃清机会主义的余毒”。②此后，“左”倾盲动主义在全国范围的实际工作中基本结束。但一些同志认为中国革命潮流仍是高涨的。

四、农村革命根据地开始建立

大革命失败后，以毛泽东为主要代表的一大批共产党人，为挽救革命、寻找革命新道路进行了艰苦卓绝的斗争，在武装起义的基础上，创建红军和农村革命根据地，开始在实践中寻找一条符合中国实际的革命道路。井冈山根据地便是中国共产党领导工农群众建立的具有重大影响的农村革命根据地。

1927年9月9日，以毛泽东为书记的中共湖南省前敌委员会领导了著名的湘赣边界秋收起义。在秋收起义失利且处于十分困难的情况下，部队于9月29日到达江西永新三湾村。面对部队剩下的不足千人，毛泽东以坚定的革命信念领导前委，决定对队伍加以改编，将原来的一个师缩编为一个团，使部队更精干；同时将党支部建在连上，班、排有小组，连以上设党代表，营、团建立党委；还在连以上建立各级士兵委员会，实行民主制度，在政治上官兵平等。这就是从组织上确立党对军队的领导，因而成为建设无产阶级领导的新型人民军队的重要开端的三湾改编。三湾改编后，部

---

① 中共中央文献研究室编：《任弼时年谱》，中共中央文献出版社2004年版，第94—95页。

② 中共中央文献研究室、中央档案馆编：《建党以来重要文献选编（一九二一——一九四九）》第5册，中央文献出版社2011年版，第153页。

队出现了新面貌。10月，毛泽东率领秋收起义的工农革命军，开始在湘赣交界的罗霄山脉中段创建以宁冈为中心的井冈山革命根据地。

井冈山地区的群众基础较好，大革命时期各县建立过共产党组织和农民协会，并有地方农民武装在这里坚持斗争，他们愿意毛泽东领导的工农革命军在这里安营扎寨。同时，井冈山地势险要，易守难攻，周围各县有部队筹款筹粮的经济条件；且地处两省边界，距离大城市较远，敌人的统治力量比较薄弱，加之湘赣两省军阀之间存在矛盾。这都成为建立农村革命根据地的有利条件。以毛泽东为书记的前敌委员会领导井冈山军民，利用国民党新军阀混战、井冈山地区敌人兵力空虚的大好时机，积极发展，逐步开创了工农武装割据的有利局面。

首先，工农革命军在湘赣边界各县进行打倒土豪劣绅、发动群众的游击暴动，建立县、区、乡各级工农民主政权。1927年11月，工农革命军攻占茶陵县城，成立谭震林任主席的茶陵县工农兵政府，这是湘赣边界第一个红色政权。1928年1月，工农革命军攻占遂川县城；2月中旬，打破江西国民党军队的第一次“进剿”。至此，井冈山革命根据地初步建立。同时，井冈山革命根据地在发动群众打倒土豪劣绅的基础上，开展分田斗争。位于湘赣边界的井冈山，当时大多是穷乡僻壤，政治、经济文化都比较落后，地主豪绅压迫剥削严重，人民生活困苦。边界的地主占边区人口的5%以下，却占有60%以上的土地，而遂川地主则占有80%的土地。毛泽东亲自到永新的塘边村作调查研究，并发展群众，进行土地革命。通过深入的社会调查特别是对土地占有状况调查，毛泽东认识到“实行土地革命，消灭豪绅阶级对农民的封建的剥削”，是中国的民主革命的重要内容[①]。1928年夏，宁冈全县，永新、莲花的大部分地区，遂川、酃县的部分地区实行了分田。

为了加强党对井冈山斗争的领导，以毛泽东为书记的前委先后派出党员干部，恢复、整顿和发展各县的党组织。到1928年2月，宁冈、永新、茶

---

① 《毛泽东选集》第1卷，人民出版社1991年版，第48页。

陵、遂川四个县成立了县委，酃县成立了特别区委，莲花县也有了党组织。

井冈山的斗争主要是军事斗争。前委十分重视军队建设，注重政治教育，加强对军队的无产阶级思想领导。1927 年底，毛泽东规定部队必须执行打仗消灭敌人、打土豪筹款子、做群众工作三项任务。部队执行这三项任务，不仅能够打胜仗，而且广泛发动了群众，解决了经济来源问题，密切了军政、军民关系。1928 年 4 月，毛泽东总结开辟井冈山革命根据地以来从事群众工作的经验，规定部队必须执行三大纪律、六项注意。这三大纪律是：行动听指挥；不拿工人农民一点东西；打土豪要归公。六项注意是：上门板；捆铺草；说话和气；买卖公平；借东西要还；损坏东西要赔。后来，六项注意又增加了洗澡避女人和不搜俘虏腰包两项，从而形成三大纪律、八项注意。这对革命军队的建设，正确处理军队内部关系特别是军民之间的关系，团结人民和瓦解敌军，都发挥了重大作用。在加强部队建设的同时，前委还对袁文才、王佐的地方农民武装进行改造，并积极帮助湘赣边界各县建立县赤卫队和乡暴动队。这些地方武装不仅配合工农革命军作战，而且是正规部队兵员补充的重要来源。

从 1928 年 1 月起，毛泽东等在井冈山多次写长篇报告和派人到中央，详细汇报创建根据地的具体经过、经验教训及斗争现状等；中共湖南、江西两省委也多次向中央报告湘赣边界的情况，使中央对湘赣边界的斗争由不满意、指责到肯定和赞扬。毛泽东率兵上井冈山，当时党的临时中央并不满意。1928 年 3 月，中共湖南省委派湘南特委军事部部长周鲁为特派员到井冈山传达 1927 年 11 月召开的临时中央政治局扩大会议和 12 月 31 日给湖南省委的指示，指责以毛泽东为书记的前委“工作太右”，“烧杀太少”，没有执行“使小资产变成无产，然后强迫他们革命”的政策；宣布中央给毛泽东以“开除中央临时政治局候补委员”和“撤消现任省委委员”的处分；取消前委，改组为师委，毛泽东改任师长。同时误传“开除毛泽东党籍”。并命令工农革命军调往湘南支援暴动。毛泽东一面奉命指挥部队分三路下山，一面继续谋划井冈山革命根据地的巩固和发展。

1928年4月，朱德、陈毅率南昌起义保留下来的一小部分部队和湘南起义农军1万余人陆续转移到井冈山地区，与毛泽东领导的部队在宁冈砻市会师。会师后，毛泽东和朱德所率队伍合编成立了工农革命军第四军（后改称红军第四军），朱德任军长，毛泽东任党代表，王尔琢任参谋长，下辖第十、第十一、第十二师三个师，不久改编为四个团。在这期间，还召开工农革命军第四军党的第一次代表大会，成立了第四军军委，毛泽东任书记。毛泽东和朱德所率部队的会师，增强了井冈山地区工农武装的力量，为进一步扩大革命根据地创造了条件。正如毛泽东后来所说：当年"被逼上井冈山，为什么能够在山上？就是有这枪杆子。它打出游击队，从小到大，打出红军，打出政权，没有枪杆子的地方，那里有没有政权？有没有工会、农会？"①中共中央筹备召开中国共产党第六次全国代表大会时，专门给朱毛红军分配了两个名额。但因战争环境、交通不便等各种原因，朱毛红军没有能够派出代表到莫斯科参会。

全国的革命力量在逐渐恢复。1928年1月，在赣东北、湘南、洪湖、湘鄂西等处爆发武装起义、革命斗争。方志敏、邵式平、黄道等在赣东北的弋阳、横峰于领导武装起义，建立了工农革命武装，实行土地革命，开展游击战争，并逐步创建了赣东北革命根据地。朱德、陈毅等率领南昌起义保留下来的部分队伍，由广东北江进入湘南地区，在中共湖南特委和当地农军的配合下，举行宜章、郴州（今郴县）、耒阳、永兴、资兴等县的武装起义，扩大了革命武装。周逸群、贺龙在洪湖、湘鄂边地区发动群众，开展武装斗争，3月，工农革命军发动起义，攻占了桑植县城。4月，敌人向桑植地区进攻，工农革命军遭到挫折。周逸群转移到洪湖地区领导群众斗争。贺龙留在桑植、鹤峰边界，坚持游击战争。随后又成立了贺龙任军长的工农革命军第四军。在福建，中共平和县委于1928年2月决定建立福建工农革命军第一团和暴动委员会。3月，平和县委负责人朱积垒等在闽南平和领导农民举行武装起义。在敌人反扑下，起义军撤出县城，后部

---

① 毛泽东：《对抗大四期一、二队及随校毕业同学之演词》，1938年8月2日。转引自《党的文献》1988年第1期，第80页。

分农军转入山区坚持斗争。3月至6月，福建龙岩县委负责人郭滴人、邓子恢等在闽西龙岩的后田，上杭县委负责人在上杭的蛟洋，中共永定县委负责人张鼎丞等在闽西永定的溪南、金丰、湖雷等地先后领导起义。并根据中共福建临时省委指示，成立了中共闽西特委，并将上述各县起义武装统编为闽西红军第七军第十九师。不久，在强敌进攻下，遭受严重挫折，部分起义武装继续坚持游击战争。在西北，四五月间在中共陕西地方组织的领导下，渭南、华县农民和西北军许权中旅举行起义，成立西北工农革命军，唐澍任总司令，刘志丹任军事委员会主席。后起义军失败，保留下来的部分革命力量转入隐蔽斗争。在江苏，泰兴、如皋、靖江、南通等地农民在中共江苏省委和江北特委领导下，于5月先后发动起义。起义军虽然遭到挫折，但他们依靠群众，积极开展活动，使游击队逐步恢复和发展。①

井冈山革命根据地建立以后，井冈山的经验也通过多种途径在全国各地陆续传播开来。中共中央给予充分肯定并加以介绍推广。1928年6月4日，中共中央在给朱德、毛泽东并红四军井冈山前委的指示信中，对井冈山根据地“在这种刻苦的劳顿的生活中，而能努力不懈的工作甚为欣慰”②。1928年11月28日，中共中央在给共产国际的报告中称：“惟朱毛在湘赣边界所影响之赣西数县土地革命确实深入了群众。”③以后，中央在给各地的指示、信件、主办的党报、党刊、全国性的会议上，不同程度地介绍、推广了井冈山的经验。

五、党内对革命若干重要问题的疑虑和争论

虽然革命力量在逐渐恢复，但大革命的失败仍使中国共产党面临前所未有、极其严峻的形势。“国民党新军阀在帝国主义和江浙财阀的支持下，

---

① 中共中央党史研究室：《中国共产党历史大事记》，中共党史出版社2010年版，第39页。

② 中共中央文献研究室、中央档案馆编：《建党以来重要文献选编（一九二一——一九四九）》第5册，第223页。

③ 中共中央文献研究室、中央档案馆编：《建党以来重要文献选编（一九二一——一九四九）》第5册，第767—768页。

加强了反动统治”[①]，血腥镇压革命、屠杀共产党人和革命群众，使党的组织受到严重摧残。特别是从广州起义到中共六大前，被屠杀的共产党人和革命群众达到2.658万—5.023万人。从大革命失败后的一年又三个月当中，被惨杀的共产党员和革命群众达315128—321838人，被投入监狱监禁者达4600余人[②]。在江苏，从1927年4月10日至年底，被捕5657人，被杀害1836人，党、团员骨干被害850人。[③]据不完全统计，在这一时期中，党的著名活动家和工农领袖被残杀的就有：陈赞贤、杨闇公、汪寿华、萧楚女、熊雄、邓培、李大钊、范鸿劼、李启汉、陈延年、赵士炎、王荷波、杨培森、肖石月、王一飞、向钧、李子骥、涂正楚、袁孟冰、周文雍、陈乔年、夏明翰、郭亮、罗亦农、向警予、田波扬、侯绍裘、张太雷、张佐成等数十人。当时在赣东北地区开展革命工作的方志敏回忆说：“我们不但无扎机关之处，连藏身地也难找到。日间不能走路，要在夜间悄悄的走；大路不能行，要找偏僻的小路走；房屋不能住，要躲在树林里、岩石下或水沟里的茅蓬里去住。一天要跑几次兵，晚间躲在茅蓬里睡觉，也得留心警戒，稍一不慎，就有被敌人打死或被俘的危险；环境的险恶和困难，是无以复加。”[④]

八七会议确定了武装反抗国民党反动派和土地革命的方针，纠正了大革命后期党的右倾机会主义错误，但十一月会议党内又出现盲动主义倾向。中国革命的性质是什么？它是由什么来决定的？资产阶级民主革命为什么却要无产阶级来领导？怎样实现无产阶级领导权？“中国革命受到这样严重的挫折，经验教训是什么？往后究竟应当怎样进行？都是亟待解决的问题。”[⑤]

---

① 中共中央党史研究室第一研究部编：《六大代表回忆录》，中共党史出版社2014年版，第125页。

② 中共中央党史研究室、中央档案馆编：《中国共产党第六次全国代表大会档案文献选编》上卷，中共党史出版社2015年版，第409页。

③ 中共江苏省委党史工作办公室：《中共江苏地方史》第1卷，江苏人民出版社1996年版，第136页。

④ 方志敏：《我从事革命斗争的略述》，1935年3月。《可爱的中国：方志敏烈士狱中遗著》，国家行政学院出版社2004年版，第68—69页。

⑤ 中共中央党史研究室第一研究部编：《六大代表回忆录》，中共党史出版社2014年版，第64页。

中共二大确定的民主革命纲领明确提出反帝反封建。革命的性质是资产阶级民主革命。大革命时期中国共产党同国民党合作，当时的国民党虽然是一个成分复杂、组织松散的资产阶级政党，但在孙中山领导下，却决心同苏联政府合作，同中国共产党人合作，并且整顿和改组国民党。而此时的中国共产党在共产国际的指导下，在对中国国情和革命性质有了进一步的认识的基础上，开始懂得进行民主革命必须与资产阶级革命派建立联合战线，以壮大反帝反封建的阵营和力量。而共产党人加入国民党，就有可能使国民党实际上成为资产阶级、小资产阶级和无产阶级的民主革命的统一战线组织，为革命的发展开辟广阔的道路。这就是国共合作后促成的中国大革命高潮的到来。但孙中山先生逝世后，反映资产阶级右翼利益和要求的国民党右派，完全背离孙中山晚年思想的革命精神，背离国民党一大确立的纲领和政策，打击和排斥共产党。以蒋介石为首的国民党新右派在自身羽翼尚未丰满之时，采取两面派手法，一面表示联共，一面以限共的形式反共。1926 年开始的北伐战争，基本上摧毁了北洋军阀的统治，蒋介石集团的羽翼逐渐丰满，公开反共的条件成熟，于是在 1927 年发动四一二反革命政变，在帝国主义的支持下，同共产党决裂，成为以蒋介石为首的国民党新军阀。

蒋介石建立的反革命的封建独裁政权，实质上代表着中国大地主大资产阶级的利益，他们逐渐形成控制全国的从中央到地方政权的军事集团。国民党新军阀有“蒋桂冯阎四派”，主要代表有蒋介石、李宗仁、白崇禧、唐生智、冯玉祥、阎锡山等人。由于各国帝国主义在中国的矛盾和斗争，导致中国内部各派军阀的严重矛盾和争斗。而中国内部各派军阀的矛盾和斗争，导致各派军阀之间的混战连绵不断，导致中国人民遭受更加严重的剥削和压迫，生活在水深火热之中。正如毛泽东在 1928 年 10 月指出：“现在国民党新军阀的统治，依然是城市买办阶级和乡村豪绅阶级的统治，对外投降帝国主义，对内以新军阀代替旧军阀，对工农阶级的经济的剥削和政治的压迫比从前更加厉害。从广东出发的资产阶级民主革命，到半路被买办豪绅阶级篡夺了领导权，立即转向反革命路上，全国工农平民以至资产阶级，依然在反革命统治底下，没有得到丝毫政治上经济上的解放。”① 同国民党新军阀代表的国民党反动派的斗争，成为党在土地革命战争时期的主要任务。

中国革命的性质是否会因为资产阶级的叛变而变成社会主义革命呢？这是一个很容易让人疑惑的问题。要认清中国革命的性质，还要弄清革命的对象、动力等。在反帝反封建的任务没有完成前，中国革命不可能是社会主义革命；但因为有无产阶级的领导，其前途又不会是资本主义而是社会主义的。中国国情的复杂性，导致中国革命性质的特殊性。这也就有了瞿秋白所说的：“正是中国革命进行到了最巨大的转变和震荡的时代，这就是武汉时代结束之后。分析新的形势，确定新的政策，在中国民族解放运动和阶级斗争最复杂最激烈的路线汇合分化转变的时期，这是一个非常艰难的任务。”②

“中国革命现在的特征就是中国革命在最近时期受着几次严重的打击而失败，地主资产阶级反动势力与国际帝国主义相当的结合起来反对中国革命，特别反对革命的先锋队——工人阶级共产党与共产青年团。他们施行空前的最残酷的白色恐怖于中国，工人运动受到极度的摧残。因此而造成党与团在城市内的削弱，因此而农民暴动受着不断的失败”③。在此情况下，对中国革命的性质、任务和前途，对中国革命的动力和阶级关系，对大革命的经验教训，对革命形势和党的策略，对党的各项政策如苏维埃问题、红军问题、工人工作、农民工作、土地政策等，许多人认识模糊不清。

除了革命的性质等若干重大问题的模糊不清，还有一系列的具体问题让人迷惑。比如，各地贯彻八七会议的暴动方针，一次次地组织武装起义，但遭遇的是一次次的失败，武装起义的出路在哪里？前途是什么？这也是毛泽东在井冈山上提出和要解决的“红旗到底能够打多久”的问题。又如，

---

① 《毛泽东选集》第 1 卷，人民出版社 1991 年版，第 47 页。

② 瞿秋白：《多余的话》，中国友谊出版公司 2014 年版，第 21 页。

③ 中共中央党史研究室、中央档案馆编：《中国共产党第六次全国代表大会档案文献选编》下卷，中共党史出版社 2015 年版，第 947—948 页。

确定了土地革命的方针，但怎么在农村发动农民进行土地革命？发动农民参加土地革命时，怎么保证不会影响到中国革命的性质，不会影响到城市里中国工人阶级的领导？再如，被迫在农村进行的革命斗争，怎样才能保证工人阶级先锋队的领导？怎么处理农村和城市、土地革命斗争和城市工人运动的关系？等等。

党内对许多问题的认识不一致，存在的混乱现象、各种思想疑虑，在党的自身建设方面也体现出来。在当时共产国际东方部负责人看来，中共六大召开时所面临的形势是："反动势力猖獗、最重要的革命成果丧失了，群众运动遭到镇压，中国统治阶级的地位大为巩固，由于受到反动势力的一再打击，中国共产党的队伍大为减少。许多地方党的组织几乎全遭破坏。"①大革命失败后，党的活动失去了大革命时期可以公开活动的有利条件，被迫全部转入秘密状态。而转入秘密状态以后，党又如何开展工作？没有经验。党的各级组织遭受严重破坏，不少党员同党组织失去了联系。"党内的动摇分子、异己分子开小差、投敌叛变之事有增无减，还有党内的派性斗争发展到登峰造极的地步"。②在这些情况下，怎样恢复和发展党的组织？怎样适应新的形势加强党的领导？

面临着严峻而复杂的环境和考验，一些党员看不到革命的前途，感到悲观失望；一些地方的知识分子开始退党，甚至成立自己的新党；一些党员坚持革命，但存在着主观上的急躁情绪，试图强迫举行暴动，只采取一些技术性措施来挑起暴动，而不进行必要的群众性工作来准备暴动。1927年12月的广州起义后，还有"5个省委即广东、江西、湖南、湖北、浙江向中央提出，现在仍提出立即在他们省里组织暴动的问题"③。

如何认识革命形势，如何确定党的任务和努力方向？只有把这些关系

---

① 中共中央党史研究室第一研究部编：《共产国际、联共（布）与中国革命档案资料丛书》第11卷，中央文献出版社2002年版，第185页。

② 中共中央党史研究室第一研究部编：《六大代表回忆录》，中共党史出版社2014年版，第30页。

③ 中共中央党史研究室第一研究部编：《共产国际、联共（布）与中国革命档案资料丛书》第7卷，中央文献出版社2002年版，第289页。

到中国共产党未来前途的重大问题、重要问题弄清楚，澄清疑虑，统一思想，全党才能团结一致向正确的方向前进。因此，在大革命失败“这样革命转变的关头”，总结八七会议以来的经验教训，确定中国共产党在新时期的路线和各项方针政策，在战略上和策略上统一全党的思想，就成为迫在眉睫的一项重要工作。时任中共中央临时政治局主席瞿秋白，“就经常考虑着一件大事，认为需要召开一次党的全国代表大会来全面总结大革命以来的经验教训，确定党的总路线和总任务”。[①]

① 杨之华:《回忆秋白》，人民出版社 1984 年版，第 86 页。

第二章　中共六大的筹备和召开

中共六大从筹备到召开经历了十个月的时间。从八七会议做出决议到中共六大召开，筹备过程遇到不少的困难。在共产国际的帮助下，大会代表集聚莫斯科，中共六大隆重召开。经过艰苦努力，大会成功举行，圆满地完成各项议程。

一、大会的筹备过程

中共六大的筹备，从时间上来说，可以分为三个阶段：第一阶段是从1927年八七会议开始，到11月中共临时中央政治局扩大会议专门通过决议开始实施。第二阶段是从11月会议后到1928年2月向共产国际提出要求到得到同意、收到共产国际二月决议并陆续前往苏联。这两阶段主要是在国内。第三阶段的筹备，从1928年5月至6月初大会领导人和代表陆续抵达莫斯科，到6月中旬大会正式开幕。这期间的筹备工作主要在苏联境内。

（一）筹备工作从八七会议开始启动

1927年八七会议决议："六个月内召集第六次全国代表大会。"[①]1927年11月9日至10日召开的中共中央临时政治局扩大会议上，通过了《关于第六次全党代表大会之决议》，对大会的若干有关问题作了决定：

1. 确定大会召开的时间。按照中央政治局扩大会议精神，决定"第六

---

① 中共中央党史研究室、中央档案馆编：《中国共产党第六次全国代表大会档案文献选编》上卷，中共党史出版社2015年版，第3页。

次全党代表大会决于一九二八年三月初至三月半之间召集”。具体的“大会会期”“由中央常委决定，中央常委应只通知各省被选的代表”[①]。在1928年1月中央临时政治局第八次会议上，瞿秋白提出：在三四月间召开六大。会议经过讨论大致决定3月底开会。后确定为4月底开会。而在了解到共产国际六大于5月召开的消息后，中共中央常委决定中共六大在共产国际第六次大会之后召开。

2. 确定大会召开地点。1927年11月中央政治局扩大会议决定，会议地点由中央常委决定，中央常委应只通知各省被选的代表。在1928年1月18日中央临时政治局第八次会议上，瞿秋白提出：召开六大的地址暂时考虑在澳门，但与会多数人主张在香港。2月13日，中共临时中央决定报请共产国际执委会，请求批准中国党的六大在苏联境内召开，并要求国际执委会派代表团参加，斯大林、布哈林能有一人出席大会。[②]联共（布）、共产国际同意中共到莫斯科开会的要求。但是，斯大林除了主持召开中共领导人座谈会、列名于中共六大主席团成员名单外，还因工作繁忙“负担过重”[③]，婉拒了中共方面希望他出席大会作报告的请求。

3. 确定大会代表的产生。1927年11月中央政治局扩大会议决定代表的选举法如下：（1）各省党部得选举有表决权的代表。代表应由各省党部代表大会选出，如因秘密组织的环境关系，不能开代表大会，则由各省委全体会议派出代表，然而应当尽可能由扩大的省委全体会议选派。（2）各省党部派选代表以五百党员选出一代表为标准，五百人以下的党部，亦得选一有表决权的代表；无表决权的代表各省党部亦得选派，但必得中央的同意。（3）中央委员或中央候补委员如果没有被某一省党部选为代表，因而无表决权，则可以无表决权的参加大会。（4）共产青年团中央委员会得

---

① 中共中央党史研究室、中央档案馆编：《中国共产党第六次全国代表大会档案文献选编》上卷，中共党史出版社2015年版，第5页。

② 赵朴：《第六次全国代表大会》（一），《党史研究》1986年第1期。

③ 中共中央党史研究室、中央档案馆编：《中国共产党第六次全国代表大会档案文献选编》下卷，中共党史出版社2015年版，第818页。

派五人出席大会。（5）出席大会代表必须入党一年以上的方能当选。[①]1928年1月中央临时政治局第八次会议又讨论决定：到会人数以50人为限，各省选派代表人数由此时周恩来负责的组织局提出分配意见。到1928年3月，共产国际规定会议规模为100人至110人，且分配到各省和各单位。到中共六大召开时，共有代表142人，有选举权的84人。

4. 确定大会的议事程序。1927年11月会议大致确定大会议事程序如下：（1）共产国际执行委员会代表报告国际状况与共产国际的任务及策略。（2）中央的政治与党务报告。（3）中国革命过去的分析及将来之前途与党的任务及策略。（4）土地问题党纲。（5）革命的工会之任务。（6）党的组织任务。（7）中国共产主义青年团的工作。（8）选举中央委员及出席第六次共产国际大会代表团。以后大会的正式议程大致是按此次会议的规定进行，如布哈林、瞿秋白的政治报告；周恩来的组织报告；农民土地问题报告、职工报告及讨论；大会的选举；等等。周恩来、刘伯承的军事报告是新加，而青年团的工作则没有专门报告和讨论。

5. 会议决定的其他有关事项。一是各省党部代表会议的日期及议事程序，由各省省委决定之，函知中央。但是各省党部会议，至迟当在第六次全党大会两星期以前。二是各省党部会议时，应当将大会议事程序中的议案，择要先行讨论，中央当在全党大会以前一个月将大会议决案的重要草案送到各省。[②]

从上可见，1927年11月中央政治局扩大会议决议对六大的开会时间、代表产生、选举办法、大会议程等，作出了明确规定，对大会准备工作考虑相当细致。特别是专门形成“选举法”，从制度上规范大会代表的产生，这是前几届全国党代会不曾有过的。其特点体现在：（1）注意代表的权威性。各省须选举有表决权的代表。（2）注意代表的民主性。代表应由

① 中共中央文献研究室、中央档案馆编：《建党以来重要文献选编（1921—1949）》第4册，中央文献出版社2011年版，第648页。

② 中共中央党史研究室、中央档案馆编：《中国共产党第六次全国代表大会档案文献选编》上卷，中共党史出版社2015年版，第5—6页。

各省党部代表大会选出，如因秘密组织的环境关系，不能开代表大会，则由各省委全体会议派出代表，然而应当尽可能由扩大的省委全体会议选派。（3）注意代表和党员的比例。500名党员选一位代表，500人以下的党部，也得选一位有表决权的代表；无表决权的代表各省党部亦得选派，但必得中央的同意。（4）注意中央委员或中央候补委员的代表身份，如果他们没有被选为代表，将无表决权，但可以参加大会。（5）注意党和共青团的关系。要求共青团中央派五人出席大会。（6）注意代表的党龄要求。出席大会代表必须入党一年以上的方能当选。

（二）为六大召开所作具体准备

1927年11月中央政治局扩大会议后，有关六大各项决议的实施提上了日程。为了配合六大的召开，弄清党在全国的组织状况，当时由罗亦农、周恩来、李维汉组成的中共中央组织局于12月17日决定："在明年三月第六次大会以前，应将全国各省党的组织情形弄清楚。"组织局规定的调查项目包括：各省省委、市委、县委的组织，各省党员的数目和成分的比例，党员的发展与损失情形等……[①] 中央组织局的决定，将中共六大的准备工作又向前推进了一步。

为了更好地做好六大的筹备工作，中央采取了相应的组织措施。因罗亦农代表中共中央前往武汉指导工作，中央临时政治局于1928年1月10日召开第七次会议，决定周恩来任中央临时政治局常委兼代理组织局主任。此前的周恩来曾任中共广东区委委员长、黄埔军校政治部主任，中央政治局委员、中央临时政治局候补常委、中央军事部部长，参与领导过上海第三次工人武装起义和南昌起义，并在11月会议后担任中央组织局成员，有相当的经验和能力担当此任。此后，周恩来就在负责处理中央组织局日常工作的同时，直接担负起了筹备大会的重任。

为了进一步做好中共六大的筹备工作，1928年1月18日，中共中央

① 赵朴：《第六次全国代表大会》（一），《党史研究》1986年第1期。

临时政治局召开第八次会议。中央临时政治局主席瞿秋白主持会议，任弼时、罗亦农、苏兆征、周恩来、邓中夏等出席。会议讨论了召集第六次全国代表大会的必要性。很明显的问题是，党内左、右派问题，党的组织上的发展等问题；政策上的问题也是很严重的，如对加入国民党的策略、农民问题，还有党的中央问题、共产党政纲的问题。①这些问题都是六大所迫切需要解决的问题。

同时，瞿秋白提出，要在两周内起草讨论大纲，一个月内起草好提案。任弼时在会上建议党的六大应修改党纲，规定党在现阶段最低限度的政治纲领。会议采纳了这个建议，党的六大增加党纲议程。根据11月会议规定的8项议程，除了共产国际执行委员会代表的报告和选举问题2个议程不在准备范围之内，还有6个文件需要起草。根据瞿秋白的要求，会上对于各讨论大纲起草进行了分工：（1）中国共产主义青年团问题，由青年团中央起草；（2）党务组织，由罗亦农起草大纲，提交组织局先讨论；（3）工会问题，由工委起草；（4）土地问题由瞿秋白起草大纲；（5）党纲草案，由瞿秋白、罗亦农起草大纲；（6）政策问题由瞿秋白起草大纲②。会议决定，由中央在两星期内发出党纲草案大纲征求各地的党纲草案，其他各项讨论大纲，也要在两星期内发出。从上可见，大会文件的起草要在两周内完成，任务重、时间紧。因为文件起草后还要下发各地征求意见。

在大会筹备过程中，征求各地对党的工作、对大会议程的意见，对于发扬民主，集中全党智慧和力量，具有重要意义。中国共产党在成长过程中，逐渐意识到了这个问题的重要性和价值。中共一大、二大召开时，其会议文件没有征求过地方的意见。只是中共二大宣言推举3人组成起草委员会。由陈独秀起草宣言后，提交给蔡和森、张国焘参加的起草委员会讨论、修改。最后大会通过。

---

① 参见中共中央党史研究室、中央档案馆编《中国共产党第六次全国代表大会档案文献选编》，中共党史出版社2015年版，第7页。

② 《瞿秋白文集》政治理论编（5），人民出版社1995年版，第245—247页。参见赵朴《第六次全国代表大会》（一），《党史研究》1986年第1期。

中共三大召开前也没有专门征求各地意见，但北方、南方各地的代表齐聚广州后，中央召开了中央扩大会议作为准备会议，边讨论边起草政治报告和决议案。同时，共产国际代表还找各地代表谈话，内容涉及国共合作的必要性、党章和决议的准备情况、下届中央的组织安排，等等。陈独秀、毛泽东、蔡和森、瞿秋白等人参加了党章起草工作。会前草拟好的文件，后交大会讨论表决通过。可见党的三大通过不同形式和途径部分地征求了地方意见。

中共四大起草文件时，正式征求了各地的意见。会前中央两次发出通知，要求各地讨论大会议题并上报意见、在党报上发表。第一次通知是1924年8月31日，中共中央请各地同志包括各区各地方委员会各独立组组长，对于本党一年来各种政策，工农，青年，国民党，国民党各种实际运动及党内教育上组织上各事发表其所见；并在每个小组会议时进行讨论、将其结果报告中央局；同志个人有特别意见者，可写成意见书由委员会或组长汇寄中央局。而中央接到此项报告及意见书后，即于最近期党报上发表以为第四次大会各项讨论决议之材料。

第二次通知时隔半个月，中共中央于9月15日通知各区、各地方委员会、各独立组组长，关于四大召开的时间、人数和议案，要各地同志对于此次提议各案及前次扩大委员会及所议决关于国民党劳动运动及社会主义青年团问题各议案评加讨论，尽量发表意见，在11月1日以前汇交中央在党报上发表。12月初中央指定组织起草委员会，讨论各种草案，最后形成七份提案、三份报告和一个宣言。1925年1月四大召开时再组织各种审查草案委员会。可见，中共四大在征求各方面意见上做得较为到位。

中共五大召开前的1927年初，共产国际第七次扩大会议关于中国问题的决议案传到中国，中共中央将决议案和中央政治局关于接受国际决议的解释发至各区委、地委和特区讨论，客观上为党的五大召开作了思想上的准备。但没有像中共四大那样专门征求地方意见。1927年4月4日起在武汉召开了共产国际代表、中央委员以及湖北区委联席会议，经过讨论后决定：4月20日召开中央全会，25日召开五大。同时决定：成立几个委员会为五次大会准备材料。后又举行中央全会，讨论确定了五大的议事日程和中央委员会向大会的报告等。

1927 年 11 月中央政治局扩大会议前，中央曾指定专人草拟了《中国共产党土地问题党纲草案》。会后即要求各级党组织和一般同志参加讨论这一草案，提出书面修改意见上报中央，在党报上讨论，以待六大作最后决定。1928 年 1 月 12 日，项英、许白昊、郑复他三人向中共中央建议："由中央通告各级党部开始讨论大会中之问题及发表各种意见，以供大会参考；中央在目前至大会期间将出一种刊物，专登载及发表各党部及各同志对于大会之意见。"项英等还特别强调党的六大的重要性和征求意见的意义所在。"全国第六次大会将到了，此次大会关系于党及革命前途，万分重大。关于此次扩大会议所拟各种重要问题草案及党的许多建设问题，当然不能在短期大会中能完满解决而普及全党，尤其在目前严重时局之下，比较人数多而时间久之大会，可能如愿"①。

可见，1928 年 1 月 18 日，中共中央临时政治局第八次会议决定由中央在两星期内发出党纲草案等大纲征求各地意见，既有过去党代会的经验，也采纳了项英等人的建议。这次会议还讨论了大会召开时间、地点、代表人数等等。会后，中共中央将有关情况向共产国际作了报告。征求意见的工作也在进行之中。

在此期间，中共中央领导人同共产国际也进行了直接交流和沟通。1928 年 2 月 10 日，瞿秋白向共产国际执委会写报告，报告了国民党、豪绅地主阶级和帝国主义的压迫与工农群众的反抗斗争，革命在城、乡——工、农间以及地区上发展不平衡等，还报告了党在白色恐怖下的削弱，党内在革命性质与革命形势、盲动主义与机会主义（主要是对国民党的政策）等等问题上的不同意见，以及党内在组织上的排斥知识分子、极端民主化和青年团的先锋主义等错误倾向。2 月 11 日和 15 日，率领中国工农代表团出席俄国十月革命节纪念活动的向忠发也在莫斯科给共产国际执委会写

① 中共中央党史研究室、中央档案馆编：《中国共产党第六次全国代表大会档案文献选编》上卷，中共党史出版社 2015 年版，第 6 页。

信，反映中国党内问题“严重”，可能“分裂”等等。

国内白色恐怖严重，中共中央很难找到比较安全的开会场所。考虑到共产国际红色职工国际第五次代表大会将于1928年春季在莫斯科召开，共产国际第六次代表大会和青年共产国际第五次代表大会也将于同年夏天在莫斯科举行，届时中国共产党都将派代表参加。因此，如果能在苏联召开六大，可以同时兼顾，事半功倍。因此，中共临时中央报请共产国际执委会，请求批准中国党的六大在苏联境内召开。①

1928年2月29日，得知共产国际六大定在本年5月召开的消息后，中共中央常委决定：中共六大在共产国际第六次大会之后召开，在共产国际大会之前召集一次中共中央扩大会议。②之所以这样安排，是考虑既可以很好地贯彻共产国际六大的精神，又可以通过中央扩大会议落实六大的准备。3月15日，在得知共产国际六大将于5月1日召开的情况后，中共中央临时政治局召开会议，讨论选派出席共产国际六大的代表及有关的问题。会议决定了出席共产国际六大的代表人数，讨论了中共六大代表名额分配问题。为了照顾大会期间中共临时中央机关的日常工作，周恩来提出国内至少要留四个人指导工作。此前在团中央工作的任弼时一定要到中央来。因此，会后不久，任弼时即调到中共临时中央机关工作。③

1928年3月24日，蔡和森向中共中央的汇报工作，包括中共顺直省委通过的《组织问题决议案》，其中指出：“党的第六次全国大会，关系党的前途与生命，应唤起全体党员群众注意大会前的讨论与批评，尽量的发展群众意见与提高党员的政治水平线，这是目前内可教育训练的主要工作。同时要热烈的要求上级机关，详细的无遗的发表党的机会主义历史及每次失败的事迹。”④

1928年4月2日，中共临时中央政治局召开常委会议，瞿秋白、李维

① 赵朴：《第六次全国代表大会》（一），《党史研究》1986年第1期。

② 赵朴：《第六次全国代表大会》（一），《党史研究》1986年第1期。

③ 中央文献研究室编：《任弼时年谱》，中央文献出版社2004年版，第93页。

④ 《中共中央北方局》资料丛书编审委员会编：《中共中央北方局》（综合卷），中共党史出版社2002年版，第104页。

汉、项英、任弼时、蔡和森等参加。任弼时在会上报告：共产国际三月间即有关于召开中共六大的决定，但未收到，最近有人来才得知。任弼时接着转述共产国际代表的意见：根据共产国际执委的上述决定，大会应当开，不过在 4 月份不可能开成，但中央应当很快讨论一下这个问题。为此，会议进行了讨论，认为六大必须开，因为这次大会意义很重大，可以说是重造我们党的大会，应当立即着手准备报告。瞿秋白在会上发言指出：回一电报给共产国际说明，负责同志不能派去很多[①]。讨论后决定：工运报告由黄平、余茂怀、罗章龙组成起草委员会起草；农民运动与土地问题材料由罗绮园负责整理。会议大致指定了各重要省份出席人员：湖南何资琛、陈佑魁、杨福涛，湖北刘仲义、余茂怀，顺直王藻文、张昆弟、王仲一，江苏王若飞、项英[②]共 10 人。据当时在中共中央工作的李维汉回忆，共产国际于 3 月底来电，“让六大代表去莫斯科开会，这样，开会地点就最后确定下来了”[③]。

中共中央在得到共产国际批准后，于 4 月 2 日会后发出了召集第六次全国代表大会的通告，规定大的省份和党员多的省份，500 名党员选派一名代表。根据共产国际执委会关于青年团应有 20 人参加党的大会的指示，经团中央讨论决定并报经党中央同意，通知各省青年团出席党的六次大会代表人数：广东、湖南、江西、湖北、江苏、顺直六省各二人，河南、山东、陕西、四川、福建、浙江、满洲七省各一人[④]。4 月 12 日，瞿秋白在上海写就了准备提交六大的书面报告《中国革命与共产党》，共分 3 章 10 节，8 万多字。4 月中下旬，中共中央具体安排和决定了各省出席大会代表的启程时间，不少省份的代表先后到达上海并启程前往苏联。

① 中共中央文献研究室编：《任弼时年谱》，中共中央文献出版社 2004 年版，第 93—94 页。

② 赵朴：《第六次全国代表大会》（一），《党史研究》1986 年第 1 期。

③ 李维汉：《回忆与研究》上册，中共党史资料出版社 1986 年版，第 241 页。

④ 赵朴：《第六次全国代表大会》（一），《党史研究》1986 年第 1 期。

（三）中共六大代表产生

党的全国代表大会是党的最高权力机构。参加大会的代表，将代表全党对党的路线方针政策的制定发挥至关重要的作用。因此，党代会代表的产生，对于党的全国代表大会是否成功，是十分严肃且特别重要的环节。

八七会议以后，中国共产党确立了正确的方针，不少共产党员英勇顽强，前仆后继，虽然历经大革命失败的严重摧残和盲动主义的破坏，党的各级组织遭受了很大的损失，但经过艰苦努力，仍然得到一定的恢复和发展。据中共六大组织问题报告和统计，全国中共组织计有：广东、福建、云南、湖南、湖北、江西、江苏、浙江、安徽、顺直、山东、山西、满洲、河南、陕西、四川等16个省委或临时省委，37个特委，400个县委，36个市委，41个区委，138个特别支部，全国中共党员共有130194人。① 但因资料有限，这个数字并不一定完全准确。当时的党员成分，工人占10.9%，农民占76%，士兵占0.82%，知识分子占7.2%，其他占3.5%②。可见，中国共产党人在恶劣的环境中坚持斗争，并逐渐从大革命失败的阴影中走出来，力量有所恢复和发展。

1927年11月，中央中央关于召集六大的通告规定，每500名党员选代表一人。根据这个原则，中央分配给各省的代表：第一批分配的省份为14个省，即粤、湘、鄂、赣、苏、顺直、豫、鲁、晋、陕、川、闽、浙、满洲，名额为粤、湘、鄂、赣、苏、顺直6省各2名，共12名；豫、鲁、晋、陕、川、闽、浙、满洲8省各1名，共8名，合计为20名。第二批分配的名额有所增加。从省份讲，新增加了安徽和福建两省各一人；从单位讲，新增了江西湖南毛泽东、朱德两部队各选一人；从原代表人数看，粤、湘、鄂、赣、苏、顺直、豫7个省都有增加，其中，广东增加到4人，湘、

---

① 中共中央组织部等著：《中国共产党组织史资料》（中共党史出版社2001年版）说是有党员4万多人。这里采用周恩来1928年6月30日在六大上所作的《组织报告》里的统计数字。中共中央党史研究室、中央档案馆编：《中国共产党第六次全国代表大会档案文献选编》上卷，中共党史出版社2015年版，第402页。

② 赵生晖：《中国共产党组织史纲要》，安徽人民出版社1987年版，第79页。

鄂、赣、苏、顺直5个省由2人增加为3人，豫由1人增加为2人，这样便增加了8人。加上新加的两个省各一人和毛泽东、朱德两部队各一人，分配给各地的六大代表名额达到32人。有代表名额的省份达到16个（满洲算1个），代表的省份达到18个。

对于分配各省的名额，中共中央为保证代表更具有广泛性，提出了代表产生具体部门和地区指导性意见。如广东4人，要求省委1人，琼崖1人，广州工人同志1人，海陆丰1人。湖南3人，要求省委1人，安源工人1人，醴陵1人；湖北3人，要求省委1人，武汉工人1人，外县农民1人；江西3人，要求省委1人，赣西南1人，南昌市工人1人；江西湖南转毛泽东、朱德两部队各选1人；上海3人，要求省委1人，上海1人，外县农民1人；顺直3人，要求省委1人，唐山2人；河南2人，要求省委1人，豫南1人[①]。之所以有这样的具体要求，既考虑了各级党组织的代表性，还尽可能考虑了党组织的不同系统和地区。1928年4月下旬朱德和毛泽东会师后，经中共湖南和江西两省委批准，于5月成立了中共湘赣边特别委员会，以统一井冈山各县党的领导。中共中央专门给活动在湘赣边朱毛红军分配代表名额，就是既考虑了地方和部队的关系，也重视部队系统党的工作。

到1928年3月，共产国际同意的中共六大代表人数为100人到110人时，各地名额又有增加：湖南、湖北、广东、江苏、顺直各10人共50人；四川、陕西、山西、广西、福建、云南各2人共10人；山东、满洲、河南、浙江、江西各5人共25人；青年团中央5人；第五届中央委员10人到20人。各地代表中须有20人是担任青年团工作的，以备在党的大会之后，青年团召开一次扩大会议。这样，六大代表名额从开始到大会召开有很大的变化。

在实际操作层面上，六大代表的产生主要有两种情况：一种是选举产生，有的通过省代表大会、省委会议或省委扩大会议选举产生；一种是指

---

① 中共中央党史研究室、中共档案馆编：《中国共产党第六次全国代表大会档案文献选编》上卷，中共党史出版社2015年版，第38页。

定产生，有的是中央指定，有的是省委指定。据李维汉回忆，除了广东、河南等省是开会选出来的，其余大多数是中央指定的[①]。实际情况会更复杂些。如中共顺直省委的代表，既有选举产生的，也有指定的。1928 年 1 月中共顺直省委在中央巡视员蔡和森主持下召开会议，选举产生了王藻文、王仲一为出席党的六大代表。[②]而到开会时，顺直省委实际派出的代表为 9 人，除了选出的二人，其余 7 人均为指定。选举两名代表时，省委党员为 1204 名。到 1928 年 3 月，党员约有 2000 名。党员增加了，代表名额增加了，但没有再开会选举。

在东北地区的中共满洲省临时委员会，1928 年 1 月召开了第二次全东北党员代表大会。不久接到中央通知，要求选派 5 名代表出席六大。满洲省临委根据中央最好选工人、农民作代表，使领导干部中多增加些工农成分的通知精神，决定派出 5 人去莫斯科参加六大。[③] 5 个人中，1 人学生出身，4 人工人出身。

河南省于 1928 年 2 月 1 日至 3 日在开封召开的中共河南省第三次代表大会，选举河南出席的六大代表为五人，即省委一人，参加豫南暴动的农民、知识分子各一人，郑州工人一人，河北卫辉一人。[④]有姓名的是徐兰芝、李鸣岐（李鸣）、樊庆升等 5 名[⑤]。有资料说选出李鸣、徐兰芝、吴庆陛为出席六大的代表[⑥]。实际到莫斯科出席六大的是李鸣和徐兰芝两人。

1928 年 2 月 10 日，中共福建临时省委召开第二次全体会议。会议选举产生新的省委常务委员会和参加中共六大的代表。选举的中共六大代表为罗明、许土淼[⑦]、葛越溪（以后改由孟坚出席，并为共青团五大代表）。但

---

① 李维汉:《回忆与研究》(上)，中共中央党校出版社 1985 年版，第 241 页。

② 李永春编著:《蔡和森年谱》，湘潭大学出版社 2008 年版，第 296 页。

③ 中共辽宁省委党史研究室:《中国共产党辽宁史》，辽海出版社 2001 年版，第 117 页。

④ 中共中央党史研究室、中央档案馆编:《中国共产党第六次全国代表大会档案文献选编》下卷，中共党史出版社 2015 年版，第 803 页。

⑤ 中共河南省委党史工作委员会:《中共河南党史》上卷，河南人民出版社 1992 年版，第 172 页。

⑥ 赵朴:《第六次全国代表大会》(一)，《党史研究》1986 年第 1 期。

⑦ 许土淼，即许土森、许涂淼、许奎璧。参见六大档案第 125 页。

也有资料反映是这年 4 月中央指定的代表。

广西代表胡福田，1928 年 1 月任中共广西特委常务委员。5 月 1 日被选派为出席中共六大的正式代表。特委的介绍信介绍他："胡同志是特委常委，桂平的农民，曾当兵及下级军官八年，入党后忠实而努力工作。"胡福田到苏联莫斯科出席了中共六大。从广西特委的介绍信看，选派胡福田的应该就是特委。

四川的六大代表是 1928 年 2 月四川省临时省委第一次扩大会议时选举产生的。当时选举刘愿庵为出席六大代表，刘远翔、刘披云为候补代表。但实际上只有刘愿庵到莫斯科参了会。他于 1928 年 4 月下旬离川赴沪向中央汇报，然后到莫斯科出席六大。刘远翔、刘披云却未能出席，而是另派了徐治莹作为代表。

中共云南临时省委开始没有分配有代表名额。但省委书记王德三于 1928 年 2 月到中央汇报工作，后被中央指定作为云南代表，直接由上海赴莫斯科出席了大会。

中共陕西省委于 1927 年 7 月上旬在西安成立。1928 年 2 月，陕西省委扩大会议选举出出席六大代表 3 人：潘自励、张金刃、王松年（农民）。但实际出席的代表只有张金刃一人。其他两名因故没有成行。

1928 年 2 月，中共山西临时省委在晋南霍县召开扩大会议，会议选举产生了中共山西省委，选出原临时省委代书记、新任省委委员、宣传部部长王鸿钧为六大代表。会后，王鸿钧即赴上海，准备转道出席六大。路经河南开封时，他从报纸上看到中共山西省委被破坏的消息，立即返回山西主持省委工作。因此，山西虽然分配有两个名额，却没有代表出席六大。

安徽由省临委直接选派了一名工人代表参会，本来说省临委还有一名代表，但最后也没有再派代表。

浙江、江西、湖南等省，只有代表出席大会的记载，却没有会议选举或组织定的记载。而一些地方指定或选举了代表，有的也没有能够出席六大。这一方面是因为保存的资料有限，一方面也说明情况复杂。

（六）代表齐聚莫斯科

全国各地的代表集中到上海，然后统一安排前往莫斯科。代表们大多是通过海路加陆路的办法，最后抵达目的地。

从上海出发，乘坐轮船可以到大连或者是苏联的远东首府海参崴。如坐船到大连，则可以乘火车沿中东铁路到哈尔滨。中东铁路，清朝时称为东清铁路，是俄国沙皇政府为了侵略的目的于 1897 年至 1903 年在中国东北境内修筑的一条丁字形铁路。这条铁路以哈尔滨为中心，西至满洲里，东至绥芬河，两端与俄国境内的西伯利亚铁路相连接，并且向南经长春直达当时辽宁南端被沙俄侵占的大连和旅顺口。日俄战争后，长春以南段为日本占领，称为南满铁路。长春以北仍称东清铁路。1911 年中华民国成立后改称中东铁路。1924 年，中俄两国政府签订协定，将中东路改为中俄两国共管。因为中俄共管，前往苏联会比较方便。因此，大部分六大代表走的这条路线。代表分批由上海经大连到哈尔滨后，再分成若干小组，走西线的可以经中东铁路由满洲里越境进入苏联。走东线则由中东铁路经绥芬河到苏联。在当地党组织和交通员的护送下，越境进入苏联。

还有一些代表是从上海坐船到海参崴，然后转乘西伯利亚铁路的火车，经伯力、伊尔库茨克等地到莫斯科。有少部分代表走的这条路。代表们回程时，有的是原路返回，有的则有不同。但也主要是经过西伯利亚铁路、中东铁路，通过海参崴、哈尔滨等地前往目的地。哈尔滨是个重要的中转地。不少代表是先回到上海，再转回本地。

中共六大代表是四五月间分批出发前往苏联莫斯科的。1928 年 4 月间，福建代表罗明和许土淼离开厦门到上海，然后取道大连到哈尔滨，再乘车去满洲里。下了火车后，改乘马车到中苏边境的一个山地。晚上爬山过边界到达苏联境内。福建共青团省委书记孟坚则是到哈尔滨后，走东线经海参崴到达莫斯科的。4 月下旬，在共青团中央工作的王翘从任弼时处得到去莫斯科开会的通知。他和胡均鹤两人一组，和许多代表从上海出发，乘船到大连，再经沈阳到哈尔滨，由满洲里出境。经伊尔库茨克，他和胡均鹤同邓中夏、蔡畅、王若飞等面并同坐火车，到达莫斯科。4月底出发的还有瞿秋白。他先乘海船到大连，然后转乘南满铁路列车，再经中东铁路，从满洲里秘密出境。

5月初，济南五三惨案后，山东代表丁君羊、郭金祥、黄文3人先到上海，在见到周恩来后，乘船到大连，从大连乘火车到哈尔滨，从满洲里过境。5月初，周恩来、邓颖超从上海乘船到大连，从大连乘火车到哈尔滨。在哈尔滨和李立三会合，以后同行，从满洲里过境。5月初，安徽代表龚德元离开芜湖到上海，经中央安排住在鹿鸣旅馆。之后，河南省代表李鸣、云南省代表王懋廷以及广东省两名代表相继住进旅馆。龚德元等一行5人从上海乘日本邮轮“神丸号”到大连，经哈尔滨、绥芬河、海参崴到莫斯科。[①]

5月中旬，杨之华带着女儿独伊和李文宜从上海乘船到大连，乘火车经哈尔滨到满洲里，再转到莫斯科。李文宜回忆还在路上见到了徐特立等5人。5月间，黄平、杨殷和三个香港海员同志，先是乘船到大连，再从大连乘火车到哈尔滨，从满洲里过境。5月，唐宏经、王福全、于冶勋、朱秀春、张任光等5名中共满洲省委代表，从沈阳乘火车到哈尔滨，后经满洲里出境。其间，唐宏经被留在哈尔滨护送六大代表，第一批是广东代表团；第二批护送云南、江西等地代表，均送至满洲里。5月下旬，唐宏经护送张国焘、罗章龙、张昆弟等过境，自己也随之过境。夏曦等人和张国焘、罗章龙在大致相同的时间到达哈尔滨。

五六月，上海代表严朴带着工人出身的朱宝山、何秀明、华连生三个年轻人赴莫斯科参加中共六大。路经东北时，恰逢6月4日皇姑屯事件张作霖被日军谋害，形势紧张，三个年轻人和严朴走散了。他们偷偷乘马车走小路到了苏联境内的双城，再乘火车到了海参崴。结果华连生因为证件在严朴身上，所以在海参崴被苏联士兵抓去。无奈的朱宝山和何秀明找到五一俱乐部的中国人求助，说他们是到莫斯科读书的。一周后，华连生获

---

① 中共中央党史研究室第一研究部编:《六大代表回忆录》，中共党史出版社2014年版，第103页。

释。苏联政府发给火车票和皮鞋、下装。他们坐了九天九夜的火车赶到莫斯科时，有人把他们接到旅馆，华岗正等着他们，告诉他们不要乱跑，要耐心等待。等把他们接到会场时，大会即将结束，他们只参加了7月11日的闭幕式。[①]

前往莫斯科的路程充满了危险。大多数代表是先到上海，再由中央安排坐船到大连或海参崴。作为出发点的上海就不能说绝对安全。周恩来于1928年3月下旬至4月中旬受中共中央委托前往香港主持广东省委扩大会议，4月中旬返回上海。他和邓颖超正准备动身，中央特科来人通知，他们的住处已不安全，必须立即转移。周恩来、邓颖超马上销毁所有文件，离开住所。邓颖超的母亲杨振德此前和他们同住。幸好前一天组织已经安排邓母和夏之栩母亲夏娘娘一起住机关了。

周恩来和邓颖超赴莫斯科的路上险象环生。先是乘上海开往大连的日本轮船到大连时，有驻大连的日本水上警察厅盘问并将周恩来带走审讯。后来路上又有密探跟踪。他们机智应对脱险到了哈尔滨。又因接头证件已在大连销毁，无法接头。最后等到晚些时候从上海出发的李立三，他们才离开哈尔滨，踏上去莫斯科的旅程。[②]有的六大代表前往莫斯科时，还携带有相关文件。如任弼时1928年5月7日所写完的3万多字的《三年来中国共产青年团务概况》草稿，由出席中共六大的代表带往莫斯科，提交给党的六大[③]。

为了保证六大代表安全的赶到目的地，共产国际和中共方面在哈尔滨、满洲里等地，安排了地下交通站秘密接应代表过境。1928年春，中共中央在哈尔滨设立秘密接待站，并委托中共哈尔滨县委做好安排。中共中央还派龚饮冰、何松亭和在中共中央妇委工作的杨之华（瞿秋白的妻子）到哈尔滨协助完成接待工作[④]。随后，代表们有的从哈尔滨往西，从满洲里出境；

① 中共中央党史研究室第一研究部编：《六大代表回忆录》，中共党史出版社2014年版，第112页。

② 参见邓颖超《一次遇险和脱险的经过》，《人民日报》1985年8月14日。

③ 《任弼时年谱》，中央文献出版社2004年版，第96页。

④ 中共黑龙江党史研究室编：《中共黑龙江党史大事记》（新民主主义革命时期），黑龙江人民出版社1988年版，第34页。

有的往东从绥芬河出境。然后乘火车去莫斯科。从海参崴到莫斯科，有全长 9288 公里的西伯利亚大铁路。而从满洲里到赤塔，再乘去莫斯科的火车距离会近很多。出于安全考虑，代表们分头分批出发，而且尽量不安排原路返回。

六大代表乘坐的火车到莫斯科后，大多直接用汽车送到莫斯科城南郊外、距三号公路 20 公里的莫斯科州纳拉法明斯科区五一村。这里有座俄罗斯沙皇时代大贵族穆辛·普希金的庄园，又称为“银色别墅”。曾被作为苏俄内务部的一个据点①。为了保密，中共六大代表全都以号码相称，同外界也没有联系。所以瞿秋白才将开会处戏称为“监狱之中”。②

随着出席中共六大的代表陆续到达莫斯科，大会的筹备工作在紧张之中进入最后阶段。1928 年 6 月 5 日、6 日，中共各地代表到达莫斯科已近 60 人。6 月 7 日，瞿秋白、苏兆征、周恩来召集已到莫斯科的六大代表举行谈话会。参加者有向忠发、李立三、邓颖超等。会议讨论了政治、组织、职工、农运等决议草案的起草问题，确定 6 月 12 日前后成立大会秘书处和各个委员会并开始工作③。

二、斯大林、共产国际的帮助和指导

共产国际和中共六大有着十分密切的关系。中共六大的筹备召开，都得到共产国际和联共（布）的支持和帮助。周恩来曾指出，六大“是直接在共产国际领导下召开的”。④中共六大使中共与共产国际、联共（布）的关系达到了从未有过的亲密程度。1945 年，毛泽东在谈到共产国际和中国革命的关系时指出：“共产国际对中国革命总的来说是功大过小，犹如玉皇

---

① 沙健孙主编：《中国共产党通史》第 3 卷（掀起土地革命的风暴），湖南教育出版社 1997 年版，第 75 页。

② 中共中央党史研究室、中央档案馆编：《中国共产党第六次全国代表大会档案文献选编》下卷，中共党史出版社 2015 年版，第 799 页。

③ 中共中央文献研究室编：《周恩来年谱》（1898—1949）修订本，中央文献出版社 1998 年版，第 141 页。

④ 《周恩来选集》上卷，人民出版社 1980 年版，第 183 页。

大帝经常下雨，偶尔不下雨还是功大过小。没有共产国际的成立和帮助，中国无产阶级的政党是不能有今天的。他们需要我们，我们也需要他们。”①在中共六大的问题上也是如此。

（一）共产国际代表对中共六大的关注和建议

在中共中央紧锣密鼓筹备中共六大的同时，共产国际及其派驻中国的代表也在密切关注着此项工作。中国共产党成立后，共产国际及其下属的红色工会国际等，多次派出代表到中国，就近指导中国革命。

1928 年 1 月下旬，红色工会国际驻中国代表米特凯维奇（曾用名亚历山大罗维奇、奥莉加等）从上海给共产国际执行委员会写信，除了中国的局势和中国共产党领导的工农运动、举行暴动和建立苏维埃政权等项工作，该信的第六部分专门谈到中共六大，并对其召开的必要性、时间、地点、要解决的问题等，提出了重要建议和意见。主要内容如下：

1. 中共迫切需要召开代表大会。信中谈到中国的局势和中国共产党领导的工农运动，谈到举行暴动和建立苏维埃政权等项工作，同时强调：“目前面临的问题很复杂，必须对所有问题作出明确的回答。为了充分弄清革命的前景和任务问题，解决目前党内的状况和克服党内一切错误倾向，迫切需要召开党的代表大会。”他认为，只有召开党的全国代表大会、选举新的中央委员会才具有权威性的地位和作用。“目前，无论中央全会，还是党的代表会议，对于全党来说，都不是很有权威性。中央委员会内部的状况，内部缺乏足够团结的情况，从右的方面和‘左’的方面对中央委员会的攻击，使党有必要通过新的选举来加强中央的威信。”他认为，“党的代表大会现在是所有党员都在考虑的问题”②。可见召开党的代表大会的重要性和迫切性。

2. 中共召开六大的时间和地点。信中认为：中共六大召开的时间“应该不晚于四月份”。开会的地点，“在苏联境内召开代表大会是合适的”。因

① 毛泽东：对《关于若干历史问题的决议》草案的说明，1945 年 4 月 20 日。

② 中共中央党史研究室第一研究部编：《共产国际、联共（布）与中国革命档案资料丛书》第 7 卷，中央文献出版社 2002 年版，第 296 页。

为“在这次党代会上很需要共产国际执委会的切实领导。现在正需要帮助党来弄清所有问题”。而“在中国召开代表大会非常困难”[①]：一是由于要冒遭受破坏的危险；二是因为这里没有共产国际执委会的重要代表；三是因为环境不安宁会带来焦躁情绪，不可能心平气和地、认真地进行工作。所以，到苏联境内开会更为有利。

3. 出席中共六大代表的数量。信中认为：“参加代表大会的应该有一个 100 人左右的代表团。”因为上届中央委员 31 名，候补中央委员 14 名，加上 1928 年 5 月增加的中央委员罗登贤共 46 人。按党章规定，上届中央委员要参加下一届党的代表大会。这样，100 人左右的党代会，应预留上届中委、候补中委 46 个名额，剩下的代表名额只有 50 多名，并不算多。

4. 中共六大要解决的主要问题。信中根据在中国的情况，明确列出中共需要解决即“现在使党焦急不安和需要明确回答的”7 个问题：（1）革命的性质问题。许多同志提出，中国革命现在已经是社会主义革命。为此提出了同小资产阶级斗争的任务。（2）在农村反对统一战线，把同豪绅地主斗争变成只依靠农村贫民，甚至忽视小私有者的利益。（3）试图只依靠贫苦工人。（4）农民协会还是贫民组织。（5）对于那些佃农很少和小私有者很多的地区的土地纲领。（6）关于党同国民党结盟时期的错误。不少干部认为过去全部工作都是一个错误。（7）靠谁来发展党？应该是经过挑选的人入党。但有的地方是大批地吸收入党，有的还出现了“不成体统和稀里糊涂的状态”[②]。

信中还谈到党员的思想、党组织的状况等情况。如在广东，现在大约有 3 万党员。有些地方，知识分子开始退党，甚至成立自己的新党。主观上的急躁情绪，试图强迫举行暴动，只采取一些技术性措施来挑起暴动，而不进行必要的群众性工作来准备暴动。广州起义后已经有五个省委即广

---

① 中共中央党史研究室第一研究部编：《共产国际、联共（布）与中国革命档案资料丛书》第 7 卷，中央文献出版社 2002 年版，第 296 页。

② 中共中央党史研究室第一研究部编：《共产国际、联共（布）与中国革命档案资料丛书》第 7 卷，中央文献出版社 2002 年版，第 297—298 页。

东、江西、湖南、湖北、浙江向中央提出，现在仍提出立即在他们省里组织暴动的问题[①]。这些内容对于共产国际更好地了解中国党的情况，更有针对性地指导中共六大很有意义。

5. 参与中共六大的准备工作。米特凯维奇在信中写道："现在已经开始认真做会议的准备工作了。"他希望在中国待到代表大会召开的时候，"恳请在中共党代会后离开这里"[②]。可见他对中国党工作的关心。信中还提到，"我们和中央一起给你们发去电报，我们认为在苏联境内召开代表大会是合适的。这可能要冒在紧要关头脱离党内积极分子的危险，因此代表大会应该这样来组织，使同志们花在代表大会上的时间尽量最少，包括旅途在内最多只能用一个半月到两个月的时间"。[③] 这里所说的"我们和中央一起"，可以理解为米特凯维奇是和中共中央一起写的这封信。中共中央在此前确实已经认真地做大会的准备工作了。这封信也促成共产国际更为重视、更好指导中共六大，帮助中共开好六大。共产国际在收到米特凯维奇的信和中共中央的报告后，认真进行了研究。

1928 年 2 月 22 日，联共（布）驻共产国际执行委员会代表团召开会议。会上讨论了八项议程，其中两项和中国有关。一是关于中国问题的决议案；二是关于中国共产党代表大会问题。在 2 月 25 日有中国共产党代表参加的共产国际执委会第九次扩大全会上，通过了关于中国问题决议案。其中明确指出："中国革命现时的阶段是资产阶级民权革命的阶段。"[④] 决议基本正确地分析了中国革命的性质和形势，批评了罗米那兹所谓"不断革命"的错误观点。这在一定程度上为六大的召开作了思想理论上的准备。同时，会议决定："不反对中国共产党于 4 月底或 5 月中在西伯利亚境内召

① 中共中央党史研究室第一研究部编：《共产国际、联共（布）与中国革命档案资料丛书》第 7 卷，中央文献出版社 2002 年版，第 289 页。

② 中共中央党史研究室第一研究部编：《共产国际、联共（布）与中国革命档案资料丛书》第 7 卷，中央文献出版社 2002 年版，第 298 页。

③ 中共中央党史研究室第一研究部编：《共产国际、联共（布）与中国革命档案资料丛书》第 7 卷，中央文献出版社 2002 年版，第 296 页。

④ 本书编委会：《中国共产党第六次全国代表大会档案文献选编》上卷，中共党史出版社 2015 年版，第 11 页。

开代表大会"[1]。这样，在苏联境内召开中共六大，得到了联共（布）、共产国际的正式同意。

1928年3月底[2]，共产国际执委会根据联共（布）驻共产国际执委会代表团的决定，认为中国党的第六次全国代表大会已经成为一个很严重的问题，在经过讨论之后，对召集中国党的第六次大会，作出了如下决定：（一）大会应在四月份开，并同意中国党的请求，大会可以在苏联境内开。（二）议程大致应当是：（1）国际报告；（2）中国党报告（瞿秋白作）；（3）长江局或湖北省委报告；（4）青年团报告（任弼时作）；（5）党纲问题；（6）章程问题；（7）工人运动；（8）土地问题及农民运动。大会之下可分设几个委员会。（三）代表人数100人到110人：湖南、湖北、广东、江苏、顺直各10人；四川、陕西、山西、广西、福建、云南各2人；山东、满洲、河南、浙江、江西各5人；青年团中央5人；第五届中央委员10人到20人。各地代表中须有20人是担任青年团工作的，以备在党的大会之后，青年团召开一次扩大会议。（四）为了给大会做准备，瞿秋白、罗亦农、任弼时、周恩来、黄平应即启程来莫斯科。（五）陈独秀、张国焘、彭述之、蔡和森须出席大会。[3]

共产国际的3月决定完全是根据联共（布）驻共产国际执行委员会代表团的2月决定所作出，不仅基本思路一致，同意中共六大在苏联境内召开，同时又在若干细节上有所区别。如不强调开会具体地点在西伯利亚，在开会时间、议程、人员等具体问题上有所变化。开会时间，由4月底5月中旬改为4月，更为提前。议程方面也有调整。除了共产国际报告、青年团、工人运动、土地问题、党纲问题外，还要求瞿秋白作中国党的报告；任弼时作青年团报告；长江局或湖北省委作一报告；章程和党纲分别列出；土地问题兼顾农民运动问题。但从共产国际这个决定可以看出，他们此时

---

① 中共中央党史研究室第一研究部译：《共产国际、联共（布）与中国革命档案资料丛书》第7卷，中央文献出版社2002年版，第333—334页。

② 姚守中等编著：《瞿秋白年谱长编》，江苏人民出版社1993年版，第252页。

③ 赵朴：《第六次全国代表大会》（一），《党史研究》1986年第1期。《瞿秋白年谱长编》，第252页。

还不了解任弼时参加留守中央不参会。

（二）斯大林接见中共领导人

中共六大在苏联莫斯科举行，苏联共产党中央委员会总书记斯大林非常重视。1928 年 6 月 9 日，斯大林在莫斯科会见了瞿秋白、向忠发、周恩来、李立三、苏兆征等中共领导人，共产国际东方部副部长米夫参加会见。斯大林在会见时，主要谈到中国革命的形势和任务等重要问题。他读了瞿秋白为六大撰写的政治报告[①]，认为报告中有“许多地方是对的，可是也有错误”。斯大林指出：目前，我们不能说中国革命已经处于高潮。当然，某些地区城市工作有了开展，农民起义此起彼伏，统治阶级不能巩固自己的地位，人民不满资产阶级的统治。然而这不足以证明革命处于高潮。广州起义不是革命高潮的开始，而是革命的终结。[②]他还指出，革命高潮是将来的事，而不是眼前的事。斯大林的谈话，明确回答了当时的中国革命形势不是高潮。

“这时候，我们怎么办呢？”斯大林首先强调了党的自身建设问题。“党必须是坚强的、自觉的、好的、马克思列宁主义的。这是质量而不是数量的问题。中国同志基本上是在作实际工作，可是，这是不够的。应该对提高党员的觉悟水平，对马列主义的学习，给以更大的注意。这对于工人，对于斗争的农民，对于参加斗争的知识分子更为重要。必须推广马列主义实践的经验，不满足于胜利。”同时是“群众工作”以及“农民工作”。党要“利用每一个可能性，以便建立军队，因为没有武装力量是不行的”。还“必须进行分化军阀部队的工作”。

对于中国同志最为关心并意见不一的革命形势是“高涨”还是“低落”问题，斯大林指出：“术语的不同解释导致不同的意见”。革命高潮是指反革命退却，革命走向胜利。因为“反革命中心的所有大城市都在反革命分子手中。反革命依靠最重要的城市。只有当我们开始攻占最重要的城市的

① 指瞿秋白为六大撰写的政治报告《中国革命与中国共产党》。

② 中共中央党史研究室、中央档案馆编：《中国共产党第六次全国代表大会档案文献选编》上卷，中共党史出版社 2015 年版，第 39—40 页。

时候，才能够说，革命运动处于高潮。目前不能同意你们关于新的革命高潮即将到来的观点。由于在关于革命高潮问题上观点不同，因而对形势的估计也有分歧。”当时中国还有不少地方发生起义。斯大林认为：“不是每一次起义都会发展成为革命。如果农民游击战争得不到最重要的城市的支援，它决不会使社会制度的性质发生变化。尽管取得一些胜利，这些胜利也不能巩固起来。因此，如果不建立城乡之间的联系，胜利是不可能的。即使我们承认有革命高潮。那末注意力也需要放到我们应该而且可能夺取城市的问题上。简单地说，为什么资产阶级还能够控制城市？就是因为它还有足够的力量。”斯大林认为：“目前，只有农民暴动是现实的。说农民运动在摧毁封建势力、军阀和帝国主义的基础是对的。然而，毕竟不能把反军阀的战争叫作革命高潮。”“现阶段苏维埃革命还没有开始发展。因此，在这种情况下，还谈不上革命高潮。”①

怎么看待广州起义？当时中国共产党人的认识和看法不完全相同。斯大林明确指出：“广州起义是中国共产党和中国工人阶级巩固革命成果的一次英勇尝试。起义者向国内外敌人作了公开的反抗，指望着，一方面加强自己的革命力量，另一方面，开展新的革命斗争。结果，这个尝试遭到了失败。”广州起义“不是革命高涨之开始，而是革命退后之结束”。所以，广州起义仅是信号，而不是革命运动高潮的开始，不能将其看作高涨的标志。同时，斯大林还反对贬低广州暴动的意义，把广州暴动看作盲动主义的认识。他说：“广州起义是乌合之众的行动吗？不是的！乌合之众的行动是一种幻想的、人为的军事阴谋，而广州起义不是这样子的。”②

斯大林高度重视红军的创建。他指出：“现在我只想说，农民运动最重要的结果，土地革命最重要的结果，是创建红军。无疑地，土地革命已经形成如此巨大的规模，以致于它能够在经济方面给国内外敌人以打击。在

① 中共中央党史研究室、中央档案馆编：《中国共产党第六次全国代表大会档案文献选编》上卷，中共党史出版社 2015 年版，第 40 页。

② 中共中央党史研究室、中央档案馆编：《中国共产党第六次全国代表大会档案文献选编》上卷，中共党史出版社 2015 年版，第 40 页。

游击战争过程中，已经形成了由为实行土地革命而斗争的人们组成的武装力量集中起来的可能性。这些武装力量的意义决定于工人在其中所起的作用。”“如果我们能够把（参加）农民运动（的人们）争取过来，并且集中部队打下几个城市，那末，这将对今后的局势有更大的意义。在任何时期，农民都是不能领导工人的，都是不能领导革命的。革命必须要由工人阶级来领导。工人阶级和政党利用工人阶级领导的农民运动，决不违背农民的利益。这个时期，最重要的是争取那些参加战斗的人们来建立人数众多的红军。在目前时期，在总的领导革命的事业中，这是最主要的问题。”有参会者回忆，斯大林强调中国革命的性质是农民战争。中国共产党的成绩大小要取决于它在领导这场战争中能够组织多少听它指挥的武装力量。

斯大林提醒说：“中国革命胜利的条件较俄国当时更为困难”。尤其是不应忘了帝国主义在华的统治势力，看轻了资产阶级背后的帝国主义势力。斯大林鼓励大家：因为战争的痛苦不能再使中国工农长期忍受下去了。所以，中国革命处在两个高潮中间，在革命准备时期。如一壶水在未开前，亦有波动，海潮亦有起伏，但不是高潮。为了更好地说明自己的观点，斯大林还用红色铅笔在一张纸上画了几条波浪，然后在波浪的最低点描绘了几朵浪花。意思是，即使是革命处于低潮，也会溅起几朵小小的浪花，但不能把这些浪花看成是高潮。

中国共产党的任务是什么？斯大林提出：一是党的组织要十分的坚定。“党必须是坚固的、觉悟的、好的、马列主义的。这是质量问题，不是数量问题。中国同志基本上是在做实际工作，可是，这是不够的，应该对提高党员的觉悟水平，对马列主义的学习，给以更大的注意。这对工人，对于斗争的农民，对于参加斗争的知识分子更为重要。”能有这样一批人，力量就很大了。二是群众工作。三是农民工作。四是知识分子工作。五是必须进行分化军阀军队的工作。[①]

关于中共六大，斯大林说：“我还未见到决议，因此我没有什么可说

① 中共中央党史研究室、中央档案馆编：《中国共产党第六次全国代表大会档案文献选编》上卷，中共党史出版社 2015 年版，第 40—41 页。

的。共产国际执行委员会第九次全体会议的决议……没有什么可补充的了。然而，在那个时候，这些决议无疑是对的。”[①] 斯大林和中共领导人谈话，确定和基本解决了中共六大的基本任务，对六大的召开具有指导性作用。正如周恩来所说：“开会之前，斯大林同志找我们谈话。他主要谈两个问题，一个是中国革命的性质，一个是革命的高潮与低潮。他指出，中国革命是资产阶级民主革命，不是‘不断革命’，也不是社会主义革命，并以俄国的二月革命为例说明。这样，我们才懂了。‘六大’前，中国党是不懂这个问题的。”[②] 参加谈话的李立三也回忆说：“斯大林用通俗易懂的语言向我们解释了极为复杂的政治问题，从政治形势和党的任务一直谈到斗争方式和工作方法等问题，苦口婆心地让我们理解盲动主义错在哪里。”斯大林的谈话，“对中共六大起了指导作用，不仅为党的总路线，也为党的方针政策等各个重要问题都指明了方向，成为六大各项决议的基础”[③]。

（三）布哈林召开代表座谈会

1928 年 6 月 14 日和 15 日，继斯大林和中共领导人谈话会后，时任联共（布）党中央委员会委员和政治局委员，共产国际执行委员会委员、主席团委员、政治书记处书记布哈林召集六大代表的政治谈话会。瞿秋白、苏兆征、周恩来、蔡和森、李立三、项英、黄平、邓中夏、向忠发、王若飞、张国焘、何资琛、王灼、甘卓棠、关向应、夏曦、章松寿、徐锡根、唐宏经、张昆弟、王仲一等 21 人出席。共产国际方面除了布哈林，还有米夫、阿尔洛等人出席。

1. 周恩来报告陈独秀的意见

谈话会上，周恩来首先报告了陈独秀本人拒绝来莫斯科出席六大的理

① 中共中央党史研究室、中央档案馆编：《中国共产党第六次全国代表大会档案文献选编》上卷，中共党史出版社 2015 年版，第 41 页。

② 中共中央党史研究室、中央档案馆编：《中国共产党第六次全国代表大会档案文献选编》下卷，中共党史出版社 2015 年版，第 1054 页。

③ 中共中央党史研究室第一研究部编：《六大代表回忆录》，中共党史出版社 2014 年版，第 30—31 页。

由和意见。从周恩来报告可以得知：“国际的会议在国际方面曾经有电到中国共产党中央，邀请仲甫同志来此参加会议。随后俄同志阿尔洛到上海也曾诚恳的去请他，告诉他布哈林同志很热心地希望见到他。中央曾经正式通知他的。”周恩来“临走之时也曾去问他。他说他在休息中并且是请假时间，所以不愿来”。陈独秀告诉周恩来他的一些意见，分别是对共产国际和中国共产党的意见。

陈独秀对共产国际的意见有三点：一是对共产国际九次扩大会议的意见。他认为：“说中国的革命不是社会主义的革命而是资产阶级民权革命，如其说是社会主义革命的话这是错误的。”二是“对中国共产党十一月扩大会议的决议案中的‘不断革命论’。并非如国际所解释因中国所用的这个名词”，不是如托洛茨基对俄国革命估计所下的“不断革命论”，也不是如马克思对德国革命所下的“不断革命论”，“而是对于中国革命有由资产阶级民权革命转变生长成为社会主义革命的可能而说的，不过依马克思的不断革命术语解释自是不合”，所以，“不断”可改作“继续”。三是共产国际决议案“有不是的地方。中国城市工作譬如店员与店东的斗争，在武汉的经验不是使店东破产便是使店员不能除去压迫。一到暴动来到他必然要求没收商店或与店主共同经营。也如农村之中农民要解决他自己的问题，他必然要有些不合我们原则的行动，自己起来均分一切土地平分财产等等。但是我们如果阻止或压抑过度的话将不能有好的结果，而有发生新的机会主义的危险。”①

陈独秀对中国共产党的意见有五点：一是对于国民党问题——没有详细说，因为退出问题在南昌暴动后实际上已解决了。二是对于职工运动、无产阶级的领导问题——策略上工作上都有不好处。三是对于农村的问题——农民意识“无动不暴”——即是不斗争而专等暴动或是盲动。四是党对于帝国主义运动是太忽略了。五是“党部的改组吸收工农同志参加指导机关是对的，但不可机械的运用”。周恩来说这些话很多不过是其大要。

---

① 中共中央党史研究室、中央档案馆编：《中国共产党第六次全国代表大会档案文献选编》上卷，中共党史出版社 2015 年版，第 83—84 页。

王若飞“可以更详细知道”。

2. 王若飞补充陈独秀的意见

王若飞接着补充道：陈独秀“对于国民党问题是说在南昌暴动时仍在国民党旗帜之下是错的”。王若飞还说：“在这次大会尚没有知道以前，亦农同志也去问过仲甫来不来莫及其意见。他与亦农谈得很详细。”陈独秀对共产国际的意见，周恩来已经说过了一些。王若飞说，“他只能尽所知道的讲一些，时间已经久了，或许有记错的”。陈独秀“对共产国际九次扩大会的决议完全同意的。但是以为尚有不足。决议上所说的，拿到中国共产党执行的时候，在实际工作中间还不能切实的解决问题”。[①] 主要问题有两个。

一个是党纲问题。陈独秀认为，“现在中国共产党已要实行暴动，夺取政权的党了，但是还没有一个党纲。因为没有党纲，所以由中央、省委，乃至区委、支部同志，大家对于中国革命中许多根本问题，都没有一个一致而明确的见解。在一些笼统的口号之下来作工。因此，在工作中发生困难”。比如土地问题，“虽提出土地革命的口号，但是党对于土地革命没有正确的政纲”。“党对土地问题，经过了四次变更！在四次大会以前，只是提出减租的口号；四次大会以后，提出没收大地主、祠堂、庙宇等的土地，并没有说到没收一切土地；在五次大会是如此，即到八七会议，也均没有说到没收小土地；第三阶段才说到没收一切地主的土地：在最近中央关于苏维埃的通告上，说及土地的没收，是要没收一切的土地，富农的（大佃农、大自耕农）中农的，都要没收”。所以，陈独秀说：“他以为关于中农、富农的定义，在决议案中都要弄得清清楚楚才好。土地革命是否可以如此解决？俄国的 1917 年的十月革命，尚没有没收富农的土地，即到现在，苏联已存在这样多的年代，尚须与中农联合。国际对于这一个问题，也仅说没收地主阶级的土地。在中国这样的情形，难道可以用如此的政策了吗？土地问题是中国革命最主要的问题，但是如此做法，这是不得不怀疑的。”

---

① 中共中央党史研究室、中央档案馆编：《中国共产党第六次全国代表大会档案文献选编》上卷，中共党史出版社 2015 年版，第 84 页。

陈独秀认为："对于中国革命许多根本问题，没有明确的见解，自然要产生这种不断的错误。如果我们有一个明确的政纲，就不会如此的彷徨了。对于国际决议，仅说及一些大的方面，还是不够的，尚须有具体的办法。除了这个决议外，此次大会，对于中国革命的根本问题要有明确的规定，并要能定出党纲来，这是尤为所望的。"关于农民分配土地问题，陈独秀的意见是："我们的政策不能没收中农与富农的土地。但是，如其农民要起来没收的时候，则不可以去阻止他们。但这是要在特殊情形之下，而我们的政策不应该是如此的。"①

对中共中央即八七会议以后的中央，陈独秀有五点意见，周恩来已经谈到，王若飞又作了补充和说明。一是对国民党问题。"在八七会议后，还用国民党的旗帜，这个错误，中央以后已经改正"。二是"无条件的暴动，这是没有明白革命的转变之后的情形，没有估计当时群众的革命力量、组织力量，也没有明白阶级结合在这种革命转变中的变化，不明白当时党与群众的关系。这种无条件的暴动是有很大危险的。"三是"对于工人运动的忽略：八七会议以后，党代着很多农民的意识，重于农村工作而忽视了工人，一切策略都带着很深厚的农民意识。"四是对"反帝国主义运动的不注意：对付帝国主义的进攻，可以发生很多的工作。但是没有去切实的做。"五是"对于党机械式的改组"，陈独秀说："提出工农同志充实指导机关，是对的。但是，如果死板规定，某日机关工农同志应多少个，便近于形式改组。"罗易在汉口时，陈独秀就提出此问题问罗易：是否指导机关工农成分少了，要多提出工农参加指导机关；罗易说：工农是要的，但是要在斗争中去提出争斗的工农同志领袖做领导工作，才是好的办法。至于机械式规定数目的改组党部，陈独秀是不赞成的。

王若飞还谈道："组织问题中党与群众联系问题：如何去取得群众，如何去组织群众，仲甫同志是非常注意的。党内许多纠纷许多不好的现象，在上海有许多过去旧的工作人员，流行名称谓之'元老'者，没有工作做，

① 中共中央党史研究室、中央档案馆编：《中国共产党第六次全国代表大会档案文献选编》上卷，中共党史出版社2015年版，第84—85页。

又不给一个根本解决办法。再则中央与各地的关系不十分好——这些上下关系不好的原因，是政治上有了错误一直影响下来的。因为过去对中国革命许多根本问题，还存着许多错误的动摇的观念。”陈独秀以为：“在现在每个同志应该了解中国共产党的历史是很短的，而中国革命中许多根本问题是非常复杂的，中国共产党的同志，都还未能完全明了，即共产国际的同志，也有很多不明了中国实际情形，错误的发生遂成为不可免。这种错误是否有意的，一错而不肯变更的呢？如果是有意的，或固执己错，如平山说总理付给他的使命未完成，当然不客气的开除。只要能够知道自己的错误时，接受新政策的，仍旧可以继续努力工作。在组织上，对于一般的工作同志，不要很简单的不问其可以改变否，以机会主义的罪名而撤消他的工作。这许多人应该使他们起来继续工作，在争斗工作中去改正。如果搁起来，言闭起来，这不是办法，反而要造成许多不好的现象。”据陈独秀的意见，“最好不要自己造成这些纠纷。因我们过去都没有懂得中国革命中许多根本问题，没有明确的见解。现在组织上如此做法，是要有继续不断的引起纠纷发生的。希望大会能够将这个问题解说得清清楚楚的，有一个一致的明确的结论。使同志能有共同一致明确的见解，不致固执他们的旧见。然后能团结党的一切力量，负担一切工作”。

在尚未接到共产国际九次扩大会议的决议案前，陈独秀表示：“中国革命者非常幼稚，很少经验，中国革命的失败，中国同志要负责的。自己更要负责的。虽然我们一切大方针都在国际代表指导之下来做，但国际是不好负责的。”陈独秀认为：共产国际牺牲他，以救全中国革命，这是对的，但是不要太发展这一纠正，使很多人牺牲而不能工作。至于他个人，为此而牺牲是没有什么的。革命这样痛心的失败，千万群众同志的牺牲，难道我们对于这一点处罚还不能受么。他个人自己现在专做新文字的工作，决不发出对于党有不利影响的言论。[①] 这些话是据王若飞个人所记得的在谈话会所言。

---

① 中共中央党史研究室、中央档案馆编：《中国共产党第六次全国代表大会档案文献选编》上卷，中共党史出版社 2015 年版，第 85—86 页。

在接到共产国际九次扩大会议的决议案以后，周恩来问陈独秀来不来莫斯科。这时陈独秀已经知道，过去到中国的共产国际代表伍廷康、罗易、罗米那兹等，并“没有能完全的代表国际意见，现在国际意见是对的”。但那时陈独秀“在病中，他说他既病又在假期中，他不能来。但是他说他在革命争斗中几十年来所剩的一滴血，仍是要为革命努力的。希望得到国际及大会同志的了解。陈或将国际看成为复仇的魔鬼一样了！”[①] 依王若飞的观察，陈独秀不来莫斯科，主要是因为在八七会议前后受到共产国际代表的严厉处置，不许他参加八七会议，也不要他参加十一月政治局扩大会议，又逼他速走，去莫斯科。当时正是俄国党内与反对派争论最厉害的时候，陈独秀以为共产国际“是决定牺牲他以维持中国党指导机关威信，又不放心他在国内，恐他发表言论产生不好影响；他以为到了国际横竖是无用的人，或者还附加一个‘托洛斯基派’的名号更辨别不清，所以表示不来，且坚决声明不发表什么政治意见，使党内发生影响。”[②] 王若飞的发言受到向忠发的激烈反对，他说王若飞不应该受别人的影响，代表别人说明。

3. 参会人员发表意见

随后，参会人员围绕布哈林提出的三个问题：（1）关于当前革命形势的估计；（2）关于过去的经验教训即党的机会主义错误问题；（3）党在今后的任务和方针发表了意见。布哈林说明，要求到会者充分发表意见，是便于帮助共产国际更好地理解中国同志的观点和看法。因此，在两天的谈话会上，所有的参加人都发了言。

（1）关于当前革命形势的估计

蔡和森的发言。蔡和森分析武汉叛变后反革命的统治及其性质、革命势力的地位和作用、帝国主义在华的地位和帝国主义之间的矛盾、中国的

---

① 中共中央党史研究室、中央档案馆编：《中国共产党第六次全国代表大会档案文献选编》上卷，中共党史出版社 2015 年版，第 86 页。

② 中共中央党史研究室第一研究部编：《关山渡若飞——王若飞百年诞辰纪念集》，中共党史出版社 1996 年版，第 163—164 页。

阶级关系、国民党统治，认为推动革命之社会的矛盾没有消灭，反革命力量内部是继续冲突、分裂与战争。对于当前革命形势的估计的结论是："过去革命高潮是已过去了。南昌至广州暴动是反抗的性质。广州暴动开始苏维埃阶段，是'承上启下'的预征。然新的高涨仅有此预征而未发展到来。新的高潮是可能的。其率度将依我们策略的正确和准备工作而决定。"[①]

李立三的发言。李立三谈道："现在估计，便是估计革命潮流是高涨还是低落。我在广东时，中央认为革命是高涨的（而不是高潮像五卅那样），也有人认为是低落的。目前革命的形势，我的意见就是说，在广东暴动之后，很明显的革命是在上升。广东暴动后，阶级的结合，已开始新的变化，工人群众的阶级意识更加提高，并且很明显的离开黄色工会的影响，而倾向于我们（如广州机器工会的群众）。在农民当中，更表现得显明，更加紧了他们的斗争（如两湖、广东、江西）。在广东暴动之后，兵士群众自觉的转变而倾向我们方面来，这是一种新的伟大革命的力量。小资产阶级在广东暴动后，因豪绅资产阶级地主的投降帝国主义，苛捐杂租的剥削而脱离了他们的联盟，这是革命的新的结合。在反革命方面，民族资产阶级蒋介石的登台，很明显的发生新的矛盾，尤其是小资产阶级的渐次离开。总之，在广东暴动后，革命势力开始了新团结，而且是步步增大，很明显的革命上升的形势。当然这种新的结合，还没有达到高度，所以现在不是革命的高潮"[②]。不是高潮而是"上升"，这便是李立三对革命形势的估计。

项英的发言。项英在谈到"现时政局的估计"时指出："八七会议后，决定了暴动政策，我们对于这个政策完全认为对的。但在这时期中，发动了盲动主义和军事冒险，不去发动群众而专依靠军队，致遭这大的失败。这种倾向来源，就是没有充分估计环境的缘故。八七会议后，阶级的化分日益显明。那时候，中央对于阶级力量没有充分估计到。最多不过在决议

① 中共中央党史研究室、中央档案馆编：《中国共产党第六次全国代表大会档案文献选编》上卷，中共党史出版社 2015 年版，第 94—96 页。

② 中共中央党史研究室、中央档案馆编：《中国共产党第六次全国代表大会档案文献选编》上卷，中共党史出版社 2015 年版，第 100 页。

案或通告上说国民党是怎样的崩坏，只估量片面的情形，中央没有想到要怎样暴动的力量。甚至于太忽视工农力量的估计”。

项英指出：自国民党反动派叛变，各地工农的组织“屡遭大的打击，有暂时分散形式”。“党的总计划只知道暴动，不暴动的就是机会主义。然而在暴动失败后，中央又骂是军事投机。所以我们的任务是要估计到阶级力量的重新结合，然后才能得到暴动的胜利。军事投机和盲动主义是由于党中央没有估计到新的阶级力量影响于下级的结果。”以新的阶级力量是什么？项英认为中央“忽视了主观力量，农民的意志完全支配了我们党的整个政策，忽视了职工运动”。项英认为，“八七会议后，职工运动决议案上，要城市工人准备暴动，响应农民运动，这就是说工人跟在农民后面跑。虽然扩大会议后来注意工农的连（联）系，和城市工人运动还是以农民为主。因为受了农民意志的支配，使党没有注意到工人运动，这是失败的一个原因”。“最近有加紧城市的工作的决定，这些政策虽然较前进步，但农民意志支配了我党的政策仍未完全消除”。

项英谈道：对革命潮流的估量，中央“认为始终是一直高涨的”。“在上海讨论职工运动时，某同志说国民党是暂时稳定了。工人运动因受资产阶级压迫而低落下去了”。著名工人运动领袖许白昊、省委组织部部长陈乔年“被捕损失甚大，影响到下级的人员消沉”。而“中央认为是省委怀疑革命潮流的影响，其实并不是这一回事。中央以后的通告都认为革命是高涨的。城市工人斗争非常之少，简单的以农民暴动估定革命高涨”。这都是受了农民意志的影响。“对于阶级的结合，中央也没有注意到，且一天一天使党与群众脱离，在农村中也就不断发生盲动主义”。①

张国焘的发言。张国焘在发言中批评中央常委估量革命潮流高涨，指出直接革命、武装暴动、割据局面，而革命“一直高涨”的表现是各处农民割据、苏维埃政权建立。共产国际九次扩大会指出，革命高潮已过，新的高潮还没有来，可是快要到来。这是与中共中央意见有些不同的。中央

① 中共中央党史研究室、中央档案馆编：《中国共产党第六次全国代表大会档案文献选编》上卷，中共党史出版社 2015 年版，第 98 页。

四十四号通告，说中央意见与国际一致的，实际上“并未诚意接受国际的决议”。张国焘认为：“革命高潮已过，在目前情势是停滞状态，也可说是转变关头”。有同志认为，“以农民的游击战争包围广州——这种计划是不合实际”，不过是幻想。[①]

王若飞的发言。王若飞结合自己的工作实际和认识转变，明确“反对高潮见解”。他指出，八七会议以前，因为“不懂中国革命的前途、中国革命的性质，政策是很模糊的，具体表现于加入国民党不知道国民党的性质，在国民党中去争领导权”，所以党的政策是错误的。八七会议以后，党的政策有好的方面即纠正对小资产阶级摇动态度，抛弃合法的政客的利用军阀革命政策，坚决走到组织群众直接行动、武装暴动、建立苏维埃政权路上。同时也存在“错的方面：一直高涨的暴动政策，不注意革命转变中阶级新结合的形式、群众争斗的情绪，群众与党的关系表现盲动倾向。”王若飞在会上勇敢地进行自我批评，回想自己“在上海三次暴动七月恐怖失败后，以一种悲愤精神执行暴动政策，在宁汉战争、无锡暴动时幻想来一个占领沪宁的大暴动。当时亦农、秋白均表示怀疑。”失败后，“感觉到发动群众工作之不够，暴动近于军事冒险，但当时在全党暴动狂空气中，中央一面注意指出上海盲动危险，但同时整个工作趋向仍是急进暴动色彩，且缺少具体争斗方法，所以工作路线仍是极动摇的。”思想观念的变化是在广州起义之后党组织的调整过程之中。“广州暴动失败后在省委组织的新改变中，我勇敢的提出对革命潮流估量革命潮流低落问题，反对高潮见解，从历史比较客观情形来证明这革命虽深入而一般低落的现象。广州暴动是旧的革命反抗争斗之结束，同时是新的革命之开始。目前的工作是如何恢复积聚群众力量。”[②]

王若飞对“中央的解析初为转变消沉后说一直高涨”有不同看法。“我

① 中共中央党史研究室、中央档案馆编：《中国共产党第六次全国代表大会档案文献选编》上卷，中共党史出版社 2015 年版，第 89 页。

② 中共中央党史研究室、中央档案馆编：《中国共产党第六次全国代表大会档案文献选编》上卷，中共党史出版社 2015 年版，第 96 页。

说革命转变中，城市工作表现转变中的低落，乡村仍继续发展，就总的现象革命总是进展的，暴动政策是对的。但当注意党与群众的联系及许多问题。”他同意最近共产国际决议案的指示，但认为自己上述意见还不够透彻，“惟尚须努力更求懂得，到大会来学习”。①

何资琛的发言。湖南何资琛谈到革命潮流的估计时指出：“中央对两湖暴动决定以湖南为中心，当时群众斗争虽是激烈，但党的力量非常薄弱。同时白色恐怖非常厉害。这时可说是‘潜伏的进展’或是‘埋藏待发’的形势”。当时到湖北布置两湖暴动的同志说“中央的人是说一直上涨，令我莫名其妙。假说不是你们听错了就是中央无一致的观念”。②

关向应的发言。关向应认为：“广州暴动是对的。因为他与敌人的力量比较，反抗的暴动是对的。暴动以后，中国革命已经因为阶级的变化和重新结合，造成了一种新的革命的力量。小资产阶级自广东失败后逐渐倾向到革命的方面来了。现在革命是向上高涨的过程是暴动的前途。组织群众，乡村的游击战争，仍应继续发展。”③

瞿秋白在发言中认为：革命形势的高涨有两种情况：一种是“斯大林同志说要革命进步到有胜利可能时才可说是高潮”。还有一种实际上是高涨的前途。瞿秋白指出：“如果说广州暴动后革命完全没有高涨之前途，那就是错误。”“革命形势究竟是高涨呢还是高潮呢？还是埋藏待发呢？我曾与斯大林同志讨论过。我还不能了解他的意思。”有人提出中央通告中采用过“一直高涨的字样”，瞿秋白认为将其“解释一直高涨为革命绝无挫折直到底胜利是不对的”。如果发生“如此误会，那么，这可真是中央所用的字句不妥，因此地方的盲动主义，中央是应负责的”。④

① 中共中央党史研究室、中央档案馆编：《中国共产党第六次全国代表大会档案文献选编》上卷，中共党史出版社 2015 年版，第 96 页。

② 中共中央党史研究室、中央档案馆编：《中国共产党第六次全国代表大会档案文献选编》上卷，中共党史出版社 2015 年版，第 98 页。

③ 中共中央党史研究室、中央档案馆编：《中国共产党第六次全国代表大会档案文献选编》上卷，中共党史出版社 2015 年版，第 103 页。

④ 中共中央党史研究室、中央档案馆编：《中国共产党第六次全国代表大会档案文献选编》上卷，中共党史出版社 2015 年版，第 109 页。

（2）关于党的机会主义错误和过去的经验教训

向忠发的发言。向忠发认为："机会主义的产生是有社会背景的。是建筑在小资产阶级的基础上面。党的指导者是家长式的，是信仰个人的，是跟着国民党左派跑的。一开始就向小资产阶级和资产阶级让步。在武汉时期中央和国际代表团都没有独立的政治主张"。"中央自解散纠察队，自己打破民众组织"。有的同志虽是反对机会主义的，"然而当时却提议解散纠察队"；甚至还"借口童子团的抢劫，而主张枪毙"。"这一切都是由于小资产阶级的社会基础造成机会主义。陈独秀在几次国际电令之后，不肯来莫，最近又托病不出席大会，这是表明小资产阶级害羞怕批评的心理"。①

张国焘的发言。张国焘认为：要把过去错误指出，说清到底什么是机会主义，一切错误到底从何处发生，怎样表现出来的。"我们是没有能估量环境，没有能了解革命的前途及意义以及我们的任务。主要错误之一，是没有设法武装群众，破坏敌人的武力，使敌人的军队分化，及其阶级成分的改革。固然不了解土地问题，军队的性质及前途……都是主要的错误。但是关于这一点——不武装群众的错误，是为大家所忽视的。"②

李立三的发言。李立三认为："对机会主义的发生，有许多不同的意见：①五卅时；②武汉时；③国共分家时。我以为机会主义的发生是有它的社会的背景的。萌芽于第三次大会"。"当时有两种意见：①一切工作归国民党。②保留产业工人不加入国民党。在扩大会议上，亦决定产业工人不加入国民党。这两种意见是同样的不明了无产阶级在国民革命中争领导权的意义。国民党是各阶级革命的联盟。我们不仅在外争群众的领导权，而且要在国民党内争领导权才是对的"。李立三指出：1926 年三二〇事件前，"广东同志对领导权的意义是了解的。中央是错误的"。而在武汉初期，张国焘的路线是比较正确的。"但到了反蒋和工农运动高潮的时候"，张国

① 中共中央党史研究室、中央档案馆编：《中国共产党第六次全国代表大会档案文献选编》上卷，中共党史出版社 2015 年版，第 103 页。

② 中共中央党史研究室、中央档案馆编：《中国共产党第六次全国代表大会档案文献选编》上卷，中共党史出版社 2015 年版，第 89 页。

蒸又动摇了。“在这种情形之下，党只跟在群众后面跑”。懂得要反蒋，“但没有注意怎样去反对，怎样巩固自己的领导权。当时正确的策略是应该积极发展工人争斗，深入土地革命的争斗。以巩固无产阶级在工农群众中的领导权。但这还不够，而且要在国民党中使其化分明显，压迫左派到我们领导之下，把右派分子肃清出去。此外对于军队也应该使工农争斗来影响兵士明显的分化。如果不这样做，就不能战胜民族资产阶级的叛变。当时党的策略路线几乎完全相反的。不是我们领导小资产阶级，而是跟着小资产阶级跑。这是那时主要的错误，主要失败的原因。”①

李立三在发言中肯定“八七会议以后政治路线”。“我们拿以往的缺点作我们的教训。国共分家和八七会议，是一个革命转变时期。当时革命势力的确是一种瓦解的现象。后来所以能重新团聚工农群众发展争斗，稳定党的组织，一直到秋收暴动掀起广大群众的斗争，很明显的都是八七会议决定的新的政治路线，所收可宝贵的成绩。”但李立三也指出，在八七会议改变新的路线后，“首先发生另一偏向的盲动主义的，便是江苏省委。中央便积极与这种错误的倾向奋斗。盲动主义的来源，是革命遭受打击后一部分激进分子感情的拼命主义，它是有它的社会背景的。还有先锋主义、军事投机，都是与它同一来源。如果说这些倾向是中央不正确的政治路线的结果，我是不同意的。因为如果这样说便犯了否认病，把八七会议后一切政治路线及伟大的广州暴动，都一概抹煞了”。②

何资琛的发言。何资琛认为：“党的机会主义之形成是有它的社会背景。因为我们党之最初长成是许多不同的社会成分组合起来，所以在党开始时即有遇到党的斗争，激烈时即自然的显露出来。因此，机会主义不是在某时期才形成的。”何资琛认为，说机会主义是广东中共三大后发生的“这是不正确的”。

---

① 中共中央党史研究室、中央档案馆编：《中国共产党第六次全国代表大会档案文献选编》上卷，中共党史出版社 2015 年版，第 99 页。

② 中共中央党史研究室、中央档案馆编：《中国共产党第六次全国代表大会档案文献选编》上卷，中共党史出版社 2015 年版，第 100 页。

何资琛对于大革命失败后八七会议确定的武装反抗国民党反动派的方针。“国共分家以后，吾党采暴动政策是我党唯一出路，不但过去这政策是对的，就将来也还是对的政策。不过运用上就有问题。虽则暴动有的胜利有的失败，然我们总要有相当胜利的把握才能说到暴动”。“南昌军事暴动确是开武汉政变后杀出我们的一条新血路”。八七会议后“两湖的秋收暴动在原则上是对的。但是中央批评湖南秋收暴动为军事投机，实是中央尤其是湖南省委不了解当时主观和客观的力量”。马日事变前，湖南号称有组织的几百万农民和几十万工人。马日事变后的情形又怎样呢？那时群众的组织可以说已被破坏瓦解殆尽。党与群众的联系隔离，党的支部有几个？秘密的职工会和农协的组织又有多少力量？“以后中央要我去湖北指挥秋收暴动，对我说要群众暴动不要军事投机。固然没有投机，但是始终不能起来”。“所以湖南秋收暴动实是儿戏，中央要负责，同时湖南省委更要负责。湖南十二月十二的暴动，比较进步而主观力量仍是不够”，暴动以后同志牺牲甚多。后来中央讨论关于两湖运动中心问题。“大家以为暴动取得几省政权是必要的，亦是可能的。湖南实是两湖运动的中心。但中央当时对两湖暴动的估量和策略表示无一致明确的观念，而 C.Y. 则表现盲动倾向，不管主观力量充分不充分即欲一干为快。”①

反机会主义究竟反到怎样程度？何资琛认为，从八七会议反机会主义以来，中国党的机会主义余孽仍然是保存在党的指导机关内，自中央甚至到支部各级指导机关里仍存有机会主义分子没有根本肃清。他们在党的工作上或“左”倾或右倾的表演出来影响到党的日常工作。这便是何资琛对机会主义的认识。②

甘卓棠的发言。甘卓棠在发言中认为：“机会主义的产生，是开始于国民党第二次代表大会。首先是联左打右，后又联右打左，酿成三月二十日

① 中共中央党史研究室、中央档案馆编：《中国共产党第六次全国代表大会档案文献选编》上卷，中共党史出版社 2015 年版，第 97 页。

② 中共中央党史研究室、中央档案馆编：《中国共产党第六次全国代表大会档案文献选编》上卷，中共党史出版社 2015 年版，第 97 页。

的事变。三月二十日蒋介石已经反动了。我党的机会主义的策略就在这时候表现出来了。当时有几千纠察队与铁路上百余武装工人、三团、保卫团及各地的群众在自己手里，有这样大的武装而不攻打蒋介石，这就是机会主义的表现。群众很信仰我们，而我们没有影响到群众中间去。政府北迁后，国共尚未分裂，党又勾结汪精卫。后来又压制湖南农民和解散湖北纠察队。广东民众都骂共产党无用。这都是机会主义。不然，我们的代表大会就不在这里开了。”①

张昆弟的发言。张昆弟认为，党内机会主义的发生是在加入国民党以前。“例如：京汉路罢工，我们的同志事先打电话给吴佩孚，探听他的意思。京绥路工人因欠薪三月工人起来索薪，要求罢工，而上级党部硬要阻止并说我们可以向冯玉祥交涉”。上海三次暴动发展群众好几十万，但当时上海工人提出经济要求则须事前经过总审查，“恐工人要求太高，资本家受不了。这是党做了资产阶级的走狗。无论武汉和各地都是如此”。张昆弟认为，我们应该“承认我们过去机会主义的错误。假使当时我们不限制工人经济要求，使上海工人得到胜利，现在上海工运至少要好些。过去一切同志可说都是机会主义者因为都在负责。”张昆弟承认：“八七会议党的确有一种新的精神，这是不可否认的，但党部在各地总是弄暴动，实有一种暴动狂。仿佛不暴动便是机会主义。由此不看各地情形如何，对各地革命形势不能去明确的估计，指导机关并未分别指导各地党部。”②

王若飞的发言。关于党内的错误和对共产国际的意见，王若飞认为，武汉时期党的政治局人“都是貌合神离，开会现象最坏，近于‘清谈误国’腐化现象尤其危险”。同时，八七会议以后：党本身政策摇动，形式的主观的指导，简单的政治纪律是非不明，发生许多纠纷。对于共产国际，“过去中国党是绝对迷信国际代表”，但有的国际代表“过去的工作太坏，指

---

① 中共中央党史研究室、中央档案馆编：《中国共产党第六次全国代表大会档案文献选编》上卷，中共党史出版社 2015 年版，第 102 页。

② 中共中央党史研究室、中央档案馆编：《中国共产党第六次全国代表大会档案文献选编》上卷，中共党史出版社 2015 年版，第 103—104 页。

导我们做了很大错误，实情又不能达于国际”，中国的革命为这般“买办”所操纵，于是由迷信转变到相反方面[①]。

项英也谈到，共产国际与中国共产党的关系“很不好。在上海，国际代表不容许中国同志的意见，甚至因此不给经费与党部。这种现象希望国际加以特别注意”[②]。这番话表达了中国同志对共产国际代表的不满态度。张昆弟则表示：“过去国际对于我们党的训令都是对的。但我们不会运用，致遭了过去的大的牺牲和挫败。”[③]

黄平的发言。黄平在发言中对党的错误包括陈独秀问题提出意见：“党在过去的错误，使我们革命失败得这样。假使不批评过去的中央，而反说八七会议以后的中央的错误，这是很奇怪的。再还有独秀同志因病不到，这也是很奇怪的。有人说他消极了，有人说他仍在奋斗，但他在哪里奋斗呢？在这紧张时期，这位老领袖对于我们的党是有很大的影响的。”黄平认为：“把过去一切错误抹煞，反来说新的中央怎样错误，这是不对的。”[④]

瞿秋白的发言。瞿秋白在谈话会结束时讲话：“机会主义的根源同志都发挥尽致”，“依我看来研究这问题是不够的”。应当研究究竟机会主义是什么，根本的原则问题上的机会主义的见解是什么，以求出什么是布尔什维克主义，这是主要的。其二，“机会主义如何暴露在实事上，什么时候开始暴露。这是第二问题”。对于这个问题，瞿秋白认为，“机会主义的暴露，是从上海谈判开始的。以前在上海与孙科、戴季陶、叶楚伧他们国民党右派谈判，这些明明是机会主义的事实”。瞿秋白谈道：“中国革命自一九二四年起渐次高涨，至一九二七年失败，这种事实在世界革命上都有很重大的意义。现在革命也因机会主义而受伤，党也受伤了，大家须明白

① 中共中央党史研究室、中央档案馆编：《中国共产党第六次全国代表大会档案文献选编》上卷，中共党史出版社 2015 年版，第 96—97 页。

② 中共中央党史研究室、中央档案馆编：《中国共产党第六次全国代表大会档案文献选编》上卷，中共党史出版社 2015 年版，第 99 页。

③ 中共中央党史研究室、中央档案馆编：《中国共产党第六次全国代表大会档案文献选编》上卷，中共党史出版社 2015 年版，第 104 页。

④ 中共中央党史研究室、中央档案馆编：《中国共产党第六次全国代表大会档案文献选编》上卷，中共党史出版社 2015 年版，第 100 页。

承认机会主义的责任及工作上的错误。”他指出：党的四大后至五大前，“中央实际负责的是独秀、秋白、述之三人，平山、大钊等在外工作，国焘亦常被派出外，各事总由三人打理”。各个人的责任是第二等的问题，不关重要的问题。大家讨论“只管放心，不要怕机会主义、盲动主义的责备，只要把真正的政纲方针辨清”。“说错是不怕的，有大会可以纠正，大会说错了，还有国际大会可以纠正。”①

（3）党在今后的任务和方针

蔡和森的发言。关于党今后的任务，蔡和森指出：“主要任务还是继续发展暴动政策的路线，准备推翻统治阶级，夺取政权，完成工农独裁制。夺取千百万群众是完成此主要任务的中心工作。但不能以此代替主要任务而以为我们应停止或取消暴动政策。我们总的任务是土地革命与反帝国主义的两方面”。这两种任务“应当是平行的。在过去争斗的过程中，我们常常犯了一种偏向”，如在武汉末期，蔡和森承认自己“曾犯过偏重反帝国主义倾向的错误。八七后中央忽视反帝方面，在政治决议上曾有土地革命胜于取消不平等条约、关税自主之说。又解释革命内容亦只单举土地革命而忽略反帝一方面。这些偏向都是应改正的。不然，不能完成我们的任务。”②

蔡和森认为：八七会议确定的暴动政策，“路线根本是正确的”。“武汉叛变后，我们革命的势力的地位。即我们对于反革命的抵抗之暴动政策其结果是如何？其结果有失败和成功的二方面。失败的是缺少充分精确的准备，指导与计划，以致被敌人各个击破。成功方面是确实获得了对于农民的领导权。特别在两湖、广东、江西。这是伟大的成功。若只看到暴动的失败方面，那是不对的。暴动政策的路线根本是正确的。武汉政变后如不采用此路线，我们没有出路，如再继续以前机会主义路线，党可以完全消

① 中共中央党史研究室、中央档案馆编：《中国共产党第六次全国代表大会档案文献选编》上卷，中共党史出版社 2015 年版，第 108 页。

② 中共中央党史研究室、中央档案馆编：《中国共产党第六次全国代表大会档案文献选编》上卷，中共党史出版社 2015 年版，第 95 页。

灭。”[①] 正确估计革命现状，才能定出正确策略，“只有这样方可使党不至灭亡。不但免党于灭亡，且可进到中国革命新的高涨浪潮”。[②]

关于暴动的准备，蔡和森指出：“在一般上说，是加紧暴动的准备。这点不用多说。我特别要提出的是夺取一省或几省政权，仍然是现在实际的任务。应夺取一省或几省建立我们的根据地和政治中心。广东是有更多的可能。我的意思以为至少应夺取广东为我们政治中心。暴动中最困难的问题，自然是帝国主义和城市的问题。没有城市的准备单靠以乡村包围城市自然是不够的。”[③]

蔡和森认为：“城市问题——确实成为最重要的问题。八七以来忽视城市群众工作，形成严重的脱离群众的状况。秋白书面报告回避了此问题。国焘的批评我同意。”[④] 来自广东的李立三不完全同意上述观点。他认为：“忽视了城市工作在事实上是有的，但中央是反对这种倾向的。以我在广东工作的经验。中央是首先指出这种危险的倾向的。”[⑤]

李立三的发言。他认为，在革命高潮还没有到来的情况下，“党的今后的路线，便是要从促进这种结合，聚集更广大的群众。今后党要有估计正确的策略，以巩固革命的结合。使革命高潮很快的到来”[⑥]。因此，今后最主要的任务，一是城市工作发展工人运动，其方法要——加紧经济斗争，而不断的加上政治上的宣传。二是农民运动。三是反帝运动。李立三不同意有人说的“乡村要与城市相配合的发动”。这种观点“就是说农运要等一

① 中共中央党史研究室、中央档案馆编：《中国共产党第六次全国代表大会档案文献选编》上卷，中共党史出版社 2015 年版，第 95 页。

② 中共中央党史研究室、中央档案馆编：《中国共产党第六次全国代表大会档案文献选编》上卷，中共党史出版社 2015 年版，第 89 页。

③ 中共中央党史研究室、中央档案馆编：《中国共产党第六次全国代表大会档案文献选编》上卷，中共党史出版社 2015 年版，第 95 页。

④ 中共中央党史研究室、中央档案馆编：《中国共产党第六次全国代表大会档案文献选编》上卷，中共党史出版社 2015 年版，第 95 页。

⑤ 中共中央党史研究室、中央档案馆编：《中国共产党第六次全国代表大会档案文献选编》上卷，中共党史出版社 2015 年版，第 100 页。

⑥ 中共中央党史研究室、中央档案馆编：《中国共产党第六次全国代表大会档案文献选编》上卷，中共党史出版社 2015 年版，第 100 页。

等，等到城市起来再动。这我是不同意的”。李立三的意见是：“一面加紧城市工人运动，另方面农民游击战争也是要同时发展”。李立三特别强调：“游击战争有很重大的意义：A. 深入土地革命。B. 造成红军基础。C. 影响工运。因此，我们要发展游击战争。现在有一种不好的倾向，就是不要农民游击战争”。“以上是目前党最主要的政治任务。要这样，才能使革命的高潮更快的到来，实现我们的总暴动，但同时在组织上的准备，也是主要的同时并进的。①”

李立三认为：“反帝运动的忽略，这一点中央是要负相当责任的。如对日本出兵事件等”。李立三还连带批评张国焘“主张赞助要求恢复民众运动的倾向”。李立三认为，这完全是旧的机会主义的另一方式的表现。“要求”“恢复”，很明显的是要在国民党政权之下的“合法运动”的企图。我们应给这种倾向以严重的批评与防止。②

关向应的发言。他认为：“八月会议后的暴动政策，完全是对的。而在暴动时所发生的困难和错误，那又是一回事。我们不能因为遇到困难和错误，就动摇暴动政策。我们的党自八七会议后，是从机会（主义）里救出来的，是比较进步的，向前发展的，并不是现在的党。如果说现在的党比机会主义影响下的党更陷于危境，这样说不是事实。”③

关于党的组织，关向应认为：“改组党部是必须执行的：①改组我们的工作方式。②铲除小资产阶级的意识。因为改组的工作没有做好，所以还不能深入群众中去。只有深入群众，使党的领导机关，与群众发生联系，才可以保证我们的胜利。”④

张昆弟的发言。张昆弟认为中央不够重视职工运动、工会工作。他以

① 中共中央党史研究室、中央档案馆编：《中国共产党第六次全国代表大会档案文献选编》上卷，中共党史出版社 2015 年版，第 100—101 页。

② 中共中央党史研究室、中央档案馆编：《中国共产党第六次全国代表大会档案文献选编》上卷，中共党史出版社 2015 年版，第 100 页。

③ 中共中央党史研究室、中央档案馆编：《中国共产党第六次全国代表大会档案文献选编》上卷，中共党史出版社 2015 年版，第 103 页。

④ 中共中央党史研究室、中央档案馆编：《中国共产党第六次全国代表大会档案文献选编》上卷，中共党史出版社 2015 年版，第 103 页。

1928 年 1 月 18 日的全总扩大会议为例，各地代表开了 4 天会，通过了 3 个决议案，会后将决议案交中央局修改、印刷寄往各地，但到了 5 月才算送到北方区。“无论技术工作如何，但顺直省委经过四个月后才接到全总扩大会议的决议案。即此一小事可以说中局对职工运动之忽略”。[①]

张昆弟批评说：北方支部成了几个人的机关，闭起门来与群众无关。“如谓工人能力不够，但使工人不参加工作过一万年也不会有能力”。因此，应多吸收工人作工作。张昆弟认为，北方工人自然比上海工人落后，上海工人又比广东工人落后。北方工人落后的原因，一方面是北方文化落后；而另一方面亦因党内机会主义促成它，因此工人同志多参加各地党部工作是应当的。[②]

项英的发言。项英指出：现在强调吸收新的工人分子和同机会主义斗争。但是还存在很大的问题。“党仅仅只在形式简单的提拔了工人分子，沪、汉、粤，虽然改组了”，在组织形式上改组了，可是组织“仍然脱离了群众。忽视了主观力量，创造组织作用组织形式，丝毫未变”。有鉴于此，项英提出：“要在提拔工人分子时，同时在组织上加以改造”。[③] 对上述意见，黄平在发言中提出不同意见：上海负责的同志“主张做铁路工作只做道棚工作，把一个年轻而又非该处的青年工人作沪杭宁工会的主席，难道这是改造党的方法吗？”“还要说党的改造是中央的错误呢！”[④]

项英在发言中批评党“忽略了反帝运动”。“虽然在会议上提出反帝运动，然而总没有具体的办法，没有正确的主张”。[⑤] 项英认为：“八七会议后，职工运动决议案上，要城市工人准备暴动，响应农民运动，这就是说工人

① 中共中央党史研究室、中央档案馆编：《中国共产党第六次全国代表大会档案文献选编》上卷，中共党史出版社 2015 年版，第 104 页。

② 中共中央党史研究室、中央档案馆编：《中国共产党第六次全国代表大会档案文献选编》上卷，中共党史出版社 2015 年版，第 104 页。

③ 中共中央党史研究室、中央档案馆编：《中国共产党第六次全国代表大会档案文献选编》上卷，中共党史出版社 2015 年版，第 98—99 页。

④ 中共中央党史研究室、中央档案馆编：《中国共产党第六次全国代表大会档案文献选编》上卷，中共党史出版社 2015 年版，第 102 页。

⑤ 中共中央党史研究室、中央档案馆编：《中国共产党第六次全国代表大会档案文献选编》上卷，中共党史出版社 2015 年版，第 98 页。

跟在农民后面跑。虽然扩大会议后来注意工农的连（联）系，和城市工人运动还是以农民为主。因为受了农民意志的支配，使党没有注意到工人运动，这是失败的一个原因。”[1]

项英还指出：“我们今后的任务主要的是应该与群众建立密切的关系，建立在工农群众中强大领导力量，达到总暴动的目的”。“党的组织一天一天的削弱，党与群众的关系也一天一天的脱离，这是很大的危险。我们的党忽视群众的领导力量，好像天然领导权属于我们一样的，没有看清国民党及反动工会对于工人影响，有时他暂时用改良口号来欺骗着群众，虽然反动派不能实行改良政策。他可以阻碍工人阶级的发展”。我们要从反动派那里把群众“夺到我们领导之下来”。“对群众领导实际情形，党没有了解清楚，对工人的宣传中，没有注意到农村土地革命问题。工农的联合是革命的最大关键。城市工作之不平均发展，就是估量影响到政策的结果。我们不了解工人阶级就不能领导他们”。[2]

黄平的发言。他在发言中认为，“国共分裂后，各地工人组织完全破坏”。“在这时候，号召反帝运动是不可能的。这是实际问题，并不是我们不做反帝运动，而是工人因切身利益尚且不能分身，哪里还能顾及这些”。所以说“中央的错误是没有注意到城市的小资产阶级、反帝国主义、工人运动，这是不对的”。[3] 张昆弟则认为：“上级机关早应通知各地党部，尽可能的作一反对帝国主义宣传，吸收群众，发展城市群众运动，但上级党部迟延其事，致使这一反日本帝国主义运动领导权，为国民党所夺取”[4]。

黄平还对土地革命问题提出意见：“有的人以为不必要平分土地。因

---

① 中共中央党史研究室、中央档案馆编：《中国共产党第六次全国代表大会档案文献选编》上卷，中共党史出版社 2015 年版，第 98 页。

② 中共中央党史研究室、中央档案馆编：《中国共产党第六次全国代表大会档案文献选编》上卷，中共党史出版社 2015 年版，第 98 页。

③ 中共中央党史研究室、中央档案馆编：《中国共产党第六次全国代表大会档案文献选编》上卷，中共党史出版社 2015 年版，第 101 页。

④ 中共中央党史研究室、中央档案馆编：《中国共产党第六次全国代表大会档案文献选编》上卷，中共党史出版社 2015 年版，第 104 页。

为俄国革命时没有应用这个口号，这是不对的。中国和俄国的土地分配情形完全不同：①俄国当时的土地是集中在皇室和大地主手里。②中国就没有许多的空地，完全不能与俄国比较。因此，我以为在中国必须平分土地。”[①]

甘卓棠的发言。关于暴动，甘卓棠指出：“如果要等待准备好了再暴动，这是不对的。是错误的。这种等待主义很容易转成新的机会主义。我们只有在斗争的过程中才能发展自己的组织和认识某个同志是积极的或是消极的。”[②] 关于改造党组织，大多数发言者是赞成的。广东的党组织改造看来取得了一定效果。所以，甘卓棠认为，“广东未改造党以前，群众是不满意的。恰如彭述之所说的一样，党是‘神圣机关’。改组后情形就不同了。每个支部都发展到几百个同志，指导者大半是工人分子。除了书记而外，许多工人都相信本党，时常问我们在海陆丰情形。广州暴动后十二月十四号又准备召集大会。后来因为省委决定不开，工人群众也不高兴。”[③]

王仲一的发言。来自北方的王仲一认为：“机会主义与党的组织问题”关系密切。“机会主义是出卖工人阶级利益的，具体的表现就是为了国民革命，可以牺牲工人阶级的利益。”“机会主义的来源，是从党的组织产生的”。中国党初期的组织，可以说完全是一般智识分子。但是，那时的党我们绝对不能说他是机会主义，因为那时的一般智识分子，都是跑到群众里去领导群众的斗争，了解群众的意识，开始推中国幼稚的无产阶级的组织与无产阶级。中国党的机会主义从什么时候产生的？王仲一认为和从莫斯科东方大学学习后回国一部分同志有关。“自八七会议改组之后，有些党部却是进步，一方面有许多的党的组织之外的工人同志参加干部的组织，一方

---

① 中共中央党史研究室、中央档案馆编：《中国共产党第六次全国代表大会档案文献选编》上卷，中共党史出版社 2015 年版，第 100 页。

② 中共中央党史研究室、中央档案馆编：《中国共产党第六次全国代表大会档案文献选编》上卷，中共党史出版社 2015 年版，第 102 页。

③ 中共中央党史研究室、中央档案馆编：《中国共产党第六次全国代表大会档案文献选编》上卷，中共党史出版社 2015 年版，第 102 页。

面一般隔离群众的党部，却已接近群众，但在这种机械的改组，还是不够的。党的改造是在未来群众的斗争中去改造的，才能形成真正布尔什维克的政党”。[①]

总的来看，谈话会上，与会者紧紧围绕布哈林提出的问题发言，既有热烈的讨论，也有针锋相对的意见。瞿秋白指出：“我们今天谈话会的意义是要辨明研究党内有无许多不同的倾向，有些什么样的倾向，这些谈话与辩论正是使大家互相知道自己与别人的意见，政策以及其他零星事实，以作大会正式开会之准备。”“布哈林要开这次谈话会也是这个意思。我曾和布哈林、斯大林诸同志谈话，认为这次大会必须得着很好的结果，将以前机会主义的根源肃清。”[②] 值得注意的是关于党在今后的任务方针，大多发言者赞成开展群众工作，但主要是以城市为中心，强调工人运动。虽然提到工农的联合，但基本上是以城市为中心，甚至批评所谓的“农民意识”。土地革命、农村工作也有涉及，但没有更多展开。

6 月 14 日谈话会开始之时，布哈林担心有许多同志不能自由发言。他认为党的高层领导应能发表不同意见，不管是多数人或少数人。是否邀更多同志参加应由中国同志决定。从他的谈话，可以看出布哈林是主张党内充分发扬民主，鼓励大家发表不同意见的。他提出，要由中国同志决定是否邀请更多同志参加大会。这也体现对于中国同志的尊重。

这天的政治谈话会，布哈林有要事退席，不能听瞿秋白发言。因此，他嘱咐瞿秋白写信说明：一是共产国际代表对中国大会的报告里，应当提及一些什么问题。二是对张国焘所说的关于现在策略的内容有什么意见。布哈林是要把这封信作为在中共六大做政治报告的重要参考资料。瞿秋白在 6 月 15 日致信布哈林说明：“要解释明白中国革命的根本问题，便不但要确定现时革命形势的估量及党的任务，并且要解释过去的问题”。他列出

① 中共中央党史研究室、中央档案馆编：《中国共产党第六次全国代表大会档案文献选编》上卷，中共党史出版社 2015 年版，第 106—107 页。

② 中共中央党史研究室、中央档案馆编：《中国共产党第六次全国代表大会档案文献选编》上卷，中共党史出版社 2015 年版，第 108 页。

个人意见，“大会上必须回答”的问题有：一、1. 甚么是机会主义（原则问题），2. 机会主义是甚么时候开始的？二、武汉时代的整个估量，精确的说明中国革命失败的原因——（主观的和客观的）。三、中国革命的性质。四、民权革命转变而成（生长而成）社会主义革命的意义如何？民权革命与社会主义革命混合之意义如何？五、我党的政纲（最低限制的党纲）应当是什么样的？可否包含下列各项（文句尚待斟酌），等等。[①]

6 月 17 日，张国焘写了一篇《武装工农与“武装政变”问题》的论文。其中提到之前座谈会上“关于过去教训这一问题”，他“曾经指出我们过去最大错误之一，是没有能充分武装工农群众，在武汉国民政府逐渐反动的过程中，我们没有能够发动一个‘武装政变’。”他认为当时正当的策略应该是：“在广东推翻李济深的统治，在武汉应进行推翻唐生智，”“成立真正的工农小资产阶级联盟的政府。因为没有我们的革命政变”，反革命的政变就来了。[②] 这篇论文，实际上反映出张国焘参加政治座谈会后的感受和知识。

（四）共产国际派人帮助中共六大起草文件

为了做好六大的筹备工作，中共中央临时政治局于 1928 年 1 月召开会议，就规定时间准备青年团问题、党务组织、工会问题、土地问题、党纲草案、政策问题的讨论大纲[③]。周恩来说，六大决议是瞿秋白起草的，米夫、布哈林都修改过。最后又由瞿秋白修改过。[④] 但不能说这些文件没有体现共产国际的指示和愿望。共产国际派人参加完成了 11 份决议草案的起

---

① 中共中央党史研究室、中央档案馆编：《中国共产党第六次全国代表大会档案文献选编》下卷，中共党史出版社 2015 年版，第 797—799 页。

② 中共中央党史研究室、中央档案馆编：《中国共产党第六次全国代表大会档案文献选编》下卷，中共党史出版社 2015 年版，第 799—801 页。

③ 《瞿秋白文集》政治理论编（5），人民出版社 1995 年版，第 245—247 页。参见赵朴《第六次全国代表大会》（一），《党史研究》1986 年第 1 期。

④ 《周恩来选集》上卷，第 184 页。

草。参与的文件和人员如下[①]：（1）参加章程（应指中国共产党章程——笔者注）起草的有瓦西里耶夫、诺林、沃尔克、贝尔曼、米夫和苏兆征、向忠发；（2）参加土地纲领起草的有：沃林、约尔克、弗雷耶尔、马季亚尔、休卡里、米夫和苏兆征、向忠发；（3）参加农民运动决议起草的有：沃林、约尔克、弗雷耶尔、米夫和苏兆征、向忠发。（4）参加军事决议起草的有：贝尔津、盖利斯、布留赫尔、马马耶夫、阿片（赫梅廖夫）、安德列（谢苗诺夫）、瓦西里耶夫、米夫和向忠发、苏兆征；（5）军事工作的训令也是由上述10人共同参与完成的。（6）有关职工运动，开始有两个草案，一个是苏兆征起草，另一个是斯卡洛夫。然后，洛佐夫斯基、格列尔、斯莫良斯基、奥尔加参加，起草一个新的草案。（7）参加组织决议起草工作的有库丘莫夫、瓦西里耶夫、米夫、彼得办相。参加苏维埃建议决议起草的有纳索诺夫、瓦西里耶夫、阿片。（8）参加苏维埃建设决议起草的有：纳索诺夫、瓦西里耶夫、阿片。（9）参加宣传鼓动工作的有：诺林、沃尔克、库丘莫夫、戈卢别夫约尔克、基泰戈罗茨基、多格马罗夫。（10）起草妇女运动草案的，是共产国际妇女书记处。（11）中共纲领草案，由瓦尔加起草。还有一份署名为代尔轧、由中国共产党第六次代表大会秘书处印的《中国共产党党纲草案的试作》，时间为1928年。[②]中共的党纲草案确实没有列上日程，但是有所准备和涉及，所以大会秘书处才将其付印。根据共产国际东方书记处米夫1928年6月14日给斯大林、布哈林、皮亚特尼茨基、伏罗希洛夫和加拉罕的这封信，参加中共六大决议草案起草的外国同志至少有27位。[③]如果加上共产国际妇女书记处的同志就更多。虽然这些决议草案并没有完全被中共接受，但共产国际抽调人员参加各项决议的起草，无疑对中共六大具有重要帮助。

---

① 中共中央党史研究室第一研究部译：《联共（布）、共产国际与中国苏维埃运动（1927—1931）》第7卷，中央文献出版社2002年版，第496—497页。

② 中共中央党史研究室第一研究部译：《联共（布）、共产国际与中国苏维埃运动（1927—1931）》第7卷，中央文献出版社2002年版，第400页。

③ 俄罗斯现代历史文献保管与研究中心馆藏档案，档案号：全宗514， 目录1，卷宗349，第90页。

共产国际在帮助中共六大起草文件的过程中，非常重视和认真，比较注意发挥集体作用，对中国共产党的态度比较客气。1928 年 3 月 29 日，共产国际执行委员会东方书记处在莫斯科召开会议，由东方书记处主席、书记别尔津主持，听取关于中共中央军事部工作的指示方案。会议经过集体研究和讨论决定，责成委员会根据意见交换的精神进行修改。[①]4 月 10 日，瓦西里耶夫于莫斯科给中共中央的信，“寄去贵党的示范章程草案”。6 月 14 日，共产国际东方书记处在将六大草案送交中国共产党方面时说明：“这些草案都是草稿，应作为供中共政治局制定决议草案时使用”。还“请求告知对送去的草案的意见”。基本上是带着征求意见性质的口吻，采取商量的态度，提供给中国同志参考的方式。共产国际东方部同时把为中共政治局起草的决议草案分别送交斯大林、布哈林等联共（布）领导人。

（五）共产国际派代表出席中共六大

共产国际书记布哈林、共产国际东方部副部长米夫等多次出席中共六大，并在会上作报告、作结论和谈话。布哈林在中共六大召开前，召集政治座谈会，这和斯大林接见中共领导人的讲话，一起为大会定下了基调。在六大上，布哈林又多次发言、作报告。1928 年 6 月 18 日，布哈林作为共产国际代表致词；19 日，他作为共产国际代表作政治报告；29 日，布哈林在中共第六次代表大会上关于政治报告的结论；7 月 11 日中共六大闭幕会上，他又致词。

布哈林帮助总结中国革命遭受挫折和失败的教训，他从缺乏革命经验，探索革命道路中所犯错误的角度批评中共的错误，同时也承认自己犯过错误，做了一些自我批评。布哈林说：“你们的党因为没有经验的关系，自然无条件的做了许多错误，这是没有疑问的”。“我应当向你们说，你们每个都是因为没有经验而做了很多的错误。我也是做过错误的，很大的很严的

① 中共中央党史研究室第一研究部译：《联共（布）、共产国际与中国苏维埃运动（1927—1931）》第 7 卷，中央文献出版社 2002 年版，第 394 页。

错误，也是因为没有经验。”[①]

中共六大在批评党的领导所犯右倾机会主义错误时，还批评了共产国际代表如鲍罗廷、维经斯基、罗易、罗米纳兹等的错误。共产国际也认可了对这些代表的批评。并由此提出，以后不再向中国派遣常驻代表，而由中国共产党向国际派出常驻代表。六大结束后，中共中央决定以瞿秋白、张国焘、邓中夏等人为中共常驻共产国际代表，瞿秋白为负责人，留驻莫斯科。这是共产国际和中国共产党的关系的一个突出而重要的变化。

但布哈林也有不足之处。周恩来曾指出："布哈林在大会上做报告骂张国焘和瞿秋白同志，说他们是大知识分子，要让工人干部来代替他们"。同时，"布哈林对中国苏维埃、红军运动的估计是悲观的。他认为只能分散存在，如果集中，则会妨害老百姓利益，会把他们最后一只老母鸡吃掉，老百姓是不会满意的。他要高级干部离开红军。"三是对中国富农问题，也有一些负面的影响[②]。

在参加起草中共六大决议草案的人员中，有共产国际东方部副部长、莫斯科中山大学校长米夫。他除了参加章程、土地纲领、农民运动、军事决议、军事训令、组织决议共六个决议的起草，还组织东方部的工作人员和中山大学的一部分中国学生参加了会议的服务工作。共产国际执委会主席团和共产国际其他重要工作人员，在会前同中共中央领导人多次召开会议，这都是大会的准备工作的重要组成部分。中共六大结束后，米夫撰写了《中国共产党第六次代表大会》一文，对中共六大加以评价，既肯定六大取得的成绩，也指出六大没有制定党的纲领，还有待七大完成等不足之处。[③]周恩来认为米夫"散布了一些对中国党负责人轻视、不相信的话，有影响"。同时"造成了工学界限"。还在组织上起了一些不好的作用。[④]

---

① 俄罗斯现代历史文献保管与研究中心馆藏档案，档案号：全宗 514 - 1 - 406，第 301 页。

② 《周恩来选集》上卷，人民出版社 1980 年版，第 184 页。

③ 摘自《米夫关于中国革命言论》，人民出版社 1986 年版；中共中央党史研究室第一研究部编：《共产国际、联共（布）与中国革命档案资料丛书》第 11 卷，中央文献出版社 2002 年版，第 188 页。

④ 《周恩来选集》上卷，人民出版社 1980 年版，第 184 页。

（六）共产国际帮助邀请其他国家共产党组织向中共六大召开表示祝贺

此前中共派代表到莫斯科出席共产国际有关会议，一般人数十分有限，和其他国家和地区共产党的接触也不多。但中共六大在莫斯科的召开，使更多的其他国家共产党和中共直接接触，使中共有了更加开阔的国际视野。在中共六大上，前来致词的有共产国际、赤色职工国际、少共国际的代表，还有苏联、意大利、英国、法国、日本、波斯（伊朗）、捷克斯洛伐克等兄弟党的代表到会祝贺。这是经过共产国际精心安排的，对中共的鼓舞也是空前的。此前，中共五大在武汉召开时，曾邀请日本、英国等国共产党代表和中国国民党的代表参加。但在莫斯科，中国共产党和世界上更多国家的共产党代表欢聚在一起，不仅增进了和共产国际、联共（布）以及其他兄弟党的相互了解，还有利于扩大中共的国际影响。共产国际为了帮助中共顺利召开六大，也克服不少困难，付出了不少精力，保证大会的思想理论指导、文件准备和其他会务工作，从而保证了大会的圆满成功。

因为上述因素，中共六大在党的历史上第一次也是唯一的一次，将以下三点写入党章："中国共产党为共产国际之一部分"，"为共产国际支部"；党员入党，须承认共产国际和本党党纲及党章，须服从共产国际和本党一切决议；党的全国代表大会的召集，得经过共产国际同意[①]。此前的党章也规定了和共产国际的关系，如党员转移到国外，须得中央同意和共产国际的介绍，才能变为所在国的共产党党员；凡已加入共产国际所承认的各国共产党者，经中央审查后得为本党正式党员。[②]六大党章的上述规定，无疑强化了共产国际和中国共产党的关系。

（七）共产国际帮助中共解决召开六大遇到的一些具体问题

共产国际还帮助解决中共六大在会务方面遇到的如会议地址的选择和

---

① 《中共中央文件选集》第4册，中央党校出版社1989年版，第468、477—478页。
② 《中国共产党历次党章汇编（1921—2002）》，中国方正出版社2006年版，第69页。

确定、会议人员的往来交通、会议经费等问题。

一是会议地址的选择和确定。对于当时处在国内恶劣环境中的中国共产党来说，选择一个安全的地方召开大会是至关重要的。而同意中共在苏联境内召开六大，就必然涉及会议召开的具体场所。苏联和共产国际方面帮助选定莫斯科郊外五一村的别墅作为会场，这对中共六大的顺利召开是非常重要的保证。

二是会议人员的往来交通。不少代表要从国内到苏联莫斯科，共产国际负责为中共六大代表赴苏联提供交通方面的帮助，解决他们从中国边境进入苏联或从上海乘坐苏联轮船到海参崴以及回国的交通、接送等问题。在国内代表先后准备、陆续动身前往苏联之时，曾任共产国际执行委员会国际联络部部长的阿尔布列赫特非常关心。他于 1928 年 4 月 20 日从莫斯科抵达上海，并在 5 月 1 日给共产国际执行委员会政治书记处委员皮亚特尼茨基写信说："参加代表大会的人员已开始动身，我希望到 5 月中，一切都将就绪。"① 共产国际联络部门领导人到中国了解中共代表赴苏联情况，可见对此事的重视。有六大代表也谈到，在前往莫斯科的途中，在到哈尔滨和共产国际东方部交通站取得联系后，此后的行程遂由国际交通具体安排。②

三是会议所需的经费方面。共产国际执委会 1928 年为中共准备的预算总额为 20 万卢布。为准备在莫斯科召开的中共六大，共产国际提供大约 10 万卢布经费。之后，联共（布）中央政治局根据斯大林的建议，于 6 月 14 日即中共六大召开前夕，再次拨出 9 万卢布给中共用于应急。③

四是工作人员的安排。除了共产国际派出领导出席大会，还派出不少东方部的工作人员。他们参与中共六大工作，协助大会的顺利召开。

五是帮助安排部分代表在苏联的参观和学习。中共六大在莫斯科郊外

① 中共中央党史研究室第一研究部编:《共产国际、联共（布）与中国革命档案资料丛书》第 7 卷，中央文献出版社 2002 年版，第 422 页。

② 中共中央党史研究室第一研究部编:《六大代表回忆录》，中共党史出版社 2014 年版，第 103 页。

③ 杨奎松:《共产国际为中共提供财政援助情况之考察》,《社会科学论坛》2004 年第 4 期。

开会期间，没有安排代表们外出活动。大会结束后，则组织了 30 多名代表到苏联各地参观。还有的代表要求继续留在苏联学习。[①] 中央根据工作需要和各人的实际情况做了妥善的安排，共产国际也帮助具体落实。

总之，在莫斯科召开的中共六大，这是中国共产党成立以来第一次大规模的派出代表到莫斯科，同苏联、联共（布）、共产国际进行的一次广泛而有深度的交流，有力地密切了中国革命和世界共产党组织的关系，这对中国共产党以后的发展产生了重要的影响。

三、大会的召开和概况

经过认真筹备，中国共产党第六次全国代表大会于 1928 年 6 月 18 日至 7 月 10 日在莫斯科州纳拉法明斯科区五一村 [②] 召开。为大会顺利召开成立了大会主席团和相关的会务机构；举行了开幕式和大会报告、大会讨论，最后通过各项决议，选举产生了新一届中央委员会。

（一）大会主席团及会务机构的设立

中共六大在主要领导人陆续到达苏联，特别是 1928 年 6 月 9 日斯大林和中共领导人举行谈话会；6 月 14 日和 15 日，时任联共（布）党中央委员会委员和政治局委员，共产国际执行委员会委员、主席团委员、政治书记处书记布哈林召集部分六大代表的政治谈话会后，筹备工作进入了最后阶段。

6 月 16 日，大会筹备处发出了第二号通告，通知各地代表同志：1. 大会日期已近。明天午后将开预备会议。请从速组织代表团并举出负责书记为要。2. 大会材料已有许多印出，请到收发室（在楼下）领取，并请抽暇阅看。3. 各代表及各参加同志均已编定号码。请于今日下午时一时至四时到主席团室（在楼下）查询以后在大会发言等及领取一切文件物品。均用

① 中共中央党史研究室、中央档案馆编：《中国共产党第六次全国代表大会档案文献选编》下卷，中共党史出版社 2015 年版，第 848 页。

② 又称为圣三一区五一乡五一村。

号码，不要用真名姓。4. 代表调查表请即填好送来以便统计。[①]

6 月 17 日上午，大会筹备处又发出第三号通告，通知于当日下午 2 时召开各省代表团书记联席会议，要求各代表团书记按时出席。同时说明：只到一名代表的省份，即以该省代表资格出席；因代表尚未到齐而未组成代表团和选出书记者，以及已组成代表团并举定了书记但书记未到者，应暂推代理书记一人出席会议。按第三号通告要求，17 日下午 2 时，各代表团书记联席会议准时开会，周恩来主持。出席会议的有：四川代表团书记刘坚予，湖南代表团书记毛简青，浙江代表团书记章松寿，河南代表团书记李鸣，满洲代表团书记唐宏经，湖北代表团代表祁松亭（书记是向忠发），顺直代表团代理书记王仲一（书记王藻文尚未到），广东代表团书记李立三，江西代表团书记曾文甫，福建代表团书记罗明，江苏代表团书记项英，广西代表胡福田，青年团中央代表关向应。

中共六大各代表团书记联席会议经过讨论，通过了中央临时政治局提出的包括共产国际代表在内的 19 人主席团名单，大会秘书长和副秘书长名单，以及代表资格审查委员会委员和主席的名单，并决定委托项英代表各省代表团提交大会预备会议审议。

会议还决定：1. 代表资格审查委员会应根据各地代表之成分，分配他们参加大会各委员会。2. 各代表团书记联席会议由大会主席团视必要召集，有三个代表团认为有必要时亦可请求召集会议。3. 大会议事日程由预备会议审定后，再交大会主席团决定公布。4. 土地政纲草案印好后应即分发各代表。5. 大会应以能切实解决一切重要问题为原则，要在可能范围内节省时间，尤应减少各种琐屑问题的争辩。[②]

6 月 17 日下午，大会筹备处第四号通告通知：当天晚上 8 点半召开大会预备会议，要求各省代表、中央委员、特约到会人、团中央委员和指定

① 中共中央党史研究室、中央档案馆编：《中国共产党第六次全国代表大会档案文献选编》上卷，中共党史出版社 2015 年版，第 114 页。

② 中共中央党史研究室、中央档案馆编：《中国共产党第六次全国代表大会档案文献选编》上卷，中共党史出版社 2015 年版，第 116 页。

参加人届时出席大会。当晚 8 点半，大会预备会议准时开始。出席会议的有表决权的代表共 60 人。会议由瞿秋白主持，审议了主席团的组成问题，秘书长和副秘书长的人选问题，大会议程问题和代表资格审查委员会的组成问题。

关于主席团的组成——会议以 32 票过半数赞成，决定主席团成员增加二人，即由 19 人增至 21 人；并通过了包括各代表团书记联席会议通过和提交预备会议审议的 19 人名单在内的 21 人名单。关于大会秘书长和副秘书长——预备会议一致同意各省代表团书记联席会议通过并提交会议讨论的名单。之后，被提名副秘书长之一的邓中夏请求辞职，会议照准，同时决定补提罗章龙为副秘书长。关于代表资格审查委员会的组成问题——预备会议全体一致通过各省代表团书记联席会议通过并提交会议审议的五人名单，同时决定增加两名委员，即由七人组成代表资格审查委员会。关于大会议事日程——预备会议通过各省代表团书记联席会议提交会议审议的大会议程草案，并决定提请大会主席团作最终之审定以后公布。①

从六大预备会议所决定的内容，可以说六大在组织系统上分为五个层级：最高权力机构是党章所规定的党的全国代表大会，这是第一级；第二级是大会主席团；第三级是各省代表团书记联席会议和各种委员会。中共六大设立的各种委员会共有 10 个，如代表资格审查、财政审查委员会等；第四级为大会秘书处。秘书处设秘书长 1 人，副秘书长 2 人。周恩来任秘书长，黄平和罗章龙任副秘书长；大会秘书处下设有文书科、记录科、翻译科、庶务科等各科，职责不一，主要是分管大会会务。这也可以说是大会组织系统中的第五级。

《中共六大秘书处办事细则》，详细地规定了六大的秘书处的具体分工和任务。秘书处下设文书、记录、翻译、庶务四科，其工作分配如下：文书科，主要工作有六项：编辑材料、拟发通告、文件、收发文件，管理图书、整理文件，统计调查、管理、誊写、印刷，编写兼发印壁报。记录科，

① 中共中央党史研究室、中央档案馆编：《中国共产党第六次全国代表大会档案文献选编》上卷，中共党史出版社 2015 年版，第 117 页。

主要工作有两项：大会记录与整理；各委员会记录与整理。翻译科，主要工作有两项：翻译文件，会场翻译，各委员会翻译。庶务科，主要工作有两项：卫生（洗澡、洗衣、理发、医药等）；招待（铺位、衣服等）；交通；供给；会场管理。

《办事细则》还规定："以上各科每科设主任一人，主任以下按工作性质得设总干事一人，干事若干人，分管各项工作。各科主任对秘书长负责"。"本处办公时间由各科依工作情形酌量决定揭示公布。但因工作需要得由主任斟酌延长之。""在办公时间非经允许不得自由离开工作。""各部工作同志须在不妨碍工作范围之内经主任许可。"[①] 各科的分工细致具体，工作职责简明扼要，便于工作人员各司其职。

1. 文书科。按照上述细则，由龚饮冰任主任的文书科，在大会召开期间主要负责编辑材料，拟发通知、通告，抄写誊录，收发文件，管理图书和印刷事务，办理壁报等。该科的主要任务分为以下几个方面：

（1）编辑材料。此任务由大会副秘书长罗章龙兼任，主要是将大会通过的《政治决议案》《苏维埃政权组织问题决议案》《土地问题决议案》《农民问题决议案》《职工运动决议案》《组织决议案提纲》《宣传工作决议案》《军事工作决议案》（草案）《共青团工作决议案》《妇女运动决议案》《关于民族问题的决议》《中国共产党党章》及大会的主要记录等编辑成册，目的是供各代表团分团讨论使用；秘密运回国内也比较方便。编辑成册的是简易的大会文件汇编。

（2）拟发大会通告等会务文件，由文书科主任龚饮冰负责。中共六大会议期间，经常发布一些有关会务工作方面的通知、通告以利于到会各位代表参照执行。由于大会是在莫斯科召开的，比在国内地下斗争环境要好得多了。因此，在会议区域内可以张贴会务通告等，这也是中国共产党历次代表大会所没有的。所以会务文件比较多。

（3）大会需要的各种图表，也是文书科绘制。具体制图工作由柳圃青

---

① 《关于中共六大的一组文献资料》，中共中央党史研究室、中央档案馆编：《中共党史资料》2007 年第 4 期，中共党史出版社 2007 年版，第 4—5 页。

负责。

（4）收发文件兼管图书，由郑子瑜、蔡树藩负责。大会期间收发的文件有与国内的交往文件；有与共产国际的来往文件；有给苏联共产党和其他兄弟党的文件。大会期间，为了满足各代表的阅览需要，还搜集了大批中、外文的图书资料，开辟了阅览室，供到会代表阅览使用。凡是领文件及查阅书报者都到设在楼下右侧巷内收发处办理具体事务。

（5）整理文件和统计调查，由方维夏负责。

（6）管理誊、录、抄写、印刷，由瞿星五负责。参加抄写工作的有：胡大才、孟庆树、朱自纯、杜绰强、吴介藩、于佩贞、王兰英、谭国辅共 8 人。

（7）壁报由胡建三、秦曼云两人负责。中共六大第一次在大会期间设立壁报，反映大会期间代表们的体会和感受。壁报的地点设在第二层楼的左侧。有资料说，此项除了胡建三，还有沈泽民[①]。

2. 记录科，主任为瞿景白。记录科的工作人员有：王培吾、钱乃治、曾钟圣、郭寿华、陈学西、邱宏毅、饶君强[②]。记录科的主要任务是负责大会及各委员会之记录与整理。一是召开大会和各个专门委员会时作记录；二是整理会议记录。这是中国共产党召开各种会议必不可少的一个传统。会上作记录，会下整理记录。然后送大会秘书长阅定。有些没有把握的事实和数据，还需要调查核定。因此，这是一项比较艰苦细致的会务工作。饶君强曾回忆他参加六大秘书处记录科工作，参加大会及各委员会的记录和整理工作的情况。

3. 翻译科，主任为陈绍禹即王明。除了王明，还有李沛泽、沈泽民、潘家辰、庄东晓、高衡、潘文育、卞士吉（卜士奇）7 人参加翻译科工作。翻译科的主要任务是文件、大会发言、各委员会会议发言以及对外交涉之翻译。

（1）大会文件的翻译。主要是由中文翻译成外文，和将外文翻译成中文。由于中共六大是在莫斯科召开，还有兄弟党的代表和共产国际的代表

① 费云东、余贵华：《中共秘书工作简史》，辽宁人民出版社 1992 年版，第 91 页。

② 中共中央党史研究室、中央档案馆编：《中国共产党第六次全国代表大会档案文献选编》上卷，中共党史出版社 2015 年版，第 130 页。

到会。因此，大会文件都需要翻译。

（2）大会发言的翻译。在中共六大上，有共产国际的代表、联共中央的代表、少共国际的代表到会致词和参加会议活动。比如大会开幕这天，共产国际的代表就作了《中国革命与中共任务》的报告。这些活动中都需要翻译进行交流和沟通，否则中共代表听不懂共产国际的报告；中共代表的发言，不懂中文的共产国际代表也听不明白。

（3）各委员会的翻译。中共六大组织了各种委员会，如代表资格审查委员会、政治委员会、组织委员会、农运土地委员会、章程起草委员会、苏维埃委员会、军事委员会、青年委员会、妇女委员会、宣传委员会、财政审查委员会等。这些委员会也有共产国际的代表和苏共的代表参加讨论各种专题。因此，也需要翻译。

（4）其他方面的翻译。因大会会务工作和生活方面的需要，同苏联方面进行交涉是少不了，所以需要翻译沟通。

4. 庶务科，主要是负责卫生、交通、供给、会场布置、招待等服务性的事项，庶务科主任胡秉琼，成员有梁鹏万、涂作潮、苏美一。该科工作繁杂，至少有五个方面：（1）卫生方面，有清洁、运动、洗澡、洗衣四项，具体事务由梁鹏万负责；（2）大会的交通由苏联同志负责；（3）大会的供给，分为衣物供给和文具供给，由胡秉琼兼任；（4）大会会场及房间布置，由苏美一负责；（5）招待方面，主要分为膳宿和诊病，具体事务由涂作潮负责。①

中共六大秘书处组成之后，要求每一个工作人员在规定的办公时间内，不可离开自己的位子。大会秘书处正式的办公时间是上午9时到11时，下午1时到6时。在规定时间以外，在必要的时候，由秘书长和各科负责人随时召集秘书工作会议，同志们应协助进行工作，不可借故推脱。在办公室内“不可杂谈琐事”，以免扰乱其他同志的工作。各工作人员，不要无故进入其他工作人员的房间。“各工作同志应自己负责保管自己的文件，如不得负责同志的同意，不得将文件转给别人”。在办公桌上的文件，“未

① 中共中央党史研究室、中央档案馆编：《中国共产党第六次全国代表大会档案文献选编》上卷，中共党史出版社2015年版，第130、121页。

得该文件的保管者同意，不得翻乱、阅读、移动”。这些办公规则，不但得到了全体秘书工作人员的拥护和执行，许多代表也按照办公规则的要求，自觉遵守大会的制度，保证了大会的顺利进行。

（二）出席中共六大代表的编号

在中国共产党的历史上，在特殊的恶劣环境里，中共六大是绝无仅有的一次——为了保密，让所有出席六大的代表，都用一个代号相称。不论是正式代表还是指定及旁听代表，凡是到五一村六大开会处报到的人员，除了共产国际代表，凡是中国同志一律都隐去真实姓名，只用代号相称。连大会的记录，也只有发言人的代号。出席中共六大的 142 名代表，无一例外。当然，这个代号也是相对而言，对那些原本就熟悉的人，并不管用。中共六大代表的具体编号如下：

第 1 号邓中夏（中委）、第 2 号共青团代表关向应、第 3 号杨殷（广东，工人），第 4 号王灼（广东，工人），第 5 号江苏代表徐锡根，第 6 号是指定及旁听代表龚饮冰，第 7 号胡福田（广西），第 8 号郭纯志（江苏，工人），第 9 号是团中央代表华岗，第 10 号江苏王若飞，第 11 号是浙江代表夏曦，第 12 号是顺直代表张昆弟，第 13 号是顺直代表王子清，第 14 号是唐宏经（满洲，工人），第 15 号是江西王凤飞（江西，农民），第 16 号唐球（唐明德，广东，工人），第 17 号黎国琼（广东，工人），第 18 号是福建罗明（福建），第 19 号邝璧清（广东，工人），第 20 号河南李鸣，第 21 号瞿秋白（中央委员），第 22 号周恩来（中央委员），第 23 号李立三（广东），第 24 号向忠发（湖北），第 25 号苏兆征（广东，工人），第 26 号黄平（广东），第 27 号团中央的李子芬，第 28 号是指定及旁听代表邓颖超，第 29 号是顺直代表蔡和森，第 30 号特约代表张国焘，第 31 号江苏代表项英，第 32 号湖南代表罗章龙，第 33 号姜永和（江苏，工人），第 34 号江苏胡均鹤，第 35 号湖南代表陈海清，第 36 号袁炳辉（广东，工人），第 37 号甘卓棠（广东，工人），第 38 号彭公祖（广东，工人），第 39 号成文（广东，工人），第 40 号广东梁亿才（广东，工人）。这 5 人号是连在一起的，都从广东来。第 41 号湖南何资深，第 42 号是广东北江地区农民党员叶发青，第 43 号江苏代表陈治平，第 44 号广东周秀珠（广东，工人），第 45 号是指定及旁听代表庄东晓，第 46 号江苏代表朱松寿，第 47 号和第 48 号来自湖北的祁松亭和叶开寅，第 49 号是福建代表孟坚，第 50 号潘家辰（指定及旁听），第 51 号刘伯承（指定及旁听），第 52 号和第 53 号是顺直代表李占泉和林玉珩，第 54 号是浙江钱志康，第 55 号是浙江章松寿，第 56 号湖南代表毛简青，第 57 号四川代表刘坚予，第 58 号和第 59 号是顺直代表王仲一和杨宗义。

第 60 号至第 80 号，一共 21 人，全部是指定及旁听代表。他们是：第 60 号王培五、第 61 号钱乃治、第 62 号曾钟圣、第 63 号陈学熙、第 64 号瞿景白、第 65 号郭寿华、第 66 号邱宏毅、第 67 号吴介藩、第 68 号杜卓强（杜作祥）、第 69 号朱自纯、第 70 号孟庆树、第 71 号柳圃青、第 72 号陈绍禹、第 73 号沈泽民、第 74 号秦曼云、第 75 号郑子瑜、第 76 号李沛泽、第 77 号胡建三、第 78 号胡秉琼、第 79 号胡大才、第 80 号涂作潮。这也是在编号上最整齐、数量最大的一批人，基本上能看出，他们是作为工作人员一齐报到的。

第 81 号是湖北代表法荣廷，第 82 号是共青团中央代表汤正清。第 83 号至第 91 号，一共 9 人，依次为：蔡树藩、梁鹏万、胡锡奎、饶君强、曾文甫、苏美一、瞿星五、高衡、潘文育。其中只有第 87 号曾文甫是江西代表、农民，是江西代表团的书记。其他的都是指定和旁听代表，应视为一起报到的第二批六大工作人员 8 人。

第 92 号温裕成（江苏、工人），第 93 号江西农民代表张世熙，第 94 号江苏蒋云，第 95 号温少泉（江苏、工人），第 96 号湖北代表任旭，第 97 号余茂怀（湖北、工人），第 98 号江苏代表蔡畅，第 99 号阮啸仙（广东），第 100 号江慧芳（广东），第 101 号王翘（指定及旁听），第 102 号曹更生（广东、工人），第 104 号方维夏（指定及旁听），第 105 号杨之华（中央委员），第 106 号李哲时（指定及旁听），第 107 号满洲张任光，第 108 号丁继盛（湖南、工人），第 109 号顺直代表刘振德，第 110 号于治勋

（满洲，工人），第 111 号王藻文（顺直、工人），第 112 号朱秀春（满洲，工人），第 113 号成中青（陈中清，湖南、工人），第 114 号刘义（湖南、工人），第 115 号云南代表王懋廷，第 116 号来耀先（浙江、农民），第 117 号余驾先（浙江、工人），第 118 号龚德元（安徽、工人），第 119 号王福全（满洲、工人），第 120 号湖北代表霍锟镛。

接着是 4 位指定及旁听代表即第 121 号卜士畸、第 122 号于佩贞、第 123 号王兰英、第 124 号谭国辅，第 125 号是来自内蒙的正式代表白海峰，第 126 号王备（知识分子，非正式代表，参加广东代表团），后面 3 位是指定及旁听代表即第 127 号何叔衡、第 128 号刘伯坚、第 129 号汪泽楷，第 130 号为陕西代表张金刃，第 131 号为河南代表徐兰芝，第 132 号为四川代表徐活荣，第 133 号为江苏代表严朴，第 134 号为山东代表丁君羊，第 135 号为山东代表郭金祥，第 136 号为黄文（山东、工人），第 137 号为胡德荣（湖南、工人）。后面 5 位均为指定及旁听代表：第 138 号徐特立、第 139 号武兆镐、第 140 号朱宝山、第 141 号何秀明、第 142 号华连生。①

上述代表的编号，明显没有按地区或按代表团编排；也没有分正式代表、指定及旁听代表。但都在人名后有简明的注释和说明。保存在档案中的一份《中共六大全体人员统计表》，则同上述数字不同。这份统计表主要反映了各省出席代表、共青团中央和上届中央委员等出席大会的人数。据此统计表：各省出席代表人数 83，CY 中央委员出席人数 5，以上有表决权的人数 84②。中央委员出席人数 4 人，妇委 3 人，特约参加 1 人，参加人员 22 人，旁听人数 20 人，总计 138 人。③

按上述编号，中共六大代表 142 人中，指定及旁听代表为 48 人④，这和

---

① 参见中共中央党史研究室、中央档案馆编：《中国共产党第六次全国代表大会档案文献选编》上卷，中共党史出版社 2015 年版，第 131—134 页。

② 这里所说有表决权者 84 人，是因为 CY 即共青团出席中共六大的中央委员只有 1 人有表决权，所以加上各省代表 83 人，共计 84 人。

③ 中共中央党史研究室、中央档案馆编：《中国共产党第六次全国代表大会档案文献选编》上卷，中共党史出版社 2015 年版，第 122—123、128 页。

④ 中共中央党史研究室、中央档案馆编：《中国共产党第六次全国代表大会档案文献选编》上卷，中共党史出版社 2015 年版，第 133—134 页。

有的统计表说参加人员 22 人、旁听人数 20 人[①]不符。因为从中国赴莫斯科开会的代表陆续到达，而已经在苏联的指定旁听代表也有变化。

这 48 名指定旁听代表中，不少人参加了大会的会务工作。参加六大秘书处工作的人员为 39 人。[②]领导大会秘书处工作的是中央委员周恩来，时任六大秘书处秘书长，黄平和罗章龙担任副秘书长。参加大会秘书处工作的还有从国内来参会的潘家辰、庄东晓、龚饮冰。其他则为从东方大学和中山大学选派来的留学生。1928 年 3 月 22 日，联共（布）中央政治局会议决定："派 15 名学生参加中共代表大会的工作，然后去中国工作"[③]。但从东方大学和中山大学选派的 15 人中，有的人又改变了身份。如汤正清改为团中央代表，法荣廷改为湖北代表。这样只剩下 13 人。因人手不够，以后又有增加。最后一批参加会务工作的 4 人中，卜士奇在会上担任翻译，于佩贞、王兰英、谭国辅则参加抄写工作。

在 48 名指定旁听代表中，至少有 10 余人是莫斯科或国内指定的代表。莫斯科指定刘伯承和潘文育为代表；国内指定的代表有潘家辰、庄东晓、邓颖超、龚饮冰、徐特立、方维夏、汪泽楷、何叔衡等。还有担任共青团翻译的王翘。[④]这些指定代表中，不少人已经有着相当丰富的革命斗争经验。如刘伯承，学生出身，担任党支部委员，在四川军委工作，参加过南昌起义。邓颖超，小学教员，参加过五四运动、五卅运动，担任中央妇委主任。[⑤]他们和参加大会服务工作的留学生是有一定区别的。当年将参会人员统一列为"中共六大代表编号"，然后在每个人后注明身份，就是为了有所区

---

① 中共中央党史研究室、中央档案馆编：《中国共产党第六次全国代表大会档案文献选编》上卷，中共党史出版社 2015 年版，第 123 页。

② 中共中央党史研究室、中央档案馆编：《中国共产党第六次全国代表大会档案文献选编》上卷，中共党史出版社 2015 年版，第 130 页。

③ 中共中央党史研究室第一研究部编：《共产国际、联共（布）与中国革命档案资料丛书》第 7 卷，中央文献出版社 2002 年版，第 384 页。

④ 中共中央党史研究室、中央档案馆编：《中国共产党第六次全国代表大会档案文献选编》上卷，中共党史出版社 2015 年版，第 127 页。

⑤ 中共中央党史研究室、中央档案馆编：《中国共产党第六次全国代表大会档案文献选编》上卷，中共党史出版社 2015 年版，第 127 页。

别。[①] 但不少留学生，也不完全是青年学生，而是有着相当的革命实践和斗争经历。如学生出身，来自广东、曾任中共汕头执委的饶君强（饶卫华），参加过五卅运动、省港大罢工等斗争；学生出身的王培五，担任共青团地委书记，参加过罢工。[②] 所以，事实证明，不能简单地把指定及旁听代表和青年学生画等号。

中共六大开幕后，有关部门填报了一份六大代表的社会成分统计表。这份统计表对了解出席六大的代表社会成分是有帮助的。

各代表社会成分统计表（1928 年 6 月 20 日填）[③]

何省代表	工人	何种工人					农民	知识分子	总数
		机器	铁路	海员	纺织	其他			
广西							1		1
广东	13	3		4	1	4	1	5	19
直隶[④]	6		3		2	1		3	9
江苏	6		1		3	2	1	5	12
湖南	3					1	1	4	8
江西							2	1	3
四川								2	2
河南								1	1
湖北	5	1	3			1		2	7
满洲	2	1	1					2	4
福建	1					1		2	3
浙江	3				1	1	1	1	5
滇								1	1
皖	1								1

① 中共中央党史研究室、中央档案馆编：《中国共产党第六次全国代表大会档案文献选编》上卷，中共党史出版社 2015 年版，第 133—134 页。

② 中共中央党史研究室、中央档案馆编：《中国共产党第六次全国代表大会档案文献选编》上卷，中共党史出版社 2015 年版，第 127 页。

③ 中共中央党史研究室、中央档案馆编：《中国共产党第六次全国代表大会档案文献选编》上卷，中共党史出版社 2015 年版，第 128—129 页。

④ 直隶，旧地名。1928 年 6 月，原直隶省改为河北省。

续表

何省代表	工人	何种工人					农民	知识分子	总数
		机器	铁路	海员	纺织	其他			
陕								1	1
鲁	1							2	3
CY 中委	3					3		2	5
中委及特委								5	5
总计	44	5	8	4	7	14	7	39	90

这份表格的注释说明：1. 上列系 6 月 20 日午刻即中午前到的代表填入造表，在 20 日下午以后来之代表未填入；2. 广东代表 17 人，只有 15 人有表决权，故只列 15 人，有中央委员 2 人，同时兼广东代表，其社会出身成分列在中央委员栏内。

从这份统计表可以看到，各省参加中共六大的代表共 90 名。其中，工人占了 44 名，农民 7 名，知识分子 39 名。工人代表占了近 49%，知识分子约占 43%，农民代表约占 7%。其实，当时党员大多数是农民出身。选派这么多的工人出身的党员参加党代会，反映出当时的中央领导机关对工人代表的特别重视。

出席中共六大的共有 17 个省的代表或代表团，即广东（含海南）、广西、江苏（含上海）、浙江、福建、江西、湖南、湖北、安徽、河南、顺直（河北及北京、天津）、山东、满洲（东北三省）、内蒙古、陕西、四川（含重庆）、云南代表团。各个代表团的成员是：

广东代表团人员最多，有杨殷、王灼、唐球、黎国琼、邝壁清、李立三、苏兆征、黄平、袁炳辉、甘卓棠、彭公祖、成文、梁亿才、叶发青、周秀珠、阮啸仙、江慧芳、曹更生（曹俊升）、王备等 19 人[①]。其中，有表

① 中共中央党史研究室、中央档案馆编：《中国共产党第六次全国代表大会档案文献选编》上卷，中共党史出版社 2015 年版，第 122 页。

决权的正式代表15人，有黄平、王备等4人为非正式代表。[①]。其中，12人在简历调查表上所标职业为工人，何种工种则有海员、机器、油业、机器织造、印务；其中，有海员5人，机器4人。[②]

广西代表，只有1名代表即胡福田，他的职业是农民，时任中共广西特委委员，参加领导农民斗争。

江苏代表团有12名代表[③]，他们是徐锡根、郭纯志、王若飞、项英、姜永和、陈治平、朱松寿、温裕成、蒋云、温少泉（温幼青）、蔡畅（女）、严朴。书记项英。其中6名工人出身，有的是纱厂工人，有的是铁路机务工人，还有染织工人。姜永和还是团支部书记、罢工纠察队员。

浙江代表团5人，即余驾先（余嘉燧）、夏曦、钱志康、来耀先，书记章松寿。其中章松寿等3人是工人。余驾先是纱厂工人，钱志康是印务工人，主要从事工会工作。

福建代表团共有代表3人，即许奎璧、孟坚、罗明，书记罗明。许奎璧是工人，孟坚是学生出身，时任中共福建省委委员，领导过暴动。罗明也是学生出身，时任中共福建省委书记。

江西代表团3人，即张世熙、王凤飞、曾文甫。书记曾文甫，农民，时任中共永修县委委员、农民部部长、组织部部长，永修县游击大队大队长，还说他担任过农民自卫队队长、公安局局长[④]。张世熙，万安县委书记，万安暴动的领导者。王凤飞也是农民，领导过农民暴动。

湖南代表团共有8名代表，即罗章龙、陈海清、何资琛、丁继盛（丁友山）、成中青、刘义、胡德荣，书记毛简青。其中，罗章龙能够成为湖南出席大会代表，还和毛简青、陈海清两人有关。他俩于1928年6月致信

① 中共广东省委党史研究室著:《中国共产党广东地方史》第1卷，广东人民出版社1999年版，第282页。

② 中共中央党史研究室、中央档案馆编:《中国共产党第六次全国代表大会档案文献选编》上卷，中共党史出版社2015年版，第123—124页。

③ 中共中央党史研究室、中央档案馆编:《中国共产党第六次全国代表大会档案文献选编》上卷，中共党史出版社2015年版，第123页。

④ 中共中央党史研究室、中央档案馆编:《中国共产党第六次全国代表大会档案文献选编》上卷，中共党史出版社2015年版，第126页。

六大筹备处，说明湖南参加大会的代表人数还不够定额，因为罗章龙曾在湖南省委工作过，所以提议罗章龙为湖南代表。[①] 当时的罗章龙担任中华全国总工会宣传部部长。4 月中共中央常委会决定，罗章龙参与六大的工运报告起草委员会工作。1928 年 6 月，湖南代表还用书面形式报告湖南的组织、青年工人、学生运动情况，报告“现在全省有组织者三十七县，比较健全有二十一县，同志共九千余人，成分农民 85%，工人 10%，知识分子 5%”。还具体介绍了长沙、湘潭、安源、醴陵、水口山、常德、株洲的情况[②]。

湖北代表团共有 7 名代表，即向忠发、祁松亭、叶开寅、法荣廷、任旭、余茂怀、霍锟镛，书记向忠发。7 人中有 5 名工人，有机器工人、人力车夫、京汉铁路工人，沪铁路、电车、电灯、兵工厂工人。其中余茂怀干过多种工种。向忠发工人出身，中央委员。祁松亭在市委工作，领导过七月暴动。叶开寅在省委工作，领导过应山农民暴动。

安徽代表，只有一位即龚德元，职业为工人。担任过党支部书记、区委书记、省临时委员会委员。

河南代表团代表有两名，即徐兰芝和李鸣。李鸣任书记。徐兰芝是陇海铁路工人。李鸣学生出身，时任县委书记，主要从事农民运动的指导。1928 年 6 月 25 日，六大开会期间，河南代表李鸣提交了一份内容翔实关于豫南工作的报告，包括豫南政治经济状况、党在豫南的历史、豫南四望山一带的暴动、党与农协的关系、党的组织状况，等等。对大会的建议是经费问题。每月预算 900 元不够，需要 1400 元，但至大会召开时尚未经中央批准。[③]

---

① 中共中央党史研究室、中央档案馆编:《中国共产党第六次全国代表大会档案文献选编》上卷，中共党史出版社 2015 年版，第 119 页。

② 中共中央党史研究室、中央档案馆编:《中国共产党第六次全国代表大会档案文献选编》下卷，中共党史出版社 2015 年版，第 819—821 页。

③ 中共中央党史研究室、中央档案馆编:《中国共产党第六次全国代表大会档案文献选编》下卷，中共党史出版社 2015 年版，第 803—812 页。

顺直代表团共有9人[①]，即王藻文、刘振德、杨宗义、林玉珩、李占泉、蔡和森、王子清、张昆弟，代理书记王仲一（书记王藻文未到前）。9人中，工人5人，半工人1人，店员1人。5名工人分别是铁路、纱厂、矿工和铁路机器。如王藻文是铁路工人，刘振德（刘玉田）、林玉珩是纱厂工人，李占泉是矿工，张昆弟是铁路机器工人。张昆弟是半工人，蔡和森是店员。

山东代表团共3人，即丁君羊（丁基实）、郭金祥、黄文。丁君羊带队。其中黄文是工人。

满洲代表团共5人，即王福全（王传璧）、朱秀春、于治勋、张任光，书记唐宏经（金涛）。其中，王福全等3人是工人，于治勋是机器工人，唐宏经曾当过铁路工人。

内蒙古代表只有1人，即白海峰。

陕西代表只有1人，即张金刃。

四川代表有两位，即省委书记刘坚予、团省委书记徐治荣，刘坚予任书记。刘坚予学生出身，领导罢工运动。[②]

云南代表只有1人，即时任中共云南省临时委员会书记王懋廷（王德三）。

青年团中央代表共5名。他们是：关向应（刘玉）、华少峰、李子芬、胡均鹤、汤正清。胡均鹤为纱厂工人；汤正清为工人。关向应也有过当印刷工人的经历。

以第五届中央委员会中央委员名义出席六大的有4人：邓中夏、瞿秋白、周恩来、杨之华（女）。

特约代表张国焘。

以中央妇委名义出席六大的有邓颖超等3人。

---

① 顺直，也称直隶。见中共中央党史研究室、中央档案馆编：《中国共产党第六次全国代表大会档案文献选编》上卷，中共党史出版社2015年版，第123页。

② 中共中央党史研究室、中央档案馆编：《中国共产党第六次全国代表大会档案文献选编》上卷，中共党史出版社2015年版，第125页。

另有参加人员22人，旁听人员20人。共各省正式代表88人，有表决权者84人。有统计共到会人数138人[①]，按实际编号为142人[②]。

照现有行政区划，当年的满洲代表东北三省；顺直包括河北、天津、北京；广东含海南岛；四川含重庆，所以出席大会的代表，实际共代表了24个省份。没有代表出席大会的是山西、甘肃、宁夏、青海、西藏、新疆、贵州、台湾8个省区。

（三）大会有关事宜的规定

中共六大期间，大会主席团多次开会，讨论和决定有关大会的重要事宜。

第一次会议于大会开幕的当天晚上，即1928年6月18日晚召开。瞿秋白担任会议主席。到会16人，迟到2人。主要议程六项：一是大会议程问题；二是会场规则；三是议事细则；四是审查委员会；五是主席团分工；六是确定各委员会名单。根据大会秘书处起草的议程等逐项进行。

1. 具体安排大会议事日程。大会议事日程具体安排如下：（1）共产国际代表报告、中共中央政治报告，报告两天，讨论4天，一天结论，共7天。（2）组织问题报告及讨论共一天。（3）农民和土地问题报告和讨论共1天半。（4）共产国际党纲报告一天。（5）关于章程草案报告、关于苏维埃问题报告、各种委员会报告及通过议决案，共一天。（6）军事报告及讨论共一天。（7）职工运动报告及讨论一天半。（8）宣传问题、妇女运动、青年运动报告，共三项报告与讨论共一天。（9）通过各项议案共二天。（10）选举及闭幕式一天。[③]按照上述安排，中共六大计划16天半开完的大会，实际超过7天半，共用24天。因为大政治报告的讨论由4天处长达7天，职工运动的报告和讨论也由计划的1天延长到3天。

---

① 中共中央党史研究室、中央档案馆编：《中国共产党第六次全国代表大会档案文献选编》上卷，中共党史出版社2015年版，第123页。

② 中共中央党史研究室、中央档案馆编：《中国共产党第六次全国代表大会档案文献选编》上卷，中共党史出版社2015年版，第131—134页。

③ 赵朴：《中共六大筹备和召开过程》，《党史研究》1986年第1期。

会议还确定了各报告的发言者。[1]政治报告：国际代表报告，布哈林；中央政治报告，瞿秋白；报告向忠发、关向应。组织问题，周恩来；宣传问题委员会，蔡和森；农民问题及土地问题，李立三；妇女问题委员会，周秀珠；青年运动委员会，关向应；苏维埃问题委员会，苏兆征；国际党纲，布哈林；章程草案（委员会与组织同），邓中夏。

2. 确定会场规则。会场规则由大会秘书处起草，主席团第一次会议上通过。主要内容有五项：（1）开会时间，每日上午9时至12时，下午1时至4时止。下午5时至8时休息。晚上9时至12时为各委员会会议。（2）每次召开会议以振铃（小铃）为号，不得迟到超过5分钟。（3）召开会议后，在已到会场的正式代表超过正式代表的半数时，主席即有权宣布进行议事日程。（4）开会时，会场秩序由主席团值日主席维持，值日主席有权调节一切举止行动；主席团值日主席由主席团成员轮流担任。（5）未经值日主席宣布散会，正式代表不得自由离席；如有特别理由，应得主席团值日主席允许，方能离席。

3. 确定议事细则。六大主席团第一次会议通过的议事细则共十条：（1）大会逐日议事日程由主席团拟定宣布之。（2）每次会议中如有议事日程以外的临时问题，应在该次会议议事日程进行完毕或得到主席团允许后，才能提出讨论。（3）每种问题讨论之开始，应在该项问题报告之后，由主席团征求同志发言，然后进行。（4）愿意发言的同志，应当用纸写上自己的代表号提交值日主席，到开始讨论时由值日主席指定发言。（5）发言时应站在主席台旁之发言台上。（6）讲话时间，正式报告与副报告由主席团预先决定。讨论发言，每项问题每人至多三次：还规定，对于政治报告之讨论，第一次至多40分钟，第二次15分钟，第三次5分钟；而对其他问题的发言，第一次20分钟，第二次15分钟，第三次5分钟。有特别需要时，得主席或大会之许可后可延长之。（7）发言者应先报告自己之号码。（8）发言时如涉及讨论范围之外的问题时，值日主席有权制止。（9）讨论

① 中共中央党史研究室、中央档案馆编：《中国共产党第六次全国代表大会档案文献选编》上卷，中共党史出版社2015年版，第164—165页。

终结时，由报告人收集各方面意见作出结论，交各该委员会讨论后，向大会报告结果，并提出决议案由大会通过。（10）表决以出席会议的有表决权的代表之多数为标准。表决时代表应举起表决权票为号。①

4. 决定主席团分工。中共六大主席团第一次会议决定将主席团分为五个组，每天两组工作。上午和下午各由一个组主持会议。分组名单如下：（1）第一组：斯大林、布哈林、苏兆征、项英、王凤飞。6月19日上午；（2）第二组：向忠发、关向应、杨殷、周秀珠。6月19日下午；（3）第三组：周恩来、王灼、余茂怀、胡福田。6月20日上午；（4）第四组：瞿秋白、李立三、王藻文、毛简青。6月20日下午；（5）第六组：邓中夏、曾文甫、蔡和森、徐锡根。6月21日上午。以下循环类推。

5. 确定各委员会的大致名单。中共六大主席团第一次会议还确定了各委员会的大致名单。要求其余的成员待各代表各同志自己提出参加。②此后，主席团又决定扩大各委员会，原则是：不但各省的工人代表、农民代表、青年团代表和妇女代表，均可分别参加职工运动委员会、农民土地问题委员会、青年委员会和妇女运动委员会，非正式代表亦可参加各委员会。6月21日，大会主席团会议听取了各委员会组织情况和各省参加人数的报告。各委员会的名单如下：

（1）政治委员会，由49人组成，具体人员是：王若飞、项英、龚饮冰、温裕成、黎国琼、阮啸仙、杨殷、甘卓棠、袁炳辉、梁亿才、周秀珠、王灼、张昆弟、王仲一、王藻文、蔡和森、何资琛、罗章龙、毛简青、刘义、余茂怀、任旭、霍锟镛、向忠发、张世熙、王凤飞、张任光、唐宏经、丁君羊、张金刃、李鸣、章松寿、夏曦、罗明、王懋廷、刘坚予、龚德元、胡福田、张国焘、瞿秋白、邓中夏、黄平、李立三、周恩来、苏兆征、华少峰、李子芬、胡均鹤、关向应，召集人瞿秋白。

① 中共中央党史研究室、中央档案馆编：《中国共产党第六次全国代表大会档案文献选编》上卷，中共党史出版社2015年版，第118页。

② 中共中央党史研究室、中央档案馆编：《中国共产党第六次全国代表大会档案文献选编》上卷，中共党史出版社2015年版，第166—168页。

（2）组织委员会，由55人组成，具体人员是：何资琛、毛简青、任旭、余茂怀、王凤飞、曾文甫、杨殷、梁亿才、阮啸仙、胡福田、王若飞、项英、龚饮冰、陈治平、蔡畅、严朴、王仲一、王藻文、罗明、孟坚、许奎璧（许涂淼）、余驾先、章松寿、张任光、唐宏经、李鸣、刘坚予、徐活荣、龚德元、王懋廷、丁君羊、张金刃、向忠发、瞿秋白、周恩来、邓中夏、关向应、李子芬、方维夏、张国焘、胡秉琼、梁鹏万、苏美一、秦曼云、胡建三、胡锡奎、蔡树藩、郑子瑜、饶君强、李哲时、庄东晓、邓颖超、杨之华、汪泽楷、徐锡根，召集人周恩来。

（3）职工运动委员会，由76人组成，具体人员是：罗章龙、丁继盛、刘义、祁松亭、叶开寅、余茂怀、任旭、王凤飞、杨殷、王灼、曹更生、成文、周秀珠、袁炳辉、彭公祖、梁亿才、邝璧清、黎国琼、唐球、甘卓棠、胡福田、项英、王若飞、龚饮冰、温少泉、温裕成、郭纯志、蔡畅、蒋云、王仲一、张昆弟、林玉珩、杨宗义、李占泉、王藻文、蔡和森、许奎璧、罗明、孟坚、章松寿、钱志康、夏曦、余驾先、于冶勋、唐宏经、朱秀春、王福全、李鸣、刘坚予、龚德元、王懋廷、黄文、张金刃、向忠发、瞿秋白、苏兆征、黄平、邓中夏、李立三、关向应、胡均鹤、张国焘、梁鹏万、郭寿华、苏美一、涂作潮、郑子瑜、胡锡奎、胡建三、蔡树藩、邓颖超、庄东晓、杨之华、潘家辰、刘伯坚、汪泽楷，召集人向忠发。

（4）农民土地问题委员会，由58人组成，具体人员是：毛简青、陈海清、丁继盛、成中青、任旭、余茂怀、王凤飞、张世熙、曾文甫、曹更生、叶发青、王灼、周秀珠、杨殷、邝璧清、胡福田、项英、陈治平、朱松寿、王若飞、蒋云、严朴、王子清、蔡和森、李占泉、孟坚、罗明、钱志康、夏曦、来耀先、于冶勋、张任光、王福全、李鸣、刘坚予、徐活荣、龚德元、王懋廷、丁君羊、张金刃、李立三、瞿秋白、周恩来、李子芬、华少峰、方维夏、张国焘、胡秉琼、饶君强、涂作潮、胡大才、胡建三、蔡树藩、邓颖超、庄东晓、杨之华、徐特立、刘伯坚、汪泽楷，召集人李立三。1928年6月23日，李立三和湖南醴陵代表丁继盛及共产国际代表约尔克曾举行过一次土地关系和农民运动的谈话。主要涉及农民构成、地主种类、地主收入、农民运动的发生、分配土地方法。[①]除此之外，没有见到该委员会其他的活动记载。

（5）苏维埃委员会，由57人组成，具体人员是：毛简青、陈海清、罗章龙、何资琛、任旭、向忠发、霍锟镛、张世熙、王凤飞、阮啸仙、曹更生、甘卓棠、袁炳辉、成文、胡福田、项英、王若飞、陈治平、朱松寿、龚饮冰、蒋云、严朴、杨宗义、王子清、李占泉、张昆弟、蔡和森、罗明、孟坚、钱志康、章松寿、夏曦、张任光、王福全、李鸣、刘坚予、徐活荣、龚德元、王懋廷、黄文、张金刃、向忠发、苏兆征、周恩来、瞿秋白、邓中夏、李立三、方维夏、张国焘、郑子瑜、胡大才、秦曼云、郭寿华、胡秉琼、蔡树藩、杨之华、李子芬，召集人苏兆征。

（6）军事委员会，由33人组成，具体人员是：陈海清、成中青、余茂怀、霍锟镛、曾文甫、张世熙、杨殷、甘卓棠、王灼、胡福田、王若飞、陈治平、蒋云、项英、张昆弟、王仲一、罗明、夏曦、钱志康、唐宏经、李鸣、王懋廷、周恩来、李立三、邓中夏、向忠发、黄平、关向应、方维夏、张国焘、刘伯承、龚德元、刘伯坚，召集人周恩来。1928年6月27日，周恩来曾在该军事委员会做过报告。第二天，军事委员会又举行了第二次会议，周恩来征求大家意见：谁想发言？对报告谁有不同意见？谁想补充什么吗？只有刘伯承在会上对南昌起义失败的原因发表了意见。[②]关于军事委员会的活动尚未见到其他文字记载。

（7）宣传委员会，由41人组成，具体人员是：刘义、叶开寅、霍锟镛、张世熙、唐球、黎国琼、梁亿才、甘卓棠、江慧芳、胡福田、王若飞、龚饮冰、郭纯志、温少泉、蒋云、蔡和森、杨宗义、孟坚、罗明、章松寿、唐宏经、于治勋、李鸣、刘坚予、龚德元、王懋廷、郭金祥、张金刃、郭寿华、瞿秋白、华少峰、张国焘、王培五、梁鹏万、胡锡奎、潘文育、徐

---

① 中共中央党史研究室、中央档案馆编：《中国共产党第六次全国代表大会档案文献选编》下卷，中共党史出版社2015年版，第755页。

② 中共中央党史研究室、中央档案馆编：《中国共产党第六次全国代表大会档案文献选编》下卷，中共党史出版社2015年版，第760页。

锡根、徐特立、王备、何叔衡、刘伯坚，召集人蔡和森。

（8）青年委员会，由 28 人组成，具体人员是：陈海清、成中青、余茂怀、曾文甫、王凤飞、袁炳辉、江慧芳、黎国琼、胡福田、温裕成、蒋云、刘振德、孟坚、钱志康、于冶勋、朱秀春、李鸣、徐活荣、龚德元、王懋廷、郭金祥、张金刃、周恩来、苏兆征、关向应、华少峰、张国焘、饶君强，召集人关向应。

（9）妇女运动委员会，由 31 人组成，具体人员是：毛简青、余茂怀、王凤飞、杨殷、周秀珠、江慧芳、胡福田、温少泉、蔡畅、王子清、罗明、钱志康、于冶勋、朱秀春、李鸣、刘坚予、龚德元、王懋廷、郭金祥、张金刃、向忠发、苏兆征、杨之华、胡均鹤、秦曼云、邓颖超、庄东晓、李哲时、夏曦、李沛泽（李培芝）、张国焘，召集人周秀珠。

（10）财政审查委员会，由 23 人组成，具体人员是：毛简青、向忠发、张世熙、梁亿才、胡福田、王若飞、王藻文、罗明、章松寿、唐宏经、李鸣、刘坚予、龚德元、王懋廷、黄文、张金刃、周恩来、向忠发、苏兆征、徐锡根、项英、杨宗义、余茂怀，召集人项英。①

这里所列出的十个委员会，比起大会开幕之日确定的组织、职工，农民、土地问题，苏维埃、军事、宣传、青年、妇女，多设立了两个委员会，即政治委员会和财政审查委员会。从参加的人员来看，既有正式代表，也有指定及旁听代表。各委员会的人员有交叉和重复，许多人是同时参加几个委员会。大会期间，又在政治委员会之下成立了湖南、湖北、南昌暴动、广州暴动问题等四个委员会。到大会后期的 1928 年 7 月 9 日，大会主席团第十五次会议停止了这些小委员会活动②。在大会主席团会议确定上述重要事宜之后，大会的召开就按照有关规定顺利进行。

---

① 赵朴：《中共六大筹备和召开过程》，《党史研究》1986 年第 1 期。

② 中共中央党史研究室、中央档案馆编：《中国共产党第六次全国代表大会档案文献选编》上卷，中共党史出版社 2015 年版，第 180 页。

（四）大会开幕式

经过10个月多的酝酿和筹备，中国共产党第六次全国代表大会于1928年6月18日下午1时，在苏联莫斯科郊外隆重开幕。大会会场，设在现俄罗斯莫斯科州纳拉法明斯科区五一村（又被称为圣三一区五一乡五一村）帕尔科瓦亚大街18号，一座三层楼别墅式建筑的二楼。大厅里，一律设长木凳，主席台后悬挂着斧头镰刀党旗，台前挂“中国共产党第六次全国代表大会”横幅，台正中有一张长方形桌上面蒙白布，马克思、恩格斯、列宁、斯大林的画像挂在台后墙上。六大会场，左边是挂着马克思列宁主义万岁的口号。大厅四壁挂满了祝贺六大开幕的红色锦旗。

这是中国共产党成立七年来，第一次在国外召开的全国代表大会。以后的历史证明，这也是中国共产党百年来唯一一次因为国内白色恐怖极为严重而到国外举行的全国代表大会。出席中共六大的中共六大代表共142人，来自中国17个省，共产国际、少共国际、赤色职工国际的代表出席了开幕式。开幕式议程共六项。

第一项，主持人宣布开会。会场响起热烈的掌声。

第二项，唱《国际歌》。

第三项，追悼牺牲同志。主持人在会上致词：“我们党在1927年五次大会后，我们党的同志与一切帝国主义、豪绅资产阶级、地主军阀等敌人奋斗。在战场上成千上万牺牲了的工农群众与我们的同志，以及许许多多的同志受异常的残酷的刑询，或拿到监牢里的，到处都有，牺牲人员的名单不能详细记录，……广东、南昌、江苏、两湖几次暴动死的英勇的烈士非常之多。我们大会对于过去死难的同志和其他的烈士，英勇的无产阶级的先锋战士，应当表示热忱的哀悼”[①]。会场上全体人员起立，对过去死难的同志和其他烈士默哀三分钟。

第四项，通过大会主席团、秘书长和副秘书长、代表资格审查委员会

---

① 中共中央党史研究室、中央档案馆编：《中国共产党第六次全国代表大会档案文献选编》上卷，中共党史出版社2015年版，第144页。

名单。（1）六大的大会主席团共由 21 人组成。他们是：曾文甫、项英、徐锡根、余茂怀、关向应、向忠发、王凤飞、李立三、王灼、蔡和森、杨殷、邓中夏、胡福田、周秀珠、毛简青、王藻文、苏兆征、周恩来、瞿秋白、斯大林、布哈林。（2）六大的大会秘书长、副秘书长是：秘书长周恩来；副秘书长黄平、罗章龙。（3）六大的代表资格审查委员会由 7 人组成。他们是：苏兆征、周恩来、王仲一、杨殷、徐锡根、李子芬、毛简青。主席苏兆征。

第五项，是瞿秋白以第五届中央委员会名义向第六次全国代表大会致开幕词。他指出："我们都知道，中国的革命在我们党的第五次和六次大会的中间，转变到一个很严重的危急时期。自从资产阶级的代表者，工农的刽子手的蒋介石，公开宣布叛变革命以后，先后在沪粤实行大的屠杀，使革命遭受重大的部分的失败。嗣后武汉政府的叛变，革命的队伍由南昌暴动而到广州的暴动，更牺牲了很广大的革命战士，这算是第二次的失败了。其次则由广州的暴动而失败而转到一个更为严重的状态里，一切的反革命力量，无论封建的、资产阶级的、帝国主义的都是一致的行动，来压迫我们，屠杀我们，甚至集合全力来消灭我们，这算是第三个失败时期了。可是中国共产党，始终是领导中国工农群众，团结于自己的周围，与国际帝国主义及一切的反革命作坚决的奋斗。这一点是含有很伟大的历史意义的。"①

瞿秋白指出："当时中国的革命，进展到了土地革命的阶段中，阶级的冲突，益加显明。因此，戴季陶、胡汉民、汪精卫，不能不先后叛变革命而变为反革命。国民党更为一切反革命的中心和帝国主义的新工具。在这种大转变的过程中，我们曾有无数同志领导工农战士以全力与敌人奋斗，而致牺牲。他们流下来的血创造了伟大的历史光荣。可惜在这种情形之下，我们党的中央不但不能领导群众加紧这种英勇的奋斗，解决当时的重大任务，并且自己陷入了机会主义的前途，使革命受莫大的打击。说到这里，

① 中共中央党史研究室、中央档案馆编：《中国共产党第六次全国代表大会档案文献选编》上卷，中共党史出版社 2015 年版，第 144 页。

我们就很明白中国革命失败的原因，并不像顾孟余、陈公博、邓演达等所说的跳过了时代的要求，而是中共中央走了机会主义的道路。好在我们在国际的正确指导之下和中国广大革命群众的情绪高涨中举行了八七会议，得在组织上极力纠正机会主义的根基，在工作上开始走上了布尔什维克的道路。现在到了这次大会，可以说便到了完全肃清机会主义的残余，使本党走上了很健全的地步了。”①

瞿秋白认为，“目前敌人虽然还是很强的向我们压迫，可是我们却能从布尔什维克的路线上，工农密切的关系上，国际正确的指导上，坚决的英勇的与敌人作继续不断的斗争，而期达到完成中国革命，进而完成世界革命。所以，我们党不但能够是中国革命的担负者，而且要是一个国际革命的担负者。所以这次大会的意义，不仅关于中国革命很重大的，关于世界革命也是很重大的。因此，希望大会全体同志，都能充分的发表意见，使党得以纠正一切错误，成为一个布尔什维克主义的党，而消没一切非无产阶级的倾向。”

瞿秋白来还要求追认八七会议，及在八七会议所接受的共产国际的指正案。他“尤切希望负责同志，将经过的事实报告出来，向大会指出什么是机会主义，什么是布尔什维克主义，使全党明白”。瞿秋白认为，固然八七会议以后“已逐渐将机会主义肃清了，但事实上政策上一切主要问题上，尚有许多不大正确的倾向，如盲动主义、先锋主义之类，这些也是妨碍党的进行的”。因此瞿秋白号召：“大会一方面要肃清机会主义的残余，另一方面也要肃清一切变形的机会主义，使党完全布尔塞维克化。我们相信中国共产党，是无产阶级的觉悟者，我们相信中国共产党第六次大会一定能够将一切不正确的倾向纠正到正确的路线上来。”②

中共六大开幕式的第六项议程，是由共产国际代表、意大利、苏联等国的共产党代表、中国青年团、工会等代表致祝词。共产国际执行委员会

---

①《瞿秋白文集》，政治理论编（5），人民出版社 1995 年版，第 525—526 页。

②《瞿秋白文集》，政治理论编（5），人民出版社 1995 年版，第 526—527 页。同时参见《中共党史资料》第 66 辑，中共党史出版社 1998 年版，第 2—3 页。

代表安贝尔·德罗在祝词中指出："伟大的中国革命，使各国成千上万的工农群众都来同情，因为中国革命，是反帝国主义反封建军阀及资产阶级伟大的热烈的斗争，中国的革命不是民族的，而是含有世界革命的意义。"他认为："在中共反帝国主义与封建军阀间，也曾有过很大的困难，就是内部曾发生机会主义，可以现在都已经走上正确的路线。"他强调："中国党目前最主要的任务，是肃清机会主义的残余，组织更广大的工农群众反帝国主义封建军阀及资产阶级国民党的政权。过去在两湖上海广东各地牺牲了很多的同志。但是他们都是为创造新的中国、建设苏维埃政权而牺牲的，我们庆祝将来中国革命的成功。"[①] 安贝尔·德罗是瑞士人，俄国十月革命后开始倾向共产主义。他参与了瑞士共产党的创建。1921 年开始任共产国际执行委员会书记。

意大利共产党代表埃尔柯里即陶里亚蒂出席中共六大开幕式并致辞，向大会召开致以无产阶级的敬礼。他指出："中国共产党在秘密困难和白色恐怖之下，进到反帝国主义封建军阀资产阶级的运动。意大利共产党与中国共产党的联合是非常重要的。"意大利的工人和农民同情中国的革命，"相信中共一定可以战胜困难，完成他伟大的历史的任务。"陶里亚蒂认为：中共六大的召开，"是为的计划未来的工作"。他相信，中国共产党一定能够在第三国际即共产国际的指导之下，及苏联共产党帮助之下，完成其伟大的使命。不但中国革命可以很顺利的成功，而且可以很顺利的推动世界革命的成功。[②] 陶里亚蒂曾参与创建意大利共产党，后担任意大利共产党中央机关报《共产主义者报》总编辑。1924 年当选为共产国际执行委员会委员、主席团委员。1926 年赴莫斯科代表意共参加共产国际领导机构，任共产国际执行委员会政治委员会委员。

布哈林代表联共（布）向中共六大致祝词："希望这次大会能得到很好的成绩"。他指出："各位同志离开中国到此地开会是很不容易的。目前中国的白色恐怖，这种亚洲式的屠杀，是最残酷的，世界找不到的"。军阀帝

① 俄罗斯现代历史文献保管与研究中心馆藏档案，档案号：全宗 514 － 1 － 404。
② 俄罗斯现代历史文献保管与研究中心馆藏档案，档案号：全宗 514 － 1 － 404。

国主义一切反动力量一齐向中国工农进攻，中国共产党是代表中国劳苦工农阶级的。中国革命决不能因这种压迫而低潮的。在这回大会可以看到各位热烈革命的情绪。但是，“我们不独要用愤激的态度反对敌人，而且要用冷静的头脑解决一切所有的问题。”①

布哈林还提到俄国革命的经验，强调：“我们要很好的应用我们的力量，我们的群众我们策略能给敌人以重大的打击，得着最后的胜利，这是列宁同志所教训我们的。”“我们应更广大的组织工农群众，均坚决的准备工作，以待新的革命的潮流的新高涨。”我们应好好的组织群众，每一分钟、时时刻刻准备我们的群众，好打击我们的敌人帝国主义、军阀、资产阶级。②布哈林与列宁结识于 1912 年，并开始为布尔什维克报刊工作和撰文。十月革命胜利后，成为联共（布）党内著名的理论家。1920 年当选为共产国际副主席。1924 年 5 月当选为联共（布）中央政治局委员。

少共国际亦称青年共产国际代表福京致祝词。他表示：“特别欢迎中国各地的战士，因为许多代表都是各地工农群众的组织者，曾经领导许多工农群众在两湖、广东、江苏各省实际工作，及指导暴动的同志，大家现在一齐讨论实际工作问题，我相信一定可以得很好的结果，少共国际相信中国少共是个很好的支部，定可给党很多的帮助，给以很多的工作人才，很能执行党的决议和指示”。③他代表少共国际祝愿中国革命的成功。福京曾于 1926 年任青年共产国际驻中国代表。1927 年任青年共产国际执行委员会东方部部长。

除了共产国际、意大利共产党、苏联共产党、少共国际的代表在中共六大开幕式上致词外，法国、日本、英国、捷克斯洛伐克、伊朗、美国等共有八个国家的共产党代表在大会期间向中共六大表示祝贺。这也是中共成立以来同其他国家共产党接触最多的一次党的全国代表大会。

---

① 中共中央党史研究室、中央档案馆编：《中国共产党第六次全国代表大会档案文献选编》上卷，中共党史出版社 2015 年版，第 145 页。

② 俄罗斯现代历史文献保管与研究中心馆藏档案，档案号：全宗 514 － 1 － 404。

③ 俄罗斯现代历史文献保管与研究中心馆藏档案，档案号：全宗 514 － 1 － 404。

中共六大上，中国共产主义青年团中央的代表关向应致祝词。他指出："今天是中国革命唯一的指导者——中国共产党开第六次代表大会的开幕的一天，这次大会是有很大的历史意义的。中国革命是反封建反资产阶级、反国际帝国主义的口号下发展起来的，中共也同样的在这种条件下发展而扩大的。可是革命的深入，使一切的反革命如封建的、资产阶级的、帝国主义者，都在反共反工农反革命的一致行动下，团结起来，向我们进攻，同时中共中央又犯了机会主义的错误，不能遵照国际的指示以促进中国的革命，这就成了中国革命的失败的主要原因。"关向应认为："为了这个原故，中国少共曾在很短的期间内，离开了党的指导。可伟大的党终于能够很迅速的纠正自己的错误，肃清机会主义，领导暴动和奋斗。中国少共马上得到其伟大指导者的正确指导，继续一切青年运动的斗争工作。现在我们伟大的指导的党，开第六次大会了。我们相信从此更能加紧的布尔什维克化，走上正确的道路，完成他伟大的使命——中国革命。我们今天代表中国少共请求大会，号召全党同志起来注意青年运动，解放中国一切被压迫的青年！"①

中华全国总工会代表苏兆征，代表中国的工人阶级向中共六大表示"极诚恳的敬礼"。他指出："中国工人阶级过去英勇斗争的历史，曾经摇动了统治者——帝国主义、军阀、豪绅资产阶级、地主的基础。现在工人阶级经过了几次失败，但是工人阶级还在用尽所有的方法在团聚自己的力量，准备对敌人作最后的战斗。中国共产党——我们工人阶级唯一的领导，将要在新的高潮里，尽他的指导的作用，领导全国工人阶级的斗争。虽然过去有许多错误，但是这次大会必定能够扫除这一切过去的错误，确定正确的方针，来领导我们——中国的无产阶级作最后的斗争！"②

在共产国际、兄弟党和中国共产主义青年团中央、中华全国总工会代表致贺词后，瞿秋白代表大会主席团发表了简短的答谢词。他指出："在

---

① 中共中央党史研究室、中央档案馆编：《中国共产党第六次全国代表大会档案文献选编》上卷，中共党史出版社 2015 年版，第 146 页。

② 俄罗斯现代历史文献保管与研究中心馆藏档案，档案号：全宗 514 － 1 － 404。

听了共产国际执委会、青年共产国际、兄弟的意大利共产党和俄国共产党（布）的代表讲话以后，对于党代表大会的意义和任务就认识更清楚明确了”。“必须注意，在这次大会上尽快讨论中国革命的一切基本问题，为革命的继续发展确定一条正确路线，以便在中国建立苏维埃政权”。他还表示：“必须全力争取实现我党的布尔什维克化”。讲话结束后，瞿秋白高呼口号：共产主义万岁！马克思列宁主义万岁！中国共产党万岁！共产国际万岁！世界革命万岁！全世界无产阶级联合起来，保卫苏联和中国革命！世界革命胜利万岁！①

中共六大开幕式的第七项议程是唱《少年先锋队队歌》。歌毕，大会主持人宣布散会。

（五）大会期间的主席团会议

在中国共产党第六次全国代表大会讨论政治报告期间，大会主席团多次召开会议，及时讨论和决定有关会议的若干问题。从而及时处理了不少遇到的具体问题，保证了大会顺利召开。

1. 继 1928 年 6 月 18 日晚大会主席团第一次会议后，6 月 19 日晚上，大会主席团召开第二次会议。会议在向忠发主持下，首先听取了代表资格审查委员会主席苏兆征关于出席代表情况的报告。周恩来作了补充说明。他说明了中央关于召集六次大会通告规定的 500 名党员选代表一人的比例。说到这里，苏兆征插话说：500 名党员选派代表一人的比例是对党员多的省份的规定；同时，选派代表的多少，还考虑了各省的地位和工作的重要程度。周恩来接着说明，广东、江苏在中央通告发出后向中央要求多派代表参加大会，是经过中央许可了的。报告与说明之后，进行了讨论，最后以多数赞同通过维持原来代表资格审查委员会关于广东 15 票表决权和江苏 12 票表决权的决定。

会议讨论了各省关于调中山大学和东方大学学生参加大会并于会后回

① 《瞿秋白文集》政治理论编（5），人民出版社 1995 年版，第 528—529 页。

各省工作的请求，决定湖南、湖北各调给 3 人（调给湖南的是涂作潮、左镇南、汪廷观），其他各省一律不准，以保持大会之秘密。讨论中，李立三提议：中央指定的中山大学和东方大学参加大会的学生全部都给予发言权。会议多数赞成通过了这一提议。会议还讨论了大会的开会时间，决定：上午和下午的开会时间不变；晚饭时间改为晚 6 时；晚上 7 时到夜 12 时为各委员会会议时间。

2. 大会主席团于 6 月 21 日下午 4 时召开第三次会议。会议苏兆征主持。会议决定：今天下午不开大会，派人通知各省代表团或代表利用这个空隙，写本省工作与组织状况的报告。会议讨论了国内 5 月 26 日发来的报告政治形势的信，决定交墙报公布。会议还听取了关于大会各委员会组成情况和各省参加人数的报告。

3. 大会主席团于 6 月 24 日召开第四次会议。王藻文担任主席。到会者 13 人。讨论事项：一是大会时间的改变。讨论是否延长？决定讨论后完时再讲，时间不足可延长。每日开会加一点钟上午开三点半下午开三点半的会。说话时间依旧。二是中山大学、东方大学两校学生发言不实际问题。决定可以许可他们发言，不要重复，及过于多说抽象的理论。大会给他们工作，分配各代表团去工作，决定李立三召集他们一次会议。三是职工委员会材料现在还没有，草案还未交来。决定工委自定，无须全团会议解决。

4. 六大主席团于 6 月 24 日召开了第五次会议。会议由周秀珠主持，首先讨论了大会讨论和发言的时间问题。由于布哈林 6 月 27 日要向大会作结论而已报名发言者还未发完，会议在讨论后决定：（1）6 月 25 日和 26 日晚上各增加一次大会讨论发言；（2）发言时间仍旧，但主席团应注意优先分配给各地方的同志和工农同志发言，有时间再安排其他人发言。

其次，为了统一思想认识以总结经验教训，主席团在讨论后决定成立三个小委员会，即湖南委员会，湖北委员会，南昌暴动问题委员会，附属于政治委员会之下。并决定了三个委员会的组成人员：

湖南委员会，由 33 人组成。人员为：项英、梁亿才、蔡和森、张昆弟、王藻文、毛简青、何资琛、陈海清、刘义、成中青、罗章龙、丁继盛、胡德荣、霍锟镛、任旭、王凤飞、唐宏经、丁君羊、张金刃、李鸣、章松寿、罗明、王懋廷、刘坚予、龚德元、胡福田、何叔衡、徐特立、李子芬、瞿秋白、周恩来、夏曦、向忠发，主席向忠发。

湖北委员会，由29人组成。人员为：王若飞、黎国琼、张昆弟、王藻文、何资琛、霍锟镛、余茂怀、任旭、祁松亭、叶开寅、向忠发、法荣廷、曾文甫、张任光、郭金祥、张金刃、李鸣、钱志康、孟坚、王懋廷、刘坚予、龚德元、胡福田、胡均鹤、项英、周恩来、罗章龙、苏兆征、关向应，主席向忠发（7月8日改由杨殷担任主席）。

南昌暴动问题委员会，由30人组成。人员为：项英、王若飞、甘卓棠、王藻文、陈海清、罗章龙、余茂怀、曾文甫、王凤飞、唐宏经、黄文、张金刃、李鸣、来耀先、孟坚、王懋廷、刘坚予、龚德元、胡福田、汪泽楷、徐特立、华少峰、周恩来、李立三、张国焘、刘伯承、夏曦、瞿秋白、邓中夏、蔡和森，主席余茂怀。此外，六大主席团会议还讨论了彭述之的问题，决定由顺直代表团负责起草关于这个问题的文件交大会解决。

5. 大会主席团于6月27日召开第七次会议。会议由王藻文主持，再次讨论大会发言时间问题。鉴于共产国际第六次大会原定要在7月5日开幕，中国党的大会尚不能结束，会议在讨论后决定：由大会秘书处起草一封致国际执委信，请求国际大会延至7月10日开会。同时决定：大会发言到晚上10时结束，凡要求第二次发言者，可到政治委员会会议上去发表。6月28日，由瞿秋白向大会作结论。广州暴动是当时影响巨大且许多代表关注的问题。六大主席团会议在经过讨论后还决定，在政治委员会之下再设一个小委员会——广州暴动问题委员会，由41人组成，成员名单如下：项英、杨殷、王灼、黎国琼、梁亿才、邝璧清、彭公祖、成文、叶发青、曹更生、江慧芳、阮啸仙、甘卓棠、黄平、苏兆征、李立三、王备、唐球、周秀珠、袁炳辉、王藻文、刘义、霍锟镛、张世熙、于冶勋、丁君羊、张金刃、李鸣、夏曦、罗明、王懋廷、刘坚予、龚德元、胡福田、李子芬、瞿秋白、周恩来、邓中夏、向忠发、余茂怀、王凤飞，主席苏兆征。

至此，中共六大成立的各种委员会达到14个，包括政治、组织、职工运动、农民土地问题、苏维埃、军事、宣传、青年、妇女运动、财政审查；湖南、湖北、南昌暴动问题、广州暴动问题委员会，基本上涵盖了党的各方面的工作和关注的重要问题。这对大会更好地总结经验，形成相关的决议案，推进各方面工作，有梳理和引导的积极作用。

6. 大会第 12 天即 6 月 29 日晚，大会主席团召集第八次会议。白天，布哈林向大会作政治报告讨论的结论。当晚，主席团在余茂怀主持下，讨论安排下一步的议程。会议大致决定：6 月 30 日，大会进行组织问题的报告和讨论；7 月 1 日，大会进行农民土地问题的报告和讨论；7 月 2 日，大会进行职工运动问题的报告和讨论。会议还决定：国际代表的党纲报告取消，7 月 3 日和 7 月 4 日准备好各项决议案，争取 7 月 5 日通过草案并结束大会。实际上大会延期至 7 月 11 日结束。到 7 月 9 日，大会主席团共召开会议 15 次，处理和解决了若干会务工作，保证了大会顺利地完成各项议程。

（六）大会完成各项议程

按照大会主席团的安排，大会于 6 月 18 日开幕后，分别作了政治报告、组织问题报告、农民土地问题报告、职工运动问题报告并进行了大会讨论。其间，还有法国、日本、英国、捷克斯洛伐克、波斯（即伊朗）、美国共产党到会祝贺，通过了致法国、德国共产党代表大会的贺电。

各委员会也适时召开会议，主要是讨论大会的有关报告和决议。根据大会主席团 7 月 4 日的决定，“今天晚上 8 时，组织委员会开会。此外，湖北问题委员会、湖南问题委员会、广州起义问题委员会、南昌起义问题委员会应该预先做好准备，会前要有具体建议。”7 月 5 日“将是苏维埃委员会和土地问题委员会开会”。7 月 6 日下午，将举行政治委员会第一次会议。因为政治决议草案 7 月 5 日才能准备好，“同志们还要了解这个草案，以准备开会。请同志们事先准备好自己的书面意见”。[①]

---

① 中共中央党史研究室、中央档案馆编：《中国共产党第六次全国代表大会档案文献选编》下卷，中共党史出版社 2015 年版，第 761 页。

7月6日下午，政治委员会召开第一次会议。曾接任罗亦农担任中共江西省委书记，后任湖北省常委、组织部部长，时任中共中央组织局组织科负责人的汪泽楷在会上发言，他认为：关于过去教训的问题。八七前的右倾——机会主义；八七后的“左”倾——盲动主义，“这些怪物，几乎害死了我们的党”。六大“应该指出右倾的机会主义的害处在什么地方，‘左’倾的盲动主义的害处在什么地方。”但决议案对于八七前后事，“完全是站在旧中央的观点来批评，而完全抹煞了盲动主义、机会主义的危险”。同时，“盲动主义是由上到下而来的，绝不是那一下级党部部分的行为。所以讲到盲动主义的责任问题，绝然〈不是〉那一下级党部的责任问题。我们在组织上一定要确定了它，不然将来又要发生新的什么主义，那谁负责任呢？所以我主张责任是要大家负的”。[①]

时任中共山东省委书记的丁君羊在会上发言表示：因到会比较迟些，没有赶到来参加政治讨论，对决议草案的原则是同意的，但对八七会议后反帝国主义的工作不满意。特别是“济南事件”后，“没有一处我们有工作成绩的”。因此他提出：“在决议案上要很慎重的提出来，政治的矛盾焦点已渐渐移至北方，所以我们要积极的反帝，特别是日〈本〉帝国〈主义〉”。[②]

在政治委员会第一次会议上发言的还有李立三。他对决议案是同意的。不过有两点要加入，一是对现在革命形势的估量要加“军队的叛变过到革命方面”和“军阀崩溃的加速”“这都是表现革命高涨必然到来的征兆”；二是“觉得否认北伐是错误的”。换言之，就是应该肯定北伐是正确的。[③]湖南代表刘义，时任湖南省委委员、湘潭县委书记，他认为决议案的缺点是总的路线偏重于割据因而忽略了全国的总暴动，若是这样，“只要何处有

① 中共中央党史研究室、中央档案馆编：《中国共产党第六次全国代表大会档案文献选编》下卷，中共党史出版社2015年版，第762页。

② 中共中央党史研究室、中央档案馆编：《中国共产党第六次全国代表大会档案文献选编》下卷，中共党史出版社2015年版，第763页。

③ 中共中央党史研究室、中央档案馆编：《中国共产党第六次全国代表大会档案文献选编》下卷，中共党史出版社2015年版，第764页。

同志，马上就要并且就可以暴动，这是有非常大的危险”。同时，布哈林说暴动是宣传的口号，而决议案上说是要如何行动暴动，这是有危险的。他在湖南见到牺牲了许多同志，是很痛心的。湖南的秋收暴动“是否有群众呢？没有的，湖南省委后来已说到这次是一种盲动，而他却否认了。”决议案上说，广东暴动是一种英勇的尝试。刘义认为：所谓“尝试”结果杀了我们很多的同志。这种尝试，在湖南也杀了很多同志，将来再“尝试”下去，我党的同志，将要“尝试”完了。

时任湖北省委书记的任旭在发言中对决议案的大部分表示不同意。他指出：“关于机会主义问题，马日事变，杀了我们二万多同志，而这决议案上完全没有提到。盲动主义，打□了整个的湖北党部，而决议上也未说到。其余如反帝等等都未说到，布哈林说我们现在不要争什么‘浪花’、‘高潮’，现在不是高涨，而决议案上偏说是高涨。盲动主义在十一月扩大会时，已到了沸点，而决议案上说当时我们防止了，不过没防止好。其次，南昌暴动，大家都说是兵变，秋收暴动等并无人说是盲动。革命高潮过去了，为什么过去了呢？正是盲动主义的结果。布哈林说暴动是宣传的口号，而决议案上偏说要直接行动，这完全是不对的。”盲动主义中央要负责[①]。

7月7日，政治委员会会议继续讨论决议案。项英发言指出：“政治决议案上重要的不但是要正确的指出将来的路线，而且应将过去的教训明白的具体的写出来。这为的是给将来党不致再犯这种错误。”他认为：在过去党许多的错误上，为什么积在八七会议前总暴发？“完全是因为过去的大会未明确的指出过去的错误”。“过去不但对机会主义及盲动主义没有明了的指示，就是对于无产阶级的领导也未说到。因此，我们应该发展及巩固工人，特别是产业工人，这才是表示对农民的领导。”[②]

顺直代表王仲一表示“完全同意”项英的意见，同时强调要重视反帝

---

① 中共中央党史研究室、中央档案馆编：《中国共产党第六次全国代表大会档案文献选编》下卷，中共党史出版社2015年版，第765—766页。

② 中共中央党史研究室、中央档案馆编：《中国共产党第六次全国代表大会档案文献选编》下卷，中共党史出版社2015年版，第766—767页。

和职工运动，如果不反对帝国主义，中国的职工运动就不能有大的进展，因为十分之八的大企业完全操纵在帝国主义的手里。江苏代表王若飞对决议案的结构“是同意的。缺点是未能将新的政治路线引用上”。王若飞指出：“我们应追认过去错误的经验，以应用到将来。”“机会主义的批评不十分明了，如此严重的马日事变未说到，盲动主义也未切实的指出来而只是说中央未纠正好。这是不大好的。”“盲动主义是机会主义的另一方面，我们都应很明了的指示出来，以免发生误解。”“秋收暴动是否是盲动主义呢？湖南的同志都可以知道！”①

共青团中央代表关向应发言认为，决议案“一般的说来是很正确的”，但缺点是未说到过去的缺点：如盲动主义、不断革命论的问题。“这个东西大家都承认是错误的。但我们绝不能说一切的错误都由它所产生出来的，不过它曾在大会上占了一个位置，所以我们在草案上也应该指出”。

邓中夏说明自己对决议草案是同意的，但赞成“在草案中间关于过去的教训一点”，“可以说得更明白一点”。特别是绝对“不要因为只注意城市工作而忽略了对农村的领导权”。因为，“最重要的是农村的农民群众，他是我们的重要同盟者，因此我们对农民的领导权更应该注意到的”。而“夺取一省或数省政权”，也不要“忽略了其他地方的工作”。②

来自内蒙古的代表白海峰给政治委员会写信反映：“中国共产党对中国境内的小民族有何主张？是赞成其民族解放独立运动吗？列宁主义对民族问题，有相当的解决，而中国共产党，在他的口头上，是赞成各民族的解放，而在他政治主张上，总未提及。所以在西北地方做工作的同志，在工作上发生矛盾。”他认为，“我们中国共产党，是有国际性的政党，但对于其他弱小民族，毫不提及。所以，使国内弱小民族十分盼望的热忱，变为如对中国国民党的态度一样，如果这样，怎能将中国所有被压迫的民族，

① 中共中央党史研究室、中央档案馆编：《中国共产党第六次全国代表大会档案文献选编》下卷，中共党史出版社 2015 年版，第 767 页。

② 中共中央党史研究室、中央档案馆编：《中国共产党第六次全国代表大会档案文献选编》下卷，中共党史出版社 2015 年版，第 769 页。

都号召起来呢？”他说自己“来参加第六次大会的主要任务”[①]，就是希望党把少数民族工作重视起来。

不论是口头发言还是书面意见，参加政治委员会的代表们对决议案的讨论认真而热烈。因为大家对政治决议案提出诸多意见，政治委员会于7月8日开会作出临时决定：鉴于政治决议案草案太不完善，选举成立一个修改草案委员会，以草案为基础进行修改增补。委员会除原起草者4人和共产国际代表团参加，还推选蔡和森、张国焘、项英、王仲一、王藻文、李立三、余茂怀、关向应、罗章龙、向忠发等10人共同组成。[②]

据罗章龙回忆，在大会成立的各项决议案小组委员会，最重要的为政治决议、党章、大会宣言等。小组每晚开会，先后开会10余次，充分收集各方意见，最后草拟各项决议草案，然后提交大会讨论通过。政治决议案起草委员会工作放在第一位。政治问题起草委员会一连举行两天一晚的会议，讨论的问题集中在大革命经验教训、革命性质与革命动力、十大纲领等问题。[③]

7月7日，六大的组织委员会也在开会，讨论组织问题决议草案。会上，共产国际组织部的代表巴谢耶夫认为：库丘莫夫起草的第一个决议草案，太偏于政治，而且没有谈到目前组织上的任务；周恩来起草的第二个草案，只是一个提纲而不是决议。而时间已经很紧迫了。因此，巴谢耶夫提议将周恩来的草案作基础，再组织一个小委员会尽快讨论修改出来。会议经过讨论，同意这一提议，并推举任旭、王若飞、梁亿才、王茂廷、周恩来、王仲一组成小委员会。这以后，这个小委员会对组织决议草案进行了讨论，并讨论了党章修改草案。但是，由于未修改出定稿，组织委员会决定了一个“关于组织问题决议向大会的提议”。

---

① 中共中央党史研究室、中央档案馆编：《中国共产党第六次全国代表大会档案文献选编》下卷，中共党史出版社2015年版，第826页。

② 中共中央党史研究室、中央档案馆编：《中国共产党第六次全国代表大会档案文献选编》下卷，中共党史出版社2015年版，第770页。

③ 中共中央党史研究室第一研究部编：《六大代表回忆录》，中共党史出版社2014年版，第50页。

同日，刘伯承在南昌暴动委员会上作了《南昌暴动始末记》的专门报告。他谈道：“南昌暴动，是中国无产阶级夺取领导权在历史上的第一页。”南昌暴动前的政治方向、军事方面等问题；同时谈到南昌暴动中党的决定和八月一日的活动；接着谈到由南昌到广东的情况；最后谈到结论：一是我们根本上的弱点，包括时间、空间、数量、质量四个弱点，“而与广大之反动力量对战，暴动的胜利，自然不敢说是绝对的。但我们如善利用反革命营垒中的利害冲突，而又施以精敏正确的行动，诚有相当胜利的可能”；二是我们行动上的错误。刘伯承强调：“我们的党，无论何时要有精密的组织，威严的权力，才能确实领导一切，而于暴动时尤然。”同时，“暴动时因要戴着国民党的帽子，未把我们土地革命的口号彻底地拿出来，农民之未能充分起来一齐奋斗，自有一些旁的情形，而这确为主要的原因”。[①] 刘伯承所写的《南昌暴动始末记》，还附有由南昌到广东军事简要表和由南昌到广东经过路线略图。

7月8日下午1时，六大主席团召开了第13次会议，商量了有关工作。会议在项英主持下，经过讨论后决定：（1）各委员会如果还没有讨论完决议草案，可以延长到明天上午结束；大会在九日晚上结束。（2）关于组织问题决议，组织委员会已起草出来，但文字上还需要修改，因此决定由大会选举几个文字修改人负责修改。（3）湖北委员会主席向忠发因为参加会议的时间相互冲突，会议决定改由杨殷任主席。

下午6时，大会主席团在王若飞主持下召开第14次会议。根据共产国际代表团的提议，决定即日撤销南昌暴动委员会、广州暴动委员会、湖北委员会、湖南委员会，由主席团通知它们下午即行停止工作，同时决定提交明日大会通过。

7月9日即大会的第22天，大会接近尾声。这天主要是表决通过多项草案。这也是议程丰富、安排紧凑、气氛热烈的一天。

首先，听取瞿秋白宣读政治决议草案，并逐段进行修改。下午，米夫

① 中共中央党史研究室、中央档案馆编：《中国共产党第六次全国代表大会档案文献选编》下卷，中共党史出版社2015年版，第771—778页。

在大会开始时报告了共产国际代表团关于各小委员会停止工作的提案，提议在共产国际执委直接指导之下设立几个委员会，在中国同志的参加下进行讨论，最后将讨论意见和结果转告中国共产党。经过讨论，大会以41票的多数通过了上述提案。[①] 但因为六大闭幕后大多数代表回国，这些委员会也没有再开展什么活动。

之后，大会继续听取瞿秋白宣读政治决议案草案并逐段进行修改，直到全部修改完成，值日主席遂提议进行总表决。当值日主席宣布全体一致通过这一决议时，全场掌声如雷，并起立欢呼“中国共产党万岁！”高唱《国际歌》。

其次，大会值日主席宣布：现在有同志提议，由大会决定广州暴动日12月11日为固定的纪念日，并宣读了提案的全文。全体代表当即鼓掌并照提案通过。中共六大形成的这个关于广州暴动的正式决议，阐述了纪念的意义在于：“广州暴动不是一个简单的军事行动，也不是一个简单的广东工农兵以至于全国工农兵群众之行动，而是一个世界无产阶级革命史上的伟大的著作。”具体理由如下：（1）广州暴动是中国苏维埃革命阶段的开始，是中国的无产阶级及其同盟者——贫苦的农民，兵士，开始单独的用自己的血，力量和勇气，企图推翻一切恶势力而建立我们自己的政权——苏维埃政权。（2）广州暴动是中国的工农群众用自己的力量企图推倒帝国主义的统治的总结晶，是东方一切被压迫群众奋斗的警钟，雪亮的灯塔。（3）广州暴动是资产阶级企图暂时部分稳定的反响，是资本主义在暂时稳定中矛盾的产物。（4）广州暴动给予了中国的无产阶级农民兵士及东方的工农兵群众以奋斗的教训，以奋斗的决心。因此，“不但中国的共产党以至于各国的共产党要直接的纪念它和研究它的教训，共产党特别是中国共产党，还应该高举着鲜红旗帜——苏维埃的旗帜——号召成千成万的工农兵群众去纪念它，去研究它的教训，去完成它的伟大的历史事业。——社

---

① 中共中央党史研究室、中央档案馆编：《中国共产党第六次全国代表大会档案文献选编》下卷，中共党史出版社2015年版，第792—793页。

会主义革命。”[①] 这个决议的通过，反映了党内多数同志对广州暴动的肯定态度。

再次，瞿秋白宣读主席团通过、提交大会讨论的“对国内工作指示电”草案，大会一致通过了这个草案。这份指示电指出：“无疑义的同意第九次国际执委全体会议的决议案”，同时强调：“现在，第一个革命浪潮以历次失败而完结，而新的浪潮还没有来，党的总路线是夺取群众，统一群众，团结群众于党的主要口号之下，加紧日常工作，尤其是城市产业工人之中的工作。”指示电强调：“党与群众的脱离，是主要的危险。全国范围之内暴动只是宣传的口号，坚决的反对盲动主义”。[②]

复次，瞿秋白宣读“关于党纲的决议”草案，大会表决一致通过。决议如下：“中国共产党第六次大会委托中央委员会于第七次大会之前必须拟出中国共产党党纲草案，及早发给各地党部讨论，以便提出第七次大会能够正式列入议程，为最终之决定。”[③] 还在中共六大召开前，中共中央就开始准备党纲。在共产国际抽调人员帮助准备的 11 个中共六大的决议草案中，排序第一位的是章程，第十一位的是中共纲领草案。但是，由共产国际方面瓦尔加帮助起草的中共纲领草案，还在大会召开前就被共产国际方面认为可能将从大会日程上取消，结果成为事实。所以，中共六大没有能够形成正式的党纲草案，而将这一任务留给了下一届党代会即中共七大。以共产国际东方部副部长身份出席中共六大的米夫，曾于 1928 年 10 月撰写《中国共产党第六次代表大会》一文，谈到中共六大“作出了一项决议，委托新选出的中央委员会拟定中国共产党纲领草案，以便经地方组织事先讨论后，提请第七次代表大会审查和批准。”[④]。

---

① 中共中央党史研究室、中央档案馆编：《中国共产党第六次全国代表大会档案文献选编》下卷，中共党史出版社 2015 年版，第 889 页。

② 中共中央党史研究室、中央档案馆编：《中国共产党第六次全国代表大会档案文献选编》下卷，中共党史出版社 2015 年版，第 937 页。

③ 中共中央文献研究室、中央档案馆编：《建党以来重要文献选编（一九二一 —— 一九四九）》第 8 册，中央文献出版社 2011 年版，第 449 页。

④ 摘自《米夫关于中国革命言论》，人民出版社 1986 年版；《共产国际、联共（布）与中国革命档案资料丛书》第 11 卷，中央文献出版社 2002 年版，第 188 页。

接着，瞿秋白又宣读“关于民族问题的决议”草案，同样获得大会表决一致通过。这个决议认为，“中国境内少数民族的问题（北部之蒙古，回族，满洲，高丽人，福建之台湾人，以及南部苗黎等原始民族，新疆和西藏），对于革命有重大的意义，特委托中央委员会于第七次大会之前，准备中国少数民族问题的材料，以便第七次大会时列入议事日程并加入党纲”①。

以上六项议程通过后，在大会的第一单元完成。会间休息后，进入大会的第二个单元。

首先，通过的是“职工运动决议案”。决议案强调：党在职工运动中的“基本任务，就是动员所有的无产阶级群众来围绕着他的阶级组织”即党及职工会，“这是在职工运动公开存在的时候，所不曾充分解决的任务，现在逼着我们在艰难万倍的条件之下去解决他。这个任务不解决，则中国革命不能够得胜利的”。在组织问题上的基本策略任务是：“指导无产阶级之日常经济和政治斗争，反对反动工会，组织革命工会，用宣传与煽动的方法提高广大工人群众之阶级觉悟。只有这样，才能使党一方面促进新的革命高潮之到来，另一方面才能保证中国无产阶级在革命民众中间的指导作用”②。对于是否取消工委问题，会上大多数代表表示不赞成。经过讨论，大会决定由出席共产国际六次大会代表团向共产国际执委会说明：在中国现在的情况下，工委的组织仍然需要，以后可能取消时再取消。同时决定将决议案的题目改为《中国职工运动决议案》。

其次，李立三宣读“土地问题决议案”和“农民问题决议案”的两个草案，并报告了农民土地问题委员会对两个决议草案的讨论修改情况，大会表决一致通过了两个决议。六大通过的土地问题和农民问题决议，对中国土地制度，农村阶级关系，作了比较详细的分析，系统地提出了解决农

---

①　中共中央文献研究室、中央档案馆编：《建党以来重要文献选编（一九二一——一九四九）》第8册，中央文献出版社2011年版，第450页。

②　中共中央党史研究室、中央档案馆编：《中国共产党第六次全国代表大会档案文献选编》上卷，中共党史出版社2015年版，第883页。

民土地问题的纲领、路线、方针和方法，有力地促进了各地土地革命运动的胜利开展。在六大的农民问题决议案中，强调了农村中的党的工作，“取得和巩固农民运动中工人阶级的领导权，是乡村党部的主要任务和一切实际工作的总方向”。因此，“在一切农民斗争与农民工作的组织中，党的支部应为自己保证领导的作用。在宣传鼓动的工作中，党的支部应该解释共产党的作用及其现时的任务。”同时，“共产党在乡村中的组织应该是无产阶级与半无产阶级的分子所构成”。“革命的农民群众，必须使之团结于农民协会或苏维埃之下。过去以党代替农协代替苏维埃以容纳广大的小资产阶级的农民的倾向，应极力纠正。党只能经过党团的作用影响农协和苏维埃，更不能直接的命令或指挥群众。”①

这样，中共六大在7月9日这天通过了9个决议案：（1）共产国际代表团关于几个小委员会停止工作的提案；（2）政治决议案草案；（3）广州暴动纪念日的提案；（4）对国内工作指示电草案；（5）关于党纲的决议草案；（6）关于民族问题的决议草案；（7）职工运动决议案；（8）土地问题决议案；（9）农民问题决议案。

7月10日，是中共六大召开的第23天，继续举行大会。值日主席宣布本日大会的三项议程：一是通过组织问题决议案；二是通过修改后的中国共产党党章草案；三是选举第六届中央委员会。

第一项议程是通过组织问题决议案。在宣读组织决议案草案之前，周恩来对起草决议案以及组织委员会讨论的曲折经过作了说明。共产国际执委对于党的组织问题，曾经给了一个“解释书”。库丘莫夫根据“解释书”起草了一个决议草案，周恩来也将中国党的组织问题作了详细的报告，并由组织委员会进行了详细的讨论。因为库丘莫夫的草案和周恩来的报告都有缺点，所以共产国际主张再起草一个大纲。据此，周恩来又起草了“组织问题决议案提纲”。但组织委员会一致认为此提纲有很大的缺点：第一，太琐碎，反而把重要的方面忽略了；第二，第三部分关于今后的组织任务

---

① 中共中央文献研究室、中央档案馆编：《建党以来重要文献选编（一九二一 —— 一九四九）》第8册，中央文献出版社2011年版，第433页。

说得太不充分，第四部分则又包罗了其他如工人运动、农民运动等群众方面的组织任务。同时，组织委员会也认为库丘莫夫起草的决议草案太偏于政治。因此，组织委员会提议以周恩来起草的提纲作基础，由国际代表瓦西里也夫再起草一个决议草案。现在要向大会宣读的就是这个草案。由于起草得很急，翻译的也仓促，文字上不大通顺，所以，周恩来请大家在听宣读时多加注意。

周恩来宣读完毕后，又说明了组织委员会在讨论中提出的意见。组织委员会认为这个草案有很多优点：第一，把几个组织问题说得清楚明晰；第二，说明了党在秘密条件下应当注意的问题，即当前夺取广大群众的具体方针；第三，说明了需要培养干部人才；第四，说明了在群众中的宣传和组织工作。但组织委员会认为草案也有弱点，如对于党在组织上的问题和危险未说明白，对于过去的错误也说得很少。组织委员会认为这些是需要补充的。鉴于时间关系，组织委员会向大会提出以下提案：

"（一）大会承认瓦西里也夫同志的草案作为组织问题决议案的基础，至于最后的修改，大会委托新中央与共产国际组织部共同执行。（二）对瓦西里也夫同志的草案应添上底下几部分：（1）根据周恩来同志起草的提纲的材料，指出中共组织工作中的主要缺点；（2）指出党与工会工作的区别；（3）指出新的干部的培养与党内教育训练的工作。（三）大会委托新中央在最近期间根据组织决议案与修改的章程，详细制定指导地方革命工作的方法：（1）工厂支部工作方法；（2）群众组织中的党团组织和工作方法；（3）各级党部组织法；（4）地方党部工作方法；（5）秘密工作的方法。（四）大会委托新中央与共产国际组织部共同规定国外的中国党员中的工作方法。（五）大会委托新中央根据组织决议案与修改后的章程，编辑一通俗小册，详细叙述中国共产党组织工作中过去与现在以及将来的任务，使一般下层的党的积极分子能够明了党的组织工作的状况。"①

① 中共中央党史研究室、中央档案馆编：《中国共产党第六次全国代表大会档案文献选编》上卷，中共党史出版社 2015 年版，第 154 页。

提案宣读完毕之后，值日主席即提议进行表决，大会一致通过了上述提案即《关于组织问题草案之决议》。

第二项议程是通过党章草案。周恩来首先申明：党章草案已由章程修改委员会修改了一半，还有一半交大会修改。周恩来还说明：修改党章在党的五大就已提出，后交新中央办理。曾由米夫修改过。“因为中央没有完全修改的草案到各地，所以到这次大会才继续的修改。”周恩来将原文念下去，请同志们注意听着。照条宣读，按条通过。内中只有很少的字句修改，大致照委员会修改草案全体通过。[①] 在通过党的章程之后，大会通过了一项临时动议——《关于大会宣言问题的决议》如下：“中国共产党第六次大会委托中央委员会根据政治决议案起草第六次大会宣言于适当时期公布。”关于本日第三项选举，本书设专节论述。

7 月 10 日下午，大会继续通过各项决议。宣布开会后，会议主席提议：因时间关系，青年、宣传、妇女、苏维埃等各项决议草案只宣读大纲，不再宣读全文。大会对这一提议表示同意。随即，主席首先请李子芬解释青年问题决议大纲。李子芬报告青年问题决议大纲后，大会表决通过。其次，主席请蔡和森解释宣传工作决议大纲。蔡和森报告宣传工作决议大纲后，大会表决通过。再次，请庄东晓宣读妇女工作决议大纲，庄东晓报告妇女工作决议大纲后，大会表决通过。随后是邓中夏宣读苏维埃组织问题决议大纲。邓中夏报告后，大会表决通过。[②]

本日通过的大会文件有：关于组织问题草案之决议（附一：中国共产党组织决议案草案；附二：组织问题决议案提纲）、中国共产党党章、关于大会宣言问题的决议；关于共产青年运动的决议案、宣传工作的目前任务、妇女运动决议、苏维埃政权的组织问题决议案。

① 中共中央党史研究室、中央档案馆编：《中国共产党第六次全国代表大会档案文献选编》上卷，中共党史出版社 2015 年版，第 155 页。

② 中共中央党史研究室、中央档案馆编：《中国共产党第六次全国代表大会档案文献选编》上卷，中共党史出版社 2015 年版，第 155 页。

（七）大会闭幕式

1928 年 7 月 11 日，中国共产党第六次全国代表大会举行闭幕式。向忠发宣布开会并致闭幕词：中共六大在国际直接指导之下，把过去的经验和教训作了总结，在总结的基础上产生了正确的策略和方针。大会给我们的两大任务是：对外战胜帝国主义、军阀、资产阶级、地主豪绅等一切反动势力；对内打倒过去的机会主义、盲动主义和一切不好的倾向。我们要提高我们的勇气，振刷我们的精神，高举着列宁的旗帜，紧拿着列宁的武器，战胜一切敌人，完成中国革命和世界革命。

接着，苏兆征代表第六届中央委员会致辞："中国共产党第六次大会今天闭幕了。过去的错误，大会把它收集起来埋葬了，我们得到了新的正确的路线，我们相信一定能够沿着这条路线得到胜利。现在我们是在资产阶级民权革命的阶段上，我们一定要武装起来，我们一定要夺取成千上万的群众包围在我们的周围。只有这样，我们才能制胜敌人，得到革命的最后胜利！"①

中央委员周恩来致辞："我们这次大会，是空前未有的，我们有了很好的精神，这精神就在各位代表实际经验中所得来的。过去的大会非常简单，讨论很少，可是这次大会却不同了，为求得革命的真理，得到了许多的批评。我们不要以为有了争论就是不好的，因为只有批评讨论之下才能得到正确的道路。这次大会在共产国际的指导之下得到了很伟大的成绩，我希望大家莫要忘了布尔什维克自己批评的精神！"

周恩来还强调："我们有了正确的路线还在大家拿到中国去使每个同志了解而执行。大家要把大会的精神带到工作中去！并且希望新的中央在此新的精神领导之下进行工作把过去党内不好的倾向完全肃清！这责任就在群众身上，我们要把过去的不良倾向在会场中宣布死刑，使它永不再发生。我们要在共产国际领导之下拿定决心，了解群众去实行政策才真能布尔什

---

① 中共中央党史研究室、中央档案馆编：《中国共产党第六次全国代表大会档案文献选编》上卷，中共党史出版社 2015 年版，第 156 页。

维克化！我们的革命才能胜利。”

在中共六大闭幕式上致辞的，还有广东代表、候补中央委员周秀珠（女），湖北代表霍锟镛，湖南代表刘义，共青团中央代表、候补中央委员李子芬，江苏代表王若飞，指定及旁听代表方维夏，浙江代表夏曦。

王若飞在闭幕式上发言指出：这次大会在第三国际直接指导之下，“是历史上最有意义的大会”。其意义主要体现在两个方面：一是过去党对于各种问题的估量有很多的错误，这次大会对于政治路线得到了明确的认识。二是在组织上，大会看出了党的新的生命，以前是机会主义，自上而下的脱离群众的组织，过去没有理论，不了解群众，这次大会却得到了群众的呼声。希望大家对于党要忠实，努力地完成我们的任务。

方维夏发言说，他对于大会有四点很满意的地方。一是代表成分为从来所未有——工人之多。二是批评精神布尔什维克化，把过去的盲动主义机会主义和盘写了出来，虽然发生了个人意气的争执，但是已经由群众纠正了。三是选举精神，中央与各省的意见都融洽起来提起了工农分子，党的观点不是感情不是个人。四是在共产国际指导之下得到了正确的路线。

夏曦发言说：六大在莫斯科召开，“这表示着中国的革命是世界革命的一部分，表示着中国革命将要走上社会主义的前途。”正因为如此我们的责任更加重大了。我们目前的任务就是要争取群众，但这还不够，我们的党是无产阶级的政党。所以我们尤其要夺取广大的工人群众，我们不是以和平的方法，以斗争决定我们的胜利。过去的机会主义脱离群众与人妥协，过去的盲动主义不了解群众，军事投机，今后的任务只有大家到群众中去才可消灭机会主义与盲动主义。我们的基础应该建筑在工人身上，在工作上，不要是不动主义，要在斗争中完成我们的任务。①

致辞完后，大会全体代表高呼口号，高唱《国际歌》《少年先锋队歌》。主席团宣布大会胜利闭幕。会场上掌声不绝，欢呼之声如雷。

---

① 俄罗斯现代历史文献保管与研究中心馆藏档案，档案号：全宗 514 － 1 － 407。

（八）选举出席共产国际六大代表和参加共青团五大

中共六大召开期间，还选举代表准备出席共产国际第六次大会。并在莫斯科召开了中国共产主义青年团第五次全国代表大会，还组织六大代表撰写烈士事迹，等等。

1. 选举代表出席共产国际六大

共产国际六大原定 1928 年 7 月 5 日开幕。因中共六大不能结束，所以，中共请求延至 7 月 10 日。共产国际六大实际推迟至 7 月 17 日开幕。大会公布的中共出席共产国际六大的代表团的人数是：有表决权的代表 20 人；有发言权的代表 9 人，共计 29 人。[①] 在共产国际六大上，周恩来参加了大会代表资格审查委员会和共产国际资格审议委员会。大会通过的《殖民地和半殖民地国家的革命任务》的文件提出，“在中国，即将来临的革命高潮将重新提出准备和进行武装起义作为党的当前的实际任务”。大会认为，共产国际各支部目前主要的错误倾向是右倾。但在中国有盲动主义倾向。但一般来说，右倾比“左”倾更甚。共产国际六大的这一精神，也对中国共产党产生了直接影响，同尔后连续出现“左”倾错误有着密切的关系。大会结束时，苏兆征被选为共产国际执行委员会委员，周恩来等当选为候补委员。在共产国际执行委员会上，瞿秋白当选为主席团委员，张国焘当选为候补委员。

2. 参加共青团五大，推动六大路线贯彻

中共六大结束后，中国共产党派苏兆征、瞿秋白、刘毅、霍锟镛、蔡和森参加中国共产主义青年团第五次全国代表大会。这是中国共青团历史上，唯一的在国外召开的一次全国代表大会。会议于 1928 年 7 月 12 日至 16 日在莫斯科举行。出席大会的代表来自 12 个省级单位，有山东、四

① 见中国社会科学院近代史研究所编译的《共产国际有关中国革命的文献资料》第 1 辑，中国社会科学出版社 1981 年版，第 562—569 页。

川、河南、湖南、浙江、福建、陕西、云南省各1名；广东省3名，东三省、顺直、江苏省各2名，各省级单位代表共计17名。还有少共国际代表6名，地方党组织选派的代表3名，中国共产党代表团5名，即苏兆征、瞿秋白、刘毅、霍锟镛、蔡和森；团中央代表1名，由团中央委派的代表10名。

刚刚出席了中共六大的共青团代表关向应、华少峰、李子芬、胡均鹤、汤正清5人和河南代表徐兰芝①、指定及旁听饶卫华②、王翘③参加了大会。参加共青团五大的还有王福亭、景□□、□俊巧、丁台文（丁昌文）、徐以星（徐以新）、罗春兰、刘光玉、李运枢、朱秀英、王崇五、曾宏毅、廖庆祖、王履冰、胡大智④。在会上有发言权和表决权的代表22名，只有发言权的代表24名。一共计46人。

大会系统地总结了1927年5月共青团四大召开以来的工作经验和教训，充分肯定了共青团在大革命失败后，能够迅速转入秘密状态，保存了骨干，开展了英勇的反抗斗争，发挥了重要的政治作用。大会根据六大的政治路线，确定共青团的基本任务是：争取团结广大的劳动青年在党的周围，发动他们参加土地革命战争，参加红军和工农武装，为建立工农政权而斗争。大会选举产生新的共青团中央委员会，选举产生常务委员会，组成关向应任书记，李求实、华少峰、李子芬、陆定一等为委员的中央局。共青团五大结束后，又有些代表参加了共产主义少年国际召开的世界大会。⑤因为，此时共青团的地位和作用非常明确，因此共青团五大通过的政治任务决议案表示："完全同意于中国共产党第六次全国代表大会对于中国

---

① 中共中央党史研究室、中央档案馆编：《中国共产党第六次全国代表大会档案文献选编》下卷，中共党史出版社2015年版，第824页。

② 中共中央党史研究室第一研究部编：《六大代表回忆录》，中共党史出版社2014年版，第77页。

③ 中共中央党史研究室第一研究部编：《六大代表回忆录》，中共党史出版社2014年版，第89页。

④ 中共中央党史研究室、中央档案馆编：《中国共产党第六次全国代表大会档案文献选编》上卷，中共党史出版社2015年版，第133页。

⑤ 王翘回忆录，中国人民政治协商会议全国委员会文史资料委员会《革命史资料》编辑部编：《革命史资料》19，中国文史出版社1992年版，第72—79页。

革命过去和前途的估计，以及现时党的路线、策略及任务的决定”[①]。参加共青团五大和此后的青年团工作，对在青年运动中贯彻落实六大精神，发挥了重要作用。

共青团五大结束后，有部分代表参加了共产主义少年国际大会[②]。

3. 撰写烈士事迹

褒扬死难烈士，也是教育和鼓舞全党继承先烈遗志，完成党的初心使命的重要举措。大会召开期间，中共中央曾开出一份死难烈士名单，由大会代表知情者分工撰写烈士事迹，为党保存了一份较为完整的原始的党史人物传稿。据六大档案中一份编写烈士传记的分工名单所载，参加这次编写工作的有周恩来、瞿秋白、王若飞、刘伯坚、苏兆征、邓中夏、关向应、项英、阮啸仙等人。根据原稿笔迹，蔡和森、夏曦等也参与了编写。如夏曦撰稿的夏明翰、田波扬、陈佑魁等小传或传略；项英撰稿的许白昊、郑复他；蔡和森撰写的向警予传；方维夏所写的陈赞贤传；李鸣岐撰写的在豫南地区英勇牺牲的王克新（省委委员、豫南特委书记）、蔡训明（代理豫南特委书记）、李书贶（京汉铁路总工会主席）、汪厚之（河南省委常务委员）、范易（豫南革命委员会豪绅地主审判委员会委员长）、龚逸情（中共豫南特委常务委员）、董子祥（确山县临时治安委员会执行委员）等七位同志的小传[③]，等等。

撰写烈士事迹，留下烈士生平，为后人留下了极其珍贵的资料，这是中国共产党烈士褒扬史中极其重要的组成部分[④]，这对传承红色基因，宣传红色文化，弘扬党的优秀传统作风，具有重要意义，对更好地贯彻落实六大精神，也可以提供强大的精神动力。中共七大继承这一传统，作出以七

---

① 中共中央党史研究室、中央档案馆编：《中国共产党第六次全国代表大会档案文献选编》下卷，中共党史出版社 2015 年版，第 947 页。

② 中共中央党史研究室第一研究部编：《六大代表回忆录》，中共党史出版社 2014 年版，第 89 页。

③ 《河南党史通讯》1985 年第 1 期。

④ 龙华烈士纪念馆编：《烈士与纪念馆研究》第 11 辑，上海人民出版社 2009 年版，第 377 页。

大名义召开中国革命死难烈士追悼大会的决定，并于 1945 年 6 月 17 日举行了中国革命死难烈士追悼大会。毛泽东在追悼大会的悼词中指出："中国一定是人民的，中国一定要战胜日本侵略者及其走狗，建立一个独立、自由、民主、统一与富强的新中国，一百年来特别是近二十四年来，一切革命先烈们的志愿，一定要胜利地实现。"①

四、确立了新形势下党的政治路线

在中国共产党全国代表大会的日程上，确立党的政治路线从来都是重点戏。从政治报告到代表讨论、最后通过的政治决议案，从而形成党在一定时期的政治路线。中共六大从 1928 年 6 月 19 日到 29 日听取了共产国际代表布哈林和中共中央代表瞿秋白的口头报告、青年团中央代表关向应的政治副报告、向忠发关于出席共产国际执行委员会第九次扩大会议的报告，一共四个报告；有 72 人（次）在大会讨论政治报告时发言；最后由瞿秋白和布哈林分别作政治报告讨论的结论。在中共六大召开的 24 天中，用于政治报告和讨论的时间为 11 天。这也是六大各项议程中所用时间最长的议程。最后，确立了新形势下党以争取群众为中心工作的党的政治路线。

（一）布哈林、瞿秋白的政治报告

确立新形势下党的政治路线，必须要国内外的革命形势、中国革命的性质、前途有清醒的认识，对过去斗争的经验教训要有认真的总结，对中国革命运动的形势有正确的估计。围绕中国共产党的政治路线问题，中共六大的政治报告共有四个，即共产国际代表布哈林的报告，中共中央代表瞿秋白的口头报告，青年团中央代表关向应的政治副报告，向忠发关于出席共产国际执行委员会第九次扩大会议的报告。

① 中共中央党史研究室、中央档案馆编：《中国共产党第七次全国代表大会档案文献选编》，中共党史出版社 2015 年版，第 685 页。

1. 共产国际代表布哈林的报告

6 月 19 日，共产国际代表布哈林在中共六大作政治报告《中国革命与中国共产党的任务》。报告分为六个部分，包括国际革命形势、中国革命的世界意义、中国革命的性质及其前途、过去斗争的经验、中国革命运动的现势、中国共产党的总路线。

关于国际革命形势。布哈林认为，世界革命即国际革命运动现在已经进入了第三个时期。第一时期是紧接着第一次世界大战而发生，许多国家内发生了革命，但因为“没有团结紧密和组织良好的共产党”，“工人阶级失败了”[①]。进入第二时期后，资本主义经济局部稳定，但国际帝国主义系统之下的主要矛盾仍然存在。现在的世界革命进入了第三个时期。“资本主义的经济虽然一般的高涨，可是资本主义的躯体中还含着许多极大的病根，极大的矛盾，而且这些矛盾，还是要向前发展的”。[②]

关于中国革命的世界意义。布哈林认为，在上述的国际形势下，中国革命具有世界意义。布哈林了解到，中国同志在这个问题上有两种不同的意见：一种意见是：“我们革命是一个反帝国主义的革命，因此，我们的革命是国际革命的一部分。”另一种意见是：“中国革命之所以是世界革命的一部分，并非因为它是反对帝国主义，而因为它是将要转变成社会主义革命。”布哈林指出：“这两种不同的意见，是和不同的策略上的结论，有连带关系的。”“这两个答案是不能当做两个互不相容，而拿来对立起来的”。他指出：“因此我们可以这样说，中国革命在过去的阶段中，在现在的阶段中，在将来的阶段中，都无疑的含有极大的国际意义。”而且中国“地广人稠”，“参加运动的群众数量”巨大。中国、印度和苏联的人口加起来，“这个大数量的人群摆动起来，其力量就足以决定世界争斗的胜败”。这便

---

① 中共中央党史研究室、中央档案馆编：《中国共产党第六次全国代表大会档案文献选编》上卷，中共党史出版社 2015 年版，第 226 页。

② 中共中央党史研究室、中央档案馆编：《中国共产党第六次全国代表大会档案文献选编》上卷，中共党史出版社 2015 年版，第 227—228 页。

是“从数量上决定世界革命”的意思。中国革命将“直接影响到东方各国以及全世界”。首先对于东方许多国家有直接的意义。“如果中国革命和印度独立运动发展起来，日本和英国这两个最大的帝国主义强国，两个最大的东西相对的海盗国家，是决不能生存的”。“中国与印度革命胜利的结果，即等于将帝国主义统治的最重要的堡垒从基础上打得粉碎。这就是中国革命在它的一切发展阶段上所含有的国际意义”①。

关于中国革命的性质及其前途。布哈林首先分析了“中国有社会主义革命的可能么？”什么是社会主义？这是必须弄清的。“社会主义是一种社会制度”，“建设真正的社会主义必须要在这个国家中有建设社会主义的条件”。“许多人以为所谓社会主义的革命，就是在这个革命中工人占有主要的指导作用的革命，以为这样便已经够了。但是，这是不正确的意见”。假使没有大工业，便没有社会主义的前提。将所有的土地平均分配了，将土地上一切需要的东西都分配了，“这决不是社会主义”，而“是小资产阶级的空想”。“若是机械的将西欧及苏维埃联邦的经验，很呆板的搬到中国去，则完全是不正确的非马克思非列宁主义的”。“我们绝不能机械地死板地将这一国的经验搬到另一国去。将这一国经验应用到那一国的时候，应当研究分析所在国的特殊的一切发展的条件。”“假使我们站在研究中国能否有非资本主义的发展，能否有社会主义革命可能的问题观点上，则我们应当说，只有在一个条件之下可以使革命真正有社会主义的性质，就是说，使革命的结果可以走上社会主义的建设——这个条件就是当着这种发展是依靠着其他国家之胜利的无产阶级”。②依布哈林的看法，中国要实现社会主义革命，离不开其他国家的支持和帮助。

布哈林明确提出：“中国革命现阶段是资产阶级性的民权革命”；“推翻帝国主义及土地革命是目前的两大任务”；“中国革命发展必然转变到社

① 中共中央党史研究室、中央档案馆编：《中国共产党第六次全国代表大会档案文献选编》上卷，中共党史出版社 2015 年版，第 231—232 页。

② 中共中央党史研究室、中央档案馆编：《中国共产党第六次全国代表大会档案文献选编》上卷，中共党史出版社 2015 年版，第 232—238 页。

会主义的前途”。总结过去斗争的经验，“无产阶级政党能否在相当的阶段上与民族资产阶级合作呢？”“共产党以前加入国民党是否错误了呢？”布哈林的回答是应该合作，应该加入国民党。但确实在这过程中犯了机会主义的错误。机会主义表现为三种主要错误：一是缺乏独立性与批评性；二是不了解从一个阶段到另一阶段的过渡和转变；三是党在政局转变的时候没有成为广大群众革命力量的中心。布哈林承认，共产国际派出的代表，“是有许许多多过错的”。[①] 布哈林进行总结。

中国革命运动的现在态势如何？布哈林从三个方面进行分析：一是帝国主义现在的力量集中是格外的强大；二是国内反动各阶级也一致压迫革命；三是新的革命高潮将不可避免地要到来。“因为革命的一切客观任务，都没有解决”。[②] 在这样的态势之下，中国共产党的总路线是什么？中国共产党人的任务是什么？布哈林列出了 12 项任务。一是反对盲动主义；二是反对命令主义；三是反对个人恐怖手段；四是注意日常小斗争；五是争取工人阶级的大多数；六是加强对于农民的领导；七是密切党与群众的关系；八是宣传武装暴动策略及其意义；九是注重中心城市工作；十是动员和组织群众准备武装暴动；十一是坚决的反抗帝国主义；十二是没收地主阶级的土地。[③]

布哈林代表共产国际代表向大会所作政治报告，结合中国党内的若干认识和实际情况，认真地分析和回答了一系列有关中国革命、中国共产党的重大问题，对于中共六大的代表们正确认识这些重大问题，提供了带有指导意义的重要参考。

2. 瞿秋白的政治报告

瞿秋白的政治报告分为书面报告和口头报告。1928 年 6 月 20 日，瞿

---

① 中共中央党史研究室、中央档案馆编：《中国共产党第六次全国代表大会档案文献选编》上卷，中共党史出版社 2015 年版，第 243 页。

② 中共中央党史研究室、中央档案馆编：《中国共产党第六次全国代表大会档案文献选编》上卷，中共党史出版社 2015 年版，第 247 页。

③ 中共中央党史研究室、中央档案馆编：《中国共产党第六次全国代表大会档案文献选编》上卷，中共党史出版社 2015 年版，第 232—257 页。

秋白代表第五届中央委员会向大会作中央政治报告。还在此前的4月份，瞿秋白已准备了2.6万字的中共六大书面报告，题为《中国革命与共产党——一九二五至一九二七年的中国革命》。在这份书面报告前，瞿秋白写了一段说明：因为时间迫促，还有预定的题目没有来得及做。如职工运动问题；土地问题党纲的历史与农民革命运动的问题；兵士问题；党的组织问题。因为考虑要做专篇，这些内容在书面报告中只是大体提及，没有展开。同时对一般的总的政治结论与革命中的当前的问题，也是只提出大体的分析。这些任务应当是在上述那些问题的详细研究之后，再作解答的。

（1）瞿秋白在六大提交的书面政治报告，分为三章十节。第一章为“中国革命领导权之争”，第一节讲中国革命的性质与阶段；第二节讲国民党问题与革命斗争方法。第二章“中国共产党之过去与前途”中，第一节讲中国共产党与机会主义；第二节讲八七会议；第三节讲十一月中央会议；第四节讲广州十二月暴动。在第三章中讲“中国革命当前的问题”，第一节是“谁得着革命的领导权”；第二节是“武汉反动与广州暴动”；第三节讲五大矛盾即：帝国主义之间的矛盾，帝国主义与中国的矛盾，豪绅、军阀之间的矛盾，豪绅、地主与资产阶级的矛盾，农民和地主、劳动和资本的根本矛盾①；第四节讲共产党的任务。另外，瞿秋白提交六大的书面报告还有两个附录：一是中国革命中无产阶级的新策略；二是广州暴动之意义与教训。瞿秋白希望大家能对他的报告发表意见。②六大召开时，《中国革命与共产党》作为六大的书面报告印成单行本，发给了全体代表。

（2）瞿秋白在六大所作的口头政治报告，分为五个部分。主要讲到中国革命问题，包括中国革命的性质、革命阶段和革命失败的原因。同时谈到过去的教训，指出党内存在着机会主义。第三谈到现在阶段的工作，分析了盲动主义的危险。第四谈到革命的形势，第五谈到党的任务。瞿秋白特别说明，口头报告所讲的主要是书面报告未能展开、未尽说的意思。

---

① 中共中央党史研究室、中央档案馆编：《中国共产党第六次全国代表大会档案文献选编》上卷，中共党史出版社2015年版，第306—309页。

② 《瞿秋白文集》政治理论编（5），人民出版社1995年版，第341页。

第一部分，中国革命问题。瞿秋白首先分析了革命性质。他指出：中国革命是“反帝国主义的资产阶级民权革命，社会内容主要的在现阶段是土地革命，有确定转变成为社会主义革命的趋势”。第二，革命阶段问题。中国革命第一阶段是“民族资产阶级参加革命的阶段”，可以说是五四运动开始前的准备。第二阶段是“蒋介石公开叛变”。第三阶段是“我们暂时失败的时期，依然是资产阶级民权革命”。[①]“一切革命的任务都没有解决”[②]。“但斗争形式完全改变了新的形式就是苏维埃革命”。第三，中国革命之失败。“客观是帝国主义的压迫加强”。[③]失败的主观原因是党的机会主义[④]。瞿秋白谈道：俄国党的反对派说是共产国际给了中国党一些不正确的指导，结果中国革命失败了，所以中国革命的失败，共产国际要负责任。第四，关于国民革命与阶级斗争。瞿秋白认为：在目前阶段即苏维埃革命阶段，也要有政纲，要使民众和社会各界都知道我们要干些什么。“过去因为对阶级斗争与国民革命的观点不明，致遭机会主义的失败。”[⑤]

第二部分，过去的教训也就是机会主义问题。瞿秋白指出，要明确“机会主义的理论”和“党的历史上的几个问题”。“中国机会主义，最主要最有趣的倾向是：（1）实际最右；（2）表面最‘左’”；它俩凑成了机会主义。最初讨论加入国民党时，有一种观点最“左”，以为国民党是资产阶级的政党，我们不应该加入。右倾的主张是完全加入国民党，专做国民革命，缓和阶级斗争。[⑥]接着还有1924年孙中山北上问题、北伐问题、上海

① 中共中央党史研究室、中央档案馆编：《中国共产党第六次全国代表大会档案文献选编》上卷，中共党史出版社2015年版，第337页。

② 中共中央党史研究室、中央档案馆编：《中国共产党第六次全国代表大会档案文献选编》上卷，中共党史出版社2015年版，第317页。

③ 中共中央党史研究室、中央档案馆编：《中国共产党第六次全国代表大会档案文献选编》上卷，中共党史出版社2015年版，第337页。

④ 中共中央党史研究室、中央档案馆编：《中国共产党第六次全国代表大会档案文献选编》上卷，中共党史出版社2015年版，第317页。

⑤ 中共中央党史研究室、中央档案馆编：《中国共产党第六次全国代表大会档案文献选编》上卷，中共党史出版社2015年版，第319—320页。

⑥ 中共中央党史研究室、中央档案馆编：《中国共产党第六次全国代表大会档案文献选编》上卷，中共党史出版社2015年版，第321页。

暴动、党的五大等问题。瞿秋白认为，党的五大后，中央没有整个的路线。鲍罗廷、罗易与中央又有许多不同的意见。鲍罗廷向来是主张土地革命的第一人，他也是主张阻止土地革命的第一人。鲍罗廷的错误，中央是应分负其责的。因为中央实际比他还要右。湖南的马日事变后，中央秘书处满天飞，随后便是“散伙政策”。在这种情况下，我们绝不能再说我们没有机会主义的错误。这机会主义的错误，在八七会议，我们开始正确的指出，但在组织上，我们还有许多没有深刻去了解它。中国式的机会主义，实际上“是将领导权送于资产阶级”。①

第三部分，盲动主义与暴动政策。瞿秋白首先谈到八七会议：“大家都承认八七会议是本党的最要关键。如果没有八七会议，那么，我们的党现在不知成了什么东西。武汉失败后，八七会议使党有了新的生命”。虽然它还“对一切还有不彻底明了的成分，但它战胜了反无产阶级的倾向”。②八七会议在组织上提出党的机关工人化口号，但却出现了反知识分子的倾向。同时，瞿秋白谈到军阀混战与十一月会议。1927 年 10 月至 11 月，在武汉国民政府和南京国民政府之间爆发了宁汉战争，中共中央提出了“变军阀混战为民众反军阀的战争”口号。12 月 10 日广东暴动发生。“广东暴动的意义是开始了中国苏维埃的阶段”③。瞿秋白还谈道：广州暴动之后，党在“寻找新的工作方法，取得群众”。“以前党的政治教育没有充分的注意，这是很大的缺点”。现在要谈到党的组织与纪律问题，“组织上的纪律必须执行”。④

第四部分，中国革命现在的形势。瞿秋白认为，关于革命形势的，应当包括三层意思。一是“广州暴动开始革命的新阶段，苏维埃的阶段”。二

---

① 中共中央党史研究室、中央档案馆编：《中国共产党第六次全国代表大会档案文献选编》上卷，中共党史出版社 2015 年版，第 323—324 页。

② 中共中央党史研究室、中央档案馆编：《中国共产党第六次全国代表大会档案文献选编》上卷，中共党史出版社 2015 年版，第 324 页。

③ 中共中央党史研究室、中央档案馆编：《中国共产党第六次全国代表大会档案文献选编》上卷，中共党史出版社 2015 年版，第 328 页。

④ 中共中央党史研究室、中央档案馆编：《中国共产党第六次全国代表大会档案文献选编》上卷，中共党史出版社 2015 年版，第 328—329 页。

是“革命客观上是走向高潮，是向上涨而非低落，亦非停滞”。三是“现在革命的高潮还没有，但是许多高潮将到的象征已经可见”。[①] 从这里可以看出，瞿秋白虽然在报告中批判了“左”倾盲动主义，但实际上仍然坚持革命高潮论，不承认革命处于低潮。这些提法，受到与会者不同程度的反对。但也有代表回忆说，关于当时中国是革命高潮的说法，在六大会上没有人反对。

第五部分，目前党的任务。瞿秋白认为，我们目前的任务，首先是“要准备总暴动方针”。在新的高潮之前，必须以准备总暴动为方针。中心工作，是争取群众。瞿秋白认为：八七会议之前我们是背向群众的，八七会议之后才转到群众一方面来。“现在我们应该要进一步，要深入到群众之中去”。对工人运动，“要组织新的各个工厂支部。在这些新的基础之上，从下面建设起新的真正的是群众的组织”。要从“工人群众最切身的问题，去引起群众到斗争里面来”，“从最日常的斗争之中领导他们到政治的经济的大的斗争之中来”。对农民，“应当去领导他们到土地革命方面来。应当使这些群众明确的知道我们的口号。主要的，我们在目前革命的性质上讲，是领导农民反抗地主阶级”。在土地问题上，我们党的纲领是土地国有，没收一切地主的土地。[②] 瞿秋白的口头报告约 3.3 万字，共讲了 9 个小时。当报告结束时，全场响起不息的掌声。

3. 关向应和向忠发的报告

6 月 21 日，大会第 4 日。中国共产主义青年团中央代表关向应向大会作政治副报告。同日，向忠发向大会作关于出席共产国际执行委员会第九次扩大会议的报告。同日，法国共产党代表恩利白培还到大会并向大会致祝词。[③]

---

① 中共中央党史研究室、中央档案馆编：《中国共产党第六次全国代表大会档案文献选编》上卷，中共党史出版社 2015 年版，第 333 页。

② 中共中央党史研究室、中央档案馆编：《中国共产党第六次全国代表大会档案文献选编》上卷，中共党史出版社 2015 年版，第 334 页。

③ 中共中央党史研究室、中央档案馆编：《中国共产党第六次全国代表大会档案文献选编》上卷，中共党史出版社 2015 年版，第 161 页。

（二）关于政治报告的大会讨论

在共产国际和中共领导人的政治报告及副报告之后，大会开始进入政治报告的讨论阶段。在政治报告讨论中，报名发言的代表十分踊跃，有的一天就有20人发言。所以，大会讨论政治报告的时间不得不延长，并且对指定及旁听代表的发言时间加以一定的限制。在这一过程中，大会主席团对于临时出现的各种问题，随时进行了讨论并分别作了处理。

1. 6月21日的政治报告讨论

本日是大会第4天，主要议程分为大会报告和政治报告讨论。在关向应和向忠发结束大会报告、法国共产党代表致辞后，特约代表张国焘第一个作政治报告讨论的大会发言。他在发言中讲了中国革命的世界意义、性质、阶段及其前途等四个问题。

关于中国革命的世界意义、性质、阶段及其前途，张国焘认为："世界上现在有两大营垒，革命的方面，是包含着苏联，先进国的无产阶级革命运动，和殖民地半殖民地的解放运动，反革命方面，是世界帝国主义，和它的一切附庸。中国革命运动，就是世界营垒的一部分。"[①]关于过去的教训。张国焘认为："我们在过去过程中，都分不清，还是我们迁就资产阶级呢？还是依时而放弃与资产阶级的联合战线呢？还是积极发展工农势力呢？还是随着小资产阶级动摇呢？"[②]张国焘举例说明，如国际联络委员会的问题、上海谈判问题、三月二十日事变等，"总之，我们说过去许多的错误，是由于我们的幼稚，不自觉的，不能对革命形势有正确的估量，缺乏理论和经验，这是很老实的话。"不能"把事实颠倒过来，以推开自己的

---

① 中共中央党史研究室、中央档案馆编：《中国共产党第六次全国代表大会档案文献选编》下卷，中共党史出版社2015年版，第483页。

② 中共中央党史研究室、中央档案馆编：《中国共产党第六次全国代表大会档案文献选编》下卷，中共党史出版社2015年版，第484页。

责任”。[①]

关于八七会议后的时局和党的政策，张国焘赞成八七会议精神。他指出：在十一月扩大会议席上，罗米纳兹提出不断革命论的问题，“大家都不明白不断革命论的内容。只知道这种理论是谈中国革命是含有社会主义的性质。那么，我们就应该提出，‘没收工厂’这一口号。于是秋白等赞成”，张国焘于是认为也可以提出“车子归车夫工会管理”和“商店归店员工会管理”这一类的口号。听了布哈林同志的报告，我们对于什么是社会主义和中国革命的性质问题，比较得明了些，认识到“从前我们的错误见解”，是“不明了中国革命的性质”。说到过去犯错误的责任，张国焘认为：“过去的错误，是大家要负责的，就是独秀要多负一点责任。”[②]

关于革命形势的估量和我们的任务与中心工作，张国焘认为：“现在我们不能再有用农村革命包围大城市的革命形式的观念。我以为发动农民暴动并不困难，但是使农民暴动或骚动有大规模的组织性，而且在无产阶级领导下，是不容易的，更需要我们多的努力。”“所以我们现在在农民中的主要工作，是以正确的土地政纲，去发动广大的农民，使农民的争斗扩大，而且深入，而不是在一个小范围内，专门做平分土地的事情。”“兵士运动很重要”，“这一运动必须与农民运动发生极密切的联系。”[③]

因为时间关系，张国焘也是这天讨论政治报告唯一的发言代表。在六大的会议文件中，还保留着一份张国焘在政治报告讨论中第二次发言纲要，题为《革命形势与目前工作重心》。其中指出“革命发展不平衡的现状是客观的事实”，“一省或数省割据之说，目前实是幻想”。“目前的工作重心，是不要放过每一个领导群众争斗或动员群众的机会，以组织广大的工农群众，并进行不断的摧毁敌人势力的工作，肃清群众运动中的不良倾向，同

① 中共中央党史研究室、中央档案馆编：《中国共产党第六次全国代表大会档案文献选编》下卷，中共党史出版社 2015 年版，第 487 页。

② 中共中央党史研究室、中央档案馆编：《中国共产党第六次全国代表大会档案文献选编》下卷，中共党史出版社 2015 年版，第 487 页。

③ 中共中央党史研究室、中央档案馆编：《中国共产党第六次全国代表大会档案文献选编》下卷，中共党史出版社 2015 年版，第 491—492 页。

时教育和组织群众于没收地主阶级的土地，八小时工作制，大企业国有，赶出帝国主义于中国之外，推翻现存政权，统一中国，实现工农民主独裁的苏维埃政权等口号之下。”①

2. 6月22日的政治报告讨论

大会第5日，6月22日，继续讨论政治报告。这天发言的有蔡和森、涂作潮、邓中夏、胡建三、甘卓棠、瞿秋白，共6名代表。

（1）蔡和森在讨论时第一个发言。他以中央委员身份参加大会。他认为：关于中国革命目前阶段的估量，在共产国际代表布哈林的报告里，在瞿秋白的报告里，在张国焘和向忠发的报告里，“大概有三种不同的估量的样子。现在要把问题首先弄清楚”，“第一要问什么是革命高潮？革命高潮有什么条件？第二要问什么是革命低潮？革命低潮有什么条件？”蔡和森认为革命高潮有四个条件：第一，有全国普遍性，比如五卅运动；第二，有相当持久性；第三，运动发动于大的城市，而且是城市工人的领导，非是单独爆发于乡村；第四，我们力量在阶级关系上可以对敌人维持优势，使敌人不得不取相当让步。拿上面四个条件来看，以南昌暴动、秋收暴动、广州暴动以及最近各处膨涨的农民运动而论，是不是革命高潮呢？这显然还不是的。蔡和森赞成布哈林的分析：“现在革命形势既非高潮亦非低潮，而是两高潮之间的中间形势。”②

蔡和森认为：“武汉机会主义之不能挽救与党的组织有很大关系。假若有相当的民主化，假若指导机关不完全与党员群众隔离，假若其中有工农分子参加政策之决定，我想当时机会主义决不致一任其如发展，即不可挽救！”以后，“八七暴动的路线是正确的，可是在执行和估量时局方面犯了很大的错误。盲动主义自然有其客观的原因，而主观的原因即在于中央不

---

① 中共中央党史研究室、中央档案馆编：《中国共产党第六次全国代表大会档案文献选编》下卷，中共党史出版社2015年版，第815—816页。

② 中共中央党史研究室、中央档案馆编：《中国共产党第六次全国代表大会档案文献选编》下卷，中共党史出版社2015年版，第492—494页。

断革命不断高潮之错误的估量与理论。不断论轻视敌人力量，只看见敌人之弱虎［点］而忽视其强点，夸张自己的强处而忽视自己的弱处，由此必然要产生盲动主义”。“广州暴动有伟大的历史意义，当然不是盲动。可是其一般之政治上的准备也是不充分的”。蔡和森不同意瞿秋白关于“现在盲动主义已减少了，不成问题”的看法，认为：“摆在大会前的危险主要的是盲动主义。”他强调：“第一，要肃清一切国民党的余毒和传染，即命令群众、党权万能等。第二，就要肃清不断革命的理论和不断高潮的分析方法。”①

（2）涂作潮，工人出身，1924 年加入中国共产党，1925 年参加五卅运动被捕，获释后被派送苏联学习。他作为指定旁听代表，参加六大秘书处工作。蔡和森发言之后，他作了简短的发言，主要是强调“军队中的党组织”问题。他认为，过去谭平山说需要组织群众，需要进行怎样的改组。但关于军队中的工作人们却总是说，为了保持军队里的统一战线，在军队里不需要组织党的组织。如果军队里有党的组织，似乎情形要更糟。涂作潮不赞成这种观念。他指出：“造就党在军队里的干部，是中国革命胜利的保证。”②

（3）邓中夏，以中央委员身份参加六大。邓中夏在关于政治报告的讨论中，首先坦率地指出瞿秋白的报告和张国焘的演说都有欠缺的地方。瞿秋白的缺点是没有把几个重要点严重地说出来；对过去的机会主义的解释，并不完全正确，多少含了些为自己回避的意思；还有就是在八七会后中央是否有错误也未明白指出。而张国焘演说的态度则完全是攻击的形式，因此就没有正确的，而反拿些零碎的事件来批评。邓中夏认为：这都是不好的，有“在朝在野”神气。关于蔡和森的发言，邓中夏说他对蔡本人是反对的，但蔡和森这次说话的态度倒是很正确的。邓中夏呼吁：我们这次的大会应该是正确地、毫无成见地把从前不好的观念洗掉，不然一切的问题

① 中共中央党史研究室、中央档案馆编：《中国共产党第六次全国代表大会档案文献选编》下卷，中共党史出版社 2015 年版，第 498—500 页。

② 中共中央党史研究室、中央档案馆编：《中国共产党第六次全国代表大会档案文献选编》下卷，中共党史出版社 2015 年版，第 500 页。

就得不到正确的解答。同时，邓中夏在发言中主要谈到三个问题，即过去的教训、时局的估量和今后的任务。

一是关于过去的教训。邓中夏完全同意布哈林对机会主义的解释。他认为：机会主义从哪个时期起，并不重要。但机会主义有系统的表现确是在廖仲恺案之后。廖案以后，中央是有一贯的右倾政见。这是毋庸讳言的。中央中比较有系统的是陈独秀，他过去在党中完全是右的路线，他的政治路线是不容易改的，是没有办法的，可惜国际几次电报叫他来他不来，可惜这次大会他未来。我们对于过去机会主义应该有正确的认识和解答。我们不应该专算旧账，不过旧账是要清一下的，因为可以在这中间找出我们的教训。邓中夏对八七会议的看法是：我们可以说，如果没有八七，我们的党早已没有了，早已不能开这次大会了。“八七会议救了党”，八七“是我们党的重要关头”。八七会议的优点不可抹杀，然而它的缺点也不能否认的。缺点“就在于缺少一个对时局的估量和任务的决议案”。还有一个缺点就是留恋左派国民党。还有一个缺点，就是对土地问题未明确的解答。[①]

“然而，这些缺点，绝不能抹杀了八七的总精神。八七后的暴动政策，在我们一定坚决的毫不动摇的维持着。因为这个政策把广大的群众燃烧起来了。党在机会主义之下，工农群众分不清国民党与共产党，暴动政策来了之后，就获得了广大的工农群众，尤其农民，革命从机会主义的陷阱中救了出来。所以，不能因为某地因暴动技术上的不周到导致？失败就怀疑整个的暴动政策，暴动政策是正确的”。[②]

邓中夏认为：“八七会议之后，有种倾向，是应该指出来的”，这便是盲动主义。“盲动主义于十一月扩大会议的前后就发现”，它的倾向是武汉失败后反抗国民党的热情利害的结果，“不断革命论是在十一月扩大会议才决定，所以不能说盲动主义的根源是不断革命论”。说盲动主义由中央而

---

① 中共中央党史研究室、中央档案馆编：《中国共产党第六次全国代表大会档案文献选编》下卷，中共党史出版社 2015 年版，第 501 页。

② 中共中央党史研究室、中央档案馆编：《中国共产党第六次全国代表大会档案文献选编》下卷，中共党史出版社 2015 年版，第 501 页。

来，邓中夏不同意这个说法。不过那时中央对于暴动观念的模糊是事实，通告上亦有些影响，如十五号关于宁汉战争的通告要全党都动员起来，变军阀战争为国内战争，无形促成下级党部盲目的倾向，但绝不是盲动主义的来源。盲动主义在十一月扩大会议前后，感觉到最早就发现于上海。扩大会议对暴动政策的认识是比以前明了，可是仍免不了模糊。后来湖北问题发生了，比较认识清楚了，到广东暴动后，更认识清楚了。所以，“中央对暴动政策当时模糊是对的，但纠正盲动主义确是中央最早，说盲动主义是由中央弄出来的就不对了”。“有人说广东暴动也是盲动主义，这也是不对的”。[①]

邓中夏还认为八七会议后党存在着农民意识。“从前不大觉得，直至十一月后才感到了”。“好像党的政策都以农民为主，湖北和北方忽略了职工运动，我们的提议虽接受了，可是并不重视，就是没有正确的指出，这是事实。仿佛工人应该是响应农民一样，有意无意的犯了这个毛病。至于说中央的路线完全为农民意识所支配是不对的。中央指出太晚，这是事实”。

关于党的改组，“八七之后，党的改组收了很大的功效，广东代表将有详细的报告。关于改组问题发生了两种不好的倾向：（1）太左的改组，如北方；（2）太右了的，如江苏，以为是形式上的改组，老是不改。中央对改组党的工作，是很坚决的。”总结起来，中央在大体上是比较好的，不过在实行中间对盲动主义和农民意识的解释为模糊。“新中央虽然经验不丰富，但中央很虚心的，在各种斗争中求得正确的认识，有了错误就马上改正过来”。

二是对时局的估量。邓中夏在发言的第二部分，主要谈到对“时局的估量”问题。他指出，革命性质的解释，“从前可以说闹得一塌糊涂”。听了布哈林的讲演，“才知道资产阶级革命与资产阶级民权革命、无产阶级革命是不同的。资产阶级民权革命，就是解决民主的任务，这些革命的阶段是不能超越的”。[②] 邓中夏认为，过去中央对时局的估量大体说来是对的。

① 中共中央党史研究室、中央档案馆编：《中国共产党第六次全国代表大会档案文献选编》下卷，中共党史出版社 2015 年版，第 501—502 页。

② 中共中央党史研究室、中央档案馆编：《中国共产党第六次全国代表大会档案文献选编》下卷，中共党史出版社 2015 年版，第 502 页。

中央觉得高涨就是上升并非高潮的意思。这里特别注意的是瞿秋白未指出广东暴动失败后，反动势力的联合。广东暴动把帝国主义与新军阀吓怕了。广东暴动失败后反动势力之联合是事实。再就是新军阀与帝国主义联合。还有就是军阀间的妥协。资本家与军阀也有联合的形势。“然而，这不是反动势力稳固了，他们之间矛盾之消减了，只是说他们有暂时的联合，而在压迫工农运动和屠杀共产党是一致的，是不约而同的”。所以，“在现在情势之下，一方面敌人的联合有许多的弱点，一方面我们也在团聚自己的力量。所以，对目前的时局的估量，一定要在济南案件之后找出正确答复，决定今后的任务才有正确的根据”。①

三是今后的任务。邓中夏在发言的第三部分，谈到今后的任务。他认为：“大会应该决定的认定武装暴动是不能摇动的”，要知道割据局面是客观形势所决定的，是总暴动中必要的前途。不能因为广东暴动后两湖、江西割据局面计划失败而怀疑，总方向是不能动摇的。共产国际说“夺取成千成万的群众团结在党的周围是重要的任务”，也不能说从前没有注重群众，不过不深刻认识群众是事实。“夺取群众，为的也是要武装暴动，夺取政权”。我们现在是与资产阶级争革命领导权，而且是争群众领导权。接着，邓中夏具体说明了他对反帝运动、职工运动、土地农民问题、党的改组、军事工作的意见和建议。特别是强调要加紧城市工人的经济斗争，乡村农民的土地革命；强调没收地主阶级土地是对的；不应忽视了在农村中组织红军的工作；党的工作中“今后应彻底地毫不犹豫地坚决地吸收积极的工农分子”，这并不是说排斥知识分子；从前太集中，不民主，现在只有要民主而不要集中的倾向，也是不好的。“过去很忽视军事问题——建立红军自己的武装。从前在国民革命军中政治部的姨太太工作当然是不对的，过去因为有‘军事机关’这个名词，大家不敢谈军事了，固然中国革命是

① 中共中央党史研究室、中央档案馆编：《中国共产党第六次全国代表大会档案文献选编》下卷，中共党史出版社 2015 年版，第 502—503 页。

要领导广大群众，可是军事问题却不能忽视的”。[①]

邓中夏最后表示：“很希望大会最要紧的是对政治路线有正确的估定，不要加成见。我们可以说大家都是很幼稚的，希望大家在经验中改正自己的错误。末了，希望大家在确定后的总路线之下进行工作，我们要有统一的党、有系统的党，才能完成历史的使命。”[②]

（4）胡建三，来自湖北、学生出身，1925 年参加五卅运动、南京下关工人罢工。1926 年 12 月被派到莫斯科中山大学学习，六大召开时，胡建三作为指定及旁听代表，参加大会秘书处工作。他在 6 月 22 日政治报告的讨论中发言指出：“党内在八七会议以前，有机会主义，这是事实，在八七会议以后，有盲动主义，亦是事实。布哈林谈到机会主义的来源，如党缺乏独立性、在革命转变的时候，不知道准备力量，以对付叛变的敌人、防止了群众运动，胡建三认为这不是机会主义的来源，而是机会主义表现，或者说是机会主义的实质。布哈林说：机会主义的真正根源，有它的深远的社会基础，这是非常正确的。”“中国以前的中央委员，多半是小资产阶级的知识分子，就是中国机会主义的深远的社会根源”。机会主义的发生，胡建三认为“与党的教育有关系”。八七会议后，中国共产党的主要政策是武装暴动，武装暴动的意义是什么？武装暴动的目的是什么？在怎样的条件之下，才可以举行武装暴动？这些主要的原则上的问题，一般党员同志完全不明白，于是乎有的以为发展党是暴动的目的，有的以取消一县两县的政权为暴动的目的，杀一两个人是暴动，烧一两间房也是暴动，到了情形不好的时候，才去纠正它——解释暴动的意义与目的，说明暴动的条件，未免失之太晚。总之，机会主义是右倾的倾向，盲动主义又是“左”倾的倾向。“这次大会，应该纠正这两种不好的倾向，决定不左不右，真列宁主义的路线”。[③]

---

① 中共中央党史研究室、中央档案馆编：《中国共产党第六次全国代表大会档案文献选编》下卷，中共党史出版社 2015 年版，第 503 页。

② 俄罗斯现代历史文献保管与研究中心馆藏档案，档案号：全宗 514 － 1 － 405。

③ 中共中央党史研究室、中央档案馆编：《中国共产党第六次全国代表大会档案文献选编》下卷，中共党史出版社 2015 年版，第 505 页。

胡建三谈到他对中国革命的性质的认识，中国革命是资产阶级革命，它的任务是完成民族革命与农村革命，达到工农民主的专政，但是，因为中国资产阶级已经成了反革命，所以，“中国的无产阶级与农民，除了反帝国主义与封建残余之外，还要反对资产阶级”。而关于中国革命的前途，胡建三认为，也会“过渡到社会主义的革命”，如列宁所说。托洛茨基主张的不断革命，“就是直接从社会主义革命开始”。这是错误的。布哈林说得非常清楚，“没收土地甚至土地国有，不能算作社会主义”。“只有在由工农专政变为无产阶级专政的时候，只有在一些大的生产工具作为国有的时候，才能算作社会主义的革命”。

胡建三对今后的任务提出了若干建议：第一，中共中央与第三国际及世界上几个主要国家的共产党同时发生关系。各重要国家应派代表驻中国，其好处有：（1）通消息。（2）做指导。（3）工作的根据地。第二，应制定政纲。因为政纲是革命的目标，没有政纲便不知革命应做些什么。所以，中国共产党，应照俄国社会民主党以前一样，制定最低限度的政纲，即民主革命的政纲，以及最高限度的政纲，即社会主义革命的政纲。第三，党应培训理论的人才，不但专在莫斯科培训，应在中国。因在莫斯科，理论与实际分开了。在中国，理论与实际，才能打成一片。第四，党应培养工人的指导人才。过去已执行，但缺乏教育。并使全体党员，了解各种问题的原理及原则。第五，党应培养秘密工作人才。第六，过去党员的发展，只向小资产阶级知识分子中发展，最近只向农民中发展。以后应向工人中发展，并对农民党员加以训练，将农民小资产阶级的观点，变为无产阶级的观点。第七，武装暴动的政策，仍然应当保存。但不是即刻暴动，也不是预定整个时期暴动，而是准备暴动。第八，无论是民主革命，或是社会主义革命，工人始终是革命的主力军，农民是同盟者，工人运动应该领导农民运动，不能使农民运动领导工人运动。

（5）甘卓棠，广东代表，工人出身，时任中共香港市委常委。他认为，机会主义因组织上所生出也很有关系。从前的党，是一个军事机关，下级许多同志的意见绝对没有机会贡献给他们。许多工人同志都受过这种苦衷。

以前我们的指导机关，只注意某同志当工会的委员长、军队中的政治部主任、党代表等，假若同志们主张斗争的要去批评他，那就说你是土匪头！现在看一看，以前的同志现在腐化了、消极了。八七会议以后，中央提拔工农的分子，加紧同志的训练。所以，八七会议后，党的政策是非常正确的，“我们非这样不能成一个布尔什维克化的党！”①

甘卓棠讲到广东的情况。八七会议后，广东党组织“不像以前在农民协会中只注意办一个什么训练班、农民运动组，而不注意实际工作了”。甘卓棠认为，“在工农群众中，找好的分子，使他们每人都布尔什维克化”。这是可以争取的。“工人的知识固然是比较薄一些，然而知识分子的知识是从娘胎中带来的吗？他们所知道的马克思主义、列宁主义，是从娘胎中带来的吗？虽然是不是的，然而他们是学的，但是工人也可以学的。所以中央规定改选政策，提拔工人分子，是唯一正确的”。甘卓棠讲道：盲动主义是从什么地方来的呢？广州暴动，秋收暴动是否是盲动主义呢？甘卓棠说他不知道秋收暴动之内容，但了解广州暴动的情况。“我们在广州暴动，夺取了三天政权，当时的交通、电报、电灯局、印刷局等也未有罢工并参加暴动，而机器工人是守中立的，所以广州的暴动，是否是群众的暴动呢？是群众的暴动”。“暴动失败后死的都是工人，而同志死的很少，特别是手车夫工人死 3000 多，总共参加暴动的有 7 万多人。”

甘卓棠认为盲动主义最先是由上海发生的。“假若要谁负责，我是一个共产党员，当然我也要负责，大家都要负责”。“我记得中央发现了江苏的盲动主义，于是积极的去纠正他。这在告江苏省同志书上说得很明白”。甘卓棠“希望同志们不要带着小资产阶级的态度，以意气用事，这样就能够影响我们将来的政策、工作，那时就成了大的问题了”。“我们一定要清楚，一定要有一个正确的路线。八七以前的中央是右倾的，八七以后的中央是

① 中共中央党史研究室、中央档案馆编：《中国共产党第六次全国代表大会档案文献选编》下卷，中共党史出版社 2015 年版，第 509 页。

‘左’倾的，大会的任务，在找得一个非常正确的路线”。[①] 他的讲话受到大家多次鼓掌。

讲到革命的潮流是高涨呢？还是低落呢？甘卓棠因为在广州，同时又在香港做工，对那边的情形比较清楚。他说：“在广州暴动后，李济琛公开的勾结帝国主义，压迫工人，取消劳资间以前所定的条约。因此，工人不但要革命，并且他们都自动起来，要求加入共产党”。很多工人失业。若果统治阶级有一个相当的改良政策，那么革命的潮流就会低下去。若果没有改良政策，那又如何呢？现在的统治阶级，不但没有改良政策，而工人的生活反苦起来，工会解散了。讲到农民方面，也是一样的，李济琛勾结大地主土豪劣绅，向农民进攻，加紧进攻，而在他的军队中也是如此，中国的军队特别多，在世界上要算第一，军阀相残杀，军队闹饷。所以我们说：革命潮流虽然没有 1925 年那样高，然而你若说革命潮流低落，那就非常错误了。“帝国主义在中国统治的基础是大地主、土豪、劣绅，我们打倒大地主，就是动摇帝国主义的基础”，这是非常正确的。甘卓棠还提出：“独秀以前的确是我们党内领袖，但他此次为何不出席大会呢？”[②]

3. 6 月 23 日的政治报告讨论

大会第 6 日，6 月 23 日，大会继续进行政治报告的讨论。先后进行大会发言的共 5 人：广东代表团的正式代表李立三、江苏代表团的项英，之后是广东正式代表王灼、四川刘坚予、青年团中央李子芬。

（1）李立三，时任中共广东省委书记。李立三在发言中，谈了四个问题，即中国革命发展的阶段、现在中国革命的形势的估计、我们目前的任务和策略、我们目前的政纲。李立三认为：“中国的革命的发展的阶段问题，第一个阶段是从五卅到蒋介石叛变。”第二阶段是从蒋介石叛变到国共

---

① 中共中央党史研究室、中央档案馆编：《中国共产党第六次全国代表大会档案文献选编》下卷，中共党史出版社 2015 年版，第 509 页。

② 中共中央党史研究室、中央档案馆编：《中国共产党第六次全国代表大会档案文献选编》下卷，中共党史出版社 2015 年版，第 510 页。

分家。“第三个阶段是从南昌暴动到广州暴动。这个阶段，是革命转变时期，是工农小资产阶级的联盟转变到苏维埃的时期。同时党重新走到领导群众进攻的路线上去，虽然当时还打的国民党的旗子，而实际上完全是我们的指导。”在这个阶段的暴动政策，“是当时挽救党，挽救革命，团结群众到党的旗帜之下的必要的政策”，但“不懂得暴动的条件和任务，不懂得怎样才能发动暴动，所以在各地促成了盲动主义的生长。”还“发生了一个错误，就是没收一切土地”，带来的问题是模糊了阶级意识，“使农民认不清楚斗争的目标了”。而没收工业、工厂国有的“口号是很错误的”。有的人说，盲动主义是由中央的政治路线发生的，李立三“觉得是不对的”。如果说“因为中央对暴动政策，起初没有详细说明，助长了盲动主义的发生”，他是同意的。①

李立三强调：“党的目前任务。新的革命高潮的到来，就是要积极准备，实现武装暴动，夺取全国政权。在目前准备中的任务，就是要夺取成千成万的群众，团结在党和群众的周围”。他还对如何开展职工运动、农民运动、对小资产阶级的政策、兵士运动等提出意见和建议，并将没收地主阶级的土地、取消帝国主义在中国的一切特权、没收中外的主要产业、劳动保险与社会保险、八小时工作制、建立工农兵民主独裁制的政权等写进政纲。②

（2）项英，时任中共江苏省委书记。项英在发言中指出，大会讨论中“关于过去的太多，对大会应有的讨论很少，我觉得，对过去的是要知道清楚，同时对将来的讨论，也是要注意的。因为这是大会重要问题，我今天要说的，多半是关于将来的政治路线。革命潮流是高涨，是一直高涨，还是高潮，是低落……这些说法是要讨论之后，才能得到正确的路线。”③项英的看法是，现在“革命潮流非高涨，更非一直高涨，正是旧浪潮转为新潮，亦可说二个浪潮的中间。因此，在现在革命形势，非直接革命形势，亦非

① 中共中央党史研究室、中央档案馆编：《中国共产党第六次全国代表大会档案文献选编》下卷，中共党史出版社2015年版，第511—515页。

② 中共中央党史研究室、中央档案馆编：《中国共产党第六次全国代表大会档案文献选编》下卷，中共党史出版社2015年版，第516页。

③ 俄罗斯现代历史文献保管与研究中心馆藏档案，档案号：全宗514－1－405。

马上暴动形势，而在直接革命的前段，即是在积极准备武装暴动的形势。动员千百万群众，组织千百万群众，巩固党的力量，积极准备暴动。”

在这种情况下，党在目前任务，“在总任务方面说到动员广大群众和组织广大群众，积极去实现武装暴动，并要指出现在革命形势是直接革命的前一段，暴动是宣传口号，假使力量准备好了，工农组织好了，客观条件具备了，有力量可以暴动了，那么才可以实现暴动。”“在这个总任务之下，党的中心工作在于：1. 建立党与群众亲密的关系，目下党应组织群众，领导群众，使党与群众的关系密切起来。2. 党与群众即建立关系，更要巩固党在群众中影响。3. 建立城市工作，尤其是建立城市无产阶级领导力量。4. 关于反帝国主义运动，根本不同意简单说反帝国主义来领导小资产阶级的运动的主张，反帝国主义与重要城市的工作有关系，反帝运动与城市工人运动工作，须特别要指出来。5. 关于小资产阶级运动。虽然小资产阶级运动是空的，但是在过去领导小资产阶级运动是不够的，应当使学生运动影响小资产阶级运动，店员影响小资产阶级运动，以至影响某种群众。乡村革命力量主力发展甚散漫，多半带无组织的，要进而有组织性的斗争和行动，乡村游击斗争的发展，更要特别注重。”

最后，项英讲到党的组织问题。“现在党与群众关系怎样？使党完成群众核心是主要的问题。”项英指出：上海党经过三次暴动后，二月之内发展到 8000 名党员。四月政变以后，党的组织坍台，到邓中夏同志负责江苏省委书记时，组织恢复些，同时亦日渐发展。那时工会与党成混合形势，本来工会小组是非党组织，党的书记都当作党的组织，工会即共产党，共产党即工会，党的领导机关未加以改正。支部书记找不到同志，开会时要一个一个去请。同时，上海党组织在历史上党的会议注重政治报告，除政治报告外，很少有别的事项讨论，从五卅以来就是如此。“党很少注意到工人群众日常经济要求，使同志及工人认为一切都失望了。支部组织变成简单传达罢工命令，发传单，贴标语的工具”。“当大罢工失败之后，党的组织多半瓦解”。后来省委在紧急通知后进行改组，提出提拔暴动分子到各级指导机关口号。“决定党的改组由支部到省委，从南市、闸北、小沙渡，一直到杨树浦，各地党的组织，规定日期先后改组，改组支部方法是召集支部大会”，按千篇一律的议程，很机械地改组每个支部。这议程一是中央八七会议报告；二是改组的意义；三是工作批评；四是选举。这样改组后党的组织仍不起作用。

项英介绍新省委主张根据实际状况去改变过去组织形式及组织关系与工作方法，先由全体常委分区，到各支部、各区委实地考察，分别找各支部同志谈话，了解各支部实际状况，了解各同志意见，以及与群众关系。经过这一次实地考察之后，更了解党的组织，不但脱离了群众而且同志与党的关系也不密切，支部是脱离群众的。同志与党的实际关系也是一种简单的传达命令的关系，对于群众的日常实际问题，从来不注意，所以一般同志对于党感觉没有一种实际利害关系，常说：“有党是吃饭，无党也是吃饭。”支部会议很难开得成会。省委根据这种情形决定党的改造办法，取得了很好的效果。有同志说上海反对改组，反对提拔工农分子，这不是事实，恰恰相反，我们所反对的是一种不顾事实只求形式的定期办法。①

（3）王灼，时任中共广东省委委员，参与领导海员罢工。王灼在发言中认为：“中国革命是向前上升的”，“革命失败后，革命的力量未必一定受损失”，他以广东为例。“在广州暴动以后，工人群众是没有说共产党倒霉，却增加他们对共产党的同情。在广州我时常听到工友向我们的同志告诉说：‘以后如果暴动必须告诉我们！’这是一件事实。其次在香港的情形。如造船工人，纺纱工人，他们都起来斗争了。这亦可以表现工人群众现在斗争的情绪。”国民党的情形是，“暴动以后，国民党重新登记，而广州只得300人，这300人都是政府机关的职员，不是投机，便是腐化分子。”兵士方面，也有同情农民运动的。“这亦证明统治阶级武装的溃变。除外，在广州，李济琛之亲英、废沙基烈士碑，如是亦激起小资产阶级的不满。还有如最近的济南事变，又引起全国的民众运动。”这些事实告诉我

① 俄罗斯现代历史文献保管与研究中心馆藏档案，档案号：全宗514－1－405。

们，都是“革命高涨的表征”。[①] 在党的改组中“亦有毛病发生，便是当时的反知识分子的倾向”，但是，不久即纠正了。“现在的口号是工人同志不要知识分子化的毛病”。[②]

（4）刘坚予，时任中共四川省委书记。刘坚予认为，中央因为估量革命有某几省割据的可能，所以就产生了四省暴动的计划。他不赞成这种“在客观形成某几省偏重，而忽略某些偏远省份工作的形式”，认为“估计革命不能忘了全国的范围”。面对“中国革命是应该以乡村为根据呢？还是以城市为根据？”的问题，刘坚予赞成“经济的中心集中在城市，但以乡村为根据当然是不可能的”的意见。中国革命“必须以城市为中心，才有可能”。他讲到四川的情况：四川的一切矛盾特别厉害，“一般人以为四川两年没有战事，或者经济生活比较好些，但是由于军阀并没有出路，于是就加紧了〈对〉农民的剥削，使农村的经济完全破产”。“一般工农唯一的出路，他们只有革命。不过在我们主观力量上估量，工人及党的组织能否立刻暴动呢？不能的”。我们在组织上的力量还是不够的。如邻水县“有三分之二的农民无饭吃，最近又派他四十万的捐”，因此省委利用这个机会决定组织暴动“在那里以前有几处自发的暴动都失败了。当着我们去暴动的时候，农民就问，我们暴动是像以前一样的会失败呢？又问，我们暴动是否别县也暴动呢？”我们不能回答，这表示出我们的组织不够。[③]

刘坚予指出：“要断定革命前途，有无发展的条件，必须根据经济的，政治的矛盾而分析一切，看这些养成革命因素的一切矛盾，是否消减了。”“暴动的口号是不成问题的，引导党主要无论在什么时候，都应该准备暴动。夺取政权，中国的革命客观上他的发展是很有可能的，但主观力量的不足，所以必须组织广大的群众”。“我们要注意，我们虽然不应与以

---

① 中共中央党史研究室、中央档案馆编：《中国共产党第六次全国代表大会档案文献选编》下卷，中共党史出版社 2015 年版，第 525 页。

② 中共中央党史研究室、中央档案馆编：《中国共产党第六次全国代表大会档案文献选编》下卷，中共党史出版社 2015 年版，第 526 页。

③ 中共中央党史研究室、中央档案馆编：《中国共产党第六次全国代表大会档案文献选编》下卷，中共党史出版社 2015 年版，第 527 页。

前一样由上级机关命令式的去制止群众的一切行动，但对于群众，我们应该以党团作用去保证党的指导权，若果完全跟着群众走，群众要杀人，我们就杀人，群众要放火，我们就救火，则是尾巴主义而不是指导了。这是一个很危险的倾向，我们不得不注意。”①

（5）李子芬，青年团中央代表，时任团中央委员、组织部部长。他在发言讲到三个问题：一是过去的教训。二是革命的性质和形势。三是目前的任务。他认为，过去的教训，主要的是“失败的教训”。失败的主观原因，是机会主义。他不赞成“说过去一切错误，是不自觉的，因为缺少革命经验与理论”，也不赞成“有人以为机会主义是大帽子不要随便给人戴”。八七会议前，党的政策是背叛群众的，由让步而投向国民党的。八七会议后，“党的政策主要精神是向着群众采取坚决进步政策，对武装暴动政策，从机会主义中救出了党，重新团结党内党外群众，这个伟大的历史成绩可以超过，不是掩护一切错误与缺点。”有人说：八七会议后的中央是盲动主义的中央，“这是有成见的。中央对盲动主义是应负责的，但盲动主义有相当的社会基础，而且发觉盲动主义以后，中央也尽可能去纠正了。这是应当承认的”。②

李子芬不赞成罗米纳兹的所谓不断革命论。因为他“估计资产阶级的力量太小，其实资产阶级在反革命的意义上，是有很大的成功”。李子芬还认为：中国不是统一的国家。在某种意义上，可以说“部分”的存在直接革命的形势，如广东两湖。“统治阶级对革命进攻是相当的联合，但说统治已巩固和革命低落是绝对错误，现在革命形势是在高潮的过程里，革命阶级的主观革命情绪，是高涨的，没有降低和屈伏，正在积集酝酿一个新的高潮（自然不是高潮已到）。总之，现在革命形势，是向上升的，是一个高

① 中共中央党史研究室、中央档案馆编：《中国共产党第六次全国代表大会档案文献选编》下卷，中共党史出版社 2015 年版，第 528 页。

② 中共中央党史研究室、中央档案馆编：《中国共产党第六次全国代表大会档案文献选编》下卷，中共党史出版社 2015 年版，第 529 页。

潮的前途。”①

4. 6 月 24 日的政治报告讨论

大会第 7 日，6 月 24 日，这天议程是继续讨论政治报告。发言者依次是：湖北余茂怀、湖南何资琛、浙江夏曦、顺直省委王藻文、云南王懋廷。

（1）余茂怀，来自湖北代表团，在铁路、电车、电灯、兵工等工厂当过工人。他在发言中指出：当着武汉被封锁的时期，工人因物价渐渐高涨，要求第二次增加工资罢工做经济斗争的时候，党的策略就有四种：第一是禁止罢工；第二是禁止农民运动的过火；第三是禁止夺取领导权；第四是派些官僚分子。这些政策成绩怎样？不过是同志杀了豪绅要开除党籍，像孝感就是这样。农民要土地，党以为过火了。农民赶走了土豪，党要取消农民协会。结果是敌人反攻阳新、麻城各县，一共杀了我们 4700 多人，我们却只在孝感杀了 1 人。党不但不给我们杀敌人，反给敌人杀我们。所以我们敢确定地说，机会主义是成了杀我们的主义，杀我们的党的主义。我们要杀敌人，要救活自己，只有来肃清机会主义。因此应该认清八七会议的伟大意义。八七会议就是告诉我们去杀敌人的。八七会议就是使我们党重新起来领导革命群众作坚决斗争的关键。

八七会议后的秋收暴动，有些同志批评是不对的，余茂怀说：“这种批评不对，秋收暴动是对的。何故呢？那时工农群众受了绝大的打击，农会、工会都封闭了，工农群众都恨之入骨，都愿意起来杀土豪劣绅，杀反动派，尤其鄂南方面。农民十多万起来，在党领导下占据粤汉路和咸宁、通山等处，杀反动派，杀土豪劣绅。还有自动的起来的农民到处杀土豪劣绅，把所有的反动派杀得干干净净。所以，我说秋收暴动是对的。因为党决定了，农民就起来，党决定的东西，就是农民所需要的东西。自然，像鄂北方面派了些所谓农民大将如陆沉辈，军事投机都做出来了，但这是另一问题。总之，秋收暴动我们虽然得不着什么，但农民从此认识了共产党。”余茂怀

① 中共中央党史研究室、中央档案馆编：《中国共产党第六次全国代表大会档案文献选编》下卷，中共党史出版社 2015 年版，第 530 页。

批评有些同志说秋收暴动是定期暴动，是命令暴动，这是不对的[①]。

余茂怀指出：盲动主义在湖北算是最多了。唐生智要下台的时候，共青团同志提议要准备一个大的暴动，其实我们的组织刚刚恢复，党在武汉大概只有600人。很少的纱厂、拉车夫工人有点斗争，共青团就主张暴动。及至唐生智与胡宗铎战败了的时候，党也决定暴动，后来看力量不够，忽然变为摇动，到了唐下台时又主张暴动。4月13日要我们总罢工，各种工会都没有一个，只有支部代替，而尚没有群众。可是党的罢工命令下了，因为13日是礼拜，党以为即或罢工不成，也可以借礼拜遮遮面子。至于说到骚动也是空话，什么也没有，炸弹、枪都没有。所以客观条件的确是好的，敌人跑了。如果我们能够，当然可以动的。有同志说我们有一尊大炮——广大的群众。那时我们就是缺少这一尊大炮——广大的群众哩。结果，暴动、骚动都干不成了。

一直到十二月会议，余茂怀参加了省委，“中央查办湖北省委的命令到了，查办定为湖北不暴动。这命令是9号到的，停止省委的职权，我们当时只有绝对服从。较国民党高出万倍，于是召集湖北的扩大会议，解决湖北问题及中央报告，这会是14日开的，开了22个钟头，闹出了许多问题，好像打官司一样，尤其是共青团的报告，斗得一塌糊涂”。“把整个查办的精神，移到个人的问题上去了，总没有说到杀土豪劣绅的问题，及恢复工作方法，只听见说什么生活费问题。不过也有点好的地方，就是将工农分子吸收来作指导工作”。

余茂怀介绍说：“会议后，每次都讨论准备大暴动的问题。后来秘密工会也有了38个，群众大约有3万人。每次常会都分析唐生智与胡宗铎交战的军事政治形势，扩大准备我们暴动的时机。贺昌说两湖战争的开始，就是两湖暴动的开始。当时决定我和郭亮不去驻在武汉。暴动时失败了烧尽武汉，他们坐船跑，我同郭亮不走，大概只好到乡村去住，因武汉已烧光了。这是贺昌同志的主张，他说广州暴动失败，就因为房子烧得太少，没

① 中共中央党史研究室、中央档案馆编：《中国共产党第六次全国代表大会档案文献选编》下卷，中共党史出版社2015年版，第531页。

有大破坏。所以省委就有烧尽武汉的决定。”“阳历1月，贺昌由军委得到消息，说蒋桂系将大战，于是下令总暴动，计划在工农中组织工农革命军，一共组织13军，一般同志都发军长梦了，推向忠发做人民委员长，贺昌做秘书长，代理向忠发，什么人做什么，都预先决定了。当时决定工人暴动时由党指挥，不要工会下命令。我就很奇怪，暴动的命令不是总工会下而是党下，我从前在上海参加暴动的时候，就觉得不是这样。我问贺昌，贺昌说现在不要工会了，暴动成功工会很容易发展，失败后也没有用处了。你们工会有工农军，我不赞成，他骂我是工团主义。”①

“那个暴动本来工农是赞成的，因为到年底收债完债的时节紧迫了。当时贺昌告诉我已命令某地的农军来汉阳，某地的农民军来汉口，某地的农军来武昌，1月11号都决定了。但是我跑到武昌去计算，群众连同志一起只有800多人加入工农军，而且都没有枪。他们向我要枪，我说没有。我想这兵太糟了。我去找郭亮、贺昌二同志，催促他们到13号开始拿着1万6000块钱买枪，买了10个盒子炮，14号才分配给暴动员。总工会分了百元宣传费，其余的事都不必管。”“15号何资琛同志由上海来了，并带来了一封信。郭亮同志就冷了半截，信中是将郭亮、贺昌二同志调职，说他俩在湖北工作错误。我们看了也冷了半截，因为我们暴动群众都知道了，所以开会挽留郭亮和贺昌。何资琛同志对我们也说到暴动不得，要有暴动的条件，现在造成这四省（广东、湖南、湖北、广西）的暴动，形成一个割据局面，而不能这样的单独干。但这也要中央批准，要向国际请示。”“翌日早晨，郭亮打发人送信来，说他的住处发生问题，我们不好去找他，于是他俩怠了一星期的工。我们没有办法，只得下令延期暴动，说准备不充分。22日，李维汉到了，他说我们错了。”以上所说的各种经过，是余茂怀听了布哈林、瞿秋白所作的报告，才知道这是盲动主义。他请大家指示、

① 中共中央党史研究室、中央档案馆编:《中国共产党第六次全国代表大会档案文献选编》下卷，中共党史出版社2015年版，第533页。

批评，要给他们一个很好的警告和教训。[①]

（2）何资琛，湖南代表，学生出身，时任中共湖南省委常委、组织局负责人，参加领导过农民暴动。他在发言中首先声明自己是知识分子，在湖南做工。他的意见不是整个湖南代表团的意见，可是湖南代表团有个一致的要求向大会说明，就是要组织湖南问题委员会，讨论湖南过去一切问题。接着，何资深谈到关于革命潮流问题。他在布哈林召集的谈话会中，已经说到自己的意见。现在，在大会上听到许多同志的意见，觉得革命潮流问题，要把革命潮流与革命情绪分开。实际上潮流与情绪实有不同。因为革命潮流是革命的动力已经发动出来，而革命的情绪是没有结合起来的革命群众之革命热情。

何资琛用事实来证明到底是高涨、低落或是中间。他说，在湖南对中央的一个文件曾经说道，认定在湖南革命情绪仍是高涨，而是一种潜伏"整装待发"的形势。因为当时在湖南的客观和主观的形势，很明显的可以看到反动势力的新团结。同时，我们也不要忘了反动势力的不能稳定和其相互的冲突。我们的力量尚没有很健强地结合起来。虽然"农民的危机与农村生产品之价格低落与工农群众的情绪和阶级意识自然是日渐增加而明显，但是工农阶级的团结力量，尤其是我们党的领导力量，都还不够反动势力之大，并不是反动势力的各阶级有个真实的力量，而是因为工农群众的力量还没有团结很好"。在目前，湖南失败之后要转入一个局面，"我们又要有一个新的发动群众的割据。这个割据问题，是包含了乡村和城市"。我们"决不要把工农革命情绪看作是革命潮流，我们不过是很相信这种潮流是要在我们领导的工作上发展起来"。[②]

说到过去的教训，何资琛谈到机会主义有其社会背景，一遇到争斗激烈，阶级分化时，便反映到党的中间来而形成机会主义。湖南的马日事变

---

① 中共中央党史研究室、中央档案馆编：《中国共产党第六次全国代表大会档案文献选编》下卷，中共党史出版社 2015 年版，第 533 页。

② 中共中央党史研究室、中央档案馆编：《中国共产党第六次全国代表大会档案文献选编》下卷，中共党史出版社 2015 年版，第 534—535 页。

就是湖南党的机会主义之总爆发。关于暴动问题，“实际上暴动政策在党的八七会议确定以后，真救出了我们的党，八七会议的主要精神是在这里。不过八七的精神确实没有传达出去，不仅是群众莫名其妙，就是党员群众也是一塌糊涂”。比如湖南出席八七会议的代表彭公达就不是湖南省委选举出来，而是几个人的指派，回到湖南就根本没有将八七精神传达到湖南，当时省委同志都莫名其妙，所以秋收暴动就糟了。

何资琛认为：秋收暴动的意义正确与否可能是不成问题的。可是当时湖南主观的力量是不够领导到暴动的成功。因为党自马日事变以后各级党部没有联系，党与群众是离隔的。还有秋收暴动的意义，是要利用秋收时农村的状况，来鼓励农民起来暴动。我当时曾经怀疑秋收还是冬藏？意思就是我们主观力量不够，暴动不是眼前定期能做到的，可是因为当时党的决定很坚决的要动起来，而湖南省委又不明了这个意义，以致走到军事冒险，一败涂地。就是我当时有点不同意见，……我亦认为革命是有一个信号的力量，况且湖南的工农群众过去是在我们领导起来的，没有很明确的认识领导的组织力量之重要，秋收暴动失败之后，我们认定是个儿戏暴动，湖南 9 月 16 日的停止是对的，这是湖南党的紧急会议，所公认为中央同意了的。

再则，湖南的 12 月 10 日暴动是不是盲动？到此刻还可讨论，我们可以交到湖南问题委员会去。不过我当时是承认过早一点。大概关于过去教训的机会主义与盲动主义之断送了我们党与中国革命，很多同志都说过了。我还要说到一点，就是我们全党同志对于中国革命性质是模糊的，在八七会议后湖南同志都认为是直接革命，是社会革命，就是参加八七会议的毛润之同志，他对中央与湖南同志说现在是社会革命。我到中央问秋白同志，也只听到“工农民主独裁”。总之，这个影响是普遍全党了，大家都以为是社会革命，其影响党的策略与工作方法，是有最重大的关系。

何资琛说到今后的任务时认为，大家说来说去都不能超出或不同于布哈林同志的讲演。许多同志提出了许多办法，尤其是如何去夺取群众，我更同意我此刻所提两点，请同志们注意的，就是几省或一省的割据局面之创造问题，这个问题我在国内好久就如此主张，眼前大会要根本讨论在中国各种不平衡的局面之下是可注意的。第二就是领导问题，是要注意去运用，如果偏重一方面那就要走到旧的错误的道路上去。①

（3）夏曦，时任中共浙江省委书记。夏曦在发言中指出：关于中国革命整个的性质，同意由资产阶级民权革命生长成为社会主义革命的解释。“现在是资产阶级民权革命的阶段，过去只是说明整个的性质，没有肯定现在这个阶段的性质，这是不对的。”“资产阶级革命是资产阶级来领导，资产阶级民主革命就不同了。它是以无产阶级来领导革命解决资产阶级的任务，去年的国共分家即是革命动力的转变，是革命领导权的转变。”但不是革命任务的转变。② 关于革命形势的估量，夏曦认为“是向上涨的”。他的意见是“要根据帝国主义、统治阶级、经济状况、农民、工人、党，这六个方面的分析”，“根据以上的分析：革命潮流是向上高涨的决不是低落的”。③

对于党的策略和斗争方法，夏曦指出：“八七会议以来武装暴动政策的政治路线始终是正确的，但是在武装暴动政策下，工作不能一无错误”。“这个错误与革命性质的认识是有关系的”。“执行暴动政策中，每每轻视敌人的力量”。“盲动就是瞎干，就估量不清楚”。“盲动主义，它的来源是与无间论有关系”。所谓无间论，就是以为是无产阶级革命，因此“忽视同盟的力量或是利用中间摇、动的力量”。夏曦还批评：“党的政策带有农民意识”，“以乡村包围城市。希望以农民力量，攻取城市”。党“目前工作中心，在争取群众，准备暴动，尤其是加紧城市的职工运动”。同时，还应重视“兵士运动”、农村中的雇农问题、利用小资产阶级、建立苏维埃、一

---

① 中共中央党史研究室、中央档案馆编：《中国共产党第六次全国代表大会档案文献选编》下卷，中共党史出版社 2015 年版，第 536 页。

② 中共中央党史研究室、中央档案馆编：《中国共产党第六次全国代表大会档案文献选编》下卷，中共党史出版社 2015 年版，第 537 页。

③ 中共中央党史研究室、中央档案馆编：《中国共产党第六次全国代表大会档案文献选编》下卷，中共党史出版社 2015 年版，第 538—539 页。

省割据是有可能的问题。[1]对党的改造，夏曦强调："党必须斗争，才能使党统一"，"才能纠正机会主义，盲动主义的倾向"。"现在的争执带有小资产阶级倾向"。"党的组织民主化，指导机关工农化，现在仍是非常重要的"。[2]

关于过去的教训与机会主义问题，夏曦列了党的六大应该回答的5个方面的客观困难：一是对帝国主义问题；二是对国民党和新军阀问题；三是对小资产阶级问题；四是财政与经济问题；五是怎样领导群众问题。他认为，在武汉时期我们就面临这些问题，"此次大会应对予以回答"。夏曦对这些问题的态度是，对帝国主义，应有条件地让步，同时发展群众反帝运动的力量；武汉时期用国民党的名义是必要的，南昌暴动时，组织两湖政变，其意义和影响更大；对小资产阶级，一方面应把我们的政策向群众尽量宣传和解释，一方面应提高他们反抗苛捐杂税等要求去推动他们；在农民运动中在某一阶段，利用自耕农，联合自耕农也是必要的。"那时正确的策略，是应当没收豪绅大资产阶级大地主财产。"[3]

（4）王藻文，时任中共顺直省委书记。他在发言中讲道：北方在同冯玉祥建立联合战线时，"我们的口号是国民军万岁！救国救民军万岁！冯玉祥万岁！冯玉祥见了这种情形以后，认为工人不错呀！于是冯玉祥也为工人在北京、在天津、在张家口建立了几个俱乐部。这时常找工会委员长（是我）谈话，于是我觉得不得了，于是对一切经济的小的问题，完全不提出，不注意。整个的只注意什么国民革命的联合战线，喊着工人抱着肚子要干工万岁，事实上工人对党非常不满意。""年关到了，工人要钱过年了，于是我同北方区李大钊、陈乔年等接洽，然而我反被他们大骂了一顿，说工人要钱过年是我鼓动的！结果工人自动的散发传单反对冯玉祥，而得了

---

① 中共中央党史研究室、中央档案馆编：《中国共产党第六次全国代表大会档案文献选编》下卷，中共党史出版社2015年版，第540页。

② 中共中央党史研究室、中央档案馆编：《中国共产党第六次全国代表大会档案文献选编》下卷，中共党史出版社2015年版，第541—542页。

③ 中共中央党史研究室、中央档案馆编：《中国共产党第六次全国代表大会档案文献选编》下卷，中共党史出版社2015年版，第542页。

一月的工资，但工人不愿意，党反派人来镇压工人。张之江又写信给工会，党又要徐谦去同冯玉祥接洽。于是，王藻文去找徐谦，这事被工人知道了，他们就自动发标语散传单，打倒冯玉祥的口号。当时冯玉祥在平地泉，他知道了，就质问我们的党，党反说请冯督办纠正，这是交通系在那里捣鬼，与本党无关。”

王藻文认为：“冯玉祥退出了南口以后，党在武汉有相当力量，但因此引起了北方消极主义，他们说要先忙着武装，因此无力顾及北方工作，在南方得到一个公开时期，而北方没有。冯退出了南口以后，后方的工人要求自身的利益，而党反骂我们在后方倒〔捣〕乱。这是机会主义最明显的时候。”说到党的改组，王藻文批评说：“省委要住租界，要用六道交通机关，天津同志们都知道，谁能见到省委老爷们呢？”“外县来接洽的同志，至多不过在花园里见面而已，或至多到第一道交通处，这样自然不能与群众发生联系，不能同群众打在一块。”①

（5）王懋廷，时任中共云南省临时委员会书记。王懋廷到莫斯科时，大会已经开始，所以他没有听到布哈林及瞿秋白的报告。但他仍在大会发言，对“革命高涨还是低落的问题”发表意见。他指出：“革命的潮流，是要分两方面看的，客观的，主观的，我认为客观上革命直到现在是高涨的”。“在主观上的分析，党的力量是剥〔削〕弱了，虽有客观的条件，但是革命的高潮还未到来。现在的问题是如何巩固党的问题，如何抓住群众的问题。”关于“过去的教训——即机会主义与盲动主义的问题”。王懋廷听了许多同志的话以后，不大满意。他认为：“大会的责任，不是分析某一个同志的错误，而是在整个党的政策上着眼。机会主义发生根本上在落后的经济关系中，无产阶级的幼稚，党的基础没有建立在真正的无产阶级上，党的政治估量的错误所形成的，在过去主要的是联合战线问题。联合战线的分化愈明显，则机会主义表现的愈明显，对敌人阶级让步，不信群众，这种倾向，我们应坚决与之斗争。不过我们也要估定党的历史上的价值，

① 中共中央党史研究室、中央档案馆编：《中国共产党第六次全国代表大会档案文献选编》下卷，中共党史出版社 2015 年版，第 543—544 页。

否则也是错误。中共有其历史的意义的八七会议是党很重要的关键，决定了暴动，建立苏维埃政权的政治路线，坚决领导工厂去斗争。今后我们还要继续看这种政策，不过我们要估量他工作中的错误。”①

针对盲动主义问题，王懋廷认为八七会议后，“党的指导有革命感情的表现，也不估量当时的实际情形，只注意到敌人的弱点，而就忘了自己的弱点。例如小区域的农民暴动或某工厂发生很小的罢工事实，即认为革命高涨了，这样的局部事实为全部政策的前提的主观病，在将来工作中很值得注意的。盲动主义也是这种革命感情的表现，过去对政治的主观的错误而出来的。”他还认为：“农村斗争高涨，遂只注意农民，于是注意中抛弃了城市工作，为农民意识所影响”。“所谓农民意识，的确影响到政治路线上了”。他强调：六大以后，“即应当使党群众化，抓住群众，这样才能够完成中国的革命”“若不能强固我们的党，不能抓住群众，否则一切策略是空话”。②

5. 6月25日的政治报告讨论

大会第8日，6月25日，继续大会政治报告的讨论。发言的16名代表及发言顺序是：正式代表满洲唐宏经、江西张世熙、河南李鸣、安徽龚德元、福建罗明、广西胡福田、江苏徐锡根、江苏陈治平、湖南丁继盛、湖南陈海清、广东周秀珠、江苏王若飞、浙江章松寿、浙江夏曦（申明）、广东江慧芳、湖北任旭。

（1）唐宏经，出身工人、来自东北、时任中共满洲临时省委常委、组织部部长。唐宏经在会上发言，主要讲到东北问题。“以奉天实际状况，革命潮流是低落的。但其低落之故，一方面因为日本帝国主义高压，另一方面也因为大军阀凶暴。”“至于主观上使革命低落的原因，首先是我们党的

---

① 中共中央党史研究室、中央档案馆编：《中国共产党第六次全国代表大会档案文献选编》下卷，中共党史出版社2015年版，第552—553页。

② 中共中央党史研究室、中央档案馆编：《中国共产党第六次全国代表大会档案文献选编》下卷，中共党史出版社2015年版，第553页。

组织薄弱。东三省这样大的农业区域，没有所谓农动协会类似之组织。大连、奉天、抚顺、哈尔滨，产业工人合计不下二十万，竟无职工会，或职工会相似之组织。同时 C.P. 同志亦仅二百余人，发展万分薄弱，自然党的指导更无可言。而各城市工人群众的上级觉悟，除大连较好外，余尽迷信张大帅，痛恨共产党。农民更形落后。""我们现在最主要的任务"是"组织工人，组织农民，发展党的组织，领导群众争斗"。①

谈到党的组织，唐宏经指出："大连党经过八次的崩溃"，"虽然遭受反动势力摧残"，他到莫斯科时"党仍未恢复"，但他"对改组的原则精神，是非常赞成的"。"从前加入党，只知 C.P. 为工人与贫民的好处，不知道夺取政权，社会革命，这是因为未有训练之故，若是提拔工人分子作干部工作，就'要加紧训练他'"。"不要表面提拔工人分子，使工人徒然挂名义"。同时，有的地方党改组就是反对知识分子、开除知识分子，这是"不对的"。"应当分别看待"，对"好的知识分子"，我们不但不反对而且欢迎他，接受他的指导；对"不良知识分子"应当打倒、开除；"若是坏的知识分子，我们不仅要反对他，并且要打倒他，甚至枪毙他"。②

（2）江西代表张世熙，学生出身，时任中共万安县委书记，领导了万安暴动。③他在发言中介绍自己："自从万安农民运动及党的组织开始起，一直到今年二月暴动失败止才逃跑出来"。他的发言分为两部分，一是机会主义与盲动主义，二是目前形势的估计与今后的任务。他说自己"一向是在下层做工作的，对中国革命的性质、阶段和党的政治路线都是很模糊的，因为在下级党部除了得到几个家长命令式的通告外，其余是得不到一点什么。不过我在实际工作中感觉到的，我们党在过去一切的宣传和政治主张，多是站在国民党的观点上，把三民主义装饰得非常的好，什么民生主义即

① 中共中央党史研究室、中央档案馆编：《中国共产党第六次全国代表大会档案文献选编》下卷，中共党史出版社 2015 年版，第 554 页。

② 中共中央党史研究室、中央档案馆编：《中国共产党第六次全国代表大会档案文献选编》下卷，中共党史出版社 2015 年版，第 554—555 页。

③ 中共中央党史研究室、中央档案馆编：《中国共产党第六次全国代表大会档案文献选编》上卷，中共党史出版社 2015 年版，第 126 页。

是共产主义。如果我们要站在自己党的立脚点上宣传、组织群众，训练群众，上级党部是认为破坏联合战线的。甚至下级党部要发表什么宣言，定要请求上级党部批准，但是万安是从来没有蒙他们批准过一次的。固然上级党部有时也会发下几张响〔向〕导式的宣言，但是一般群众是一点也看不懂，因此一般群众对于我们党的主张都非常模糊。我始终不懂为什么要这个样子。”“群众只知道三民主义如何的好，什么民生主义就是共产主义，不懂得还有其他的共产主义和共产党”。①

张世熙指出：“八七会议以后提出与机会主义奋斗的口号，可是机会主义的来源和实质是什么，没有明白指出来，我们是很模糊的。我们只得将投机的不赞成暴动的开除了一批。”后问“究竟什么是机会主义？”“解释是机会主义是偷懒主义。因此我们又只得将一些不积极工作的同志处罚了一批”。“问题是要把机会主义的来源和实质，弄个清楚，很忠实的普遍的传到党的下层群众中去，使全党同志都彻底了解，从此得到大的教训，而永远不再犯这种错误。”张世熙认为：“在暴动政策之下，固然要与盲动主义儿戏暴动奋斗，但绝不能因为盲动主义而怀疑或减少整个的暴动政策之意义。”他估量“目前形势”“是由中间而开始升涨而上的时期”。“形势既是如此，那么我们对于暴动政策的总的路线，不能因准备二字面加以限制。因为如此，必陷于等待主义。当然暴动是有条件的，我们只可说在暴动政策之下，要竭力加强党的领导的力量，同时并要与盲动主义儿戏暴动奋斗。”②

（3）李鸣（李鸣岐），学生出身，曾指导过农民运动，时任中共河南省委委员兼驻马店市委书记。李鸣发言说：河南可以说一个落后的省份，“同时因为对于中央的通告决议看到的很少，对于革命的理论不十分明了，所以不能够批评到政策路线的正确与否”。他讲到豫南敌我双方“对立增涨

① 中共中央党史研究室、中央档案馆编：《中国共产党第六次全国代表大会档案文献选编》下卷，中共党史出版社 2015 年版，第 555 页。

② 中共中央党史研究室、中央档案馆编：《中国共产党第六次全国代表大会档案文献选编》下卷，中共党史出版社 2015 年版，第 556—557 页。

的状况”。“民众的革命要求也非常之高，他们实在忍不着苛捐杂税的剥削。再看另一方面，反革命的势力也一天一天的加紧起来。”“我们应当是尽快准备一切，向敌人反攻，不要等他们的基础巩固，先与他们以大的打击。”说到机会主义与盲动主义，李鸣认为“在豫南这两种现象都是有的”。说到目前的任务，他“以为暴动政策是很对的。但是，南北地情形不同，不能够限期举行一个全国‘大暴动’”。但“割据的形势还是必要的，如南方广东、湘、赣几省。如果我们的力量能够夺取政权，当然是要坚决去干。”他还说“豫南的同志都带有农民意识，把全部工作都注意到乡村中，而把城市工人工作，竟轻轻放弃”；而京汉铁路工人则因为冯玉祥发了一两个月的饷，就觉得不革命也可以了，这“是值得我们特别注意的”。①

（4）龚德元，工人出身，当时在中共安徽省临委工作。龚德元在发言中指出：“安徽的党的发展很迟”，但有过同情我党的白沙尾暴动，省委决定在皖北寿县发动暴动、领导大昌公司的经济斗争，还决定在芜湖开展工作。过去在芜湖“没有深入工农群众，省委曾决定改正这种错误”。据他介绍：“芜湖工人，车夫三千，大茶工人三千，纱厂工人二千，码头工人一千多，手工业者一千多——一共约有两万人。”他希望：“各省的代表详加讨论，订出一个很好的政策，回去照着政策进行工作。”②龚德元回忆，他发言是大会指定的。他就安徽党的形势和自己的革命经验毫无保留地提出了自己的看法，当时安徽白色恐怖严重，从保存党的实力的角度讲不适合搞大规模的武装暴动，并且提出应该要重视农村运动，扩大党在农民中的影响。他的发言引起了代表们的广泛关注和阵阵掌声。③

（5）罗明，时任中共福建省委书记。罗明在大会发言中，首先分析了福建党组织的历史和过去的错误。他指出：福建 1926 年便有党的组织，那

---

① 中共中央党史研究室、中央档案馆编：《中国共产党第六次全国代表大会档案文献选编》下卷，中共党史出版社 2015 年版，第 559—600 页。

② 中共中央党史研究室、中央档案馆编：《中国共产党第六次全国代表大会档案文献选编》下卷，中共党史出版社 2015 年版，第 601—602 页。

③ 中共中央党史研究室第一研究部编：《六大代表回忆录》，中共党史出版社 2014 年版，第 103 页。

时归广东指挥，广东党部不注意福建的工作，把它当“寄生子”看待。到了1926年11月，何应钦入闽，才派几个工农讲习所学生回闽南工作，1927年3月又派他去。可是到4月份，政局便变动，从3月到8月，中间有6个月与上级失了联系。福建党的历史如此短，又少受上级的指导和帮助，所以力量薄弱，工作幼稚，错误很多。他列举了几个主要错误：

一是对国民党工作的错误。“从何应钦入闽直到宁汉分裂，我们都是用团结左派向右派进攻的策略，一切宣传组织和斗争，都是站在左派的地位，很少在群众中揭出我们党的面目。因此到现在还有许多工农群众只觉得国民党有好有坏，有点不愿打倒一切国民党”。当去年10月接到中央放弃国民党旗帜的口号时，有数县同志一面承认我们应打倒国民党，一方面还要把持国民党的机关，以为可以利用。理由是：1. 不宣传国民党的理论不该妨害工作；2. 机关若被反动派夺去，他们定向我们工农进攻；3. 可利用他的经费做工作。他们如果提议省委无话可说，只好请中央指示。中央的指示是：1. 除非不做工作，不领导工农斗争，否则便要滚蛋；2. 反动派把持国民党，更易使群众认识国民党不好；3. 经费可另找出路。“到了此时，省委才坚决通告各县一律放弃国民党的机关”。①

二是改造党的工作做得还不够好。“在去年四月政变之前，各县党部只有一些学生同志，政变时多数塌台，后来才缓缓恢复起来。中央命令改组，同时自己也得了许多经验，须得要提拔工农分子到指导机关来”。可是各县同志多不明白，觉得农民不知如何开会、报告，又有生活问题，不能担任指导工作。对改造党的工作迟迟执行，后经省委派人督促才改组。“现在有几县已看到改组的成绩，就是工农同志在指导机关中不但能负责工作，而且能监督智识分子。有数县尚未报告改组的经过，成绩如何不得而知”。②

三是关于斗争及军事方面还有不足。福建去年从3月到8月与上级失

① 中共中央党史研究室、中央档案馆编：《中国共产党第六次全国代表大会档案文献选编》下卷，中共党史出版社2015年版，第562页。

② 中共中央党史研究室、中央档案馆编：《中国共产党第六次全国代表大会档案文献选编》下卷，中共党史出版社2015年版，第562页。

了联系，党的策略不明白，那时只知要联通广东东江反抗军阀，但是党和群众没大力量，没有成绩。到8月中央派人来后，“上级便决定要各县暴动，那时各县党才恢复不久，群众又不多，实在很难动，上级加紧督促要动，于是便不得不拉拢土匪，龙岩县小小一动便被驻军压下。那时各县的确有盲动主义的倾向。在未接到中央暴动意义的通告以前，省委对暴动政策很模糊，所以常要各县动，不动便以为是下级党部患机会主义”。省委对军事运动也有错误，最初要拉拢蓝玉田，到了八九月间还想拉拢民军即新编军，直到11月才放弃此种策略。[①]

四是反帝运动方面还存在问题。此次反日运动先由福建发生，那时党对反日原因分析不清楚，同时反日团体都是国民党包办，参加进去恐怕要上当，我们自己没有力量来号召群众行动，所以不知要如何应付，只由厦门党部及团部发一宣言，宣布蒋、桂勾结日、英，号召民众起来打倒英、日帝国主义及其走狗。后来省委知道要实际参加，但找不到好的方法，只好请中央指示，近来如何不得而知。

罗明在发言中还对中央的策略提出了意见。他指出：八七会议以前中央机会主义的策略，福建同志一致反对；八七以后中央的暴动策略是对的。不过那时中央对暴动策略的应用没有明白的指示，所以福建党部执行此策略时有许多错误。

关于福建目前的情形，罗明分别对工人、农民、兵士的情况作了介绍。

工人方面，以前所得的胜利条件多被资本家取消，集会和斗争当局不许自由；白色恐怖厉害，秘密工会和党的支部极难发展，党与群众失了联系；斗争多失败。如厦门印务工人、罐头工人以及漳州轻便车工人的斗争，黄色工会、资本家、国民党部及军事当局都向工人进攻，结果斗争失败，有一大部工人被开除，资方另招雇工人，我们对此无力答复，所以工人有点怕斗争。漳州印务工人及汽车工人的斗争，虽然得到一点经济上的利益，但只是在国民党仲裁之下，工人群众没有增进一点政治上的觉悟。

① 中共中央党史研究室、中央档案馆编：《中国共产党第六次全国代表大会档案文献选编》下卷，中共党史出版社2015年版，第562—563页。

农民方面，“农民负担捐税甚重，生活甚苦”。“农会及党在农村中的组织甚易发展，有许多农民要求入党”；“在农村中很容易由小的斗争能变到武装斗争，但是我们在各县力量很弱，农民组织不普遍，武器又不大好，武装争斗多受失败”。[①] 如龙岩有一处农民因为清理公租转变到杀豪绅，马上引起与驻防军队的冲突，我们因为人数少武器少被他压迫下。又如平和县的农民由减租转到抗租后，又因农民赴区代表会，代表被豪绅保安队捕去，由此与豪绅的武装冲突，引起国民党张贞军队之压迫，结果，我们也受挫折。其他如漳州及惠安等地的斗争也是如此。

兵士方面，“兵士运动过去没有方法做，到前两月才开始由人力车工人同志介绍了二十余个防军的兵士来谈话，他们都很同情我们的主张；其他各地驻军兵士自动逃走及不满意拉上官的事实甚多，不过我们尚找不到具体办法去进行”。[②]

罗明发言谈到了对党今后策略的意见。关于中国革命的性质、阶段，他同意布哈林的意见。关于革命潮流高涨与低落问题，他以为应把“现在已经高涨”与“可以高涨”两层分别清楚。[③] 依福建的情形，在农村方面的争斗看来是向上高涨，不过高涨的程度不高。在城市工人方面看来，工人虽有小斗争，但是多失败，因此怕斗争，同时工会及党的支部很难发展，但不能说是已经向上高涨，但也不能说是低落。因为大部工人群众对统治阶级很不满意，只觉得没有力量不敢反抗。罗明认为，这大概就是布哈林所说的“中间时期”罢。

罗明以为，依福建及其他地方的情形来观察，1. 统治阶级矛盾很多，在政治和经济上都不能稳定；2. 改良主义不能实现，可以断定革命潮流不久便可高涨。不过究竟“到什么时候高涨”“高涨的程度如何”？那就要看

---

① 中共中央党史研究室、中央档案馆编：《中国共产党第六次全国代表大会档案文献选编》下卷，中共党史出版社 2015 年版，第 563 页。

② 中共中央党史研究室、中央档案馆编：《中国共产党第六次全国代表大会档案文献选编》下卷，中共党史出版社 2015 年版，第 563 页。

③ 中共中央党史研究室第一研究部编：《六大代表回忆录》，中共党史出版社 2014 年版，第 11 页。

我们主观的力量而定。此外，还有两点很值得注意：一是第三党最近在福建活动，听说张贞的独立第四师被他拉去，“他们也注意工农运动，并特别注意吸收小资产阶级的分子”。[①] 过去福建斗争不激烈，小资产阶级分子尚未分化，他们对军阀豪绅不满意，一方面又不敢到我们这边来，只是站在中间尚未找到出路。如此情形，第三党很有发展的可能，他们这种活动可以妨害我们的工作，虽然他们不能成为坚强有力的政党。二是福建是日本帝国主义侵略南中国的路口，日本很注意在此发展它们的经济势力，这是和我们在南方夺取政权甚有关系。罗明希望上级党组织对福建工作应比以前更加注意指导和帮助。

（6）胡福田，职业为农民，领导过农民斗争，担任中共广西特委委员。胡福田不仅有口头发言，还有书面报告。他的口头发言很简短：对“各同志所说的”，“没有别的意见”，不过有几点“是反对的，是不满意的。”一是革命潮流是高涨的还是低落的问题。他认为不能以某个地方的低落而判断全国。因为“有些地方并没有低落”。他对革命潮流是“高涨”或是说“上升”这两个名词的分别不甚明白。他认为“革命潮流是扩大的”。同时，“盲动主义是由无条件暴动之下产生的。但中国暴动并不是处处都没有条件暴动。如果说要充分条件才暴动，恐怕是很难的事情”。关于革命性质，现在才知道“过去对革命性质的认识是错误的”。[②]

（7）徐锡根，工人出身、时任中共江苏省委兼上海市委委员。徐锡根在大会发言时声明，他“对于过去党的政策不大明白”，“希望同志们在我讲过之后指正我的错误”。他认为，“这一次的大会，工人同志占多数，这是一个好的现象”。过去“许多事情只有上级同志知道”，还有就是“许多同志所说的，太理论了，甚至许多名词使我们工人不懂”。“过去的账虽然要算，但目前的事情是不能忽略的”。他补充了一点上海三次武装暴动的情

---

① 中共中央党史研究室、中央档案馆编：《中国共产党第六次全国代表大会档案文献选编》下卷，中共党史出版社 2015 年版，第 563—564 页。

② 中共中央党史研究室、中央档案馆编：《中国共产党第六次全国代表大会档案文献选编》下卷，中共党史出版社 2015 年版，第 564 页。

况，当时“只说暴动是工人响应北伐军，工人们都不明白我们自己夺取政权的意思”。“反动军队把我们工人打死了一百多人，一直到现在群众恐慌的情绪还存在，就是因为过去党不明白解释的原故”。[①]

徐锡根谈到盲动主义及其表现，“中央说省委是盲动主义，省委说中央是盲动主义，到底不知谁是盲动主义。支部里是不是有盲动主义呢？是有的。八七之后，开会的形式改了，把所有的政治报告这一项改为工人发言的一项，逼着工人先讲话，第一次不会讲，第二次还是不会，第三次就不敢来了，这是什么原因呢？就是不懂得工人的需要，不懂得工人的心理，这就是盲动主义。应当考查工人同志的能力，分配他去工作，工作后要他报告，自然能慢慢的训练出来。仅仅办一个训练班，工人是不愿意听的。我们应当拿实际问题解释给他们听。还有就是支部还办了工会，我也是其中的一个，以为拿着工会就可以不要群众，这也是盲动主义。”上海“三次暴动之后，党至今仍未恢复过来”。“革命潮流在广东是高潮的，上海是不高不低的，北方是低落的”。总的来说，他同意李立三与布哈林的意见：“革命在两个势力对立的中间。”[②]

（8）陈治平，时任中共江苏淮阴特委书记，职业是农村小学教员，主要从事农民运动，领导过农民暴动。他谈到对革命潮流的估计、今后的任务和农村工作应注意的问题。关于革命潮流。“有人说是高涨的，一直高涨的，低落的，这话都不对。我以为中国革命是如幼苗，中国的气候是适宜它的生长的”。“现在我们就是要怎样在培养幼苗的问题，使它快一点发展，所以这要靠我们主观的培养力量”。关于今后的任务，陈治平认为：“过去的宣传和教育不好，以后应加紧此项工作。我们的发展不仅在教育上而且要注意质量。”“过去的宣传品，下级是见不到的。对于群众更不注意，下级为上级要宣传品。上级说这是空的，要在实际中去追求。群众都知道国

① 中共中央党史研究室、中央档案馆编：《中国共产党第六次全国代表大会档案文献选编》下卷，中共党史出版社 2015 年版，第 565 页。

② 中共中央党史研究室、中央档案馆编：《中国共产党第六次全国代表大会档案文献选编》下卷，中共党史出版社 2015 年版，第 565 页。

民党是不好的，但许多人还以为汪精卫好。这就是我们宣传不好的原因”。①

谈到农村工作应注意之点，陈治平列出了富农、农妇、土匪、农村小学教师几个方面。他认为富农“是不反对共产党的，但他也不积极的参加。因为他是土匪绑票的对象，一方面要政府的苛捐，他们虽然有一点财产，但他们的生活是日夜不宁的。他们以为共产党成功后，有了苏维埃，子弟可以受教育，无土匪，有娱乐的地方……在游击战争的时候，他们曾自动的送枪来。失败后，地主勾结他们也没有成功，所以富农也是我们要注意的要宣传的”。农妇“生活非常痛苦，终年不出村庄。他们受丈夫与礼教的压迫”，如有人向她宣传，很有效力。游击战争时，她们帮我们制旗做饭，当侦探，比城市的小姐们耐苦。但“农妇非常顽固，她能牵制丈夫，丈夫是共产党，她马上就来吵，不准儿女加入童子军或妇女协会，这一点也是值得我们注意的”。“土匪中有些是流氓无产阶级、农民失业的，还有是受政治压迫的，最后几种成分最好值得注意”。农村小学教师“可以说靠得住的”。他们都是知识分子，生活痛苦。“如果我们的宣传好，一定有很好的成绩”。“他们很能得人的信任，很接近群众，同时学校又可作宣传机关”。②

（9）丁继盛，安源矿工，湖南代表。他在发言中主要谈到安源的工作。他详细报告了 1927 年 8 月 16 日安源暴动攻打萍乡的经过。8 月 16 日凌晨 3 点钟攻打萍乡，是以工人为先锋，武器很简单，只有约 40 支枪，其余的是铁棍等，同时还有一部分有武器的军队。工人攻进了城，但是有武器的军队还在后边几里路，并且他们在后面打枪攻城，还打倒了我们自己的几个人。因为我们进了城，他们还不知道。

到第二天即 8 月 17 日午后 2 点钟，暴动队伍才到老关，在老关缴敌人 20 多支枪。18 日晚，他们又跑到了浏阳，进攻了浏阳城，暂住了一晚。因为他们没有放哨，敌人来了还不知道，因此被敌军包围了，打的打死了，

① 中共中央党史研究室、中央档案馆编：《中国共产党第六次全国代表大会档案文献选编》下卷，中共党史出版社 2015 年版，第 566 页。

② 中共中央党史研究室、中央档案馆编：《中国共产党第六次全国代表大会档案文献选编》下卷，中共党史出版社 2015 年版，第 566—567 页。

捉的捉了，走了的也不知多少，有几位女同志才放出来。丁继盛是参加这次行动。经过了这一个失败后他就回乡下。因暴动后敌人“清乡”，在乡下也站不住了，只好找党要工作做。于是叫继续暴动。经了十几天又暴动了。这次暴动又遇着了反动势力把工友们大杀了一顿，杀得许多的工友也怕起来了。工友钱一个也没有，困难极了，只好罢工。厂主方面提出每天发工友五分钱一天的工钱，争了一天才争得一角钱。这时，许多工人都说出了反对国民党的口号。后来调来了一些军队，把工友们包围起来，把工友们解散了。

丁继盛介绍说，从去年10月起，“我们的同志就在村中杀土豪劣绅，组织农民协会”。正月初四，1928年1月26日攻醴陵城，这次是公开的，农协在这时恢复起来。这次攻城农民是全体参加的。这次暴动行的是连坐法。这样行连坐法使许多人不满意，因为人很多，枪很少，还少有训练。没有枪的人总是死。

在乡村组织苏维埃时，对土地的办法有共耕制和分耕制两种形式。因为田有高有低，有肥有瘠，因此许多人都不愿耕低的瘠的劣田。同时我们又有一个口号，兵士、小商人回来了分给地耕。但他们回来了我们的田已分完了。再就是各人只顾自己耕自己的田，不愿去做公共的事如防敌人等。所以觉得分耕制不好，决定采取公耕制。组织了一个督耕委员会，在这会内又分小组，以田的远近、人的多少来决定小组，并且小组可以扩大缩小。工作法是有秩序的，在一个村中设一个大钟，撞了钟都去下田工作，撞了钟都回家吃饭。吃饭是在自己家中吃，工作有一定时间，年老年幼的在家打草鞋，放牛养猪。小孩9岁到13岁的都送到学校里去读书。从前耕种的人少些，田是多些，而得的也多些；现在各处做生意的及其他工作的人都回来了，所得的田少些人多些，而农产品是多些，这是因为苛捐杂税的关系。

丁继盛说，从去年12月到今年3月，我们的苏维埃经过了敌人多次军事包围，打死了我们800多人，我们打死了他们400多人，“后来我们因枪少，子弹又没有，实在不能打敌人，我们于是冲了出来，跑到了江西的安福、莲花，我们又占着了这个地方”[①]。丁继盛介绍了湖南党组织领导工农群众开展武装斗争、开展土地革命的不少具体情况。

（10）陈海清，湖南代表，学生出身，时任中共湖南省委委员，参加领导农民暴动。[②] 他是1927年11月到醴陵工作的。他认为醴陵县委“从来是让同志们注意主观与客观的情形去暴动，我们是顾及了主观客观情形的，绝对没有命令暴动”。他还解释丁继盛说到的杀掉南三区区委书记的原因，是他犯了政治错误和泄露了秘密。[③]

（11）周秀珠，广东代表，也是为数不多参会女代表，工人出身，参加过省港大罢工，时任省委委员。她简要讲到八七会议前后的情形、革命的性质问题、革命的估量三个问题。八七会议以前，周秀珠在支部中工作。她认为那时“可以说我们的党是退步的”，在各种主客观情形之中表现出来。从1926年3月20日开始，蒋介石就叛变了无产阶级的革命。蒋介石说省港罢工委员会是共产党，并说工农将实行共产。他派人想把工人的纠察队解散了。在当时工人革命的空气很高涨，给了他很大的影响。他当时不得不进了一步，表面上认错。当时我们的党还望蒋介石能与我们合作到底，同时还派了罢工宣传队出去宣传，说蒋介石并不是要解散罢工委员会，不但不揭破他的假面具，反还替他辩护，蒙蔽工人，有这一件事，我们就可以知道党当时是想拉拢资产阶级的。

上海工人暴动胜利，驱退了北洋军阀，国民党在广州召开了一个庆祝克复沪宁筹备会。在这会上我们就提出了反帝国主义、追悼死难烈士。发言未完，主席就宣布散会。我们没有达到目的。于是回来就召集我们支部的各个工人团体再开一个代表会议，一定要国民党接收这两个意见。“这样的两个口号提出后，香港广州工人是很热烈拥护的”。我们在一次民众

---

① 中共中央党史研究室、中央档案馆编：《中国共产党第六次全国代表大会档案文献选编》下卷，中共党史出版社2015年版，第567—568页。

② 中共中央党史研究室、中央档案馆编：《中国共产党第六次全国代表大会档案文献选编》上卷，中共党史出版社2015年版，第126页。

③ 中共中央党史研究室、中央档案馆编：《中国共产党第六次全国代表大会档案文献选编》下卷，中共党史出版社2015年版，第569页。

运动委员会会上，把大会“定名为庆祝克复沪宁追悼死难烈士，反对帝国主义大会。这个大会的结果很好”。但“我们的党忽然在这时给了一个通告，叫我们把一切文件烧掉，说有不好的情形”。“我们的党在这时前，是不相信工人的力量的，是对国民党让步的。但在经过了这件事后，他知道了工人的力量，才决定了要暴动，但决定暴动还是不坚决的”，引起了国民党的清党。八七会议后党的政策是暴动政策，这个政策是非常对的，“只有这样才能取得群众，党的改组也是对的”，“因为在改组以后有机关支部，有街道支部，这对暴动有大的便利”。关于革命形势，周秀珠认为：“现在革命的潮流是高涨方面的，决不是低落的方面”。①

（12）王若飞，江苏代表，学生出身，曾任中共中央秘书厅主任，时任中共江苏省委兼上海市委常委兼农民部、组织部、宣传部部长。他的发言，是有感于“中央的大会报告与书面报告给一般同志对上海工作一个不好的印象，仿佛上海机会主义的遗毒，至今继续，江苏省委过去几个月在许多问题上同中央的指导发生很大的争执，究竟是什么不同，究竟是不是江苏省委的工作路线错了，抑或是中央的指导太离开群众与实际”。他分五个问题展开：一是中国革命的性质与前途；二是现时争斗形势的估量；三是过去的教训。包括八七以前的机会主义、八七以后的盲动主义；四是上海工作的几个声明；五是目前的任务。

王若飞认为：革命是低落了。我们的前途要“武装暴动”，而目前的工作方针应该是创造新的工作方法与新的组织形式，去接近群众，去组织群众，去团聚群众于党的口号周围，才能走到暴动之路。“当时中央以为我们说革命潮流低落，恐给群众以不好影响”，说革命潮流或者要“取消了暴动政策”，“便分批的召集上海负责同志谈话，坚决的指导出现在争斗形势是一直高涨。最后，我们不愿再继续讨论此问题，很切实的跑到群众中去找下级干部谈话，找支部同志谈话，找简单工人谈话，努力去了解他们对于现状的认识，努力追求工作做不起来的原因，努力去创造新的工作方

① 中共中央党史研究室、中央档案馆编：《中国共产党第六次全国代表大会档案文献选编》下卷，中共党史出版社 2015 年版，第 570—571 页。

法与新的组织形式”。

中央3月6日通知，批评“上海同志怀疑革命潮流高涨，因而主张采取保守政策”。“我们绝对否认省委政策有采取保守政策的倾向和事实”。王若飞的结论是：现在革命的阶段已经到了苏维埃革命阶段，暴动政策是对的，但是现在斗争的形势，绝不能说是高涨，只能说革命是向前进展，敌人的统治固然不稳固，乡村的争斗固然是在发展，“然而若是城市的工作不起来，兵士的工作未充分，党与群众的联系未恢复，是没有方法实现暴动的”。我们的中心政治口号是工农苏维埃政权，我们的中心策略口号是“武装暴动”。现在走到武装暴动的中心工作口号是：“向着群众”“夺取群众”。①

王若飞谈到“机会主义产生的来源：一是由于政治路线之摇动。由于中国党的理论太幼稚，没有马克思主义列宁主义的指导，一直到现在对于中国革命的性质与前途还未十分弄得清楚”。二是由于组织上的缺点。中国党发展的历史是由五四运动中一部分急进的小资产阶级知识分子分化出来的，立在党的领导地位，同时党的组织又保存绝对集中的形式，党的下级只是传达命令的机关，群众的意识不能反映到指导机关，不能监督指导机关。于是指导机关一方面缺少理论，一方面又脱离群众，自然要产生机会主义的错误。

机会主义是什么时候产生的，有无一贯系统？党的政治路线若果始终是摇动的，党的组织又继续停留在脱离群众的“绝对集中”状况当中，机会主义的发生便成为不可避免。过去机会主义的表现，就是在对国民党问题方面。过去加入国民党的政策是对的。“在这个政策之下，曾获得了伟大的成功。”②“但我党过去只原则上接受了这个政策，实质上是不懂得”。当时已露出右倾与“左”倾的两个错误倾向。右倾的见解以为，在联合战线之

---

① 中共中央党史研究室、中央档案馆编：《中国共产党第六次全国代表大会档案文献选编》下卷，中共党史出版社2015年版，第573—575页。

② 中共中央党史研究室、中央档案馆编：《中国共产党第六次全国代表大会档案文献选编》下卷，中共党史出版社2015年版，第577页。

内，要顾及联合战线内各阶级的共同的利益，不可包办才能领导。“左”倾的见解以为，工农是我们的，保持C.P.的独立，不可把工农给国民党去。这两种见解，右倾的果然放弃领导革命，变成资产阶级的工具。“左”倾的也是假清高，而不懂国民党的性质及作用，放弃实际争夺领导权工作。他们有一个共同的观点，就是认为中国有“二次革命”，所以在实际行动上不发生很大的冲突。以后对国民党工作便在这两个错误思想交互指导之下进行。①

在批评过去的教训后，王若飞谈到陈独秀的问题。在前几天同共产国际代表的谈话中，因为王若飞在周恩来报告陈独秀因病假不能来参加大会的原因和对于国际第九次扩大会议的决议案的一点意见后，多补充了几句，于是引起向忠发激烈的非难，说我不应该受别人的影响，代表别人说话，甚至王若飞的妻子也这样反对。这几天来常常有同志来问王若飞：是否代表陈独秀同志？独秀为何不来参加大会？他为什么说共产国际牺牲他，是不是他反对共产国际？王若飞的回答是：这些问题将在大会时声明。

第一，声明他不是陈独秀的代表，不能代表陈发表什么政治的意见，现在所说的话完全是王若飞个人的意见。第二，陈独秀之所以不来莫斯科，据王若飞的观察，因在八七会议前后受到共产国际代表的严厉处置，不许他参加八七会议，十一月扩大会议也不要他参加，只逼他速走。当时俄国党内又是与反对派争论最厉害时候，陈独秀以为共产国际是决定牺牲他以维持中国党指导机关威信，又不放心他在国内，恐他发表言论产生不好影响；以为到了共产国际横竖是无用的人，或者还附加了一个“托洛斯基派”的名号更辨别不清，所以表示不来且坚决声明不发表什么政治意见，使党内发生影响。此次共产国际要他来，他又联想到“上两次不许他参加会议”，联想到“维持中国党中央威信问题”，以为到莫斯科亦未必能到大会。第三，所谓“国际牺牲他的问题”。我们都知道共产国际对于陈独秀的希望，并不如他自己所想象一样。陈独秀知道这种实际情形后，就看他能否接受国际新的政治路线，若果接受，共产国际自然不拒绝他回党工作，

① 中共中央党史研究室、中央档案馆编：《中国共产党第六次全国代表大会档案文献选编》下卷，中共党史出版社2015年版，第576页。

若不接受，当然不客气地要他出去。[①]

王若飞谈到八七会议以来的教训，首先肯定八七会议“在党的历史上有重大的意义”，同时还存在缺点。八七会议以来“党的重大危险倾向有三：A. 盲动主义。B. 形式的改组。C. 党的指导机关领导的动摇。”[②]王若飞指出：“因为中央政治路线的动摇、指导之不落实际，勉强的分化，与无教育的纪律，自然在党内造成许多暗潮与意气之争。我们不必讳言，这是不可否认的事实，甚至因国际代表指导之不当而怀疑到国际本身。我诚恳的盼望此次大会能消灭这些现象。”[③]

王若飞还谈到目前的任务，一是要明确，“目前中心的政治口号是工农苏维埃政权，中心的策略口号是武装暴动，中心工作任务是向着群众，夺取群众。”二是要“肃清右倾的机会主义与‘左’倾的机会高调（盲动主义）。”三是反对放弃暴动策略的改良运动、保守政策与第三党所谓“不超过时代”的宣传。四是“在现时严重压迫的环境中，我们不可能放过日常一件很小的争斗，并要努力使这些日常小的争斗都能与我们根本政治口号（武装暴动）密切联系”。五是“创造新的工作方法与新的组织形式去领导群众争斗，去夺取群众”。六是割据问题。七是“党的改造还没有完成，我们组织的任务是：准备新的革命高潮，夺取群众，预防党脱离群众的危险，要建立一个坚固秘密的群众的战斗的党。”关于职工运动、农村斗争、兵士运动。夺取城市和乡村的游民群众、武装工农、加紧注意反帝国主义运动、党的鼓动及宣传工作等等，王若飞也谈了自己的意见。

特别是对“什么是布尔什维克化？”的问题，王若飞的解答是：“布尔什维克化就是要我们党是群众的党，是能深入群众，能懂得群众的痛苦，能提出群众的要求，能组织群众，能领导群众的斗争，倘若我们是脱离了

---

① 中共中央党史研究室、中央档案馆编：《中国共产党第六次全国代表大会档案文献选编》下卷，中共党史出版社 2015 年版，第 577 页。

② 中共中央党史研究室、中央档案馆编：《中国共产党第六次全国代表大会档案文献选编》下卷，中共党史出版社 2015 年版，第 578 页。

③ 中共中央党史研究室、中央档案馆编：《中国共产党第六次全国代表大会档案文献选编》下卷，中共党史出版社 2015 年版，第 580 页。

群众，我们纵把‘武装暴动’‘革命高涨’的口号喊得再响亮，都是无用的。”随后，王若飞还对党内纠纷问题发表意见：“党内潜伏发展的上层同志间意气之争是于党非常有害的，我很痛心我们同志的攻击不向着敌人而向着自己内部，我并不是故意要袒护过去犯过错误的人，而是反对勉强的分化，反对无教育的纪律，总要使这般做过错事的人有革命的出路，有工作表现的机会，我们蓄积政治经验的人是太少了，敌人已杀了我们不少，我们自己不好再乱糟塌。”此次大会已经露出足以消灭党内纠纷的新路线，“第一是政治上国际已指出正确的新路线；第二同志们都是要到群众中去夺取群众；第三是组织上党的群众来讨论党的重大问题和提工农分子到指导机关，这是消灭党内意气之争最有力的保障。”①

（13）章松寿，浙江代表，工人出身，时任中共浙江省委候补委员。他讲到浙江杭州的工作，自“去年北伐军来杭后，杭州全体工人加入杭州总工会。当时有组织的10余万工人，能够号召的有20余万群众”。“等到后来工农运动发展，侵犯了豪绅地主资本家的利益，民族资产阶级脱离革命的联合战线，因阶级斗争的激进，使阶级关系改变，阶级冲突日甚一日，店员与老板的冲突、手工业者与业主的冲突，结果工人的斗争，亦被武装势力压下去。尤其在清党以后，资本主义反动势力的进攻，更为厉害。”“机关破坏，捕去同志200余人，所有支部书记、联乡村支部书记都捕去，党的组织坍台。”“同时，资产阶级企图用改良政策，欺骗群众，如救济失业工人，给工人小惠。”在这种情况下，“工人阶级觉悟性虽然高，但感觉得无政治出路，无反抗情绪。一般工人消极不积极，怕斗争。”“在杭州，工人情绪是低落。以杭州一省说，革命潮流在高涨与低落中间，带低落现象”。而且章松寿认为，“低落非由于客观，而是由于主观原因”：“其实党限制工人斗争”。②

① 中共中央党史研究室、中央档案馆编：《中国共产党第六次全国代表大会档案文献选编》下卷，中共党史出版社2015年版，第582—583页。

② 中共中央党史研究室、中央档案馆编：《中国共产党第六次全国代表大会档案文献选编》下卷，中共党史出版社2015年版，第558页。

章松寿对浙江的形势估计是暂低落。他指出："对于革命潮流，全国又是一致的，非水平线的，光以浙江论，是暂低落现象，但是比北方高，比广东是低的"。去年 11 月，"省委决定杭州大骚扰"。那时没有多少群众，"于是召集会议，先下一总罢工命令，执行同志强迫工人罢工"。当时被公安局派警察压下罢工，并"捕去交通一人，加以拷打，供出机关，抄去支部书记和活动分子名单，捕去党干部同志几百人，党在那时候成溃败状态，没有组织形势"。"浙江党是机会主义、等待主义"。"当我们决定要暴动时，杭州工人问：共产党有根据地没有？有武装没有？现在全浙江找不出百个工人同志，杭州找不出 10 个工人同志，工人甚至说革命革不出来。提拔工农分子对的，不过应提拔积极分子，不要形式，应实际去做，积极训练和教育工农同志。现在浙江党改组只上级机关，下级仍未改组，改组后仍未实行民主化，这点要极力改良"。再者，章松寿提出："我们宣传品文化，应浅显化，如八七会议告同志书，最近中央对济案宣言，工农同志能够看懂的甚少。"①

（14）夏曦，时任中共浙江省委书记。在章松寿发言后，夏曦更正说，刚刚章松寿所说的话有些错误，不是实际情形，因为他从去年 11 月到今年 3 月离开浙江党的组织，不知道党内情形与党的策略。他说杭州经济稳定，资产阶级实行改良政策，这非事实。浙江苛捐杂税去年增加一倍以上，工人工资减少，现在工资与清党前比较普遍的减少百分之二十。关于浙江经济政治情形，可参见浙江代表团给大会的书面报告。② 夏曦在这天的发言后，听到有同志告诉他，说他是改良派，主张减租，反对游击战争，反对割据。夏曦认为"这完全弄错了"，于是他又于 6 月 26 日上午专门写《论改良派与武装暴动》一文加以澄清。他指出，"我觉得现在应该注意的问题，不是赞成或反对武装暴动的问题：重要的问题：是怎样的去'实现武装暴动'"。

① 中共中央党史研究室、中央档案馆编：《中国共产党第六次全国代表大会档案文献选编》下卷，中共党史出版社 2015 年版，第 559 页。

② 中共中央党史研究室、中央档案馆编：《中国共产党第六次全国代表大会档案文献选编》下卷，中共党史出版社 2015 年版，第 583 页。

要分清组织暴动与争取群众“是一条路线的两个阶段”[①]。

（15）江慧芳，知识分子出身的女代表，时任广东青年团省委常委，参加过广东暴动。她在发言中讲到三个问题，一是八七会议后党的新政策；二是革命潮流的估量；三是党在目前的任务。八七会议“在党的历史上，有伟大意义”。“党自改组后，组织秋收暴动，广州暴动以及各地的零细斗争，在政治上，在革命史上，含有不可磨灭的伟大的意义。”“自改组后，工农分子，参加党的指导机关，使党群众化实充起来”。“我们提拔工农同志到指导机关，一定要结合实际来训练。”革命潮流，“现在正向着高涨路上走，未达高涨”。

党在目前的任务，一是注意“中国革命，有不平衡发展的特点，各地随其历史上创造斗争条件各异，如广东、湖北、湖南、江西四省工作比较扩大深入，有暴动与割据的前途。北方和西北各省比较落后，同时乡村工作比城市工作发展更快，更有力量”。二是“我们工作的基础，建筑在职工运动上”。“从国共分家后，城市的严重白色恐怖的压迫，斗争亦暂时低落，党对城市职工运动的工作亦有忽略，这次大会应予以严重注意”。三是“要注意兵士运动工作”。四是“中国现在的社会内容，是土地革命，彻底的实行土地革命，就是转变社会主义革命的先决条件”。“应加紧的宣传，扩大农村革命的组织，扩大农村的斗争，进行农村无产阶级的单独组织，来领导农村斗争，并且继续做游击战争，和割据局面”。五是反帝国主义运动。六是党的组织问题。江慧芳指出：八七会议以来，“各地党的组织仍不健全，各地畸形发展，巩固党的本身组织，是目前党的中心任务之一”。七是要注意城市工作。“城市小资产阶级包括小商人，自由职业者，贫民等，他们亦反对军阀的，在某一时期，有一部分作用”。[②]

（16）任旭，湖北代表，学生出身，时任中共湖北省委书记，负责党的

---

① 中共中央党史研究室、中央档案馆编:《中国共产党第六次全国代表大会档案文献选编》下卷，中共党史出版社 2015 年版，第 813—814 页。

② 中共中央党史研究室、中央档案馆编:《中国共产党第六次全国代表大会档案文献选编》下卷，中共党史出版社 2015 年版，第 584—585 页。

内部许多工作。他在发言中首先分析了机会主义发生的原因和表现的事实。他认为，机会主义发生的原因：一是“整个党没有把社会关系弄清楚，各阶级关系怎样，力量怎样，大家都不了解。因此，没有一致的思想”。如今天说孙科是买办阶级，明天又说他是小资产阶级。同国民党合作时，只看到汪精卫的“左”倾，非常革命，没有看到他们的阶级性。“他们到某个时期，某种条件之下，一定要叛变的，因此之前没有及早准备。再说现在对农民问题。关于富农、小农和中农，分析和估量也弄不清楚，资产阶级与豪绅地主的关系，讲不出来，中国资产阶级，一方面兼豪绅地主，因阶级关系看不清，自己往往也站在不稳阶级的立场，甚至出卖阶级，这是很成问题的。”[①] 二是“没有具体的政纲。建立怎样国家、土地纲领、苏维埃建设和经济建设该怎样，对帝国主义的策略等，这些我们没有一个明确的观念，没有定出政纲，明白宣示在广大劳动群众面前”，工作的同志们只好瞎干，因而右一点发生是机会主义，左一点发生盲动主义。“同时群众对我们亦不认识。”三是过去的组织。“国共未分家以前，湖北有一万多党员，那时同志们都做官，做老板，做工会委员，等到反动势力一来，党员缩减到六百余人，说到斗争更是应付不了。”三是共产“国际代表做了许多错误，党的机会主义的路线，国际代表至少要负一半责任”。

机会主义表现，任旭认为，一是马日事变。马日事变以来，湖南工农被杀 2 万余人。马日事变的责任问题，应解决。二是国共分家前，湖北民众被杀四五千人以上。“同志要杀土豪劣绅，要受党开除。工农运动蓬勃起来，党亦如国民党一样，说过火了，要制止。等到暴动到秋收暴动时，在湖北，我们什么东西都没有了。”[②]

盲动主义发生的原因：一是“因为暴动发展，不能动也要动”。二是“把敌人力量看得一文不值。湖北去年年底，党估量的力量一点了没有，同

---

① 中共中央党史研究室、中央档案馆编：《中国共产党第六次全国代表大会档案文献选编》下卷，中共党史出版社 2015 年版，第 585—586 页。

② 中共中央党史研究室、中央档案馆编：《中国共产党第六次全国代表大会档案文献选编》下卷，中共党史出版社 2015 年版，第 586 页。

志大都被捕被杀。党的负责人反说敌人力量最后灭亡道路，已到最拼命的时候，所以白色恐怖利害。中央的扩大会，指出暴动的四个条件，没有这四个条件不能干。湖北怎样？天天要暴动，暴动……”“中央特委到湖北，命令即刻停止省委工作。隔了一天，特委便发出第二号通告，主张即刻暴动。那时特委什么东西都没有看到，究竟群众的情绪怎样，敌人的力量怎样，党的主观力量怎样？群众的斗争与组织力量怎样，这些都一无所知，只是在通告上暴动，暴动……同时扩大会议，实际工作同志，天天到工人群众中去，到农村去，到军队中去，而党的负责同志，计划暴动，天天躲在屋子里，不顾客观条件，命令暴动，玩弄暴动，把同志一批一批去牺牲。负责同志在机关，今天发一个命令，明天里发一个命令，‘命令到就暴动’”。“中央扩大会时，以为动总比不动好，盲动主义总比机会主义好。这种思想在扩大会，便是一直高涨的革命理论，与否认敌人力量。”①

关于革命高涨与低落。任旭认为“中国革命是弧线形的高涨，现在两个高涨之间”。“也许一月，半年或一年后，很高涨。总之，我们希望越快越好，再有群众革命斗争情绪，与革命潮流不同。不错，群众反抗的情绪，的确很激烈，但这不是高涨的表现，因为未有了事实上的表现出来，而只是表现于情绪。”“中国革命与反帝运动。土地革命与反帝运动，是两种东西。中国土地革命，是反帝最好的办法，把帝国主义剥削基础动摇。”②“中央指出各地表现农民意识。但中央估量革命高涨，完全以农民斗争为出发点。”“在国共分家前，党反对农民分地，地主店东戴高帽子。现在又怕杀人，这是小资产阶级害怕革命高涨的心理。”“湖北工作，发动秋收暴动口号为杀尽地主、豪绅。当时国共分家后，农民认为没收土地不可能，杀豪绅地主，为群众接受。”以“反对停工”“占据工厂”为口号，号召武汉工人，尤其是失业工人。“合乎实际要求，所以能发动群众起来了。这样号召

---

① 中共中央党史研究室、中央档案馆编：《中国共产党第六次全国代表大会档案文献选编》下卷，中共党史出版社 2015 年版，第 586 页。

② 中共中央党史研究室、中央档案馆编：《中国共产党第六次全国代表大会档案文献选编》下卷，中共党史出版社 2015 年版，第 586—587 页。

群众的口号，是革命的口号。”[①]

6. 6月26日大会继续讨论政治报告

大会第9日，发言代表及顺序如下：正式代表王仲一（顺直）、向忠发（湖北）、王若飞（江苏）的申明，法荣廷（湖北）的书面发言，华少峰（青年团中央）、关向应（青年团中央）的申明，苏兆征（广东）、罗章龙（湖南）、王子清（顺直）、阮啸仙（广东）、项英（江苏）的申明；指定及旁听代表邓颖超（中央妇委）；广东代表曹更生。共有16人发言，其中3人为申明，1人为书面发言。

（1）王仲一，时任中共顺直省委常委、组织部部长，做过职工运动。[②]他在大会发言中，首先肯定“大会的精神是很紧张很进步”。但也“有些小资产阶级的意识”，有些成见。如说顺直代表团与江浙代表团联合反对中央，说广东代表团是专来拥护中央的。“好在大多数同志，是反对这种倾向的，这是很好的精神”。还有“好多同志还说到我们的大会，是讨论政策的小的问题。可是不必详细讨论，这也是很不对的”。“政策当然是很重要，但如果发言一些的小的问题，我想什么好的政策都不能实现出去，所以我以为大会应将这种对注意小的问题的倾向变更过来。”[③]

关于中国革命性质的问题，王仲一认为，自己“过去是没有明确的观念”，以为中国的国民革命，是包含有社会革命的意义。也就是说，“中国革命的性质可以进到社会革命”。另“有些同志则说：现在是国民革命，将来是社会革命，就是说要有两次革命”。一直到了党的五大，共产国际才来命令，“提出土地革命，提出非资本主义的前途”。听了布哈林详细报告，“才晓得中国革命性质、阶段等意义了”。“一般的群众，都要求革命，都是

---

① 中共中央党史研究室、中央档案馆编：《中国共产党第六次全国代表大会档案文献选编》下卷，中共党史出版社2015年版，第587—588页。

② 中共中央党史研究室、中央档案馆编：《中国共产党第六次全国代表大会档案文献选编》上卷，中共党史出版社2015年版，第125页。

③ 中共中央党史研究室、中央档案馆编：《中国共产党第六次全国代表大会档案文献选编》下卷，中共党史出版社2015年版，第588页。

革命的。但这是革命不革命的问题，而不是革命潮高涨的问题。要谈到中国革命潮流，是要分析客观条件。所谓政治经济的客观条件，分析了客观外，同时还要看看自己主观的力量。我们过去的估量常常把自发的斗争，都估计在主观力量之内，这是不大妥当的。”现在还不能说“就是革命潮流的高涨”。[①]

说到工作的教训，王仲一把八七会议前机会主义在北方的表现作了一个描述。“那时党的整个路线，是为了国民革命的联合战线，可以牺牲阶级利益，北方当然不能例外。北方党，那时是与国民军吊膀子”。[②] 如“天津工人要罢工，总工会我们党团不许罢工，要与国民党去商量”；在唐山，冯玉祥与奉军在南口激战，英帝国主义者要停工，工人要起来反帝国主义，党也不许，怕乱冯玉祥的后防；在京津铁路，冯玉祥将李景林打下了，工人要求发工资，没有；工人主张罢工，我们去请示于党，党不许罢工，去和徐谦商量，但是工人非罢工不可，我没有法了。一方党不许罢工，一方工人要求罢工，我只好对他们说，要他们听总工会的命令罢了。那时总工会会长王藻文不在天津，我们正要打电给他，请他回来，后来副会长回来，结果，把罢工禁止下去了。这些是不是机会主义的表现呢?

王仲一指出：国民军败退后，我们党对全国的估计，说英、日帝国主义联合，一定会有一大的白色恐怖。因此，我们在当时的工作计划，要好好退守，要做秘密工作，不要斗争，我们只好关着来训练同志。这种工作路线，也一直到了八七会议以前。这路线的结果，确实使党没有了，虽然北京是有党，有千多同志，可是大学生最多，工人很少，有点工人也不开会，所以弄成一个学生党。到改组的时候，王仲一到天津，虽然从前听说有五百同志，王仲一到时却一个同志也没有了。他召集区委会议，只有五个人，找不到多一个人。这是不是北方没有党呢? 当然是有的。

---

① 中共中央党史研究室、中央档案馆编：《中国共产党第六次全国代表大会档案文献选编》下卷，中共党史出版社 2015 年版，第 588—589 页。

② 中共中央党史研究室、中央档案馆编：《中国共产党第六次全国代表大会档案文献选编》下卷，中共党史出版社 2015 年版，第 589 页。

王仲一认为，以上是政治路线上的原因。现在还要说组织上的机会主义。党当时一般负责者，都是些不管事的老爷们，工人看他们是个先生。山西榆次有个矿山有很多工人。当阎冯战争时，工人罢工要求加薪，当时已得八成胜利，工人已不愿再罢了，"党的书记不许。结果阎锡山的军队到了，大加屠杀，书记跑了，工人杀的杀，监禁的监禁，那里到现在都没有恢复起来。所以，北方工人常常说，共产主义是好的，共产党是混蛋，反对知识分子的原因，就是这些原因啦！这难道怪得工人吗？"①

王仲一指出，八七会议以后的策略，当然比八七会议前要好，可弱点还很多。第一是土地政纲并没有与五次大会不同，可以说大概是一样的；第二是怕帝国主义；第三是同国民党尚未完全斩断联系，如南昌暴动的旗帜还是国民党的；第四是最主要、最有意义就是改组党；第五是暴动路线，这路线自然在大体是对的，可是应用得错了。帝国主义的势力，是集中城市和工业区，可是秋收暴动，就跑到乡村去了，城市方面受了大的白色恐怖。我们是要跑到乡村去暴动，这有没有与西北学说在某一点意义相似呢？王仲一认为，"完全丢了城市不注意，而去做秋收暴动，是怕帝国主义而到乡下去躲避，这是大错特错了，而且在暴动政策下发生盲动主义。"②

王仲一认为，到了1927年的十一月会议，自然是进步多了，土地政纲进步到没收土地，甚至没收一切土地；改组党也多见诸事实，虽然没有完全弄好，但总算有成绩了；盲动主义也指出了，但没有切实见到。十一月会议后，还有两点大的错误，游击战争是其中之一。所谓游击战争，和张献忠、李自成的行动没有什么区别，张、李出潼关时的口号，也是不缴租税。"但是，我们的游击战争，结果是要消没革命了。""自十一月会议到广东暴动以后，我们党是又进步了，对于盲动主义，改造党，反帝国主义运

① 中共中央党史研究室、中央档案馆编：《中国共产党第六次全国代表大会档案文献选编》下卷，中共党史出版社2015年版，第589页。

② 中共中央党史研究室、中央档案馆编：《中国共产党第六次全国代表大会档案文献选编》下卷，中共党史出版社2015年版，第589页。

动，都进步了”。[①]

“改组党当然是很好的”，广东方面，因为工人同志有了几年的斗争，政治认识的水平线比较要高些，所以改组时不感什么困难。湖南斗争历史较长，政治训练较好，安源的工人同志，成了湖南党的重心，所以改组也不困难。“其余各地就完全不同，没有长期斗争，就没有高的政治认识，没有干部，过去且看党为工人以外的东西，不是自己的东西。这点我想将来还要特别注意的。”[②]

王仲一认为，党的组织问题，一般同志都很少谈，是不好的。“组织问题重大，并不让于政治问题”。“我们党的组织，弱点甚多”。第一，工人虽认党是一个好的东西，但实际上是认党为上层机关，而不觉得党是自己的组合，这是在改组党要注意，要由斗争中训练工人的认识；第二，有人做假报告，这种假造制度，大半是由于太集权制，而不民主制，做报告的，完全凭自己的意见说；第三，工人反对知识分子，因为他们的生活与群众离间。二七罢工前，工人是欢迎学生的，因为他们能够吃苦，能够代表工人的利益，所以此后我们要知识分子工农化；第四，“负责同志常有些像官僚化的样子，谁做文章做得好，是领袖，谁说话说得漂亮，做领袖，而且犯错误了的书记，要由此地移到彼地又是书记”。“处罚是要往下送，使他到下层去了解实际情形”；第五，党的五大上罗章龙说了很多职工运动的实际问题，可到现在并没有解决。从前彭述之做中央宣传部部长，人家问他的职工运动，他说我不懂得，你问旁人好了。恐怕现在有些同志还是一样的。王仲一认为，我们不仅是只懂得理论，而不懂得实际工作，应该使同志们都注意实际问题上去；第六，党与机关问题，过去上级党的确是上级机关，的确脱离群众。北京丁振华反对陈乔年，陈乔年到总工会召集工人说丁是工贼，结果硬把丁调到上海，这证明负责同志任何人也不可反

① 中共中央党史研究室、中央档案馆编：《中国共产党第六次全国代表大会档案文献选编》下卷，中共党史出版社 2015 年版，第 590 页。

② 中共中央党史研究室、中央档案馆编：《中国共产党第六次全国代表大会档案文献选编》下卷，中共党史出版社 2015 年版，第 590 页。

对或批评；第七，党与党团关系不好，影响到组织上的不好；第八，党与党员的联系也不好，上级党部与下级党部的联系也不好，是一种革命关系，不解释，不教训，这是很严重的问题。“总而言之，最重要的，是党与党团关系，上级党部与下级党部的关系，党与党员的关系，是特别要紧的。”①

（2）向忠发，工人出身、时任中央委员。向忠发在大会的发言，主要包括两部分。第一部分讲机会主义的实质；第二部分说到今后工作的路线。关于盲动主义和革命高涨与低落及其他问题的估量，他一概略去。他认为，布哈林说中国机会主义的发生，第一是中国缺乏坚定的正确的政治主张；第二是中国党要提高应付转变的能力，这是很对的。向忠发认为：二七惨案后，湖北的确是受了高压沉闷下去。我们当时没有去做工作。3 月 20 日，蒋介石向我们示威，我们已得了一个大教训，当时我们知道资产阶级是不久一定会大叛变的，我们只有大大的准备起来。但“党始终没有利用群众的力量，而且限制群众的发展和争斗”。②

向忠发谈到，1926 年，北伐军向湖南进展了，我们就开始扩展，由 84 个同志发展到 500 多人，工作扩大教育也有，不过做的是国民党三民主义教育，几乎国民党与共产党是没有什么区别。北伐军到了岳州，我们的工作更紧张了，27 天成立了 270 个工会。区委听到北伐军要到了，马上召集我们分工，区委要去武昌，只留向忠发与许白昊两三人在汉口。再三要求，才增到四个人。真忙不过来了，二十几天没好好吃过饭，吃一点随便点心就跑去了。但工作扩大，无人做工，才再三请求中央派来项英同志。这 270 多个工会，继续不断的斗争，要求加薪，要求改良待遇，一切经济要求，都是风狂雨暴的样子。我们实在工作应付不下，党又没有一个工作方针给我们。以后，中央到了武汉，也是同样没有方法给我们。非常奇怪，党常常一刻命令我们在某时开什么群众大会，忽然又改到另一个时间了。

---

① 中共中央党史研究室、中央档案馆编：《中国共产党第六次全国代表大会档案文献选编》下卷，中共党史出版社 2015 年版，第 590 页。

② 中共中央党史研究室、中央档案馆编：《中国共产党第六次全国代表大会档案文献选编》下卷，中共党史出版社 2015 年版，第 591 页。

马日事变发生后，武汉工人反对最强烈，提出打倒反革命许克祥的口号和标语。向忠发说：那时省委书记张太雷叫他去，说党没有下命令，你们为什么这样干呢？事实上，那里是总工会的标语。当时，武汉民众对马日事变是坚决反对的，但我们不但不进攻，而且退后，甚至投降。国民政府的一个部长说，群众如果攻下长沙，也要交给唐生智。长沙方面的工农群众更为激烈，他们曾攻了西门北门，如果没有党的退让政策，相信两湖的民众力量，可以推翻反动的力量。夏斗寅叛变时，我们可以用武力解决他，可是党不管。省委、中央都没有给我们以办法，我们只有自己起来维护武汉的秩序，维护市面金融、维持粮食，并且逮捕反动派。武昌有童子团维持，也做得非常的有效，并且捉了19名武装反革命分子。武汉统计每天有几千人搬家，弄得非常恐慌。总工会一面集会的支援，一面派队宣传，结果，一星期我们将武汉弄得风平浪静。国民政府那时也无法可施，唐生智等部队到河南去了，李品仙等不愿打援，军事委员会只有叶挺自告奋勇，先打夏斗寅。开始一仗失利，后来得鄂南农民的帮助，才把夏斗寅打败。

那时，湖北大冶县总工会非常厉害，有工人纠察队200多人，70多支枪，负责同志非常勇敢，每天计算，要杀三个土豪。群众都说总工会好。夏斗寅的残部到大冶县境，乡区农民协会，打电报给总工会，请派救援。总工会决定将纠察队派去同夏斗寅残部作战，结果打败了夏斗寅残部，缴了他七杆枪。纠察队回来非常高兴，大举庆祝。没有好久，大冶县商人来电报请求保护。敌人两团，大冶纠察队不知敌多少，只凭猛勇冲锋，结果被打败。总工会负责的李兆龙逃到武汉，向忠发称他主张李兆龙回大冶恢复工作，因为那里有3万多工人，党也通过了，不过不准单独开追悼会，追悼阵亡纠察队，所以李兆龙也没有方法回去。那里的工作也终于搁起，到现在尚不能恢复，完全是党放弃的原因。

纠察队问题，向忠发认为当时湖北“省委乱听说外面的谣言，实际上纠察队的纪律森严，自然也不能完全否认没有小的错误”。党的军事委员会，只注重政治部、军长的工作，而不注重下级的纠察队工作。项英要求党派人来不下50次，党还是没有派来。党以为纠察队可以不要，而我们常务委员会又肯定。一天下午，党命令刘少奇和向忠发到李品仙处谈话。李品仙用外交官僚手段对他们说，纠察队训练很好，叫他们别听谣言，还是安心工作。夜晚 11 时，中央解散纠察队的命令来了。向忠发说自己气极了，要去找中央。许白昊挽住他，说是鲍罗廷的退让主张。许白昊还说：算了吧，总比在吴佩孚底下好做工作些！向忠发坚决反对这样的说法。他到了中央驻地，一个人也没有看见。

天亮了，武汉友益街闹得一塌糊涂，东西都被抢。向忠发等人又去找李品仙，李后来才派一个副官来敷衍，并且还是说要总工会取消武装。向忠发又去找张太雷，要他到中央去反映。张太雷说，这是鲍罗廷的主张。他又叫找李品仙，恢复纠察 20 人。向忠发就将这意见提交常委会通过，又跑到李品仙处去谈判。恢复 20 名纠察后，秩序也恢复了些。那时负责人都躲起来，而不去怎样建立秘密工会。“这种形势，不但是退让，而且是投降”。①

向忠发认为，无产阶级的政党，应该拥护无产阶级的自由。可武汉的党部予以禁止。在正月间，工会都要玩灯，党禁止。后来群众自己起来了，总工会不好违背党的命令，所以工人的灯玩到总工会，只好不欢迎。五月端阳竞赛龙舟，党也是禁止，恐怕惹起矛盾斗争，总工会便下令木船总工会禁止，然而工人还是要划。省委便命令纠察去抓。向忠发反对这样去做，所以派纠察队去弹压。这些事实都“违背了工人的自由，减少了他们的兴趣”。②

对政治方面，向忠发认为更要多讲讲。八一南昌暴动，中央政治局没有一定的策略，有人主张马上动起动作来，有的则主张暂时不动，不仅仅是机会主义，并且有的自己代表党的意见的个人主义。东征呢还是北伐呢？莫衷一是。那时无论商人还是一般群众，都说打通长江才有饭吃。但是党总无主张。

---

① 中共中央党史研究室、中央档案馆编：《中国共产党第六次全国代表大会档案文献选编》下卷，中共党史出版社 2015 年版，第 592 页。

② 中共中央党史研究室、中央档案馆编：《中国共产党第六次全国代表大会档案文献选编》下卷，中共党史出版社 2015 年版，第 592 页。

说到机会主义的责任问题，向忠发认为，“那时候可说都是机会主义”，甚至他也是一个，“做出了些卖阶级的事情，自然独秀要负大部分的责任”。[①] 在武汉时，党说店员是不革命的，要把他给国民党市党部，常委会的决定，向忠发说他是反对的。同时摊担工会也要送给国民党。金口渔业工人有15万，他们自己组织起来，议定章程，写了很长的信，请总工会批准。然而有些同志，不主张他们加入工会，叫他们入农协。阳新也有10万渔业工人，其他还有两处，总计不下20万以上，统统都不要了。各工会在八七会议之后，“才提拔工人积极分子做工作，在过去是恰恰相反的，总是派同志去做工会领袖，最低限度要做一个委员长。最近才知道这是脱离群众的办法”。[②]

向忠发提出，几天的讨论中许多人未曾提及妇女问题。这是一个很重要的问题。有人说过去党没有注意到这问题，其实是一纸空文。武汉的妇女运动，在妇女协会的工作同志，只去认识某大人的太太、某大人的女儿，不做群众工作。武汉有37%的女工，党不加以注意，并且做了一些脱离群众的办法，强迫女工罚钱、游街。过去一方面党不注意，一方面是女同志不肯去做。从前烟厂的女工罢工，派人去组织。可是她们一到别人家里，就把鼻子一捏，说好臭好臭！现在上海有70%的女工过去是有斗争的，然而我们的工作没有很好开展。

军事运动，过去只做军长、政治部主任、党代表工作，士兵中没有党支部。南昌暴动给了我们很大的教训，今后应当确定军事运动的方法，绝对要改变从前专门做官的工作。过去无论对于城市、乡村，山里的土匪，是不愿打进去工作的。例如汉阳的水猫子，一方面可以做匪，一方面是可以革命的。据说全国有30万以上的人，湖北一省也有9万人。在武汉，我曾提出这个问题，要党有计划地去做。党又害怕，甚至要交给国民党去做。

---

① 中共中央党史研究室、中央档案馆编：《中国共产党第六次全国代表大会档案文献选编》下卷，中共党史出版社2015年版，第592—593页。

② 中共中央党史研究室、中央档案馆编：《中国共产党第六次全国代表大会档案文献选编》下卷，中共党史出版社2015年版，第593页。

水猫子说，在6个钟头内，可以炸沉帝国主义的兵船。武汉有三个人可以在水里待7个钟头。他们说每次兵船来了，没有一次不偷兵船上的东西，手表、螺旋钉。他们说，要兵船不动，他们可以去缠住车叶。所以这个工作是非常重要的。

向忠发认为，党的六大比五大“精神增加了十倍，都注意到政治问题”。可是在这中间，又发生了两种意见。一种是太左、一种是太右，他不赞成。向忠发还认为王若飞在发言中代表了陈独秀，虽然批评机会主义，但只说出陈独秀的意见，不说陈独秀的错误。所以王若飞是受了人家意志的支配。[①]

（3）王若飞在向忠发发言后，当场发表声明，反驳向忠发的看法。他说：我昨天说得很清楚了，机会主义的来源和它的表现，它的错误，都说得很多，我并且还就责任的大部分，说是要陈独秀负的。其次，我工作的报告，大家都听明白了。我并不是搬陈独秀的话。自然，人与人的意见和话语，有些相同的地方，我与布哈林的意见也有相同的地方。我与陈独秀的话，也有相同的地方，当然不能说我是代表哪个人说话。[②]

（4）法荣廷，湖北代表，工人出身，1925年被派到苏联莫斯科学习，时为东方大学学生。为了节约时间，他将自己的主要意见写下来在会上宣读。他在发言中同意10号同志即王若飞的意见和论断，认为统一战线政策本身没有错，但鉴于国民党不理解，该政策允许在农民运动工作中作出某些限制，并支持整个国民党，因此走上了机会主义道路。关于革命形势的估计，他也同意王若飞的意见。共产国际执委会代表指出，中国革命处在阶级力量改组阶段，同时也是准备时期，不是高涨时期，同时也不是低落时期，是中间时期。关于党今后的任务，他也同意王若飞的意见。关于今后的策略，他同意李立三的意见，采取非合法运动的策略。他认为，关于纲领问题，会上只有李立三一个人说了。法荣廷“坚持要在大会上提出这

① 俄罗斯现代历史文献保管与研究中心馆藏档案，档案号：全宗514-1-406。

② 中共中央党史研究室、中央档案馆编：《中国共产党第六次全国代表大会档案文献选编》下卷，中共党史出版社2015年版，第594页。

个纲领并单独进行讨论，以便今后我们党有总的政治路线。必须使我们党变成真正的前进的党，变成把所有革命力量联合在自己周围的党”。除了这份在大会上宣读的书面意见，法荣廷还有一份写于1928年6月28日的《给主席团的意见》，两份意见的内容相同。①

（5）华少锋（华岗），时任共青团江苏省委书记，作为共青团中央的代表发言。他指出，在八七会议后党所犯的错误中，有许多是共青团所共同犯的，但现在仍旧一样批评。因为发言只有40分钟的时间，他只能说对于各问题的结论，不能用事实来详细证明。关于过去的教训，华少锋认为，首先是机会主义的问题。机会主义的根源及其错误的所在，共产国际已指示得很明白。华少锋说，“只说明机会主义的可怕，他是中国革命失败的主要原因，我们应该在此错误中求得教训，不可被模糊的观念所掩盖”。他还指出：“机会主义，不是全党的错误，而是当时指导机关的错误，党员群众还是艰苦奋斗的。”不能像一部分同志一样，“借口中国无产阶级幼稚，或者大家都不懂得来宽恕。”更不能“因为没有世界革命的经验，才会发生机会主义”。“因为机会主义的可怕，我们越发要看重八七会议的严重意义。”②

关于盲动主义的发生，华少锋指出，是“由于对武装暴动没有深刻的认识，只有赤裸裸的暴动口号，没有具体的指示，加之处于空前的白色恐怖之下，民众不能忍耐，特别在农村中表现得明显——农民意识的表现。因此种种，便发生盲动主义的错误，但不能因此便想企图动摇八七后的暴动政策，八七后的暴动政策，是有社会基础的根据的”，有人说“八七后的中央，是文学的暴动编辑部，乃一大错误，所谓文学的，便是空想的，不合实际的，与第三党说中国的C.P.现在政策，是超越时代相差不远。盲动主义，应严厉的纠正，但不能因此便根本动摇暴动的政策。”所谓“无间

① 中共中央党史研究室、中央档案馆编：《中国共产党第六次全国代表大会档案文献选编》下卷，中共党史出版社2015年版，第594—595、817页。

② 中共中央党史研究室、中央档案馆编：《中国共产党第六次全国代表大会档案文献选编》下卷，中共党史出版社2015年版，第595页。

断革命论”与一直高涨的估量，都是错误的。①

关于革命形势的估计，华少锋认为“中国现时革命形势绝对没有低落及消沉、停滞的可能”。因此，他“反对说消沉、低落、停滞的论调”。结论是：“中国革命形势，是在发展过程中，向高涨发展了”。今后党的任务是什么？一是“政治的中心口号，是工农兵士贫民代表会议——苏维埃政权，目前中心任务是征收千万群众，实现武装暴动，推翻现存政权”。二是“应纠正轻视敌人的观念，用斗争方式，冲破资产阶级与封建制度的反动联合。”三是“坚决领导农民的土地革命，争夺游民无产阶级及城市贫民，使接近无产阶级的社会力量，脱离资产阶级及地主，为工农专政而斗争。”四是促进直接革命形势，扩大苏维埃区域的胜利，预防少数派的倾向。五是加紧城市工作，特别是职工运动。

关于党的组织，目前“最主要最迫切的，应该是建立大城市的基础，尤其是上海、武汉、广州、天津、青岛等处，因为除广州外，比较好，其余大城市我党均无基础”。同时要“完成改造任务”；铲除党内机会主义余毒，及种种非列宁主义的倾向；密切党与群众的联系，改变旧的工作方式；注意党内党外的政治教育等等。对于共产国际第九次扩大会决议案，华少锋表示“完全同意”，而且“反对有些同志的轻易态度，我们还应该在实际行动中去求了解”。②

（6）关向应，同样来自共青团中央，他在华少锋发言后作了“相当的补充”：一是关于盲动主义，八七会议后，党对于暴动是莫名其妙的，但是我们不能把这责任交给中央，与我们无关系。二是关于革命的形势，“我们觉得现在是向上走的，决不是低落的”。三是关于党的改组，关向应“反对等待式的改组，若说工人训练好了，再提出来工作，这许多论调，是我

① 中共中央党史研究室、中央档案馆编：《中国共产党第六次全国代表大会档案文献选编》下卷，中共党史出版社 2015 年版，第 595 页。

② 中共中央党史研究室、中央档案馆编：《中国共产党第六次全国代表大会档案文献选编》下卷，中共党史出版社 2015 年版，第 595—596 页。

反对的”。[①]

（7）苏兆征，来自广东，时任中华全国总工会常务委员会主任。他首先讲到机会主义问题。他指出：“有些人说机会主义是因为中共党未有党纲，阶级不明，国际代表都是混［浑］蛋东西，好像机会主义是第三国际代表”负责，“我反对这种说法”。苏兆征回顾开党的三大时，说中国是民族革命，认为“联合战线不应有无产阶级的工会独立”。但“共产党他是一个无产阶级的政党，又是工人阶级的政党，他有他独立的阶级性的，若他不要阶级斗争，他成了一个模糊的党了。我们应该在斗争中去夺取政权，这是应有的责任。”可见，“党把无产阶级工人运动当作一种民众的平常的作用”，“对于夺取领导权之决心，是未有的”。所以，1926 年蒋介石的包围省港罢工工人，已经向我们进攻时，党“对工人还解释误会，并取退让了事”。在武汉争论东征还是北伐问题时，我们政治局还没有决定，陈独秀便将“个人的意见拿去，通过了北伐，可谓家长的铁证”。[②]

苏兆征接着指出：“有许多人说八七会议有很大的意义，它肃清了机会主义。但机会主义是否肃清了呢？我觉得没有。我们看八七告同志书，是否给同志们讨论过了的，我们没有的。如湖北省委迟迟未发，延至十月下旬各地党部反对时，始行发去讨论，这是否是机会主义呢？暴动政策是对的，我们不能说今天也是暴动，明天也是暴动，一点斗争都是暴动，什么都是盲动，我们不能笼统去说它，则是有不动的危险。”有同志说，“南昌的暴动，可否留到广东的暴动一同发生？我们知道南昌暴动是在广州暴动四个月以前，我们是不是南昌暴动等到广州暴动呢？是否在国民党反动之下广东能等我们回去一齐暴动呢？可说这个是拉拢将军之军事投机幻想罢了。”[③]

① 中共中央党史研究室、中央档案馆编：《中国共产党第六次全国代表大会档案文献选编》下卷，中共党史出版社 2015 年版，第 597 页。

② 中共中央党史研究室、中央档案馆编：《中国共产党第六次全国代表大会档案文献选编》下卷，中共党史出版社 2015 年版，第 597—598 页。

③ 中共中央党史研究室、中央档案馆编：《中国共产党第六次全国代表大会档案文献选编》下卷，中共党史出版社 2015 年版，第 598 页。

关于革命的性质，有同志说不断革命的性质，是引起盲动主义之来源，苏兆征认为，“这样说是太偏于理想”。他的意见是：革命不是低落而是“往上升”，“暴动政策，在这种环境之下，是很需要的。我们城市暴动与乡村暴动不分的清楚，常发生误会，盲动是有的。有许多人派他去工作，不管群众，他就暴动，这是有的事。但是来源与机会主义大有关系，反对盲动主义，亦应该防止机会主义借口不动。

关于党的组织问题，苏兆征指出“有许多地方工会、农民协会，与党混合，闹得分不清楚”。“工会中负责人，没有一个非党群众做常委”。改组党的时候，“有人说，等到工人教育好了训练好了，再来改组”，这是大错的。“我们的党过去没有好的去注意职工运动。八七会议后，我们要各地作职工运动的报告。”“经过了许久，各地的报告，仍然还不能作来，要派人向各地省委去要”。“我们知道，党决不是工会”。宣传教育工作，我们过去派一个人去工作就算了，也不告诉他怎样工作，他自己也不知道怎样去宣传，他哪能宣传及向群众起作用？在香港罢工时印了许多的宣传品，后来放在那里一大堆不去发，因为工人看不懂。《上海工人报》每月几万份，均是有名无实。“我们今后绝对反对那些只顾个人谈理论非社会群众所需要的宣传作品。”①

（8）罗章龙，作为湖南代表出席六大、担任大会副秘书长。罗章龙在发言中指出：“这次大会在党的历史上有空前的意义。今日以前，党犯了严重的错误，就是机会主义与盲动主义，前者是资产阶级意识产生的，后者是农民意识产生的。这两个错误根源虽不同，总而言之，均是非无产阶级的倾向。”罗章龙认为，1926 年在广州举行中国第三次全国劳动大会的时候，就是“党的机会主义表示极显著的时候”。党对蒋介石让步，劳动大会失了工人阶级的自信，“大会重要的政治报告是国民党人蒋介石、谭延闿所做的，开会之先便向孙中山遗像行礼，读他的遗嘱，会场上不许说‘阶级’及‘阶级斗争’字样，因为恐说此等字样，会引起资产阶级的不满”。到

① 中共中央党史研究室、中央档案馆编：《中国共产党第六次全国代表大会档案文献选编》下卷，中共党史出版社 2015 年版，第 598 页。

1927 年武汉开第四次全国劳动大会的时候，资产阶级已经反动了，白色恐怖到处屠杀工农，各地工人代表在会场上热烈企图反攻，“可是那时党的政策仍是采抑制的政策”。李立三在大会上做的政治报告及其决议，“充满着抑制工人阶级的阶级觉悟的严重的机会主义的错误”，“这种影响散布在工人阶级中是很坏的”。“这就是依赖政治势力，不相信工人阶级的力量”。“现在城市职工运动的不振，虽然还有其他原因，但是工人的在党的长期错误影响之下，不能不说这是许多原因中之一个。”①

罗章龙认为：“机会主义无限制的发展，到党的第五次大会后的中央已经算是达到顶点，当湖南五月廿一许克祥反动的消息传到汉口，武汉党员群众及工人群众是异常愤激的，但是中央局竟没有一个适当的办法。中央几个负责的委员同志或是请假或是装病，貌合神离的连会开不起来”。“在这次事变中我们在工农中的政治领导完全破产了”。罗章龙是马日事变后到湖南的。据他所知，马日事变发生时，湖南省委即宣布解散，自书记以下分途逃散到乡村中去。这时候城内敌人实力只有一个团，而我们工人纠察队有七八百人，农民协会有枪千余支，兵工厂工人夺取机关枪十余挺，拟向城内反攻，“但是因党的负责人都不见了，他们不知原因如何就没有动作。”②“党丧失了指导”。“有些地方的工农及下级党部知道了马日反动情形，便自动的武装起来”。如安源工人会同醴陵、株洲的农民、湘乡宝乡的农民向长沙进攻，在易家湾与反动军队大战，夺取敌人机关枪，打退敌人军队。队伍行军抵达大托铺，接到省委书记禁止进攻的命令，群众队伍遂被解散，负责指挥军事的同志亦即逃去。又如浏阳农民在马日事变后进攻长沙，群众队伍离城只五里，城内军心恐慌，兵士警察乃换衣弃枪而逃，城内因无响应，遂被反动军队击退。再如水口山工人及附近农民在马日事变之后亦有武装队伍向长沙反攻，在中途与许克祥军队接战一次，势孤失败。锡北

① 中共中央党史研究室、中央档案馆编：《中国共产党第六次全国代表大会档案文献选编》下卷，中共党史出版社 2015 年版，第 599 页。

② 中共中央党史研究室、中央档案馆编：《中国共产党第六次全国代表大会档案文献选编》下卷，中共党史出版社 2015 年版，第 599 页。

山工人武装纠察队在马日事变发生许久才接到消息，之后即举行反攻长沙，与敌军在兰田大战一整夜，因孤立无援全部溃散。[①]

此外还有很多比较小规模的斗争。罗章龙认为，这许多斗争都是省委失了指导，在不相联系的状况中失败了。有的地方全体党员被反动政府杀尽。如溆浦党全体同志被杀无一人得逃出，新同志几乎全部杀尽，只逃出一人。“各县党的组织大多是溃散了，工会、农会、妇女协会的干部不是捕杀，就是入狱，或者亡命他处”。在马日事变后两三月内党员及工农干部被残杀者不下万余人，在监狱内的更是不可胜计。“党的组织百分之九十是完全消灭了，工会组织除安源外没有一个群众的组织了。农民协会存在者也是极少数的”。可以说，“马日事变是中国革命失败最残酷的一幕，也就是机会主义发展到最高形式的一幕。”而后，机会主义作战方法、盲动主义乘机而至，使湖南的工作“又继续受一绝大的打击”。[②]

罗章龙认为，“中央决定湖南的九月暴动，完全没有注意到暴动的必要条件。”而“湖南书记传达中央命令是定期立即暴动，没有讨论余地的”。“除安源尽力之所能及发动一千余人工人群众，在粤汉铁路做一些破坏骚扰（炸铁路，毁车等）的工作以外，是没有什么群众基础的，于是就不仅不迁就革命的布置，以求孤注一掷的胜利。这一次暴动的结果，除死伤四五百工人外（农民没有参加），昙花一现地失败了。长沙城因一切条件实际够不上暴动，定期暴动之举 ，也就没有执行。但是在骚动中，党的机关、省总工会、粤汉路二会均遭破坏，牺牲新的干部很多。这一定期暴动之儿戏没有实现，中央及共产国际代表便认为这是省委及湖南同志软弱不前予以处罚。”

罗章龙接着谈道，中央派王一飞到长沙，“唯一政策是继续暴动。湖南同志当反革命的高压，及大多数同志牺牲之后，在中央的无条件暴动政

① 中共中央党史研究室、中央档案馆编：《中国共产党第六次全国代表大会档案文献选编》下卷，中共党史出版社 2015 年版，第 599—600 页。

② 中共中央党史研究室、中央档案馆编：《中国共产党第六次全国代表大会档案文献选编》下卷，中共党史出版社 2015 年版，第 600 页。

策下，并不知道暴动的前途是什么，只有人人怀必死之心，服从上级命令，为暴动而暴动罢了。”“这一盲动思想支配了当日湖南后死的同志，于是继续有不断的暴动在长沙，安源及外县尽量的发展。这些单独盲动的结果，尽被敌人各个击破，只是将我们党少数团聚的力量完全毁坏，党的干部及工会的干部直到后来死亡净尽（只剩下极少数人逃生的）。另一方面，在农村暴动中形成失败主义，即大烧大杀主义，甚至将整个的城市（如永兴县）烧毁了。”“在这里不得不切齿痛恨机会主义与盲动主义。”“这次大会的重要任务是要继续肃清这两个倾向。”① 大会唯一要求是党的布尔什维克化。

关于盲动主义的根源，罗章龙“相信是机会主义没有完全肃清”。“此外还有一个原因，就是中国党理论幼稚，不了解革命的内容和性质，容易走到错误上去”。“党的组织上说也有机会主义与盲动主义发生的原因”。因为从有党到现在是畸形的中央集权制，党员的群众意识很难反映到指导机关去，指导机关自然就专政起来，构成许多唯心的幻想，如盲动中之“命令暴动”“定期暴动”就是党脱离了群众所生的恶果。②

说到党的任务，罗章龙首先提到中国革命性质与形式问题，中国革命资〈产阶〉级民权革命，是几年以来已经研究决定过的。自国民党反动后，罗米那兹来中国，发出他的直接革命、无间断革命论，认为中国没有资产阶级，中国的民主革命已完成，现在已转到社会革命了。这一论断，共产国际已予以纠正。中国资产阶级民权革命并不因资产阶级的叛变而改变。“目前的中国革命的内容是土地革命，反帝国主义，消减军阀，不过它的动力是无产阶级，因此而有转向社会主义的前途。”③

关于革命环境，罗章龙分析说：“我们的主观力量在组织上说，现在薄弱得可怜”。“以前过分夸张的乐观估量是错的，不问条件的直接行动为暴

---

① 中共中央党史研究室、中央档案馆编：《中国共产党第六次全国代表大会档案文献选编》下卷，中共党史出版社 2015 年版，第 601 页。

② 中共中央党史研究室、中央档案馆编：《中国共产党第六次全国代表大会档案文献选编》下卷，中共党史出版社 2015 年版，第 601 页。

③ 中共中央党史研究室、中央档案馆编：《中国共产党第六次全国代表大会档案文献选编》下卷，中共党史出版社 2015 年版，第 601—602 页。

动而暴动的政策更应该改正的。革命固然是向前发展，但是距一般成熟的条件还是远的。”罗章龙十分同意布哈林等说的：“暴动在目前是指示我们方向的争斗口号”。我们要重新巩固我们党的组织，夺取成千成万的群众，主要是无产阶级的工人群众，在群众斗争的发展中去认识暴动政策，不要像盲动主义时代只一味地瞎干、傻干，毫无目的地胡干，“弄得焦头烂额，不可收拾以渐至于消灭”。“许多乡村的游击战争及群众自己勃发的暴动，当然党要积极去领导，因为只有这样长期的争斗，才能使未来的总暴动更加快实现。”①

罗章龙提出，“党的第二个任务就是夺取群众，尤其重要的是大工业区域及各大城市的产业工人，没有多事的产业工人团结在党的旗帜之下，中国社会革命的成功是无望的，民权革命也是没有法子完成的。党过去一年轻视职工运动的结果，错误是很大的，农民意识的发展不能不是很危险的，现在应该用很大的力量纠正这一错误路线”。②

对党的组织，罗章龙也有看法：一方面是党组织被削弱得很厉害，一方面是党员中农民数量多。“这是组织上不好的现象”。“党在城市及大产业中的同志数量少得可怜，这是首先要纠正的。党的指导机关的腐败，有党以来，就是年复一年的加甚。党的纪律任用得不好，宣传工作的破产，秘密工作的毫无，均是各代表所已经说过了的。总而言之，党的生活充分表现国民党坏的遗传。”党根本没有改造好，“改造党”“提拔工农”事实上是一句门面话。自党的最高机关起，还是换汤不换药的组织。党确实没有无产阶级化，更没有一点布尔什维克的味道。“所以党的组织的本质革命，是目前绝对必要的。”“革新党的生活就是：1. 建立健全的，工农分子的，有斗争经验的，接近群众的指导机关，真正彻底肃清机会主义与盲动主义的倾向。2. 提高党员的文化，注意养成有经验有理论的战斗分子，准备造成

① 中共中央党史研究室、中央档案馆编：《中国共产党第六次全国代表大会档案文献选编》下卷，中共党史出版社 2015 年版，第 602 页。

② 中共中央党史研究室、中央档案馆编：《中国共产党第六次全国代表大会档案文献选编》下卷，中共党史出版社 2015 年版，第 602 页。

好的干部。3. 扫除一切小资产阶级知识分子倾轧排挤的恶气习，在工作中教育他们，纠正他们”。①

（9）王子清，顺直代表，以教员为职业，担任党支部书记。他在发言中说明自己是做农民运动的，同时又是做红枪会运动的。他认为，怎样才能肃清机会主义呢？应该注意三点：一是发展群众；二是组织群众；三是夺取群众。他谈到党的组织。他去找党的机关，找了许久，才找到一个交通处。这个地方非常阔气、漂亮，他想在这里住，因为没有地方住，但未被允许；他要作报告，找到彭述之，彭叫他少报告一点。报告未听完彭就走了，叫王作个书面报告。王作好后交给他，他看了后就只简单地鼓励几句，没有批评。后来就调王子清到别处工作了。王子清以为，今后的工作应群众化、技术化，“不然群众是不会知道我们的”。②

关于兵士工作，王子清介绍说，兵士生活很苦，吃的穿的都不能满足。冯玉祥的军队是没有一个钱的，他们就是走到一处害一处。在这种苦的环境之下，逃跑的兵士不少。各乡失业的农民，都不愿去当兵，因为他们知道士兵生活很苦。招兵也是成问题的事。于是冯玉祥用亲朋的方法去招兵，有一次招了不少的红枪会去了，被敌军打得留下的很少。一次一个同志被冯玉祥的军队捉去，他在里面鼓动了一次，兵士也很受感动。现在兵士，他们也有政治的认识。

王子清认为，中国革命是世界革命的一部分，中国各地都受帝国主义的干涉，我们不应像过去一样提出一个笼统的反帝国主义的口号，现在应很详细地提出来。同时，中国革命的环境在主观客观方面它的力量是有弱点的，我们应巩固我们的组织。从各代表的报告，可知各地的群众是很要求革命的。在这种情形之下，我们的工作也是方便。但是城市的工人，他没有起来，他不能领导农民。城市的工人不领导农民们斗争是不成的。我

① 中共中央党史研究室、中央档案馆编：《中国共产党第六次全国代表大会档案文献选编》下卷，中共党史出版社 2015 年版，第 602 页。

② 中共中央党史研究室、中央档案馆编：《中国共产党第六次全国代表大会档案文献选编》下卷，中共党史出版社 2015 年版，第 603 页。

们今后应注意城市的工人，但绝不是等到城市工人起来了，再来做农民运动。[①]

关于革命潮流高低问题，有说高的，也有说低的，更有许多人不敢说。王子清认为，革命潮流是高还是低，“应根据各地实在情形去说明”，“应用很冷静的头脑，去研究一切的问题”。“总的任务：暴动是我们政策的总部分，我们只有暴动才能去夺取政权，才能取得群众，游击战争是用许多人拿了枪，散分各地，他们无一定的地方，他们的工作是杀土豪劣绅，造成一个恐怖，再由这小的游击战争会发到一个总的暴动。”王子清还指出，“同志关系是不大好的”，有许多的地方同志去了他是不理的，好像是没有关系样子。还有许多同志入牢，他家中千方百计拿钱去救他，而我们是不管的。在会上见着许多同事闹意见，互相攻击，王子清感到痛心。他语重心长地说：“同志们，我们都是一条路上的人，就是我们的血也是会流在一起的。”他认为，共青团的同志比共产党的同志好得多，“我们好像腐败下去了的样子”。再者，我们的生活要军事化、社会化，在某地工作就要与那地方的人“同化，才能去工作，不然他就会把仍当一个外来的人，尤其在乡村中工作应特别注意，不然是很危险的”。[②]

（10）阮啸仙，广东代表，时任中共广东省委委员、农委书记。他在发言中指出：八七会议到十一月扩大会议，“在党的历史上有重大意义”。表现在组织上：一是废除家长制。二是以前党工作实行分工制，少数人包办把持，上下不通，下情不能达上。现在组织改变。三是过去党的指导机关，大多数是小资产阶级分子、知识分子，八七会议后，党的机关工农化多，提拔工农分子。四是党比较民主化。以前党会讨论选举和讨论是非民主化的。党的机关改选，从县委到支部，都由党的上级机关指定或提出名单，有时竟以省委指定委员名单，在支部会中时常把上级机关过去的指示念一

① 中共中央党史研究室、中央档案馆编：《中国共产党第六次全国代表大会档案文献选编》下卷，中共党史出版社 2015 年版，第 603 页。

② 中共中央党史研究室、中央档案馆编：《中国共产党第六次全国代表大会档案文献选编》下卷，中共党史出版社 2015 年版，第 604 页。

遍，没有讨论。现在不同，的确民主化。五是党的基础改变。以前党员成分多知识分子、小资产阶级分子；现在多工农同志分子。虽然现在农民群众占多数，反映农民意识，在广东，现在有5万以上的党员，有73个县委的组织。县委书记多数是省港罢工工人同志担任。

“在政治上表现，最主要的是南昌政变和秋收暴动”。[①] 阮啸仙认为，从八七会议到十一月扩大会议，“党的政治路线，完全是正确的”。第一，在政治上挽救党的生命于灭亡。第二，在群众面前表现共产党的真面目。共青团“因党沾染机会主义，曾脱离党的指导”。从八七会议“又改正回来”，“坚决的在党的指导下而奋斗”。“那时，估量不清楚，虽带有盲动倾向，最主要的在群众面前表露党的真面目，在政治上救党的生命”。“我们要站在全党的利益上，需要正确的态度，来总结过去的教训”。[②]

阮啸仙在大会发言中对过去几天大会的弱点不满意，认为对过去事件讨论多，对目前问题说得少。他批评说：“好像事过境迁，讲起来谁都懂得”，谁都是马克思主义者。同时，几天来的讨论没超出布哈林所报告的关于中国革命性质、革命前途、革命形势、革命形势估计、目前任务等。他感觉大家好像戴着布哈林的帽子、穿着鞋子，穿上中国长衫，“估量革命潮流不敢说高，亦不敢说低，好像说高涨又怕别人说他太‘左’，说低又怕别人说他是机会主义。”[③]

阮啸仙认为，张国焘“讲到暴动问题，党的问题，反帝国主义问题，职工问题等，好像怀疑秋收暴动，提出合法运动，这些倾向是不好的，结果会取消暴动，最少是等待主义。”阮啸仙不同意项英在报告中的这个结论即：“统治阶级——帝国主义，地主，资产阶级，阶级的觉悟快，力量大，影响大”；被统治阶级——无产阶级和农民，“阶级觉悟迟，阶级力量弱”；

① 中共中央党史研究室、中央档案馆编：《中国共产党第六次全国代表大会档案文献选编》下卷，中共党史出版社2015年版，第605页。

② 中共中央党史研究室、中央档案馆编：《中国共产党第六次全国代表大会档案文献选编》下卷，中共党史出版社2015年版，第604页。

③ 中共中央党史研究室、中央档案馆编：《中国共产党第六次全国代表大会档案文献选编》下卷，中共党史出版社2015年版，第604页。

“主观力量弱，群众与党的关系破裂，群众的组织力量坍台”。阮啸仙认为，照这样分析起来，“革命潮流是低落的”。他还对蔡和森的一些观点持异议。“和森同志说：革命潮流有四个条件。以五卅运动形势来解释目前新阶段高潮的条件，我以为，这些条件亦是不对的”。因革命阶段性质不同。“土地革命是从乡村发展扩大到城市，五卅运动则在城市发动”。[①]

（11）蔡和森在阮啸仙讲话时插话，蔡和森解释说：“我不过举五卅为例，非每次斗争或大运动，与五卅有同样形势。”蔡和森承认：“举五卅为例，亦不太像。有些同志把反帝国主义运动与土地革命分为两件事，两相对立，我以为不对的。现在中国革命性质是资产阶级民权革命。他的社会内容，主要的是土地革命。他的任务在反帝国主义的剥削和反豪绅地主与一切封建余孽。所以，土地革命与反帝国主义运动是分不开的。土地革命的深入与发展，一定会占领城市。”“土地革命的深入到没收土地分配土地，表现农民是进步的了。这个事实不能抹杀。广东的农民有这样的情势，以为斗争在几个乡村不够，一定要扩大到几县，县不够，还要扩大到广东全省，夺取广州。所以，提出城市运动问题、帝国主义运动，这些都是广东农民在实际斗争中所感觉得到的，自动的提出来的。”“这是从实际教训中得来的，值得我们注意的”。[②]

（12）阮啸仙在蔡和森插话后，继续发言，谈他对革命形势的估量。他认为，“有一部分同志批评中央报告是忽视了帝国主义力量的强大，忽视豪绅资产阶级反动结合的势力。但这些问题没有看见帝国主义间的联合战线，豪绅资产阶级的联合战线内部的矛盾。”“他们内部的矛盾、冲突是必然不可免的”。“在一方面，中国豪绅地主与资产阶级的联合战线是动摇的”。“再则还有帝国主义、本国的无产阶级斗争日益激烈，工人群众左倾——革命化，还有苏联的巩固与发展。现在世界斗争，分两个极端的营垒，一方面

① 中共中央党史研究室、中央档案馆编：《中国共产党第六次全国代表大会档案文献选编》下卷，中共党史出版社 2015 年版，第 605 页。

② 中共中央党史研究室、中央档案馆编：《中国共产党第六次全国代表大会档案文献选编》下卷，中共党史出版社 2015 年版，第 605—606 页。

是无产阶级领导的反国际资本主义；另一方面是资产阶级领导的反苏联及世界革命运动。”所以，我们不只说出群众组织散漫，共产党领导力量的薄弱，“而武断革命潮流低落消沉”。①

关于目前任务，阮啸仙指出：“一定在土地革命之下，一定在加紧和扩大土地革命夺取城市，一定在工人阶级领导之下，实行建设苏维埃政权，且扩大这个政权。同时，在政权建设后，夺取城市大部分小资产阶级及组织反资产运动。”阮啸仙“反对以前和民族资产阶级联合战线时代的群众运动方式来做反帝运动，来和缓斗争，以合法运动及阶级斗争做职工运动。”他认为：“主张合法运动，结果一定会走上机会主义的道路”。要为“打倒机会主义复辟而奋斗”。对于工农日常斗争、工农组织和工作方式等，他说自己的意见和李立三大致相同。有所不同之处，他到各委员会的会上再说。②

关于暴动的方针，阮啸仙认为：“四省割据是可能的。我们估量的中心问题在广东、湖南、江西，次则在上海”；又次则在顺直，东三省，云南，四川。至于湖南，赣南，粤北，还有豫南、鄂北，应有互相联结的中心。阮啸仙指出，广东扩大会议提出海陆丰是东江的中心，仁化是北江的中心等。中心问题决定了，就要讨论最具体切实的方法。“在革命高潮快要到来时，实行四省割据，且扩大割据，这点应认为非常重要。”③

关于党的方面，阮啸仙提出要继续改造。他指出：在党的理论和组织方面，已有人说得很多，但在群众生活里来改造党，除李子芬讲到外，别的同志都没有说及。阮啸仙认为这点非常重要。“现在党与群众生活不适合，非把群众的实际生活反映到党内生活，不能真正改造党”。如党的纪律，没有坚决的执行；党内名人，以前奔走国民会议，兴高采烈，八七会议决议

① 中共中央党史研究室、中央档案馆编：《中国共产党第六次全国代表大会档案文献选编》下卷，中共党史出版社 2015 年版，第 606 页。

② 中共中央党史研究室、中央档案馆编：《中国共产党第六次全国代表大会档案文献选编》下卷，中共党史出版社 2015 年版，第 606 页。

③ 中共中央党史研究室、中央档案馆编：《中国共产党第六次全国代表大会档案文献选编》下卷，中共党史出版社 2015 年版，第 607 页。

受党的处罚，觉到无脸样子。党如果觉到他们不能改造，只能请他们出去；如果他们观点正确，应分配工作给他们做。广东方面，以前时常见没有工作而闲着吃饭的同志，“有意无意的发表不负责任的言论，这对党是有影响的”。

（13）项英。在阮啸仙发言结束后发表了一个简短的声明：“刚才讲话的同志，他的批评态度是不对的，他把每一整段的意见抽一二句来活刮，这不是批评的方式，简直是有意的攻击。”项英强调他的观点是：“因工人阶级斗争的激进，促进统治阶级的团结和觉悟”。在现在，中国资产阶级力量比无产阶级强大。“估量革命潮流在中间阶级转变中消沉形势，不是说简单的低落”。他反对“戴布哈林的帽子、穿鞋子，穿了中国长衫”的形容。[①]

（14）邓颖超。作为指定及旁听代表参加大会时任中央妇委主任。参加过五四运动、五卅运动等斗争。她在会上认真听取了布哈林、瞿秋白的报告，和代表们一起讨论这两个重要报告，为发言还征求了蔡畅、杨之华的意见。她的发言分四部分：一、大会中不好的现象。二、机会主义与妇运。三、对革命形势的估量。四、党的任务。

关于大会中不好的现象，邓颖超指出有两种。一种是“知识分子与工人之分”，一种是“男女两性斗争的表现”。“在大会中每提到关于妇女的事件，很多人大声嬉笑比平时厉害，并集中视线于女同志身上，好像说‘这是你们妇女的事，你们知道吗？’笑话！难道妇女运动仅仅是女同志的工作吗？党对妇运的观念历来是错的，一讲到妇女工作总是讥笑谩骂，认妇女工作只是女同志的任务，如果女同志表示不满意大家这种态度时，男同志说是两性斗争了。我要问这种现象的发生，由谁负责？诚然，不否认女同志是有很多的弱点，不肯吃苦工作，不积极到下层群众工作，能力薄弱，但我们要知道每个共产党员不是天生具备无〈产阶〉级先锋的条件，一定要经过相当时期的训练，在实际工作斗争中，才能成为无产阶级的急先锋。”邓颖超批评说：“过去各地党部无论讨论到宣传，组织，农运，职

① 中共中央党史研究室、中央档案馆编：《中国共产党第六次全国代表大会档案文献选编》下卷，中共党史出版社2015年版，第607页。

运等工作，都是很少注意妇女群众的工作，就是指导机关对于妇女工作毫不指导”。她强调：“妇运是党整个工作的一部分，但自党的中央直到各下级党部同志中，都有意无意的讥笑与忽视妇女工作，这夹带有宗法社会封建残余，我们以后应根本解决的。”①

邓颖超着重讲到机会主义对妇女运动的影响。第一，在组织方面，在八七会议以前，“党中各级党部的妇女部，都是找知识分子担任，这很多地方无人负责，对女工运动，农妇运动，一任其自然发展，却尽派些女同志在国民党去充秘书，干部，做国民党将军们太太的运动，男同志是找汪精卫、唐生智等，作所谓姨太太的工作。女同志作太太的姨太太工作，只教我们去作，却不指示我们工作策略。第二，在工作方面，从来很少的讨论与指导，不注意训练女同志，不注意分配女同志工作，在那时妇运工作中，我们感到很大的困难，为联合路线的问题，要去拉拢国民党的太太夫人们，但另一方面又要为工农斗争利益”，“迁就了太太们，却违反了工农利益。这种所谓姨太滋味真是难过。等到武汉政府反动，国民党式的小资〈产阶〉级的妇女运动，是完全消灭，而在劳动妇女中我们未曾切实工作，也无基础，此时党的妇女部是毫无工作，正是一挂名的空招牌。”②

邓颖超接着指出：“在党的职工委员会，农运委员会中领导斗争时，也是不注意广大的劳动妇女的利益。”如广州有一次织造业工人为统一工资罢工，有 1.5 万多名女工参加，但仅将男工的工资提高到与女工一样，却不提出超过原来女工的工资的数目。因此在罢工后的三四日，很多女工质问我们的女同志‘教我们罢工，却不给我们的利益，这样我们不能再罢工了。’弄得我们女同志无言回答，只好向职工委员会提出请其注意，但结果是模糊不得要领而了之”。“这就证明党对女工不注意，忽视了她们伟大的力量。”说到武汉妇运情形不好，这是不能否认的。比如放足运动，不做广

① 中共中央党史研究室、中央档案馆编：《中国共产党第六次全国代表大会档案文献选编》下卷，中共党史出版社 2015 年版，第 608 页。

② 中共中央党史研究室、中央档案馆编：《中国共产党第六次全国代表大会档案文献选编》下卷，中共党史出版社 2015 年版，第 608—609 页。

大的宣传，使群众明白放足的利益，只是用强迫的方法。党在那时都不指导纠正，反倒国民党批评农运过火，工人运动过火，妇女运动过火，于是党也说这些运动过火了。又如上海 80 万工人中，有 64% 是广大的女工群众。在三次暴动中，女工秘密运枪械，作交通，参加作战，表现得非常勇敢有力。在四一二纠察队缴械的前一天，很多女工问我们同志："国民党怎么样？听说要缴纠察队的武装，的确吗？"但我们虽知道有这样消息，不知党的政策，不敢揭破国民党的反动，只好说不会有这样的情况，以致到现在还有许多女工对国民党尚未深刻认识。

邓颖超指出，八七会议以后，党在组织上的确是开了一新的走向布尔什维克的道路。但"各地党部仍未健全起来。就以组织妇女运动会来讲，中央曾经屡次发通告催促各地党部组织妇委，至今很多地方尚未成立，仅仅是苏、湘、香港才有妇委，而苏、湘妇委是屡换人屡改组，时有时无，未能有系统的工作。在广东是妇运最发展的地方，是女同志最多的地方，是称有四五千人，但广东省委竟无妇委的组织，真真令人奇怪。如上海党部与女同志关系很弱，令许多女同志不知是否仍是党员，抑或党开除她们不管了。中央妇委曾经要调一个比较有工作能力的女同志到上海，调去作女工运动，向中央交涉几次，中央始终不允，坚持要她们在机关作太太，作交通，使她腐化。上海女工同志由二千减到了余人，最后只剩了几十人。湖北北方都是如此，女同志不但不增加，且日益减少。不注意训练准备工作人才，所以至今党的妇运仍未树立起来。"①

对革命形势的估量，邓颖超从几天大会发言中看出有三种意见：第一种是说敌人力量虽然加强，而它的内部矛盾和冲突，日益利害，大有一触即发之势。革命势力能取得胜利，如果是这样估量，是能发生盲动主义的。第二种是太看重敌人的，觉得自己的力量很小，结果走到取消主义的危险，因此什么时候都不要行动，陷于停顿状态。第三种是说广东革命潮流是高涨的，同时又说上海是低落的。邓颖超认为，"我们对革命潮流的估量，不

① 中共中央党史研究室、中央档案馆编：《中国共产党第六次全国代表大会档案文献选编》下卷，中共党史出版社 2015 年版，第 609 页。

能以一个地方一件事情作根据，应有整个的全局的观察，应以实际的情形来分析”。首先看上海，“上海工人在白色恐怖高压之下，残酷的屠杀中自发的斗争，仍是继续不断的。从去年七八月到今年二月，据上海黄色工会在报纸上发表的统计，工人有百数十次斗争。虽然这些斗争有许多不在我们领导之下，在客观上，上海工人斗争并不薄弱，而是浓厚高涨的”。其次看武汉，从湖北代表谈话中，知道武汉铁路工人，洋车火工人，纱厂工人，兵工厂工人，曾经有过大的斗争与罢工。至于广东更不必说了，从广东暴动后更表现了革命潮流的高涨。“总结来说，我们认为革命潮流已是开始向上升涨了。我们不能说主观力量不够而取等待主义，主观力量不够的，应想法准备，工作方法不好，应想出适当的方法。如果以过去方法不好，没有去领导群众斗争，因而说革命潮流低落，这是不对的。”①

关于党在目前任务，邓颖超认为，八七会议最主要的新精神，是决定暴动的路线。“暴动路线许多同志都承认是最正确的，武装暴动最主要的是夺取群众，故在目前任务中心的是夺取千万万的群众。因此，党以后要注意夺取广大妇女群众，要注意中国四万万人口中女子要占二万万与男子同等的数量”。上海的女工运动重要。各地农村妇女占很大的数量。“劳动妇女，有不可忽视”。在革命作用上，亦不能忽视妇女运动。“这次大会要注意和研究妇运进行。对于工作形式，工作策略，须明确地合于中国实际情形地提出来”。邓颖超重申：“共产党在妇女中的工作，决不是次要的任务，他是组织和实现无〈产阶〉级基本任务的一个重要任务，而且是决定的一个部分。”每个共产党员都要认清自己的责任和使命，把宗法社会的封建思想根本肃清出去。②邓颖超言辞犀利，说理透彻。她的发言，赢得许多代表的赞同，充分显示出她作为一位女革命家的老练和成熟。

（15）邓中夏作为中央委员参加大会，他在6月22日讨论政治报告作

① 中共中央党史研究室、中央档案馆编：《中国共产党第六次全国代表大会档案文献选编》下卷，中共党史出版社2015年版，第609—610页。

② 中共中央党史研究室、中央档案馆编：《中国共产党第六次全国代表大会档案文献选编》下卷，中共党史出版社2015年版，第610页。参见俄罗斯现代历史文献保管与研究中心馆藏档案，档案号：全宗514-1-406。

发言时，因为时间关系，没有能够充分说明他对时局的估量及今后的任务的意见，对此他很不满意。因此，他写出书面意见，主要谈两个问题：一是对时局的估量。他认为这次大会对济南惨案发生以后的时局估量很少。而济案发生后，“对中国时局发生很大的变动”。他批评两种意见即“资产阶级觉悟最早并最高说”和“中间时期说”。第一种意见是项英所提出。“中央过去对于时局的估量，是有缺点，如对于反动阶级的估量，是偏重于说他们的弱点，这是事实，特别在广东暴动之后，反动阶级为我们的苏维埃革命所震惊，于是，他们有暂时的联合，以对付我们”。如帝国主义与资产阶级——以中日英纱厂联合会，长江航业联合会，以及工部局华董问题的解决等等；资产阶级与新军阀——如上海的资产阶级借款给蒋介石，广东的资产阶级借款给李济深；帝国主义与新军阀——如香港政府与李济深的勾结，蒋介石的联系等；新军阀之间——蒋桂战争之酝酿，一变而为缓合。“这些事实，都证明广州暴动之后，反动势力，是有一个暂时的联合，形成一个反动势力进攻的形式。同时，我们要注意，他们难对我们一致进攻，他们内部的矛盾与冲突，并未消灭，这是一个严重的事实，中央对于这一点没有严重的指出。”“至于说资产阶级的觉悟最早最高，在理论上说不通”。邓中夏也不赞成既不是高涨也不是低落的“中间时期说”，是因为它“含有停顿的意思”。“不能因各地的不平衡，很狭隘的来决定高涨或低落”。“是党向高潮，必如此才有积极的意义”。①

目前究竟是怎样的时局？邓中夏认为，“目前时局的估量，要特别注重济案发生后，这一个大的变动，所谓国民党打到了北京，当然有一新的形势，它的特征有：小资产阶级左倾，还没有到我们这方面来，但已经要离开他们；冲突，已经发生，蒋冯军阀间的战争不久便会发生；工农阶级的反攻，上海丝厂大罢工，海佳［陆］丰的重新占领，湘南赣南的农民复起等；帝国主义取积极进攻政策，“最主要的，他们一定要拉拢中国资产阶级”，“藉此以来缓和资产阶级对于他们瓜分政策的反抗”。大会对这点要

① 中共中央党史研究室、中央档案馆编：《中国共产党第六次全国代表大会档案文献选编》下卷，中共党史出版社 2015 年版，第 611 页。

有明确的答复，然后才能决定我们今后的任务。[①]

谈到今后的任务，邓中夏认为：总政策，武装暴动的政策是不能动摇的。不过因为攻击盲动主义，与对于革命潮流估量问题中，虽未明白表示要取消暴动政策，虽尚提出准备的口号，但是根本的精神，有些同志不知不觉倾向于怀疑暴动政策。暴动在过去，或因准备不充分，或因时机选择不当，诚然有可议之处，不过我们不能因此而摇动此总政策。张国焘“很勇敢的提出要中央放弃‘直接革命形势’的口号和‘一省或数省政权’的主张，我认为这就是取消暴动政策的倾向”。“只要有全国意义的区域有革命的浪潮，但这个地方能够影响到全国的，也可叫作直接革命形势，所以这个口号，不能取消。”在中国实行暴动政策，“第一是要不放弃地方暴动，要企图夺取一省或数省的政权，这是必要的，不然，所谓暴动政策等于空虚，固然我们要注意城市与农村，此省与彼省的配合。”“这个策略，我们一定要毫不动摇的站稳，大家一定要有明确的答复。”[②]

邓中夏谈夺取群众问题，说这次大会上许多同志以为客观形势很好，是我们的主观力量不够，于是说工人势力削弱，党与群众隔离，工人组织的溃散是事实。至于说党与群众脱离关系，这不可一概而论。我们在这里要注意一点，就是党与群众的联系，一种是组织上的，一种是政治上的，在组织上诚然有好几省失去了这个联系，但在政治上，则群众赞成共产党的主张、接受共产党的口号，何能说是没有联系？“不过我们的组织力量尚不足，同时反革命派又在与我们争取群众，这是事实。所以我们要提出夺取群众的口号，这是我们在今后任务中最主要的工作。”这也是为武装暴动，夺取政权的根本条件。现在我们“不是与反革命派争革命的领导权，而是争群众的领导权，我们要将群众从反革命的迷惑中夺回来，教育他们，

① 中共中央党史研究室、中央档案馆编：《中国共产党第六次全国代表大会档案文献选编》下卷，中共党史出版社 2015 年版，第 611—612 页。

② 中共中央党史研究室、中央档案馆编：《中国共产党第六次全国代表大会档案文献选编》下卷，中共党史出版社 2015 年版，第 612 页。

组织他们，在我们党的周围或口号之下。”①

在这次大会中，有代表对于过去的工作进行批评，说是党过去轻视了反帝国主义运动。邓中夏认为：不错，在国共分家以后，城市中反帝国主义的运动，确是消沉的现象，反帝国主义的工作，确是我们今后一个主要的任务，不过，同志们，有许多对于反帝国主义的观点，我是不同意的。如“第二个五卅”的幻想、民族斗争与阶级斗争的对立、土地革命与反帝国主义运动的对立等。“反帝国主义同时就是要打击资产阶级”，我们要“指出资产阶级的妥协与卖国，去取得小资产阶级的群众。我们反帝国主义，在城市要厉行工人的阶级斗争，在农村要厉行农民的土地革命。”“土地革命，就是破坏帝国主义在中国的基础，他们是一贯的，不能够分开。”邓中夏还重申：“我们要有统一的党，才能完成我们历史的使命”，其根本观点，是在于反机会主义，“机会主义有破裂党的企图，这是我们所不容许的”。“对于机会主义最深而又不遵守党的纪律的党员”，“不让他有分裂党的权利”。项英、夏曦两同志不赞成勉强分化，而“赞成自然分化，这无异于承认他们有在党内分裂的权利”。“我们党是幼稚的，我们都在国际指导下而尚未成熟的布尔什维克党。我们也不好自命为是真正的布尔什维克，而有派别的分野，机会主义者有分裂党的借口。”②

（16）曹俊升（曹更生），广东代表，海员工人出身，时任中共琼崖特委委员，指导南洋党部和琼州县委工作。1928 年 3 月，他参加以苏兆征为团长的中华全国总工会代表团，出席在莫斯科召开的红色职工国际第四次代表大会。6 月参加中共六大。他在大会发言中介绍海南岛的基本情况、党组织开展工作的情况。他说，海南岛居民约 300 万，其中 50 万侨居马来岛屿。开始，共产党在学生中做工作，然后在工人和手工业者中间做工作，党团员共有 1500 人。“国民党改组以后，我们的运动遇到了巨大的

① 中共中央党史研究室、中央档案馆编：《中国共产党第六次全国代表大会档案文献选编》下卷，中共党史出版社 2015 年版，第 612 页。

② 中共中央党史研究室、中央档案馆编：《中国共产党第六次全国代表大会档案文献选编》下卷，中共党史出版社 2015 年版，第 613 页。

障碍。虽然我们的同志无法继续合法地做工作，但他们没有走散，而是转入地下继续做工作。”国民党曾经抓捕了我们200名同志，但不相信会杀我们。由此产生机会主义心情。“但形势变得越来越严重。这时我们开始在陆丰地区的农民中做工作。农民运动得到了迅猛发展。我们的党组织随着农民运动的高涨有了很大的发展，但确实它的成长壮大靠的是农民。”“我们的策略还是左翼国民党的策略。”[①] 这个时期我们犯了一个很大的错误，就是把所有注意力几乎都放在了对土匪的工作上。因此出现了军事机会主义的倾向。在海南岛东部，我们几次进攻地主。“在海陆丰地区有农民队伍集中点”。我们没收了地主财产，没有据为己有，而是分给了农民。[②]

据曹俊升介绍，国民党在海南岛成立了农民协会改组委员会。但农民们拒绝国民党的“帮助”。从马来群岛归来的男女大学生在农村中开展工作，参加了共产党领导的革命工作。共青团员坚定支持和贯彻党的路线。党团员增加到8000人。有几百名女共青团员参加了日常的实际工作。后来党组织派来杨殷，带来上级的指示和决定，“提出了土地革命和苏维埃口号”。曹俊升讲到当时海南岛同志的反映：“什么是土地革命，谁也没有什么概念。我们交谈、讨论和断定，这显然是共产主义。于是认为，我们要实现共产主义。”于是我们组织红军，进攻港口，以便同外界取得联系。因为从港口可以去香港、去马来岛屿。杨殷则带着向导去香港打前站，没想到正好遇到广州暴动，于是杨殷被调到广州工作。曹俊升说：“海南岛的军事计划破灭了；询问省委怎么办？被批评是迷恋武器，会成为机会主义者。于是大家默不作声，按省委要求，着手做群众工作了。”[③]

据曹俊升介绍：海南岛的农民协会由开始的200人发展到2000多人，还提出自己的口号如维护妇女利益。曹俊升说，妇女在沿着解放的道路行

---

① 中共中央党史研究室、中央档案馆编：《中国共产党第六次全国代表大会档案文献选编》下卷，中共党史出版社2015年版，第614页。

② 中共中央党史研究室、中央档案馆编：《中国共产党第六次全国代表大会档案文献选编》下卷，中共党史出版社2015年版，第615页。

③ 中共中央党史研究室、中央档案馆编：《中国共产党第六次全国代表大会档案文献选编》下卷，中共党史出版社2015年版，第615—616页。

进。她们想有革命者丈夫。为了找到妻子，所有年轻人都想当革命者。他们还到马来群岛向华侨募捐。敌人和他们发动了一次规模很大的进攻。曹俊升说：“我们的军事防卫策略是只进行游击战。”我们总共牺牲了6000人。敌人共有8000多人，损失了4000人。我们保持了各支部、各地区和群众组织之间的固定联系。“能在一夜晚通报我们的所有组织”。“现在农民不交任何捐税”。没收了部分土地，“但还没有在农民之间分配。因为我们还不知道，如何正确地在自己人之间分配土地，能否在自耕农和小农之间重分土地”。农民们希望我们能够重复这些问题“我们决定在各地建立苏维埃以后开始重分土地”。现在的问题是缺少武器。“城市还在敌人手里。我们焚烧了30多个小城镇，因此现在在城乡之间充满仇恨”。“农民无法从城市得到所需要的产品”。还有群众太多时，会给红军的军事行动造成困难。①

曹俊升发言后，还问代表有什么问题，可以提出他来解释。果然，大家提出的问题不少，如岛上有无产业工人？他们是否参加暴动？农民有没有重新分配土地的要求？岛上有无苏维埃政权？港口在我们手里吗？多少城市在我们手里？敌人有多少武装队伍？我们有没有土炮？你们有多少红军战士？在一个营里有多少人？最大的地主有多少亩地？曹俊升耐心、从容地一一回答。在场的米夫听了曹俊升的答复后也很感慨。②

7. 6月27日的政治报告讨论

6月27日，是中共六大召开的第10天，也是讨论政治报告的最后一天。这天发言的共有20人。他们是：湖北叶开寅；中央委员周恩来；湖北代表任旭的申明；江苏王若飞的第二次申明；顺直张昆弟、广东苏兆征的申明；指定及旁听代表潘家辰；湖北代表霍锟镛、浙江余驾先、广东黎国琼、湖南刘义、广东袁炳辉、江西王凤飞、广东梁亿才；指定及旁听代表

① 中共中央党史研究室、中央档案馆编：《中国共产党第六次全国代表大会档案文献选编》下卷，中共党史出版社2015年版，第617页。

② 中共中央党史研究室、中央档案馆编：《中国共产党第六次全国代表大会档案文献选编》下卷，中共党史出版社2015年版，第617—618页。

胡秉琼；满洲正式代表张任光、顺直杨宗义；指定及旁听代表胡大才、郭寿华、梁鹏万。发言者中既有正式代表也有指定旁听代表；其中 3 人发表申明，一人两次申明。

（1）叶开寅，京汉铁路工人，时任中共湖北省委委员，参加领导应山农民暴动。叶开寅在发言中指出，关于机会主义问题各同志说的很多，可不重复。他要说的是京汉路的事实。在京汉路做了很久工人运动的刘文松，曾任京汉铁路工会郑州分会副委员长。二七大罢工时他已入了党，同时他也做工会的领袖。“后来，党派做铁路大队长，脱离群众，又没有人给他训练，到了国共分家的时候，党的负责同志要他到南昌去，他不去，不久就脱离党了”。这证明指导工作不得人心。“扩大会时，湖北改组是对的，但扩大会上工农对改组的事实意义并未得到”。叶开寅是正式省委委员，“没有参加过开会，没有看到一个通告，这不知道组织到底是怎样的”。他以为，“不应在名义上形式上去改组，应该要有实际意义。”①

关于盲动主义，叶开寅举例说，河南省委要河南南五县同志去打任应岐军，没有群众去，只有几个中学生，共有 36 个人，结果只逃出一人，其余都战死了。他说他看不出高潮来。全国铁总没有看到有罢工的。“工资是欠了八个月了，但是组织不健全，党的组织也不健全，广东工人现在也没有斗争，没有扩大的有组织的群众。所以现在不是高潮，而是准备高潮到来的时候。工农本来是革命的，现在革命的情绪继续增加，但党的指导力量太不够。农民运动起来了，一些大城市也要能量动，那才打倒敌人，不然农民斗争虽然英勇，也一定要失败。现在又不是高潮，如果我们工作做得好，马上就可以达到高潮，这是事实。”②

（2）周恩来，以中央委员身份参加六大并任大会秘书长。他在这天的大会发言，首先说明：“大会讨论的目的为的要使同志回去不再发生错误或

① 中共中央党史研究室、中央档案馆编：《中国共产党第六次全国代表大会档案文献选编》下卷，中共党史出版社 2015 年版，第 618 页。

② 中共中央党史研究室、中央档案馆编：《中国共产党第六次全国代表大会档案文献选编》下卷，中共党史出版社 2015 年版，第 618—619 页。

误会，在工作中得到很好的结果。所以我们的原则，是无论什么问题都要得到明白的解答。我们并不要重在个人的对与不对，我们并不以个人错误或误会为批评的重心。我们是要使大会得到好的结果，群众都了解正确的路线。这就是我今天要说话的原则和精神”。他的发言分为五大部分：第一是革命的性质；第二是革命的形势；第三是机会主义的教训；第四是几个必须解答的问题；第五是党的任务。①

关于中国革命的性质，周恩来指出：“过去我们对于革命性质，大概是没有那个弄得清楚，在开始我们就听到两次革命的理论，这当然是由于不懂得革命转变而生产下来的，就是党的五大以后，大家还是把革命任务与革命动力混为一谈。这样，自然不能把革命性质弄得清楚。”“当时是群众既然不明白，党的决议，也模糊得很，什么工厂要归工人、车子要归车夫，这些不恰当的口号，都有人提出来。这都是不懂革命性质的结果”。所以，周恩来提出：我们在这次大会一定要好好的弄清楚，一定要使大家都得到一个很正确的解答。现在我们是很明显的知道，中国革命是资产阶级民主革命性质。资产阶级民主革命和工农革命是什么关系呢？是否有冲突呢？这是大家关心的一个问题。周恩来认为：两者没有冲突，“不但没有冲突，而且是一个东西。所以工农革命的口号依然是不必改的”。②

关于中国革命的形势，到底是高涨还是低落？周恩来首先说明：“统治阶级结合的加强，同时我们也知道他们在结合的另一方面发现了矛盾的加大，过去中央对敌方的估计，对这点是忽略了的，因此未尝不〈免要〉乐观一点，这当然是错误的。”具体来说：第一，帝国主义对中国的干涉显然加强；第二，豪绅资产阶级从蒋介石叛变后，的确得到了逐渐的胜利，阶级觉悟的确加强，但想稳定仅仅是梦想。军阀的混战以及消长，也

① 中共中央党史研究室、中央档案馆编：《中国共产党第六次全国代表大会档案文献选编》下卷，中共党史出版社 2015 年版，第 619 页。

② 中共中央党史研究室、中央档案馆编：《中国共产党第六次全国代表大会档案文献选编》下卷，中共党史出版社 2015 年版，第 619—620 页。

是不会避免的。第三，资本家的进攻与白色恐怖的加剧。革命形势方面，一是“经过了严重的失败”，一是“从严重的失败当中进到重新整理与结合”。[①]“党的改组是革命势力重新结合的总表现，意义是非常大的。自然在目前尚谈不到健全，许多不好分子出去，新的工农分子进来，在工作上经验都不能说充分的满足，但他也是可以说薄弱而不能说削弱”。所以，“虽然不能说是高潮，的确也谈不到高涨，但我们相信革命是前进，是向高潮高涨的前进，我们对于这一点是深信无疑的”“如果认为革命低落，革命前途是要受很大影响的。”[②] 所以，这样就产生了一个矛盾的结果：说革命没有高涨，是从实际情况出发的；不承认革命低落，是从坚定革命信心的角度来说的。

说到机会主义的教训，首先要说明机会主义的来源。周恩来概括机会主义的来源不外三点：第一，在组织大半是知识分子“占领”指导机关，党的生活整个不是群众化，无产阶级化，同志们说天子式或家长式的是对的。第二，是没有党内的民主化，什么问题都不交下级党部讨论，因此工农群众不认识党是他们自己的，工会农会都是派人去组织的，其次要机会主义在政治生活上的表现。第三，是机会主义责任问题。“我们是要从过去中得到教训，不是为过去的责任”，机会主义已经完全肃清了吗？未必。因此我们对机会主义问题，主要是对将来革命进行的正确指导问题。

关于必须解答的问题，周恩来列出了 18 个。第一，是上海谈判，中央是错误的，广东也有错误。广东把左派提在前面，结果甘乃光他们出来，我们就没有办法。这是广东对争领导权认识的模糊。第二，是上海暴动。这是与资产阶级争领导权的斗争。事前我们没有多的准备，是动摇的，将要失败的时候，帝国主义与资产阶级联合进攻，我们是没有方法应付了，连枪支也不能收藏。第三，是马日之变，当时群众力量是可以征服敌人的，党不但不能领导群众进攻，而且禁止群众进攻，这是中央与省委都要负责

① 中共中央党史研究室、中央档案馆编：《中国共产党第六次全国代表大会档案文献选编》下卷，中共党史出版社 2015 年版，第 620—621 页。

② 《党的六大文献档案选载》（1928 年 6 月），《党的文献》1988 年 1 期。

的。第四，是南昌暴动。第五，是八七会议在党的根本上有伟大的改造意义。第六，是秋收暴动。第七，是广州暴动。第八，是宁汉战争和中央的十五通告。第九，是十一月的扩大会议，这时对于暴动是弄清楚了，但政纲没有写出，对革命的转变没有弄清楚，尤其是没收工厂的口号贻害无穷。第十，是暴动政策与盲动主义。第十一，是四省暴动计划。第十二，就是职工运动。第十三，是反帝运动与城市工作。第十四，是军事运动，夺去兵士运动。第十五，是夺取广大的流氓无产阶级。第十六，是改造党的问题。第十七，是党的政治教育。第十八，是第三党问题。①

周恩来在第五部分党的主要任务中指出：第一，暴动的意义“在过去我们是没有弄清楚”。一种是全国性的总暴动，一种是地方性的暴动，由地方性的暴动可以汇合成为总暴动，同时我们要明白革命行动与武装暴动两件事。一切革命的个别工作，都是革命行动，而武装暴动是夺取政权的策略。我们为什么要组织群众呢？目的就是要发动武装暴动以及推翻统治者。②周恩来根据以上分析，“知道中国革命的发展的趋势和反动势力的加长与不能统一中国，以及中国革命的不平衡性都证明中国革命是有割据的可能。对于南中国的几省中，在目前就应该开始割据局面的准备。因为这与全国的准备工作是有巨大的关联。同时，我们要组织广大的群众于苏维埃口号下，以总暴动来实现苏维埃政权。”③

（3）任旭，时任中共湖北省委书记。他在周恩来发言后在会上申明：很同意“占领工厂这个口号是盲动主义”的观点。可是这不是湖北提出的口号。湖北的口号是“反对停工，占领工厂”。湖北同志那时觉得这个口号是很有意义的。④王若飞也发表申明：在上海二月间接到国际决议时，我们

① 中共中央党史研究室、中央档案馆编：《中国共产党第六次全国代表大会档案文献选编》下卷，中共党史出版社 2015 年版，第 622—624 页。

② 中共中央党史研究室、中央档案馆编：《中国共产党第六次全国代表大会档案文献选编》下卷，中共党史出版社 2015 年版，第 624—625 页。

③ 中共中央党史研究室、中央档案馆编：《中国共产党第六次全国代表大会档案文献选编》下卷，中共党史出版社 2015 年版，第 624—625 页。

④ 俄罗斯现代历史文献保管与研究中心馆藏档案，档案号：全宗 514-1-406。

既不懂马克思列宁主义，当然赶不上布哈林同志的分析，因为那时候的工作实在做不起来，同志没有出路，因此省委就估计了一下工作方针。一种是说革命不是高涨；一种是说工农革命，现在是转变中国消沉。后来中央批评我们，说我们对这问题说太多了，所以以后就不说了，去找新的工作方法找原则。“华少峰的话也要解释的。我并未说上海工作做得很好。只说我看了新的方向，新的工作方法去进行。”①

（4）张昆弟，学生出身，职业称为半工人，时任中共顺直省委常委、职工运动负责人、铁总书记，参加了上海三次暴动。他在6月27日的讨论中发言：“大会开了好几天，先听了布哈林同志的报告，确比在中国明了得多了，但是后来又听得同志们许多的报告，弄得我愈闹愈糊涂。今天恩来的报告，可算是好的。总之，同志们在发言中都带有成见。”“我要说的很简单。第一是过去的机会主义问题。”“我可以说，中国过去的党对于中国的革命是不懂的。开会的时候，总是说接受国际的决议，其实一点也不懂的。但是这不是独秀一个有系统的错误下来的，根本上不是哪一个人的事情，不了解群众的实际情形，不懂国际的决议，是机会主义的主要原因，我们大家都不要说漂亮话，我们过去都是机会主义，至少也是一个机会主义的执行者，除了新的少数工人同志之外。”张昆弟举例说明，上海三次暴动时，我们开代表大会，彭述之大谈特谈非资本主义之前途，等到工人罢工时，就说是政治罢工，对于本身经济要求、阶级利益，应该暂时牺牲。上海总工会成立时，各工会都送旗帜，自然共产党也送了一面，工会就将他挂在正中。后来蒋介石也送一面来，于是有同志以为自己的挂在中间大大妥当，便将蒋介石的换到中间来。上海八十万工人起来要求经济利益，而我们却不准备罢工，所有的经济要求，要经过总工会批准后，才准提出来，茶叶工会工人要求工资，捆店东。党看见这种事以为不得了，便天天去找虞洽卿、王晓籁商量，下级工作同志迫于群众的要求，就来找党解决。有一个同志，被党骂哭了三次，两面做人难。纱厂工会开成立会时，

① 俄罗斯现代历史文献保管与研究中心馆藏档案，档案号：全宗514-1-406。

蒋介石尚未缴工人纠察队的械，工人便提出打倒蒋介石的口号。群众的觉悟比党还高。

八七会议之后，有人拿会议的意义遮盖了一切；有人说八七会议有意义，但错误很大。张昆弟认为这两种说法都带有成见。八七会议意义很大，八七会议后的暴动政策是对的，但是错误是否要批评呢？那时张昆弟刚要到北方去改造党。看见北方蒋张打起来了，便以为暴动时期到了。这一次死了31个干部同志，这个打击是非常大的。要知道训练一个同志是很难的。这次损失，我们的党应当负责的。再看各省代表的报告，湖南的暴动似乎过早，我们的党也是要负责任的。刘少奇听说因不接受党的政策，便不给他工作。后来他接受了，便派到天津来。政策便是杀人放火。并说"暴动有一百个有九十九个要失败，可是我们要干"。这也是我们要负责的。①

张昆弟谈到改造党的问题时指出，邓中夏和李立三对北方的批评，"我们是不能接受的"。"各地的情形不同，在〈怎〉能拿广东来比"。"中国革命是不平衡式的发展，割据局面我是赞成的。"关于革命潮流高潮的问题。"我不多说。有人说反动势力有矛盾，可是对待革命都是一度的，过去中央忽略了估计敌人的力量，并且对本阶级也没有好的估计。"他以几个大城市的工人和矿山铁路工人为例。上海八十万工人中，有同志一千人，武汉也是那样，天津二百人，广东二万人，香港也是二万人，全国铁路，顶多五万同志，唐山，芜莱，焦作等，在北方唐山较好，有二百余同志，大城市大产业中的工作这么个样子。无产阶级的动力，从哪里去动呢？大城市群众革命的情绪并不是没有。在贺叶南征时，工人以为或许将与蒋介石一样，然而到了广东暴动之后，工人才知道自己的力量，工人有觉悟的。"现在不是说消沉，是缺少了党与群众的组织。乡村的工作，没有把城市为中心。""反动势力正在团结，而革命势力也正在团结的时期。""今后的任务：1. 苏维埃政权，2. 策略与暴动，3. 中心工作是抓取群众，不抓取群众，

① 中共中央党史研究室、中央档案馆编：《中国共产党第六次全国代表大会档案文献选编》下卷，中共党史出版社2015年版，第634—635页。

苏维埃政权及暴动是不会实现的。”①

（5）潘家辰，作为六大的指定及旁听代表，在大会秘书处担任翻译工作，同时也参加大会讨论。他认为中共六大的精神在这几天大家讨论中表现出来，大会会场悬挂“马克思列宁主义万岁”的口号，和中共五大会场左边挂着的“共产主义与三民主义联合万岁”的口号迥然不同。五大的口号“含有很浓厚的外交的上层机会主义的内容”，而六大会场的口号明显不同。接着，他对中国还有没有革命问题进行论述。结论是：“中国革命经过了一年的多次斗争，遭受了多次的失败”，“革命运动还是继续发展的”。所谓有实行相当的很多的改良主义和可能而使革命暂时的平静下去的判断是不科学的。

潘家辰认为，“正确的估量群众的力量，相信群众的自发斗争，相信群众的革命情绪，这是列宁定策略的要点。估计革命环境不仅要估量到上层的统治的敌人阶级的状况与力量，而且主要还要估计到下层群众的革命情绪与组织力量。”“工农群众虽然遭受了很大的打击，但未涣散。”“工农群众的组织，尤其是共产党的组织虽然遭受了很大的疮［创］伤，但又在新的斗争基础上恢复了。并且群众在斗争中学到了很多的苦经验，这是决定中国革命前途的重要力量，我们不可忽视的。”而国民党的政权是蒋、冯、桂、阎的，是各据一方的。他们的冲突甚至有时要用武力解决的。“帝国主义之武力的干涉，分割中国的进攻，这是事实。”“总而言之，中国革命并没有停下来，严重的改良主义在现时并没有实现，革命的主要力量并没有完全损失”。②

对于现状的估量，有的同志在讨论中认为，“现状的估量是最捉摸不定的。不晓得究竟是高涨，还是低落，或是走向高涨的？”潘家辰认为，“只要把中国现在的实际情形摆在面前，如看一幅画，马上就可以看到哪里有

① 中共中央党史研究室、中央档案馆编：《中国共产党第六次全国代表大会档案文献选编》下卷，中共党史出版社 2015 年版，第 635 页。

② 中共中央党史研究室、中央档案馆编：《中国共产党第六次全国代表大会档案文献选编》下卷，中共党史出版社 2015 年版，第 636—637 页。

山峰，哪里有凹地，哪里是上山的道路了。”“在第一次的阶级交战中，我们与敌人虽都有胜负，但部分的应当承认我们是失败了，是输了”。“但并未完全失败，敌人并未完全胜利”。“我们应当承认我们失败的原因，是中共自己组织力量的薄弱，由于缺乏战斗的决心，与不会灵活的运用策略。”而敌人在斗争中是非常坚决的，还在战斗中发明“杀尽共产党”等类口号，“商会之复活，与帝国主义团结，白军、民团、挨户团，清乡，调查户口，禁止一切革命的自由等等”。而我们“也学到了许多新的革命组织、革命方法，与最后有新的革命思想：由工会，工人代表会议，农民协会——至红军的组织，杀尽国民党，红旗，打倒地主资本家，夺取政权的要求，都是新的思想。”所以，“现在的状况，既不是高涨，又不是低落，而是准备我们已有与未有的广大力量，走向这个高潮的阶段。”①

关于过去我党的策略，有人批评说有农民意识问题，真正有农民的倾向。潘家辰认为，中央的政策，有偏重农民是事实。“农民自发的斗争到处勃兴，城市工作之困难，白色恐怖（使积极的革命工人，不能立足于城市）之横行，都是助长这种现象的”。不能因此就叫作农民倾向吧？应当特别注意加紧城市中我们基本工人的工作，这是毫无怀疑的，但是领导农民的土地革命，亦是无产阶级应有的任务。潘家辰指出：“无间断”革命的理论是有错误的，因为忽略了资产阶级与帝国主义的作用，应取消此名词，改为由工农民权革命转变为无产阶级的社会主义革命，这不但与国际上托洛茨基的“无间断”革命理论的名称相区别，还因可以使群众易于了解现实革命的性质与革命转变的过程。

潘家辰认为，革命形势“一直高涨”是不对的。革命根据地的问题，张国焘“看来是幻想”，“有了革命根据地，亦不能保持”。“这种见解我是根本反对的”。我们首先要问，我们是不是要推翻反动的政权？“如是的，则我们应当建立自己的政权，政权不能在空中建立，当然只有在工人与农民力量强大，并且已经把反动力量推翻的地方建立，这是很简单的逻辑”。八七

① 中共中央党史研究室、中央档案馆编：《中国共产党第六次全国代表大会档案文献选编》下卷，中共党史出版社2015年版，第638页。

会议上仍主张利用国民党左派的旗帜，是显然的错误，因为国民党同四月在沪粤各处的屠杀，马日事变的发生，至武汉反动已是寿终正寝的时期了。所有各地的工农群众早已恨之入骨，而我们还利用他的旗帜，这显然是错误的。蔡和森说秋收暴动是一出滑稽剧，因为当时的时间性已经过去，党部完全坍台，所以是“秋收冬藏”的把戏。事实证明，秋收暴动仍是有意义的。“最大的意义是革命向反革命的反攻，是伟大的国内战争的开始，是直接夺取苏维埃发展道路之初的表示，是坚决夺回群众的初次行动（尤其是农民群众）”。①

关于革命性质问题，曾经有过讨论，潘家辰认为，有的说现在革命的性质，已是社会主义的革命了。有人说现在中国的工农民权是过早的，因之认为工农革命、工农民权独裁等都是不稳的，因之要把苏维埃政权改为平民会议等（看陈独秀在19号政治通信的三封信上）。中国现在的工农革命是资产阶级的民权革命，要能够实现，只有坚决的反对资产阶级，这是第一点。第二点，由资产阶级性的工农民权革命转变到无产阶级社会主义革命，“中间没有一座万里长城阻隔着的，它的转变是完全看斗争中阶级力量而决定的”。②

潘家辰认为，现在的任务是明确的：“夺取群众，准备暴动是现时的中心任务”。它是“最最积极的政策，他是否认一切反动政权，与抵抗一切反动的进攻的”；它“应为兴奋工农群众，加强他们的战斗精神，团结他们的力量，与消灭他们的种种幻想”；它“要恢复，巩固，发展党与群众的组织”；它“必须打破以前非群众的官僚式的工作方法，夺取群众不是分散群众，以致限制群众的发展，而是在工农群众日常的斗争中加以组织，游击战争既是一种日常的斗争形式，所以不应纠正，并应使之发展”；还必须反对盲动主义，因为它不会做日常艰难困苦的工作，也是不见群众力

① 中共中央党史研究室、中央档案馆编：《中国共产党第六次全国代表大会档案文献选编》下卷，中共党史出版社2015年版，第638—639页。

② 中共中央党史研究室、中央档案馆编：《中国共产党第六次全国代表大会档案文献选编》下卷，中共党史出版社2015年版，第639页。

量的，实际上是助长敌人的力量来打击我们的。①

（6）霍锟镛，黄埔军校第四期毕业、时任中共湖北省临时委员会委员、参与负责省委工作，作为湖北代表团的代表参加六大。他在发言说：此前他们在非正式的几人谈话中讨论过，知道中国目前的革命，是资产阶级的民权革命，但是没有很清晰的认识，没有详细地去讨论。五大会上讨论这个问题时，只有说是革命的前途，是非资本主义的，然而究竟是怎么一回事，确实是莫名其妙。因此在实际工作上发生许多错误。因此，霍锟镛向大会提议，对于这个名词，应该照中国革命发展的阶段及实际情形，和革命势力的动力，同时为将来工作不致因名词上而发生许多错误，对于资产阶级性的民权革命这个名词，不如明显说他是工农兵贫民的民权革命。

盲动主义给了湖北工作怎样的影响？霍锟镛认为："这是要研究的"。有些同志他们问武汉现在有多少同志，有多少群众的组织，霍锟镛的回答是这样：同志有十几个吧。与群众的关系和有组织群众一点也没有。在八七会议后谁都知道共产党在暴动，但我们派出去的同志也不知道什么是暴动，对暴动的意义是不了解的。只要暴动就是了。八七会议在党的历史上有重大的意义，指出党的新出路，严重纠正过去机会主义的政策。在秋收暴动后，湖北七十余县，有五十余发生斗争，黄麻县的苏维埃成立是在秋收暴动后的事情。经过了 7 月 15 日国共分家前后，反动势力严重压迫及屠杀，以致消极反动者很多，算是每日在《中央日报》上登载退出共产党者 20 余人，其他报纸上还不算。"当时武汉三镇的党员"在五大上"有七八千以上，此时统计不过一千一二百人"。"群众组织，自经八月二号总罢工失败后，所有的组织统统坍台"。②

霍锟镛回忆说，全省扩大会议后，新省委还是在积极准备通告上的暴动，连省委负责人住的机关都没有，"经济上非常困难，有许多工作完全停

① 中共中央党史研究室、中央档案馆编：《中国共产党第六次全国代表大会档案文献选编》下卷，中共党史出版社 2015 年版，第 640 页。

② 中共中央党史研究室、中央档案馆编：《中国共产党第六次全国代表大会档案文献选编》下卷，中共党史出版社 2015 年版，第 641 页。

顿”，仍在准备暴动，怕被察办。后说“要顾着本钱不暴动了”。“像这样的玩弄暴动，实在的牺牲了不少的同志，这样才说出一句不暴动，后来裕泰栈破获”，“我们的工作几乎没有了。而这时还在叫暴动”。“从3月5日到4月间，平均每日要牺牲6个同志。”到5月尾，湖北各县农民受了极残酷的摧残，甚至武汉附近也发生此事，如夏口县农协事。霍锟镛去问怎样办，说青年人是这样性急，我们应顾及大的地方。所谓大的地方，就是国共合作的联合战线。[①]

对时局的估计，霍锟镛不同意说高涨，而且是反对的。估计革命势力的高涨与革命群众情绪的高涨是有差别的。他认为，那位女同志（指周秀珠——笔者注）对革命是高涨的解释，说比其他同志要清晰些。但是在革命势力范围内，主观观察的事实，要分别清楚。“现在各省的实际报告看来，我们在主观上的力量非常薄弱，尤其以湖北及长江各重要区域内，有些地方我们党的组织可说散失将尽，而群众的组织可说一点没有”。如果不估计实际情形，一定还要走到盲动主义道路上去。一定会发生许多错误，给工作上造成很大的损失。所以，霍锟镛对时局的估计是：革命转到了一个新的阶段，这不是革命势力高涨，也不是低落消沉，而是革命势力上暗中酝酿着向上前进。

对党的任务，有同志发表过的意见，霍锟镛提出：一是党的组织必须提拔工农分子参加指导机关。二是在目前斗争中的困难工作，须分别注意政治上的意义和影响。武汉三镇牺牲了许多同志及革命群众，没有后事安排，对牺牲的家属毫无救济，引起一般同志的反感，因此而灰心消极。[②]

（7）黎国琼，广东代表，职业工人，时任党支部书记，参与罢工斗争。他在简短的发言中谈到对大会的感想既有乐观方面的，也有悲观方面的。乐观方面是以前的大会很少人发言，对重要的政治问题也不讨论，叫两句

① 中共中央党史研究室、中央档案馆编：《中国共产党第六次全国代表大会档案文献选编》下卷，中共党史出版社2015年版，第641页。

② 中共中央党史研究室、中央档案馆编：《中国共产党第六次全国代表大会档案文献选编》下卷，中共党史出版社2015年版，第642页。

口号完了，而这次则不然。悲观方面的，则是看见许多同志没有确定的意见，不是站在政治上来讨论，而是在个人来批评。革命潮流问题，帝国主义与资产阶级对我们是一点也不松手的，暴动后工人被开除2000多人，每月只有六七块钱的工资，生活非常之坏。在广州机器工会，才开始组织工会，我们在这工会中拉着30人组织赤卫军，青年团也拉着了人。这说明工人的觉悟，是“我们的工作未做到工农中去”。目前的任务，应以工农为重，“同时也应做士兵运动。我们过去只知上层的官长，而不注意下层的士兵运动”，若我们拉过来了，我们就会胜利！①

（8）刘义，学生出身，时任中共湖南省委候补委员、湘潭县委书记。他在发言中对“这几天大会的精神很散漫，大家都随随便便的”表示不满。他痛心疾首地指出：“难道布尔什维克的党员跑到布尔什维克的大本营苏联来，还要变坏了么？也许是这里的环境比中国好，大家不免放肆一点。但是我们要知道：国内同志们，正在残酷的白色恐怖之下作坚决的奋斗，还有一部分尚在盲动主义之下流他们的鲜血中的悲壮血呢！他们托付我们到这里来开会，我们的责任是多么严重，可轻易放过么？”②

同时，刘义强调，在莫斯科召开的这次会议比八七会议还有更重大的意义。八七会议“指出过去的机会主义的错误，决定了正确的路线，走出了党的危机。但是这一次会议不仅更充分的把机会主义的来源和错误严密的指示出来，给我们一个很深切的教训，同时更指出最近盲动主义给我们党的损失与机会主义有同样的严重。过去的错误和纠正的决议，我们下级党员多半不曾知道。这一次我们便应该很深刻的去认识它了解它，使这次大会能够找得一条很正确的出路，得着一个圆满的结果，同时带着这些教训和决议给我们下层同志，使他们通通知道，不要和从前一样再盲动的错

① 中共中央党史研究室、中央档案馆编：《中国共产党第六次全国代表大会档案文献选编》下卷，中共党史出版社2015年版，第642—643页。

② 中共中央党史研究室、中央档案馆编：《中国共产党第六次全国代表大会档案文献选编》下卷，中共党史出版社2015年版，第643页。

误下去，作无谓的牺牲，这是何等重要的任务啊。”①

刘义对大会政治报告的意见，共有四点：第一，中国革命的性质与前途。第二，革命形势的估量。第三，过去的教训。第四，会后的任务。他特意说明，自己因为交通关系到迟了两天，所以共产国际代表布哈林、瞿秋白的报告，和张国焘的讲演，都没有听到。所提意见不免有许多错误的地方，请各同志加以指正。

一是关于革命性质与前途。刘义说，这问题“过去从来没有不曾听见过”，直到到这里才知道一点。他“中国目前革命的性质是资产阶级的民权革命”这个表述中的“资产阶级”的名词，认为“不适合于现时中国的特殊情形”，“不如根据中国现时的特殊情形来规定一个新的名词。因为这个革命性质的估量是估量现在处在半殖民地的中国的革命性质，而不是其他的国家的。同时中国党员理论的浅薄也是超出其他各国的党员之上。为得使他们易于了解而不致发生误会起见，也有重新规定之必要”。“新名词之规定最好就把中国革命性质叫作工农革命。”

二是关于革命形势的估量。刘义认为，照样应分作客观的环境与主观的力量两方面来说，客观方面，帝国主义、封建军阀反革命的国民党和资产阶级地主土豪劣绅等，他们强的方面——暂时的稳定，暂时的妥协，联合一致地向我们进攻等。和他们弱的方面——内部的矛盾彼此的冲突，经济问题之不能解决等，各同志已有详细的分析为节省时间起见我不重述，我只总括地说一句，他们的矛盾和冲突是向上发展的，但是矛盾的程度还没有达到超过于向我们进攻的力量。

刘义认为，从主观的力量方面来说，不错，我们党的发展，自八七会议以来“确有长足的进步，数量上有了十多万的党员，湘、鄂、赣、粤等农民运动的进展和奋斗的激烈”，也确实与八七会议以前机会主义领导之下的时候发展成了一个相反的形势，尤其是广州暴动苏维埃政权的建设及湘、鄂、赣各地方的苏维埃的建立对于革命民众有重大的影响，对于革命

① 中共中央党史研究室、中央档案馆编：《中国共产党第六次全国代表大会档案文献选编》下卷，中共党史出版社 2015 年版，第 643—644 页。

前途有重大的意义。所以同志说：广东代表说革命潮流是一致高涨的，长江一带的同志，虽不说革命潮流是低落，但是也不能承认革命潮流是高涨，只有北方同志说看不见革命的高潮。刘义“觉得这种不相同的观察不仅是革命发展不平衡的关系，还有其他重大的根本的错误”，即没有把革命的情绪和革命潮流分别清楚，把革命情绪也当革命潮流高涨，这当然是不正确的。还有一部分同志则是革命潮流的估计是片面的，只看见敌人的弱点和只估计到自己的力量形式上的增加，却不曾看到自己的弱点，“尤其是不曾看到在盲动主义严重的错误之下牺牲了无数的英勇的战斗员和重要的干部，丧失了广大的群众，打断了党与群众的联系，葬送了革命高潮”。“因此我要问中国革命的高潮到底表现在甚么地方？”①

刘义指出，湖南自盲动主义实行以后，各县的组织完全溃散，甚至于消灭党员和干部的［被］屠杀在70%以上，除平江一部及毛泽东、朱德二同志所率领之数千人以外，几乎没有党的群众的组织，甚至于连机关也没有。醴陵南乡四区杀有4000人之多，其他方面比较少的数目更不可胜计。现在还能说到湖南有革命高潮吗？湖北武汉三镇3000多党员最近盲动的结果，杀得只剩得几个人，其他各县也有严重的损失。广东方面，广州琼崖及东江一带残酷的普遍屠杀也有一个惊人的数目。“广东同志也应该记得，至少我们应知道屠杀以前与屠杀以后的情形不是一样。那么主观力量的消失，我们是否应该老老实实的承认，革命高潮是否还能说事实上还是存在呢？”

刘义还指出一点，就是我们的党员有一种“好大喜功”的毛病，自己的力量本来只有六分便夸大到十分，自己的工作只做到八分便虚张到十二分，自己的弱点和错误与损失本有七分，便减报只有三分，各级党员常常用这种方法来鼓励自己安慰自己，以至于蒙混自己，欺骗自己。“我们只拿各级党部对上级的报告便可以找着事实的证明。如两湖秋收暴动时有湖南省委对中央的报告说湖南党有多少力量，有多少群众，有多少武装，结果

① 中共中央党史研究室、中央档案馆编：《中国共产党第六次全国代表大会档案文献选编》下卷，中共党史出版社2015年版，第644页。

完全不是事实”，“以致秋收暴动成为一种玩弄暴动的盲动”，再有中央对共产国际报告写着“……湖鄂粤等区域无数县的成长时期的占领……”其实并不见得有多少县城长时期占领，这些虚伪和夸大的报告都是小资产阶级的心理的表现。①

三是过去的教训，刘义认为主要是犯有“机会主义与盲动主义”。刘义检讨说，自己在“马日事变以后，我还背着国民政府的委员的招牌跑到安源去与一般反动派相周旋。至秋收暴动时，为着垄断事机起见，我更以工会委员长并任起萍乡的乡长来”。秋收暴动前曾以乡长的权力改编程潜的军队一团人，赶走一个团长，枪决一个营长，程潜致电湘赣两省政府说我们借乡立案。“湖南的马日事变是我们党整个的机会主义宣布死刑的前一幕”。当夏斗寅叛变的时候，湖南省委已知道湖南的军队靠不住，事变一定要关系到湖南来。但当时没有什么应付的策略，大家只是恐慌，拉着旅费散火之命，连下级党部也不曾通知。因此偏僻的县份如溆浦、安化等不少土豪劣绅先得了消息，把我们无提防的全部负责同志及重要同志都杀尽了。交通比较便利的地方如安源、醴陵、浏阳、平江、湘潭等县市党部自动的发动群众50万人以上向长沙进攻，“但没有统一的指挥，没有完善的组织，因为临时仓卒，部分的作战后又不一致，所以结果被敌人各个击破，于是几年以来湖南工作的基础，完全断送了。”②

八七会议的精神传达到湖南，就是举行两湖的秋收暴动。当时湖南可以说什么也没有——党的基础没有建立，群众没有组织，党与群众的联系没有恢复，至于暴动的武装，更是空口说白话，以这样的局势而确定一定的时间来暴动夺取政权，这不是开玩笑是什么？所以他们的结果自然是暴而不动，自取失败。刘义介绍说，“当时在湖南区域内除了一部分同志参加了，其余各地完全没有动，不能动，只有安源六千多个矿工两营工人革命

① 中共中央党史研究室、中央档案馆编：《中国共产党第六次全国代表大会档案文献选编》下卷，中共党史出版社2015年版，第645页。

② 中共中央党史研究室、中央档案馆编：《中国共产党第六次全国代表大会档案文献选编》下卷，中共党史出版社2015年版，第645—646页。

军内安源攻萍乡、破醴陵、占领浏阳，但孤军作战，没有群众响应，结果不到十天便失败了，实力消灭了。全国独立的公开赤色工会——萍乡总工会也险些被压迫封闭了”。①

八七会议为什么产生这样一种玩弄暴动的盲动主义呢？这便不能不说及八七会议关于所谓提拔工农分子改组党的问题，当时中央派彭公达到湖南改组党部，他一方面是中央政治局的委员，一方面也是中央新指定的湖南出席八七会议的唯一代表，同时又派到湖南省委书记。他到长沙召集了一次省方工作同志的会议，关于八七会议的报告，按说是最多不到十分钟，指定一些工农同志的或做工农运动的同志当省委委员，有一部分通知到的，便要他们到各县去指挥工作，还有不曾通知的，并不知道是改组这一回事。当时参加省委的刘义，就是其中的一个，他在安源工作，并不知道改组这一回事。直到秋收暴动后，他跑到长沙来，中共中央派了罗亦农到湖南，再改组省委，说省委工作做得太坏，并给予全体省委员以撤职处分，他是受处分之一个，直到那时候他才知道我做了省委委员。这不是笑话吗？

刘义还介绍：中共湖南省委各部工作，都指定一些人担任，由彭公达包办，于是他向中央报告，说湖南有多少党的力量，有多少群众，尤其是军队土匪来接受指挥的不知多少，怎样有把握可以暴动夺取省政权，中央也就简单地接受了他的意见。结果，弄得一塌糊涂。中央对于秋收暴动之疏忽是应负责任的。同时对于湖南改组之胡闹也要负责任的。王一飞到湖南来，中央给他唯一的任务，就是继续暴动，决定一切工作都以暴动为中心，党的组织要从暴动中去发展，党的经费要从暴动中去取得，教育宣传工作要从教育暴动中去执行，已经暴动的地方，自然是继续不断的暴动，不曾暴动的地方赶快发动暴动，从没有说到暴动的条件，只是一味地暴动。因此，省委虽然有文件说要暴动要骚动要作游击战争，而下级党部，也感觉不到有什么分别，因为他一没有党员，二没有群众，三没有武器，无论上级是要他发动骚动或是游击战争，而他总是简单地让少数同志去干，又

① 中共中央党史研究室、中央档案馆编：《中国共产党第六次全国代表大会档案文献选编》下卷，中共党史出版社 2015 年版，第 646 页。

加以一切工作都是建筑在暴动方面，自然他要走到白天也暴动晚上也暴动，不断地设法去暴动，除暴动以外没有工作。就是省委一连几次的破获对于下级的关系和外地的联络完全断绝，而下级党部仍然是一直暴动下去，到主观力量完全消失不能动而为止。这种暴动观念模糊的影响给我们的损失是不小的。①

刘义还举出湘潭执行盲动主义的事实给大会做参考材料。湘潭从前有3000多名党员，马日事变以后，名册上有300人。刘义带着坚决执行暴动政策的任务去湘潭，有100人可以发生关系，50多人可以到支部会，但“区党部一个也没有，县委只有我一人可以下乡去参加会议指挥工作。县里的工人同志不到十人，可是都是向党要钱的，不肯担任工作，不受指挥。那么暴动的工作只能到乡下去执行。但是农民同志也不愿意参加”，他们知道自己的力量不够，敌人的武装挨户团布满了各地方，暴动是不能胜利的，并且要遭受一种很残酷的损失，所以他们说“你们这些负责人不是本地人，要暴动就动，失败时你们跑了，可是我们是跑不开的。纵然牺牲自己不要紧，留下妻儿子女怎么办呢？”当时我们为要坚决地执行暴动，便“用党的纪律和暴动的利益来威逼利诱，使他们勉强的和我们一路干”。最后，“大规模的清乡军到来与土劣民团联合清乡”，“大批的同志被屠杀了，甚至于没有参加作战的也同归于尽”。“追述这些事实怎不会令人痛心”。到后来我们要动也不能动了。刘义曾主张湘潭县委应向中央请求在湖南应当暂时改变这种不间断的无条件的暴动政策。当时还和罗学瓒商量恐怕违反了八七会议的精神。可见“中国党整个的幼稚现象”。

四是关于今后的任务。刘义的意见是：“会后应加重注意到党的政治教育和党内的民主化，使下级党员多讨论政治问题和党的政策，然后才可以免得这种惨酷的流血的教训循环的表演。”②

---

① 中共中央党史研究室、中央档案馆编：《中国共产党第六次全国代表大会档案文献选编》下卷，中共党史出版社2015年版，第646页。

② 中共中央党史研究室、中央档案馆编：《中国共产党第六次全国代表大会档案文献选编》下卷，中共党史出版社2015年版，第646—647页。

（9）袁炳辉，工人出身，参加过广州起义，时任共青团广东省委书记。袁炳辉在大会发言时首先对“大会场上表现着有不好的现象”提出批评意见。他指出：有些以前负责的同志，能够长篇阔论地讲些理论，他们讲话时，大家都很能来注意听，听到关于自己事件时就插上了一两句。但“到工农同志上台讲话时，不是带着爱人出外散步，就是在走廊里去吸烟，似乎不愿去容纳工农同志的意见，这是我很不满意的。”袁炳辉指出，关于革命的高涨与低落问题，很多同志已经讲过，各地来的同志，都是以各地的事实做根据来讲话。他们“所讲的我都同意”。但有同志认为：不能做五卅那样大的运动；城市里没有恢复原来的势力；我们自己主观力量不能领导。从这三点来说明革命是低落的，“我是不同意的”。“我以为革命是向高的方面去的”。①

关于革命的性质问题，袁炳辉认为存在三种意见，第一种说中国的革命是社会主义的性质，第二种则说是工农民权革命，第三种是说资产阶级民权革命。袁炳辉同意第三种意见。“工农以工人为领导力量的政权，工人支配这个政权，可以领导到社会主义之路，在经济上转变到社会主义的道路。”八七会议改组党的政策是对的。“党的改组并不是名单的提出名，换掉几个人，而是要整个的组织方法上的改变，也不是放一两个工农分子在指导机关做个样子算作改组，一定要到群众中去选择，并且改变组织方式及政治路线，才能重新发动群众。八七会议以前有很多同志往往是坐在家看看报纸，陪着爱人谈谈国家大事，讨论讨论〈革命〉高涨低落，而不知群众生活，所以我们以后必定要使党的生活群众化。”②

袁炳辉对目前党的任务，除了同意很多同志说过的士兵、工人、农民、青年，尤其是妇女的反帝运动外，主要强调了两点：一是组织问题，袁炳辉表示“我主张尚须坚决的继续改组工作，落后的分子必须开除”，我们

---

① 中共中央党史研究室、中央档案馆编：《中国共产党第六次全国代表大会档案文献选编》下卷，中共党史出版社 2015 年版，第 648 页。

② 中共中央党史研究室、中央档案馆编：《中国共产党第六次全国代表大会档案文献选编》下卷，中共党史出版社 2015 年版，第 649 页。

一定要与不好的倾向作斗争。二是政治教育必须要加紧，“马克斯［思］列宁主义的知识不要只放在几个人的脑筋中，要使他成为工农群众的”。大会结束后，“我们必须要在实际生活之中，与过去的错误作坚决的斗争。”希望这次大会“能创造出我们真正的布尔什维克的党！”①

（9）王凤飞，时任中共江西省委组织部部长。他出身农民，从事农民运动，领导农民暴动。他在发言中指出：八七会议以前的江西“党员有几千，全省都有支部，成分大部为学生，读书的占百分之八十，工农分子不过百分之二十。”南昌起义后，这些同志都跟了军队走，南昌只剩下了五六个人。“八七会议纠正了这种错误。八七会议之后到十月未开始工作。从十月到现在党的工作稍有成绩。江西共有八十一县，其中以前有党的组织者七十余县，现在有组织者六十多县，成分是农民占多数。”“关于机会主义”，王凤飞同意项英的意见。②但他不同意有同志“往往以一县一省来估量”革命的形势，认为应该以全国的形势来估量。“中国的革命，是包含着反帝国主义及土地革命，我们看他们固然形成了一个大的结合，来向中国的工农阶级进攻。工农群众，在他的剥削压迫之下，除革命以外，并无出路。”“至于一部小资产阶级，一方面固然怕工农革命之发展，一方面因为受帝国主义，豪绅，资产阶级之压迫剥削，无法维持其固有的地位，且他们脑筋中具有爱国思想，故在反帝国主义，豪绅，资产阶级压迫剥削的口号之下，他们仍表示相当的同情。目前的形势，以全国来说，仍向上升涨，而不是中间的烦闷时期，更不是低落时期。”③

“盲动主义”这个名词，王凤飞以前没有听见过。在这次大会有同志讲到盲动主义的名词，说是由阶级斗争中表现出来的，他表示赞成。他指出：“我们的党，是要群众起来行动，这是对的，但是，当时南昌的群众，是散

① 中共中央党史研究室、中央档案馆编：《中国共产党第六次全国代表大会档案文献选编》下卷，中共党史出版社2015年版，第649页。

② 中共中央党史研究室、中央档案馆编：《中国共产党第六次全国代表大会档案文献选编》下卷，中共党史出版社2015年版，第650页。

③ 中共中央党史研究室、中央档案馆编：《中国共产党第六次全国代表大会档案文献选编》下卷，中共党史出版社2015年版，第650页。

漫的，他们不愿意起来行动，而党往往是命令动作，或者是强迫动作。不但省委是这个意思，就是我也是这个意思。”这样一来，就没有观察群众的意见；没有看见自己的组织；没有注意敌人的力量。但是盲动主义究竟是从什么地方产生出来的呢？据我个人的观察，是由于党内的训练过于缺乏，大家对于自己的行动，都不了解，所以才在斗争中表现出盲动主义来。①

开会期间，王凤飞还给中央写信，谈对中央工作的看法。他认为，“目前中国革命最重要的任务是土地革命。但它应该在城市工人领导下进行，不能只靠农民群众。过去中共中央的策略表现在尽量把注意力放在农民运动上，忘记了城市工人运动，所以农民运动在发展过程中遭到多次失败，而城市工人没有帮助他们。有时候各地区负责同志执行这样的策略，认为农民应该攻打城市，而城市工人将在市内举行起义。这样的策略一方面把中国共产党变成了农民党，而另一方面低估了民主革命的任务。”② 从上可见，王凤飞认为党领导农村斗争时要和城市斗争相互配合，要重视城市工人运动，更好保持党的无产阶级先锋队性质。

（10）梁亿才，工人出身，时任党支部书记，参加过上海三次暴动、广州暴动等斗争，作为广东代表参加大会。梁亿才在发言中强调：会议的“纪律是很重要的”，“同志们都疲倦，都从会场中离开出去，如此的表示，我以为不好的”。他谈到四个问题：一是过去机会主义的教训；二是八七会议的意义；三是中国革命的性质问题；四是会后党的任务。

关于过去机会主义的教训，机会主义的表现从什么时候起呢？梁亿才认为，是从（1926 年）3 月 20 日蒋介石叛变起，党就开始让步政策。长沙的马日事变，当时农民已起来要求土地、国民党就说农民过火，于是我们党的机会主义者也就说农民过火。上海的三次暴动，工人已起来要反对蒋介石，而党的机会主义者要与蒋介石妥协。第四个重要事实要算武汉纠察

---

① 中共中央党史研究室、中央档案馆编：《中国共产党第六次全国代表大会档案文献选编》下卷，中共党史出版社 2015 年版，第 650 页。

② 中共中央党史研究室、中央档案馆编：《中国共产党第六次全国代表大会档案文献选编》下卷，中共党史出版社 2015 年版，第 823 页。

队缴械。国民党知道他们是非常觉悟，湖北工人力量是很大，他们非常害怕，国民党恐怕将不能挟制工人，于是变了种种方法，要我们的党解散纠察队。我们党的机会主义者就甘心服从国民党而来解除工人的武装！[①]

梁亿才指出：一般同志，都见到机会主义者对于国民党的妥协。八七会议就因为看见同志中有这种“妥协”精神，而召集了紧急会议。八七会议之后，大家一致的精神是与机会主义者的斗争。八七会议之后，决定了两个方针：一是改组党，二是暴动政策。“党在未改组以前，党是被把持于少数知识分子私人之中的。党的一切计划与政策，如下级机关问的时候，只答复说这是命令。要如此做就如此做，同志是不敢违抗的”。否则负责同志就要以为这个同志是坏的，就要骂这个同志是反动的，反革命的，这自然而引起了广东反知识分子的倾向。八七会议后，“工农同志参加党的指导机关，能够知道、解释明白党的政策与计划，不过有一部分提拔工农分子态度不好”，这是藐视工农分子。[②]

“对于广东暴动，有人说是盲动”，梁亿才不同意这个看法。他认为：“广东暴动是有群众参加的”。“在各省报告中知道有盲动之发生，不知道群众的要求，而主张命令暴动。中央因此通告纠正。”广东暴动是有准备上缺点的，但说是盲动，没有好好地领导群众，“我是不十分相信的”。[③]

现在中国的革命性质是资产阶级民主革命的性质。在中国革命的现阶段，“帝国主义有很大的冲突，这种冲突，是帝国主义新的矛盾”。“军阀与资产阶级到了崩溃的时期了”。党的任务便是“在群众中深入我们的势力，取得群众”。梁亿才认为，“运输工人工作非常重要”。其余各种工人也是非常重要。“以后必须注意群众的组织，有了适当的策略，是可以领导起群众的”。大会以后，“不要忘记了根本的肃清党内的机会主义，每个党部都要

---

① 中共中央党史研究室、中央档案馆编：《中国共产党第六次全国代表大会档案文献选编》下卷，中共党史出版社 2015 年版，第 652 页。

② 中共中央党史研究室、中央档案馆编：《中国共产党第六次全国代表大会档案文献选编》下卷，中共党史出版社 2015 年版，第 652 页。

③ 中共中央党史研究室、中央档案馆编：《中国共产党第六次全国代表大会档案文献选编》下卷，中共党史出版社 2015 年版，第 652—653 页。

加紧提〈拔〉工农同志去做工作，注意政治教育，不可如前将这些东西成为少数所有”。①

（11）胡秉琼，六大指定及旁听代表，学生出身，担任党支部书记，1925 年从广州到苏联莫斯科中山大学学习，参加六大秘书处工作。他在发言中指出，“理论是工具，事实是原料，决定将来策略是生产品。所以，要决定将来的策略，理论和事实缺一不可。会场上少数同志发生反对理论的倾向，这是很危险的。”目前，中国的革命的性质是资产阶级的民权革命，“但这不是常态的，标本式的，像西欧各国一样的资产阶级民主革命，而是变态的、反帝国主义的、爆发在世界革命时代的资产阶级民主革命。因为它是反帝国主义的，爆发在革命时代的，所以有转变为社会主义革命之可能；因为具有这个可能，无产阶级去参加和领导，它才有重大的意义。”胡秉琼认为，说参加这个革命的有地主，“国民党是地主阶级、农民和无产阶级的联盟”，“这是不对的”。“如果承认地主阶级参加，那么，我们便没有方法去解释中国革命，没有方法去说明中国革命所要反对哪个阶级”。②

说到革命潮流的估量问题。有些同志说高涨，有些说低落，有些说在两个高潮中间，胡秉琼以为这都不能切实地说明：在两个高潮中间的，“要不要停顿呢？停顿是长期的还是短期的呢？今天以后是上升还是下降的呢？一概没有回答”。

就阶级斗争的形式来看，“以前不过是示威、请愿、罢工等等，现在已到武装暴动夺取政权的阶段了。我们没有根据说它是低落”。再就农民运动来看，以前不过是广东、两湖、江西、河南等省，现在蔓延到安徽、浙江、江苏、直隶、山东及关外了，我们亦没有根据说它是低落。再就革命的情绪来看，以前要求革命的只是工农群众，现在侵入到兵士中间了。我们也没有根据说它是低落。但无可否认的是，“自宁汉反动后，白色恐怖是非

---

① 中共中央党史研究室、中央档案馆编：《中国共产党第六次全国代表大会档案文献选编》下卷，中共党史出版社 2015 年版，第 653 页。

② 中共中央党史研究室、中央档案馆编：《中国共产党第六次全国代表大会档案文献选编》下卷，中共党史出版社 2015 年版，第 654 页。

常利害，破坏了我们许多组织，屠杀了我们许多的勇敢的战士。我们主观的力量比以前大大的削弱了”，直接或间接受我们指导的革命民众减少了。因此，胡秉琼叫作“病态的上升”。

胡秉琼认为，决定今日以后革命潮流是上升还是下降的问题，先要看中国经济方面。现在“是破产与恐慌”。中国资产阶级能否采用改良政策，把这种危机消灭下去。要采用改良政策，必须中国独立与统一，必须帝国主义的金钱帮助。能够实行这个帮助的，现在唯有美帝国主义。英国对中国的贸易渐渐为日美夺去。如果他要维持自己的地位，非巩固他在远东的市场不可。日本帝国主义的生命，唯一的是依靠中国的原料和市场，无论如何他是不能放弃的。因此，便引起列强在中国利益的冲突剧烈，这样又反映到中国军阀内部的冲突。宁桂冲突，背后就是美英的冲突。而英、日帝国主义与美帝国主义的冲突，一方面表示封建势力和商业买办对民族资产阶级的冲突。这些冲突，都是无可调和的，“绝不能有任何一个帝国主义帮助任何一个军阀统一中国，独立中国，和帮助中国资产阶级走上改良的道路。”所以，中国革命的第二个高潮必要到来。[①]

胡秉琼指出：八七会议在中共党史上有很大的意义的，八七会议决定的是改组党的机关和暴动政策。八七会议后把机会主义战胜了，暴动政策是很对的。有些同志或说无割据之可能，或说当时两湖不是暴动的局面，或说要等全国的革命潮流，直接、间接地反对暴动政策，这是没有根据的。“说要等全国革命潮流，那么，我们有可能时何不先占据一二省做〈革〉命的根据地，而引起全国的革命潮流呢？”还有一些人用什么机械改组、挂牌主义的名词来反对八七的改组，说工人的教育程度低，不能做指导的工作。但是，工人哪里有受教育的机会呢？当然，八七会议后还有许多错误，如盲动主义、烧杀主义、强迫罢工等，但八七会议的根本精神是对的。[②]

---

① 中共中央党史研究室、中央档案馆编：《中国共产党第六次全国代表大会档案文献选编》下卷，中共党史出版社 2015 年版，第 654—655 页。

② 中共中央党史研究室、中央档案馆编：《中国共产党第六次全国代表大会档案文献选编》下卷，中共党史出版社 2015 年版，第 655 页。

八七会议后的错误，胡秉琼认为最普遍的就是农民倾向。有些人以为农民要比工人革命些，有些人以为中国革命的内容是土地革命，应该以农民为主。如山东开党的全省代表大会，有人主张农民五十人选一代表，工人每百人才选一代表。又有许多地方主张平分土地，归车夫店员分店铺，这种现象是非常危险的，如果继续下去，纵使能够夺取政权，亦不能够巩固政权。“中国是一个农民占大多数，我们和这个倾向奋斗，非经长久的时间和费很大的力量不可”。

关于第三党的问题。胡秉琼认为，有同志以为第三党是不能成为有力量的，我们不用注意，这是错误的见解。“他在像中国这样的国家是有很大社会基础的，我们必须用力夺取他的群众。”“现在，我们党中心的任务，就是夺取广大的群众，巩固我们的组织，扩大我们在群众中的影响，准备应付快要到来的革命高潮。同时，要肃清‘左’来的盲动主义，强迫罢工和右来的机会主义、尾巴主义等敌人。”①

（12）张任光，时任青年团满洲省委员会书记。张任光在 6 月 27 日的发言中首先声明自己一直在北方工作，而“北方工作向来是落后的”，所以若依东三省群众斗争情形而论，革命是低潮。去年十一月中央扩大会上，估量目前中国革命是不断革命，是直接革命，说中国已没有资产阶级性，已转变到无产阶级性的社会主义革命阶段了。这种估量是错误的。目前中国革命仍是资产阶级民主革命，追究错误的原因是把革命性质与革命动力混合起来了。现在革命的动力是工人农民，不是资产阶级，但是革命的实现内容与任务仍是资产阶级性的民主革命，它的社会内容是土地革命，它是反帝国主义的反资产阶级的资产阶级民主阶级民主革命。

张任光讲到这里，提出一个他不能回答的问题即：现在革命阶级是资产阶级民主革命阶段，将来发展的前途怎样？是不是将要转变到社会主义革命？在什么时期，什么情形，革命才转变呢？他认为这一问题“现在应该提出，应该加以正确的答复，否则要发生怀疑，要走错误”。到什么时期

① 中共中央党史研究室、中央档案馆编：《中国共产党第六次全国代表大会档案文献选编》下卷，中共党史出版社 2015 年版，第 655—656 页。

和什么情形革命会转变呢？依他的意见：一是全国有相当统一；二是经济有相当稳定和发展；三是帝国主义在中国力量相当削弱。同时这一转变，不能是很快的，而是渐进的。

关于革命形势估量。有的说革命潮流低落，但非简单低落；有的说高潮，或一直高潮；有的说中间阶段。张任光“以为不要这样死板说。我们要拿事实来看”。工人日常生活经济斗争，膨胀地起来农民的斗争，“可以促进城市斗争的发动。这样看来，革命潮流非是向下的低落而是向上进展，及表现新的高潮将要到来。”张任光谈到机会主义与盲动主义在北方工作中的影响和造成的损失。国民军在唐山时，把国民军说得怎样好，怎样好，把共产党与国民军相混起来，群众以为国民军是共产军，工会是国民军的，国民军一走群众不敢动了。这就是机会主义遗毒的表现。其次是盲动主义，东三省谈不上暴动，甚至游击斗争都不能作，为什么又犯了盲动主义呢？八七会议主要的精神是组织上的改造，党与新政策的决定，暴动政策传到满洲已是模糊不清。等到中央十一月扩大会议召开，不久东三省委就开扩大会，当时提出许多实际问题，如通化大刀会斗争，与土匪的活动，曾派人去工作。这样一来把实事与暴动政策相联起来，就有人主张暴动，甚至说几个月成立苏维埃，实现土地革命。在主观上对暴动政策的认识，可说是盲动了。总之，“机会主义与盲动主义是相联系而来的，有了机会主义之不动，就有了盲动主义之盲动，根本原因是在离开了群众多在转变的关头，没有正确的政治路线继续之结果。”①

那么，政治路线中有哪些问题呢？张任光认为暴动与割据、土地问题、反帝国主义问题、工农联系问题、党与群众关系问题是五个主要问题。“暴动政策是现在惟一的革命政策。只有暴动，我们才可以得到出路。问题不在于暴动不暴动，而是在于怎样准备暴动。”“目前局部的割据是不是要呢？我以为是的。大家都知道中国革命运动各地发展的不平衡，即在一省以内，各地的运动都是不平均的，因此割据的局面在某一部分如能可能，

① 中共中央党史研究室、中央档案馆编：《中国共产党第六次全国代表大会档案文献选编》下卷，中共党史出版社 2015 年版，第 656—657 页。

不论割据局面延长多久，我们不能不去暴动。割据的前途是扩大而至更大范围的暴动，不主张割据局面，结果必走到等待主义。局部的农民暴动要尽可能的在工人阶级领导之下的发动，尤其是一省或数省之暴动必有工人领导。”

张任光“主张没收一切地主的土地。土地没收后，我们将怎样办，平均分配或共同耕种呢？这要看当地的情形及农民的要求，依革命的前途来看，在宣传尚应拿出我们最后的主张。”“我们反帝是绝不妥协是坚持到底的”，“在实际工作中去反帝”。工农联系问题，“中心问题在无产阶级怎样去领导农民斗争”。“农民斗争必须达最高的组织性”，“要加强职工革命的工作，领导工人阶级日常斗争工作”。党与群众关系问题，“主要的在接近群众”，“使党成为群众的核心”。①

（13）杨宗义，顺直代表，铁路工人出身，时任中共天津市委委员、组织局主任，担任铁路工会常委，领导过包头的农民运动。②他对有的北方代表说没有革命高潮，是因为北方省份比较落后的说法提出异议。他认为，北方的党组织比南方省份要弱一些，那是因为那里的党组织受到君主和专制的控制。基层群众与它们没有任何联系，当基层工人有什么意见时，其他人就会说他不服从纪律，此人可疑，等等。所以，北方省份组织方面的不足是造成北方党组织落后的主要原因。他还揭露一些人作“虚假、不真实的报告”，群众说，“共产党是好党，但党员太差。这是因为党的工作人员工作得很不好”。他还谈道，我们向工人们宣传罢工，但罢工失败了，找不着党员；工人失去工作，党对他们没有提供任何帮助。当党的工作人员拿到失业救济金时，群众却没有拿到。他还批评天津的党务工作者吃得很好，穿得也很体面，住的更是不错，晚上还去看戏。他们哪里得来这么多

---

① 中共中央党史研究室、中央档案馆编：《中国共产党第六次全国代表大会档案文献选编》下卷，中共党史出版社 2015 年版，第 657—658 页。

② 中共中央党史研究室、中央档案馆编：《中国共产党第六次全国代表大会档案文献选编》上卷，中共党史出版社 2015 年版，第 125 页。

钱？自然会引起工人的不满和怀疑。[①]

杨宗义明确指出："目前的革命形势不是高潮，因为白色恐怖十分严重，而且没有减退的迹象。但群众的情绪要求有高涨的形势，且在提升。"如果党不能引导群众的情绪，那么这种情绪还会走向低落。武汉失败后，党有的只是起义的政策，国共两党决裂后我们依然没有明确的政策。当时杨宗义在河南工作，上级下达起义的指示，但如果举行起义，将会带来更多的牺牲，会失去我们所有的基层骨干。所以杨宗义说，我们害怕起义。但又害怕不起义会给我们戴上机会主义的帽子。杨宗义认为，八七会议以后，基层组织还没弄清楚什么是机会主义。所以，群众下级工作人员对于党的政策是不清楚的。他希望，在讨论了许多原则性问题的基础上，"应该为我们未来的斗争拟定出政治路线"。[②]

（14）刘坚予，学生出身，领导过罢工运动，时任中共四川省委书记。刘坚予在发言中，对有的同志说北方革命潮流是低落，"认为不对"。"实际上，北方客观条件并非不需要革命，是由于党的指导者老爷们一手造成的错误。如在北伐时，党取等待主义，等到国民党的军事势力之到来，绝不想发动群众本身力量。在张家口党的负责同志假造党员名单，说北伐军一到，这些人都可发展。在北京天津，党在群众中已失去信仰。在工人斗争时，党的负责者不去切实领导，工人同志失业、坐牢，党置之不理。等到放出来，找得工作做，党又去找他。在每次罢工时，党的负责人向上级党部领救济费，却将数百元放在自己的腰包里，住洋房，进大舞台，去大饭店，有时遇到下层群众则胡说一顿。这种实际行动的表现使群众怀疑共产党。"[③]

刘坚予听了各地代表报告各地的情形，认为北方的党与各地的党差不

---

① 中共中央党史研究室、中央档案馆编：《中国共产党第六次全国代表大会档案文献选编》下卷，中共党史出版社 2015 年版，第 658 页。

② 中共中央党史研究室、中央档案馆编：《中国共产党第六次全国代表大会档案文献选编》下卷，中共党史出版社 2015 年版，第 658—659 页。

③ 中共中央党史研究室、中央档案馆编：《中国共产党第六次全国代表大会档案文献选编》下卷，中共党史出版社 2015 年版，第 659 页。

多，不见怎样落后。依各地群众的切身要求不断的争斗来看是高涨的。依政治极端反动，白色恐怖十分厉害下，群众走投无路，这种是非高涨的。在国共没有分家以前，大家上政治舞台，要做官，洋洋得意，没有听过哪个指出机会主义的错误。等到分家后，机会主义也指出来了，八七会议决定暴动的新政策。但据各地代表的报告都说没有暴动的条件。各地暴动相继失败，大家现在方才认识，但已把一批一批党的干部牺牲了。党是不是布尔什维克的党？可以说正向布尔什维克的路上走。国共合作时，党是机会主义领导，对的，但下级同志从来没有听过“机会主义”这个名词，八七会议后党是进步了，但反过来又在各地发生盲动主义。这次大会讨论政治路线，开出会后的出路，希望按中国的实际情形来估量，以后不要再有什么机会主义，“盲动主义”的名词发生了。①

（15）余驾先，浙江代表、工人出身，在宁波和丰纱厂做工。他在发言中说自己工作的地方“很小”，“只能按实际的情形来说说革命的潮流”。他对宁波的工人运动比较了解。他说：工会没有了，“工人也会发起斗争来”。“在这次解散工人纠察队时，被他们打死了我们的不少工人，结果只好用罢工来抵抗。”“这时的工人对三民主义共产主义是莫明［名］其妙的，对重要的报告也是假的，说有多少多少人，但这些人都是国民党的，而不是我们的。在现在的反动派，他们每星期有三次宣传，把共产党骂的一文也不值。工人有些受了他们的宣传，他们不敢同我们见面”。②

（16）胡大才，作为指定及旁听代表胡大才参加六大，并在大会秘书处工作。他是四川巴中人，曾参加留法勤工俭学运动，并参加过巴黎汽车厂的罢工，1926 年 8 月到莫斯科东方大学学习。他在发言中指出：“过去党犯机会主义的错误，给党一个很大的损失，牺牲许多英勇干部，究竟机会主义是谁发明的，谁负责任的呢？”他认为：“机会主义非那一个人发明

① 中共中央党史研究室、中央档案馆编：《中国共产党第六次全国代表大会档案文献选编》下卷，中共党史出版社 2015 年版，第 659—660 页。

② 中共中央党史研究室、中央档案馆编：《中国共产党第六次全国代表大会档案文献选编》下卷，中共党史出版社 2015 年版，第 660 页。

的创造的，一定有他的经济基础和社会背景。”“有的同志说机会主义的来源是由于党内小资产阶级的领导，但我觉得不是这样简单的。中国是一个半封建半资本主义的经济，半殖民地的国家，充满着东方式的宗法社会的思想，中国党正是这种反映，使党成为几个人的家长式的专政。因半殖民地的地位，使智识分子破产，走入革命道路，小资产阶级充满了领导机关，所以机会主义的来源，是中国经济的反映。”

胡大才在发言中指出：机会主义何时发生的呢？有的说加入国民党后，又有的说党组织开始时即有，胡大才认为不对。“在中国复杂环境中，如在航海一样有许多礁石，随时可以遇险”。依他看，机会主义第一次表现于廖（仲恺）案，当时广东同志反对中央退让政策甚力。第二次表现在3月20日事变，我们确应当让步，但中央政策未免太右。第三次表现于上海三次暴动前后，党的政策摇动，与大资产阶级妥协，为顾全国民而牺牲阶级利益。第四次表现于武汉时期，当时两湖工农革命情绪高涨，革命的武汉力量不弱，因党自己动摇，反说工农运动“过火”，所以结果便造成一个全国失败。八七会议“才把党从灭亡的道路上挽救出来”。[①] 胡大才认为：盲动主义是机会主义的反响。盲动主义使党与群众脱离，使党的组织力量削弱，反对盲动主义同时要反对机会主义，要纠正盲动主义，一定要肃清机会主义。

胡大才指出：中国革命与世界革命的关系密切。过去我们知道中国革命是世界革命的一部分，但共产国际“更指出中国革命是世界革命不可消灭的一部分”，“如果中国革命成功，可给世界资本主义以根本的打击，中国革命如失败，世界资本主义的基础更加增强，因此，中国革命与国际无产阶级斗争有极大关系；帝国主义对中国革命干涉，使中国革命与国际无产阶级打成一片。”

胡大才认为：中国革命的性质，很明显的是资产阶级民主革命。最初我们用民主革命的口号，不久改为国民革命，其意便是对内打倒军阀，对

① 中共中央党史研究室、中央档案馆编：《中国共产党第六次全国代表大会档案文献选编》下卷，中共党史出版社2015年版，第661页。

外打倒帝国主义。但随后觉得在对外关系上尚弱，又改为民族革命，……现在有些同志怀疑革命的性质，是把革命动力与任务相混合。“湖北代表提议改为工农兵贫民革命，我认为不必”。资产阶级民主革命，是用以表明现时阶段革命的性质；而以工农兵贫民革命或工农兵革命作为宣传口号，自然可以。“中国革命自资产阶级叛变和小资产阶级叛变后，能领导革命的只有无产阶级”，我们“要巩固和加强争领导权，从党的组织上来巩固”，“加力斗争，是能走向非资本主义的前途”。①

胡大才指出，“革命潮流和是否革命是不能混为一谈的。如果革命是高涨，党的策略必然是马上暴动。现在一面承认革命潮流是高涨的，而一面又要防止盲动，实在是自〈相〉矛盾。革命潮流高涨或低落，非根据一地区，应以全国局势来看，且应以国际情势来看，布哈林同志对中国革命形势的估量，我认为完全正确的。”所谓暴动是要有条件的：有广大群众参加；暴动是武装斗争；要夺取政权。“南昌暴动，广义说是暴动，狭义的说法是武装政变，只有广州暴动可说是暴动。”“如果不能马上暴动，当然不能说革命一直高涨。”“广东，两湖、江西的基础比较巩固，将成为暴动中心，但同时应发展各省运动相配合”。②

胡大才指出，土地革命口号，在江西用的是“一切土地公有”，这口号不正确。土地国有是正确的，但目前只可列在党纲上，尚不能用为宣传口号。最适合目前的口号是“没收一切地主的土地”。中国土地肥瘦不等，田少人多，分配困难。应在可能情形下奖励公耕制度，但在中国北部情形又不同。乡村游击队应是群众的组织，如不管群众，只要有枪有矛，即要干，结果会走到军事投机，脱离群众。流寇式的战术，东走西跑可以用的。且必须采用征兵制，使其劳逸平均，同时均可得到军事训练的机会。③

① 中共中央党史研究室、中央档案馆编：《中国共产党第六次全国代表大会档案文献选编》下卷，中共党史出版社 2015 年版，第 661—662 页。

② 中共中央党史研究室、中央档案馆编：《中国共产党第六次全国代表大会档案文献选编》下卷，中共党史出版社 2015 年版，第 662 页。

③ 中共中央党史研究室、中央档案馆编：《中国共产党第六次全国代表大会档案文献选编》下卷，中共党史出版社 2015 年版，第 662 页。

（17）郭寿华，学生出身，曾任党支部委员，在上海和广东曾几次被反动派打伤。[①] 郭寿华作为六大指定及旁听代表，参加大会秘书处工作。他在发言中指出："大会主要的任务，是检查过去的工作，并定出今后的大的政治路线，以适应现在阶段的工作。这几天各种重要问题，大家都已提到"，但是对国际形势与中国革命关系说得很少。因此，他要说的一点是国际目前形势与中国革命前途的估计和任务。第二点是过去工作上的教训。第三点是共产国际几次扩大会上的决议和斯大林中国问题大纲，指出中国革命是帝国主义时期半殖民地的革命；社会各阶层，特别在乡村，存在着封建残余的作用，所以中国革命目前主要的是继续着作彻底的反帝国主义的运动。同时，发动广大的乡村农民的土地革命，这两件是相联结的。"中国党必须反帝国主义为瓜分中国而起的未来世界大战的危险，要求第三国际和兄弟党给予中国革命以更多的帮助"，"造成世界无产阶级的统一战线，以打倒帝国主义联合瓜分中国。"

郭寿华谈到过去的教训时指出：（1）否认过去有机会主义，至少对革命不忠实；（2）承认现在革命是消沉，停滞或低落，至少有取消派的倾向。（3）盲动主义是机会主义的"左"倾，与机会主义一样对党有危险的。"希望这次大会能给将来一条正确列宁主义的路线"。[②]

（18）涂作潮，在大会的代号是第八十号。他在政治报告的讨论中作了简短发言。他指出："中国共产党过去在组织问题上，做了很大的错误，谭平山来莫斯科时，他表示要保持联合战线和统一的指导，就不应该在军队中有共产党的组织。现在国民党反叛了，那时我们能不能保证他不反叛呢？这是当时一个极大的错误——投机主义。"[③]

（19）梁鹏万，作为指定及旁听代表参加六大秘书处工作，他工人出

---

① 中共中央党史研究室、中央档案馆编：《中国共产党第六次全国代表大会档案文献选编》上卷，中共党史出版社2015年版，第127页。

② 中共中央党史研究室、中央档案馆编：《中国共产党第六次全国代表大会档案文献选编》下卷，中共党史出版社2015年版，第663—664页。

③ 中共中央党史研究室、中央档案馆编：《中国共产党第六次全国代表大会档案文献选编》下卷，中共党史出版社2015年版，第665页。

身，曾参加过新加坡党务、唐山地委工作，参与或领导过上海、唐山、天津等处罢工。1926 年到莫斯科东方大学学习。他在发言中指出，自己离开中国已经一年多了，只能结合几天所听到的及过去的经历谈谈个人意见。他认为："吸收工农分子工作的口号现在是谁都承认是对的，但须有方法才行。在过去几年工作中，工人同志能得党信任的，我是其中之一。但是信任的方式怎样？党只派我工作，不指示我工作方法，不训练教育我们。工作做得好是个人的，做得不好是党的，结果很易变成个人行动。所以提拔工农分子不在口头上的，同时应该训练教育他们，告诉他们工作的方法。否则党的策略路线就会走到机会主义和盲动主义，他们也不得而知。过去发生机会主义盲动主义当非偶然的，如派工作给同志，但没有政纲，像以前在国民党工作，我们党没有彻底和明确的政纲适合实际需要的，弄得工作同志愈跑愈远，故我们主要应有很好的政纲，同志们才有正确的工作前途。李立三提出来的政纲，值得注意讨论。"

梁鹏万认为，过去工作偏向容易方面发展，"如职工运动，对于重工业、童工、女工等较难工作便抛却了，而向轻工业纱厂工人发展，做青年运动，向学生发展，偏妇女运动向姨太太发展，现在也有这种倾向。农民运动容易做，暴动容易做，就偏重做农民运动和暴动，因此城市工作日渐缩小，在武汉工会没有了，工人同志只几个，上海工作亦缩小，北方铁路工作做不起来，很明显的好像我们现在忽视职工运动工作，故这次大会应将切实注意。""过去犯机会主义现在反过来犯盲动主义，现在我们要注意不要将来的工作或在同时暴动而不动或指到其他错误，再从左到右去，这在我们应该注意到的。"①

中共六大关于政治报告讨论，时间最长，发言人最多，达到 72 人（次）。时任大会副秘书长的罗章龙曾回忆：政治报告讨论时间最长，辩论亦最激烈。"出席代表各就本人对政治的见解发表意见，同时结合自己在大革命高潮中，曾亲自参加各种实际斗争（包括政治、经济、工会斗争、农

① 中共中央党史研究室、中央档案馆编：《中国共产党第六次全国代表大会档案文献选编》下卷，中共党史出版社 2015 年版，第 664—665 页。

民斗争与武装斗争等）说出各条战线的经验教训等，大都陈述具体、生动，足以惩前毖后，昭示全党。”① 各地代表发言内容不仅丰富，而且十分具体，包括不少鲜为人知的地方实际情况；同时，对大革命失败前后中国革命性质、任务，革命形势的估量，过去的教训，党的任务、工作策略等方面，提出了不少的意见和建议。这对党更好地实现向土地革命战争的转变，更好地发动群众、领导群众，有着重要而积极的意义。

（三）关于政治报告的结论

中共六大关于政治报告的结论，是中共领导人瞿秋白和共产国际代表布哈林两人分别讲话，从不同的角度对大会持续多日的热烈讨论所作的总结。

1. 瞿秋白关于政治报告讨论的结论

1928 年 6 月 28 日，是中共六大召开的第 11 天。按计划，瞿秋白向大会作关于政治报告讨论的结论，主要是概括和总结了政治报告讨论中提出的若干重要问题和存在问题。全文约 3 万字。②

第一个特点是瞿秋白概括了大会讨论中的特点和新气象。他认为：这次大会不仅有布哈林的报告及对错误的分析，指出将来的方针，还注意听取了群众的声音和各地工农的意见及感想。这是中共六大的一个重要特点。党的全国代表大会的意义是总结过去的工作，定出将来的方针。通过充分的讨论，而不是简单的下命令，可以使代表“懂得内容，应将怀疑说明，提出具体办法”，让群众对“上级党部的决议、办法、方针”有相当了解，使“群众得到认识而去执行”，这是很重要的。党固然要有铁的纪律，下级应当切实执行上级的决议。但对党的决议方针有了理解和认识，执行起来会更顺利，可以有“希望得到很好的结果”。

第二个特点是代表们畅所欲言。“对于中央，各地代表都加攻击，或是

① 中共中央党史研究室第一研究部编：《六大代表回忆录》，中共党史出版社 2014 年版，第 52 页。

② 《瞿秋白文集》政治理论编（5），人民出版社 1995 年版，第 593—641 页。

攻击还不够，这是新的现象”。这在党的生活中，是以前没有的情况。以前所谓党即执委会，执委会即常委，常委即书记，可以决定一切！这次大会就不同，不仅受共产国际指示，并且受各地群众代表的指导。得到过去的教训，指出中央的错误，此乃好的现象。瞿秋白说这次大会有两个“第一次”：一是大会代表由各地选出来是第一次，二是大会代表“第一次从支部中及群众中选出”。

第三个特点是大会讨论中有两种表现或倾向：一是攻击中央的一切政策；二是盲动主义的现象确是有。瞿秋白认为，谁对盲动主义负责任，这不重要，重要的是盲动主义的存在，这对党的事业有很大的危险。

第四个特点是大会要作结论的根本问题是中国革命性质与前途和中国革命目前的任务。瞿秋白指出：关于中国革命性质与前途，布哈林报告已说过，但这次讨论中很少谈到，说得很肤浅，许多同志只说同意布哈林的意见。关于中国革命目前的任务，大会主要是要解决怎样回去做的问题，怎样准备暴动，怎样宣传，怎样组织等，而不是追究过去机会主义或盲动主义的责任问题。

接着，瞿秋白就代表们在政治报告讨论中提出的中国革命问题、机会主义、八七会议后路线等若干重要问题作了结论。

（1）中国革命问题，涉及“无间断革命”与工农民权革命关系、革命的转变、中国革命的特点、革命当前的任务、中国有否建设社会主义的可能等问题。关于中国革命问题，瞿秋白着重分析了“无间断革命”与工农民权革命说。“无间断革命”是马克思提出来的，意思是说德国革命可以发展到社会主义革命。布哈林在讨论中国革命问题时也说革命越往前走越往前进。托洛斯基解释为：俄国革命要么不开始，要开始即社会主义革命。中共中央是反对托洛斯基解释，认为中国革命向前发展必然要转到社会主义革命，但当时还不是社会主义的革命。所以，彭述之在十一月扩大会上提出革命是社会主义的革命，中央并未采纳。这次会上大家都明白了。和此相关的问题如下：

一是关于工农民权革命的提法。有人提议将中国革命改名为工农民权革命。因为有些同志在宣传上听到“资产阶级”四个字总不高兴[①]。瞿秋白认为，中国革命在鼓动性质的文件或演说中可以称为工农革命，高呼“工农革命万岁”是可以而且应当的，但这并不是说明中国革命性质的名词。要说中国革命的性质，“必须指出资产阶级性的民权主义革命”。在这个革命阶段，社会的主要内容是土地革命，有确定的生长（转变）而成为社会主义革命的趋势。这种说法比较最妥当。如果论中国革命的现实性质，且称之为工农民权革命，而不说明现时中国革命的资产阶级性，那就是欺骗工人阶级。

二是关于革命的转变问题。瞿秋白谈到，共产国际第七、第八次扩大会都指出：中国革命现时阶段是资产阶级民权主义的；但有非资本主义发展的前途。但第九次扩大会仅说前一半，后一半是不是取消了？许多代表对此表示不理解，以为要取消这个前途。共产国际可能没有取消这一前途的意思，但中国同志表示怀疑也是有根据的。所以，在这次大会必须确切的指出来，中国的资产阶级民权革命，“有一确定趋向转变到社会主义革命”。至于怎样转变？应加以研究。[②]

三是中国革命在现阶段有明显的特点，瞿秋白指出，这个特点就是，无产阶级在反对中外资本及反动统治的斗争之中，团结自己的力量，力求领导小资产阶级群众的反帝国主义及反军阀统治的运动，尤其是要领导自发的农民斗争和暴动，尽可能地使这些暴动争斗有系统有觉悟，以引导土地革命及反帝国主义运动到底。以此保障对于农民及小资产阶级贫民的领导权而完成反帝国主义的资产阶级性的民权革命。

四是革命当前的任务是什么？瞿秋白明确指出：是反帝，是土地革命，是建设工农民权独裁的苏维埃。所以现阶段是资产阶级性的民权革命。建立工农民主独裁——苏维埃政权。只有苏维埃是从工农民权独裁进于无产阶级独裁之最无流弊最容易最适当的方式。八七会议的政治决议案说左派国民党政权形式是转入无产阶级独裁的形式，这是非常错误的，是对国民

① 《瞿秋白文集》政治理论编（5），人民出版社1995年版，第600页。
② 《瞿秋白文集》政治理论编（5），人民出版社1995年版，第593—597页。

党左派的估量错误。真正实行土地革命，真正反帝，要更剧烈的群众行动。把帝国主义者从中国赶出去，消灭封建余孽，没有别的方法，只有武装暴动，推翻现存政权，建立工农民权独裁。

五是中国有否建设社会主义的可能？瞿秋白回答说：如何单单依靠中国的经济基础来独立的建设社会主义，布哈林认为可能是很可疑的。如果革命的发展还能依靠别国胜利的无产阶级的帮助，那么就有真正的社会主义革命的建设。这样，瞿秋白把大会讨论中怀疑、争论的问题，给出了一个正确的结论，这就是：现在的革命还是反帝国主义的资产阶级民权革命，社会的主要内容是土地革命，这革命的完成及其完成的过程之中，就有转变为社会主义革命的可能。但现在还不是社会主义的革命。

六是关于中国大革命失败的原因，瞿秋白总结说：客观原因是大家都承认的。第一，帝国主义力量强大，经济封锁武汉，资产阶级和反革命力量团结；第二，豪绅、地主、资产阶级保持武装力量，反革命的武装是较工农群众武力大得多；第三，对于一般小资产阶级在政治上、经济上的困难，无法解决；第四，工农革命力量发展不平衡。同时，无产阶级本身力量薄弱，没有统一的坚强的革命队伍。研究失败原因，为的是免将来再犯危险，所以提出来大家研究[①]。

讨论中有同志对豪绅、地主参加革命，表示怀疑。瞿秋白申明，他在报告说豪绅参加革命是表面上的；同时是说豪绅不能不革命而表示革命。要注意他们的商业化，因商业化的关系，他们霸占市场，与外资通商。我们没有注意在资产阶级叛变前准备好，所以才被打得落花流水。[②]瞿秋白指出：中国革命失败，并非因为革命走得太远了，乃是走得太不远了。武汉时期，汉阳兵工厂工人要没收工厂，党怕得不得了，以为是社会主义革命的任务行不得。工人纠察队要捕人，更以为太激烈。结果党落后于群众。说湖南农民过火、武装工运过火，是不是造成革命失败的原因呢？党那时采取退让政策，正确的路线要前进，作坚持斗争，党却放弃这些，使革命

---

① 《瞿秋白文集》政治理论编（5），人民出版社 1995 年版，第 597—601 页。

② 《瞿秋白文集》政治理论编（5），人民出版社 1995 年版，第 601—602 页。

失败。[①]

七是关于第三党的问题。瞿秋白认为：如果共产党有正确的策略和路线，可以领导广大的小资产阶级和农民，那么，他们是没有出路的。[②]他们常抱怨，国民党太右了，共产党太“左”了，只有他们才适合中国革命的时代。小资产阶级的本性是带有两重性，即动摇于反革命与革命之间。有一位代表对瞿秋白写信给布哈林说要与小资产阶级争夺领导权的话表示反驳，这是不对的。过去认为小资产阶级没有出路，不会有政党。现在第三党已成了事实。革命在过去和现在不一定只有无产阶级领导。共产党内也常常反映出小资产阶级的影响。[③]

八是关于政纲的问题。瞿秋白认为：革命性质确定了，就可以根据革命性质来确定政纲，公布到全世界，使全世界劳动者或一切敌人都认识我们在目前的工作。瞿秋白在报告中提出了七条政纲，但讨论中只有李立三略为说到。瞿秋白认为这是大会的弱点。所以，他在大会总结中重申了统一中国，废约，废债，没收外国一切企业，关税自主、苏维埃共和国（工农民权独裁制）等七条政纲。对于中国资本家的大企业，是否没收，则看其对革命的态度。瞿秋白认为，这个政纲是完全适合于现在的情况。[④]当瞿秋白作结论时，有代表提问：在这政纲上还可不可以加上统一度量衡？瞿秋白回答：自然可以的。

九是工人阶级的策略基础。瞿秋白指出：工人阶级，主要是领导农民、城市的贫民，而以无产阶级做领袖，去反对、打倒地主、豪绅、资产阶级、官僚、买办、军阀和驱逐帝国主义。国际方面就是反帝国主义的策略。对民族资产阶级是可以研究的。它本来到现在完全反革命，但在经济还未完成资产阶级的任务。继续北伐就是资产阶级要求统一的企图。济南事件它也多多少少表示反帝国主义的行动，不过只限民族改良主义而已。所以对

---

① 《瞿秋白文集》政治理论编（5），人民出版社 1995 年版，第 602 页。

② 《瞿秋白文集》政治理论编（5），人民出版社 1995 年版，第 603 页。

③ 《瞿秋白文集》政治理论编（5），人民出版社 1995 年版，第 603—604 页。

④ 中共中央党史研究室、中央档案馆编：《中国共产党第六次全国代表大会档案文献选编》上卷，中共党史出版社 2015 年版，第 345—346 页。

民族资产阶级要有相当的策略。一是要暴露他们的假面具和罪恶，二是要根本推翻它的统治。反对民族资产阶级是绝不能有丝毫动摇的策略。

十是对小资产阶级问题。瞿秋白同意有同志提出的小资产阶级分几层的看法：上层小资产阶级反对土地革命时，只有不客气地反对它；在反对反动阶级以至民族资产阶级（反军阀等）运动中，要争取下层贫民的小资产阶级群众。

十一是对农民的问题。瞿秋白认为：应当领导整个农民打倒地主，但农民中的分化，在各地有些不同。有些地方的富农尚革命，如河南部分的红枪会就是一个例证。有些地方富农则反对我们，如在苏维埃成立的地方。总括来说，我们要没收地主的土地，到将来也许要组织贫民委员会，反对富农。

十二是对乡村游民无产阶级的问题。瞿秋白提出：要领导他们的自发争斗。他们要土地，要平分土地都可以去领导他们，但我们有自己的政纲。要告诉他，平分不是共产，共产是大规模的生产。我们知道俄国革命，虽然有些提到平分的党如民粹派，但并不是共产党。瞿秋白说因时间来不及按有同志的要求讲对各阶级的关系，但在结论中还是涉及到了。[①]

十三是土地问题。瞿秋白在总结中指出，对于土地问题的根本原则，一直到六大前，都没有弄清楚。十一月会议有一个草案，最后一条提出要没收地主土地，这是对的！最后才无意中改为一切土地归苏维埃，没收一切土地，主张打破自耕农土地不动摇的观念。同时还写了许多信给各地，要他们这样干。瞿秋白指出，我们对于土地革命的意义，认识非常模糊；对于没收土地的概念，是由没收大地主起想，一直想到没收中农而致没收小农和没收一切土地。这样是最彻底的、“最社会主义的”的没收一切土地了。殊不知这对于自耕农是极笨的策略。这是一个大错误。这个错误，大会是要来纠正的。[②]

（2）机会主义问题

机会主义问题，涉及什么是机会主义？机会主义和共产国际的关系、

---

① 《瞿秋白文集》政治理论编（5），人民出版社 1995 年版，第 604—606 页。

② 《瞿秋白文集》政治理论编（5），人民出版社 1995 年版，第 606—607 页。

机会主义和陈独秀的关系，等等。瞿秋白指出，在政治报告的讨论中，同志们对机会主义的问题说得很多，到底什么是机会主义？

首先要弄清楚什么是机会主义？瞿秋白概括为八点：一是对阶级争斗与国民革命关系的误解，因此，就是为了联合战线不能不限制或牺牲阶级争斗。二是在革命进展上，阶级分化愈强，指导机关之机会主义愈加显露。三是在武汉前，阻止左派帮助右派。四是在武汉时阻碍工农运动的“过火”，及土地革命。五是没有做到党部以及群众组织“工人化”“群众化”。八七会议后还有许多机会主义的余毒，如阻滞党的改造等等，军事冒险的武力主义、妥协的政策。六是广州暴动时起，机会主义少了，但产生了盲动主义。可以说机会主义分作两部分，先是不动主义，后是盲动主义。七是在组织问题上，党大部分是家长式的脱离群众，小资产阶级的社会基础占优势，不肯提出积极的工农分子来。八是在理论上认识缺乏正确的固定的估计。

瞿秋白认为，归结起来，机会主义就是中国党对中国革命的根本问题，有非马克思列宁主义的非布尔什维克的路线。瞿秋白指出：讨论中项英说只有“半马克思列宁主义”是太客气了。当然组织方面也有关系，但这不是最主要的原因。瞿秋白不同意蔡和森说陈独秀是民族资产阶级的左派；也不同意张国焘说的，机会主义完全是估量形势不正确。瞿秋白认为：形势估量即使正确，如可以暴动而只主张武力军队的政变，也还是机会主义。还有一位同志说机会主义不是因为理论缺乏的关系，如季诺维埃夫、托洛斯基是懂理论的，仍然走到机会主义道路上去了。所以，估计革命形势不正确不一定是机会主义。然而对革命性质及策略的根本问题不明白，都是理论错误。[①]

同时，关于机会主义和共产国际的关系，瞿秋白认为，不能说共产国际给我们的指导都是机会主义的。如果他们认识正确，至少可以帮助我们党纠正的。还是要怪我们自己。他们虽然不能教训我们，群众是教训了我们。如果我们是马克思列宁主义者，我们一定不会走到机会主义道路上去。[②]最重要的是注意自己小资产阶级化，常常可以反映到党的政治生活上

① 《瞿秋白文集》政治理论编（5），人民出版社 1995 年版，第 607—609 页。

② 《瞿秋白文集》政治理论编（5），人民出版社 1995 年版，第 609 页。

来。要用全副精神来肃清这种倾向，从心理上、习惯上、行动上和一切生活上尽可能做到这一点。瞿秋白不赞成说以前没有对于各阶级的分析、没有党纲，是产生机会主义的原因；也不赞成说既要联合战线，便不能不发生机会主义。瞿秋白指出：问题的根源还是共产党指导机关小资产阶级化，这才是机会主义产生的根源。机会主义在组织上也是很严重的。这就是把党变成了老爷党，老爷叫工人做事，做得好就给赏，有同志无处安插就给他工作，这就是害了工人。①

再次，关于机会主义的责任问题、陈独秀的问题。瞿秋白讲道：大家在讨论中提出是否由陈独秀一人负责呢？大家说不应该，又说他应负一点。这是法律的观点。陈独秀的思想是有系统的，常有脱离马列主义的观点。在政治意义上说，陈独秀是要负责的，但他的作用在中国革命中始终是伟大的。在武汉他有机会主义的政策，妨害了甚至出卖了工人阶级，这是不错；但当时的中央政治局，是和他共同负责的。至于过去，从五四运动的《新青年》杂志以来，他对中国革命有很大的功绩。现在，只说他个人犯了错误。在政治上，机会主义应由政治局负责。

最后，关于陈独秀到苏联的问题。瞿秋白说：武汉时，共产国际要他来苏联，是要他来讨论，并未指定他是机会主义领袖。但他不来。十一月会议之前，共产国际曾三电催促他来。同时，《时事新闻》报载所谓第三国际开除陈独秀和谭平山的党籍，我们便问共产国际。共产国际否认这回事，还是要他来。瞿秋白和李维汉去找他，他始终不肯。瞿秋白主张陈独秀参加扩大会议。但共产国际驻中共代表罗明纳兹不同意，仍要陈独秀到莫斯科。罗明纳兹认为，“因为开会很危险而他又不接受国际的意思”。②

（3）关于八七会议后党的路线

谈到八七会议后党的路线问题，瞿秋白讲了八七会议的意义、八七会议的局限、改组党的问题、四省暴动等十个问题。

一是关于八七会议的意义。代表们在讨论中说得很多。八七会议不

① 《瞿秋白文集》政治理论编（5），人民出版社 1995 年版，第 609—-610 页。

② 《瞿秋白文集》政治理论编（5），人民出版社 1995 年版，第 610 页。

久以后，群众认识到中国共产党，不但只是湖北，甚至北方都是这样。但八七会议也有不足，如对革命形势估量的过分。八七会议决议案决定，凡在可能暴动的地方在国民党旗帜下动作起来，这就混淆了革命在走向高涨还是已有高潮，革命的客观趋势是走向高涨，这是对的；但并不是革命已有高潮。八七会议没有把这一点说明白。

二是秋收暴动和南昌暴动是否是盲动主义？瞿秋白否认。秋收时，农民不断地起来，问题就在于我们怎样去领导，至于其他技术的方法，又是一问题，客观上是很需要的。指导秋收暴动，不能说是就等于盲动主义。八七会议对土地问题有正确的策略而没有彻底的政纲，对反帝国主义、对国民党、对职工运动的策略不完善。中央主要的错误是对暴动观念不清，估量不正确。自然估量之错误也不仅在中央。

三是十一月中央政治局扩大会议比以前有进步，严格订出城市工作方针；对政纲也和八七会议不同。党对暴动观念的了解也有进步。八七会议后，游击战争就提及了，但是模糊的，这是最早的观点。后来到了上海，就承认有可能时就发动，叫同志到乡村中去发动群众，因为武装不多，就采用游击的方针，有几支枪就算是游击。海陆丰胜利之后，就发生了“割据”这个名词。瞿秋白认为只能说是建立革命区域，反对用这个词。土豪、劣绅赶掉了怎么办呢？就是建立政权。海陆丰占领，敌人一定还是会来打我们的，所以一定要有发展的趋向，要向别的地方——广州发展，以保障之。暴动的前途，可以发展一省或数省。

四是广州暴动开始了苏维埃的新时期。大家在讨论中都没有多说广州暴动的意义。从 10 月 14 日到 12 月是工人高潮的时候，农民有许多的斗争。这暴动是必需的。中央认定这暴动应发动农民，事后已经证明了。总政策是对的，但是有许多的错误，这错误也不能抹杀它的总意义。广州暴动前，资产阶级是动摇的；广州暴动后，资本家就变成进攻的形势了。[①]

五是四省暴动问题，从大体上分析很多，对敌人力量估计过分动摇，

① 《瞿秋白文集》政治理论编（5），人民出版社 1995 年版，第 611—613 页。

但不能说过分的估量了革命高潮的征象。如两湖，中央以湖南为中心，因为湖南醴陵等地和毛泽东、朱德，有组织的农民暴动及红军，应当联结配合他们，同时使株洲、萍乡、长沙工人为指导者。中央是指示了的，并且还派人去，但不知道他们怎么办的。[①]

六是革命高涨，但不是高潮。瞿秋白记得很清楚，中央说革命是高涨的，但不是高潮。他不赞成王若飞在暴动后说是低落。王若飞声明是比较五卅运动是低落，那就是低潮。瞿秋白说比五卅运动低是承认的，可是不能说是低落。他还解释说，中央也并未说革命是一直高涨的。中央十一月决议案提及了南昌的教训，指出了盲动主义的危险。八七会议后党中央主要的错误是：一是对暴动观念不清，加重了地方机关的盲动主义情绪及方法。二是对革命形势的估量，对敌人的强点未十分注意。[②]

七是关于这次大会的任务。瞿秋白指出，这次大会要总结经验教训，对过去工作的错误进行批评，以吸取教训。过去很多不正确的意见，虽然成为党的正式意见，但发生了盲动主义，现在要正本清源。包括对盲动主义的一些看法。瞿秋白认为：说盲动主义是由革命热情而来，是肤浅的、不对的；说盲动主义的危险性是对的；说盲动主义仅仅是由于“不间断”革命论而来，是不对的，虽然其中有一部分因素；说形势的估量过分是夸张的。江苏省委的盲动，比中央更进一步，中央是制止的。但对上海的紧急决议案，中央的通告是有影响的。还有许多地方在未接到中央通知之前就发生了盲动主义。

八是城市和乡村的土地革命的关系。瞿秋白说：在讨论时，有些同志很注意城市。因此无意之中就轻视了土地革命，把土地革命与反帝国主义对立起来。瞿秋白不同意把盲动主义等于农民意识。因为，农民并不是天天要暴动，如江苏等地强迫杀人、农民不肯的事实就可证明。争夺城市，并不是要农民去攻城，而是要革命势力在城市无产阶级的日常政治、经济争斗中树立起来。讨论中有人说中央不注意中国革命不平衡的特点。其实

① 《瞿秋白文集》政治理论编（5），人民出版社 1995 年版，第 613 页。
② 《瞿秋白文集》政治理论编（5），人民出版社 1995 年版，第 614 页。

中央早已指出，决议上是有的。组织上旧的工作方法，因为找不着出路，就发生了蛮干、以至烦闷的倾向。旧的命令主义也可以助长盲动主义的发生。[①]

九是肃清机会主义和打倒盲动主义。瞿秋白指出：现在是两个口号，第一个是肃清机会主义，第二是打倒盲动主义。盲动主义有很大的危险，中央是注意反对了的，可是不十分坚决。盲动主义除了主观原因还有客观原因。这就是失业的工人和游民无产阶级的心理反映到党内，所以乱动起来。盲动主义在组织上有削弱党的危险。在反对盲动主义的同时，还要反对使党脱离群众的命令主义。还有国民党主义的余毒、军事投机、轻视自发斗争、党权主义、与群众隔离，把农协与工会当成招牌，处处只看见党的机关；烧杀政策等其他小资产阶级的倾向。要使党员明确的了解，命令主义也是不好的倾向。[②]

十是八七会议后党内存在的问题。瞿秋白指出，八七会议以后党内还存在的不好问题或说缺点：一是轻视工人运动。中央在广东暴动后是更加注意工运了，但客观上党员大多数的心理，都表示要到乡下去。二是对民族运动的轻视。这是很显著的缺点，至今未能全改。三是在组织上过分民主主义化，在改组党的过程中往往发生。四是工学界限。北方闹得最大，以前党部的同志，都换了工人同志。这是有原因的，就是过去智识分子太轻视了工人。然而，此后绝不可偏向于反智识分子。这在顺直与广东都有过。五是理论教育。这次大会不希望仅仅有怎样好的一个决议，而是要怎样使工人同志明了理论，如决定办党校与训练班。要知道工人政党无理论是要破产的。这些缺点，是盲动主义的基础。

十一是八七会议的不足。瞿秋白认为，八七会议不是反对机会主义太过，而是反对得不够。因为机会主义无论是右倾或“左”倾，都是离开布尔什维克的道路，都反映非无产阶级的、小资产阶级的（游民无产阶级等）、以至绅士资产阶级的意识，表示这些非无产阶级的意识还影响着无

① 《瞿秋白文集》政治理论编（5），人民出版社 1995 年版，第 614—615 页。

② 《瞿秋白文集》政治理论编（5），人民出版社 1995 年版，第 615—617 页。

产阶级的政党，而且影响得很深。所以，盲动主义、命令主义的现象，并非由于反机会主义太过火，而是还不够。①

（4）关于现在中国革命的形势

瞿秋白谈到这个问题时，首先涉及的是什么是高潮的标准，其次说现在是不是高潮。什么是高潮的标准？有些同志说城市工人斗争薄弱，乡村农民单独暴动，党的力量不足等，断定中国革命不是向高潮的。瞿秋白赞成周秀珠的意见，不能以党的没有力量，党自己不会工作，就说革命不是走向高潮。分析这个问题的中心在能看客观的情形，不仅是看主观的一方面，要革命任务的解决是否有别的出路，这样才能来解决革命是向高潮或是低落的问题。

第一，现在是不是高潮？蔡和森提出高潮到来有四个条件。瞿秋白认为那样就有“非常之多的条件”。如果形势上革命可以进攻，那就可以说是高潮。广州暴动的爆发是向反革命的进攻。可暴动失败，证明敌人的力量大。但广州暴动后，革命无疑地在“走向高潮”。这个问题的中心是在看客观的环境，革命的动力，经济的状态，群众要不要，而不是能不能。②瞿秋白也指出，讨论中关于什么是高涨，什么是高潮，这两个问题是混合的。所谓“两极化”，一个极端是工人群众革命化、农、兵士、贫民更加日益倾向革命；一个极端是豪绅、资产阶级、帝国主义更加加紧压迫，而相当的团结起来。如果我们能够发动起 90% 的群众，那我们不仅能够建立起工农政权，而且可以抵抗帝国主义的压迫，“动摇帝国主义之资本主义稳定”。我们要领导彻底的土地革命，就要立刻去发动群众，在争斗中去取得群众，不是相反的，不是等待！③

虽然斯大林提出中国革命形势正处于低潮，但瞿秋白根据布哈林的报告，认为客观上革命是“走向高潮”的。一是因为农民正在起来，并未离开革命；因为工人阶级正在团聚自己的力量；因为兵士参加革命已经开始；

① 《瞿秋白文集》政治理论编（5），人民出版社 1995 年版，第 617 页。
② 《瞿秋白文集》政治理论编（5），人民出版社 1995 年版，第 618—619 页。
③ 《瞿秋白文集》政治理论编（5），人民出版社 1995 年版，第 621—622 页。

因为无产阶级的党正在巩固而与群众相联起来。所以革命是“走向高潮”的。二是高潮尚未来到。三是革命发展的不平衡，与反动统治的不平衡是相关的。四是“割据”发展的前途。在不平衡的中国，是有可能在一省或数省中先有暴动成熟。①

第二，对于民族资产阶级，瞿秋白认为，北伐之后的民族资产阶级的领导，是反革命的领导权，只是更明显地暴露蒋介石的卖国行为。北伐的完成，正是民族资产阶级开始丧失其领导权，使小资产阶级更加一天天的离开它。这是民族资产阶级的前途，它实际上是要做到十全十美的地主与帝国主义的走狗。②

第三，党的任务是什么？在上述情况下，党的任务是什么呢？瞿秋白认为：我们的大会就要来决定这一些事情：一是使党成为群众的党，战斗的指导机关；二是使党有力量去组织群众，发展群众的组织——苏维埃、红军、农民协会、赤色工会，等等；三是在剧烈的斗争中去强固群众的力量与无产阶级的领导。一切都以此为出发点，使党和群众的力量增加。③

第四，高潮与暴动。瞿秋白指出，对于中国革命形势，怎么认识，当时并不很清楚。1928 年 2 月共产国际通过中国问题决议案。4 月，中共中央在接到共产国际决议案后，于 4 月 30 日通过《中央通告第四十四号——关于共产国际执委会二月会议中国问题决议案》，明确表示：中共中央政治局接受共产国际执委二月会议的中国问题议决案之一般方针，“并且认为在最短期间，于本党第六次代表大会之前，必须切实执行这议决案必要的具体步骤”。④

中共中央要求共产国际解释的几个问题。瞿秋白谈到，中共中央在接收共产国际指示通过决议案后，要求共产国际解释以下重要问题：一是关于革命形势。如果我们承认革命潮流不是低落，不是消沉，不是停顿，那

① 《瞿秋白文集》政治理论编（5），人民出版社 1995 年版，第 629—631 页。

② 《瞿秋白文集》政治理论编（5），人民出版社 1995 年版，第 623 页。

③ 《瞿秋白文集》政治理论编（5），人民出版社 1995 年版，第 632 页。

④ 中共中央党史研究室，中央档案馆编：《中国共产党第六次全国代表大会档案文献选编》上卷，中共党史出版社 2015 年版，第 36 页。

么我们应当承认革命潮流高潮。当然并不是说革命已有全国范围的高潮。二是共产国际决议案对于统治阶级客观上政治的经济的不稳定，说得不明白。三是关于革命性质。共产国际决议案没有再说明资产阶级民权革命有确定的生长而成（转变）为社会主义革命。四是共产国际决议案没有提到农民意识的危险。五是共产国际决议案只说明“应当准备应对新的广大的革命浪潮之高涨”，瞿秋白等中国同志认为，这是应当尽可能竭力准备，勿使过早的暴动，被敌人击溃。可是恐怕误解为阻滞已经发动的农民暴动。所以应当再指明必须配合已经发动的农民暴动，应当加紧城市工作，并且发展已有的苏维埃区域。

有同志指责中共中央说，既然不同意共产国际执委会第九次扩大会决议案而又发表这个决议案，是“用外交手段对付国际”；中央通告第四十四号只是简简单单地说接收，而没有解释明白。瞿秋白否认这一说法。因为要求共产国际解释问题的这个文件，被共产国际交通局遗失了，所以瞿秋白只能靠追忆来复述。[①] 瞿秋白认为，当时中央的错误仍不过是对于中国革命敌人力量的估量，没有重视是客观上走向高潮的革命趋势与目前革命形势的有无高潮相混。

关于党在目前的任务。瞿秋白指出：党在目前的任务，一是实行总暴动的方针，但并非立即暴动，并且注意大城市的工作。二是一切组织、政治任务，集中于争取群众与准备暴动。三是职工运动，争取群众在日常经济、政治争斗的过程中，从下而上的切实建设群众的赤色工会，利用各种公开形式及秘密组织，如群众自己的兄弟会等。四是农民运动，依据各地条件的不同，有各种不同的方式，如抗租、抗税、抗债等的群众斗争。还有兵士运动、反军阀问题、反帝国主义问题、党内问题、配合联结问题。

瞿秋白的最后结论是：群众是我们胜利的保障！要“争取群众以准备武装暴动”。以前并不是暴动的总方针削弱了党与群众的联系，乃是命令主义即“党权主义”不正确的对于群众的态度，使党不能将政治影响在组织

① 《瞿秋白文集》政治理论编（5），人民出版社 1995 年版，第 629—634 页。

上巩固起来[①]。

2. 布哈林所作的政治报告讨论的结论

大会第 12 日，6 月 29 日，共产国际代表布哈林继中共领导人瞿秋白向大会作政治报告讨论的结论之后，又作了一个讨论结论报告。而且布哈林的报告有两个版本，一份是 1929 年 1 月 21 日在中国共产党中央委员会于 1929 年在上海主办的党内讨论刊物《党的生活》第 3 期上刊印的中文版；一份是根据中央档案馆馆藏的档案刊印的《布哈林结论（要点）》。前者比较口语化，长达 4.3 万字。后者则是提纲，约有 7000 字。这里结合两份材料对其要点加以阐释。

布哈林在前一份报告里，主要讲到以下问题："一、绪论；二、现在国际状况之下中国革命有无胜利的可能；三、共产国际、苏联与中国革命；四、革命性质及其将来的转变的前途。五、对现在革命形势之估计及我们现在的任务；六、党内生活及群众工作；七、对城市小资产阶级的关系及农民土地问题；八、苏维埃区域中的红军问题。九、结论。"[②]

（1）关于现在国际状况之下中国革命有无胜利的可能？布哈林认为："中国人口多与日渐觉悟"；"中国与其他资本国家相隔较远，内部闭塞之地，帝国主义直接占领还有困难"。所以，不必"太倚重西欧无产阶级革命而发生悲观论"。[③]

（2）共产国际、苏联与中国革命关系如何？布哈林认为："中国革命发展不仅领导东方被压迫民族并可影响到西欧。"而"另一力量即是苏联可以影响中国革命发展，同时还有指导中国革命的"共产国际。共产国际及苏联是否帮助了中国工农武装？布哈林的回答是肯定的。"苏联与中国党均帮助过中国国民党，当时是对的"，但说苏联不帮助中国党武装工农是不对

---

① 《瞿秋白文集》政治理论编（5），人民出版社 1995 年版，第 638 页。

② 中共中央党史研究室、中央档案馆编：《中国共产党第六次全国代表大会档案文献选编》上卷，中共党史出版社 2015 年版，第 364 页。

③ 中共中央党史研究室、中央档案馆编：《中国共产党第六次全国代表大会档案文献选编》上卷，中共党史出版社 2015 年版，第 391 页。

的。“武汉时代的中国党有许多不对——国际也许有错，但武装工农是有决心的。”苏联能否以帮助冯玉祥等的样子来帮助中国共产党？不会。布哈林在提纲上标有“雇佣革命”四个字。这应该是指苏联帮助冯玉祥时的一种立场。布哈林认为，“中国党最大任务在夺取群众、组织群众，不是为钱而去革命而牺牲。”中共“夺取群众、组织群众是要用自己力量。革命成功后的帮助是建设社会主义。”[①]

（3）中国革命的性质及其将来转变的前途。布哈林认为，“对革命性质认识的不清”，导致许多问题。当前革命是资产阶级的民主革命。“目前主要任务不是建立无产专政而是要建立工农专政（土地革命，反帝，工作八小时，工农政权；这不是社会主义），这不是社会主义，但将来是要建立无产阶级专政的。”“不能将最远的目标当作目前的行动方针”。“没收土地、分配土地等问题曾说这是为党到社会主义必经的道路”，“并非其本身即为社会主义——但不能相反而怕社会主义”。“转变的前途应指出——但目前却是建立工农专政与土地革命（今天的任务），还不是无产阶级专政问题——但不能忘掉革命的前途。”否则就不是马克思主义。关于没收工厂的口号。布哈林认为：“占领工厂口号太夸大了，并不能夺取群众。工人阶级应得到相当休息聚集自己的力量。占领工厂与夺取政权应联贯起来。资产阶级民权革命，同时是反资产阶级的。故工农取得政权后必然会没收反革命的工厂（资本家关厂）。”关于资产阶级革命与无产阶级革命的关系。布哈林指出：“资产阶级民权革命与社会主义革命不能分开。”[②] 将来革命转变的形式。“苏维埃形式也可成为政权转变的形式”。[③]“转变速度只有由斗争来决定。”将来政权的形式。“转变问题中所谓工农民权专政必是苏维埃形式，它是最适合于群众斗争的，最容易转变到无产阶级专政，有此政权形

① 中共中央党史研究室、中央档案馆编：《中国共产党第六次全国代表大会档案文献选编》上卷，中共党史出版社 2015 年版，第 391—392 页。

② 中共中央党史研究室、中央档案馆编：《中国共产党第六次全国代表大会档案文献选编》上卷，中共党史出版社 2015 年版，第 392 页。

③ 中共中央党史研究室、中央档案馆编：《中国共产党第六次全国代表大会档案文献选编》上卷，中共党史出版社 2015 年版，第 374 页。

式最易保证此转变”。[①]

（4）对现在革命形势之估计及我们现在的任务。布哈林认为，革命的现状是，“两个革命浪潮之中”。他批评一些同志“方法不甚对，多争名词。”“事实上失败，口头上高涨”。关于暴动口号。布哈林的判断是：“事实上是经过多次失败后目前没有直接暴动的形势”。“暴动是口号不是目前直接行动”，“命令主义是不对的”。“盲动主义一方从理论产出，一方由于有社会基础”[②]。不断革命论即“无间〈断〉革命论是不对的——因为它的内容与中国实际不合——如不断论在群众中发生了不断干的意见便很危险了”。目前的任务“夺取广大群众作新的斗争准备暴动”。对各地之自发暴动的问题，对“自发的暴动如不领导便是放弃负责任。”[③]

（5）党内生活及群众工作。布哈林认为，解决党内的纠纷，“不在骂而在说服”。“中国交通不便地方大，经济不统一，故敌人中间多少矛盾——而地方上小的派别是存在在我们党内的”。惩罚问题，“以军事行动来制裁党员，尤其不对”。党内的民主，“党内国民党斗争方法是不对的是必须除去的”。“枪决陈独秀问题，此问题便不应提出”，“党内情绪不尽对”。命令群众问题，“命令如能解决问题，什么说服宣传工作都不必要了”。群众中的工作，“应知道群众情绪与其所能接受的口号。”注意小的斗争。“反帝运动渐渐起来，这是我们的责任，我们口号可先从小的提起一直发展到反对国民党（如先要求罢工自由等等）。”群众工作的方法。“群众工作要从各种方式中来求得夺取和深入。”“应从组织上来改正我们观点。”

（6）对城市小资产阶级的关系及农民土地问题。“城市小产阶级的困难问题在其本身包含许多成分”。对城市小资产阶级的策略。“在敌人统治城市，我们应赞助店员及手工业者斗争。”在苏维埃区域中对待小商人小东

① 中共中央党史研究室、中央档案馆编：《中国共产党第六次全国代表大会档案文献选编》上卷，中共党史出版社 2015 年版，第 392—393 页。

② 中共中央党史研究室、中央档案馆编：《中国共产党第六次全国代表大会档案文献选编》上卷，中共党史出版社 2015 年版，第 393 页。

③ 中共中央党史研究室、中央档案馆编：《中国共产党第六次全国代表大会档案文献选编》上卷，中共党史出版社 2015 年版，第 394 页。

家的关系。对城市贫民的关系。“贫民运动应提出反对高利贷资本等口号”。土地问题。农民“在革命后分得土地，农民所得的土地比从前还要少点，故农业大规模生产乃为必需”，“苛捐杂税已废除。在初期是可调剂农民失地的不满”，安置失业流氓及兵士亦成问题。“公耕制度是利用旧时封建井田观念而创造出来的，新的前途必须经过长时期”。

（7）苏维埃区域中的红军问题。共产国际“曾有一指令说红军应分为几处存在，此亦将引起误会”，“但目前仍是对的意见”因停顿在一处，“农村经济不能维持。红军虽分开，而组织上要发生联系”。

（8）结论。布哈林认为，“国际有一个错误，即是派去代表不尽好——好的方法即是留一个同志在莫，共同解决中国革命问题”。提高党内之水平的问题。“理论的指导太欠缺了，没有理论不能得到好的指导。”对待敌人及对待同志。“大会是比较一致的——同志的关系应很友谊的很诚恳的接受国际决议与讨论各项意见。”走向胜利的道路。“团结广大的群众的党，不是小组织的党。”①

1928年7月9日中共六大通过的政治决议案，正确地指出中国社会是半封建半殖民地社会，指出中国革命现阶段的性质仍然是“资产阶级民权革命”，党的中心任务是反帝反封建和建立工农兵苏维埃政权。会议还制定了党在民主革命时期的十大纲领。指出目前的政治形势处于两个革命高潮之间即“第一次革命浪潮已经因为历次失败而过去了，而新的浪潮还没有来到”。所以，确立了“争取群众是现时的总路线”②。党的总任务不是进攻而是争取群众，准备迎接新的革命高潮。大会还分析了大革命失败的原因，批判了右倾机会主义错误和八七会议以后在党内开始滋长的盲动主义倾向认为盲动主义和命令主义是“最主要的危险倾向”，必须坚决反对。认为革命形势处于新的革命高潮到来之前夜，党的

---

① 中共中央党史研究室、中央档案馆编：《中国共产党第六次全国代表大会档案文献选编》上卷，中共党史出版社2015年版，第395页。

② 中共中央文献研究室、中央档案馆编：《建党以来重要文献选编（一九二一——一九四九）》第5册，中央文献出版社2011年版，第390页。

总路线是争取群众，准备暴动。这就是中共六大确立的新形势下党的政治路线。

五、制定中国土地革命的方针

大革命失败后，中国共产党领导的革命斗争进入了土地革命战争时期。能否制定正确的土地革命的方针政策，也成为牵涉党的前途命运的至关重要问题。但正确的土地革命的方针政策是什么？当时没有现成的答案和成功的经验。八七会议提出这个问题，以后的斗争实践也面临着这个问题。"党的六大总结土地革命的经验教训，将没收一切土地的政策改为没收地主阶级一切土地的政策，提出要联合中农，区别对待富农使之中立，保护工商业，并肯定了平分土地的政策。"①1928 年 7 月 1 日，时任中共广东省委书记李立三向大会作关于农民土地问题的报告。然后进行大会讨论。最后再作总结和通过相关决议案。这个过程，也是大会讨论制定土地革命方针的过程。

（一）李立三关于农民土地问题的报告

李立三关于农民土地问题的报告约有 2 万字。他先谈土地问题，然后再转入农民问题。在他报告后进行的大会讨论，则是将农民问题、土地问题合在一起的。因为在农民问题上的整个策略方针，是以对中国土地问题的分析为根据的。而土地革命的问题，又和农民紧紧地联系在一起。但是大会在起草决议时，还是分为两个：一个土地问题，一个农民问题。李立三的报告首先谈到土地问题。

1. 关于土地问题，中国共产党第五次全国代表大会和 1927 年中央十一月全会已通过了相应的决议案。中共六大又起草了关于这个问题的新的、不同于以往的决议草案。李立三的报告实际上是对这个新的土地问题决议草案的阐释。

---

① 中共中央党史研究室著：《中国共产党历史》第 1 卷上册，中共党史出版社 2002 年版，第 361 页。

（1）关于中国目前农业的客观状况。李立三指出：总的来说，中国农业处在瓦解和破产时期。在农民当中总可以看到瓦解和贫穷化的过程。“因为军阀战争连绵不断，土匪强盗掠夺农民，农民没有能力购买肥料，也没有能力耕种土地。”农民中的失业者在增加。他们常常不得不逃离中国去国外谋生。“所有这些情况都证明，目前农业在瓦解和破产”。中国农业为什么会瓦解和破产呢？第一，是总的经济和政治危机对农业有影响。第二，是地主、官僚和高利贷者对农民的剥削加重。第三，是自然灾害以及盗匪活动增多。目前农业状况表现在两种危机上，一是农业产量危机，也就是农业产量在减少。二是市场危机。在内部和外部市场上，农产品交易困难。两种危机合成一种，即整个农业的危机。①

（2）关于中国的土地问题。李立三分析说，由于农民运动的发展，地主的剥削和压迫在加强，特别是在某个地区的农民运动遭到失败之后，地主会立即加强其剥削。“因此农村中的斗争非常尖锐。中国农民运动在其发展初期就明确地提出了自己的斗争目标。首先，它的斗争目标是推翻农村土豪劣绅和地主的政权，因此在农民运动发展初期就把农村政权问题提上了日程。”如湖南农民运动一出现就提出了一切权力归农民协会的口号。“当我们党还没有提出没收土地的口号时，农民自己就提出了租田平等的口号。后来农民自己分了田。这表明他们从运动一开始就打击占有土地的土豪劣绅，他们把反对地主的半封建剥削作为自己的斗争目标，又把夺取政权和土地作为自己的斗争目标。”②

农民为什么会把夺取政权和土地作为自己的斗争目标？这和农民的生存状况及土地分配等情况密切相关。李立三分析说：农民在土豪劣绅和地主的残酷剥削下，已经无法生活下去。为了维持生计，他们开始同土豪劣绅和地主作斗争。而当时中国农村土地的分配状况是：全部耕地至少有一

① 中共中央党史研究室、中央档案馆编：《中国共产党第六次全国代表大会档案文献选编》下卷，中共党史出版社 2015 年版，第 415 页。

② 中共中央党史研究室、中央档案馆编：《中国共产党第六次全国代表大会档案文献选编》下卷，中共党史出版社 2015 年版，第 416 页。

半多集中在地主手里。地主拥有大量土地，自己不耕种，同时也不用雇工耕种，而是出租土地的人。在中国，好的土地都集中在地主手里，而较差的土地在农民手里。可以给富农、中农和贫农下这样的定义：拥有多余金钱或粮食贮备，此外还雇用工人耕地的，这样的农民可定为富农。那些靠种地勉强够养家糊口的农民为中农，而那些靠自己的劳动无法养家糊口且负债累累的农民为贫农。

李立三认为，在中国占优势的小农经济。在中国，小农经济占优势。小农有三种不同的类型：第一类是绝对无地的佃农；第二类是自己拥有少量土地，还需要额外向地主租地的半佃农；第三类是那些光靠要手艺不足以维持生活，为了养家糊口还得种地的手艺人。剥削农民的这些形式是由历史条件造成的。全中国几乎四分之三的农民没有土地。由于地主、高利贷者的残酷剥削，农民渐渐失去了土地。[①]

李立三认为，中国土地占有的情况不平衡。在中国，大地主很少，但有大量的中、小地主。大量占有土地现象的发展，在不同省份是很不平衡的，由于最好的土地在地主手里，而农业人口很多，他们拥有质量很差的土地，又由于在中国种地需要付出大量的劳动，因为一年收成不是一季，而是三、四季，所以在中国出现了更加残酷的剥削方式。一方面，中国的土地关系带有资本主义性质，买卖关系方面有了变化。另一方面，地主对农民的剥削方式和方法，还保留着封建色彩。农民收成的大部分被地主剥夺。在中国还存在所谓的公耕土地，如宗族土地，寺院土地等，这些土地表面上似乎是公共的，而实际上这些土地上的收入始终都掌握在土豪劣绅或者氏族族长手里。只有土豪劣绅有权确定和分配这些收入。由此可知，土豪劣绅、地主和族长是中国半封建制度的主要基础，并且掌握着直接统治农民的政权。

（3）商业高利贷资本在中国农业中的作用。李立三在报告中指出：在中国的北方和南方，商业高利贷资本在农业中都起很大的作用。如在河南

---

① 中共中央党史研究室、中央档案馆编：《中国共产党第六次全国代表大会档案文献选编》下卷，中共党史出版社 2015 年版，第 417 页。

安阳县，70% 农民负债。因此该县农民暴动的主要口号不是夺取土地，而是取消利息、捐税和发放贷款。那里的利息很高：20%—30%，而年利率有时还增加一倍。为什么商业高利贷资本能够如此高额地剥削农民呢？一是因为地主和土豪劣绅的剥削迫使农民去借贷。二是农业中金钱关系有发展。农民在市场上购买布料，因此被迫借贷，弄得债台高筑。三是市场对农村的影响或者说统治在加强。农民买卖商品，也不得不把很多农产品变成商品。“高利贷资本的剥削常常变成以土地关系为基础的剥削。”地主同时也是高利贷者。因此他一方面作为地主和土地占有者剥削农民，而另一方面作为债主剥削农民。如果农民向高利贷者借了债，因无力偿还，最终完全失去支付利息和还债的能力，那时农民的土地就会转为高利贷者所有。就这样，农民失去了很多土地。“在中国，土豪劣绅也经常通过高利贷资本和以其他关系为基础的手段来占有土地，或者干脆以掠夺的方式占有土地。”①

李立三还检讨和批评了 1927 年中央十一月全会关于土地问题的决议案的错误。因为这个决议案是以对所谓亚细亚生产方式作出的分析为根据的。这个分析的主要内容是：在中国没有地主，土地属于国家。所以中央十一月全会的土地纲领是不正确的。②

（4）关于帝国主义与中国的土地问题。李立三在报告中指出：帝国主义者始终支持中国的封建主义残余。通过封建主义残余土豪劣绅、地主和高利贷者剥削中国农民，进而将商业高利贷资本变成买办资本，变成为外国利益服务的资本。地主、土豪劣绅和高利贷者剥削农民，一方面是为了自己的利益，而另一方面是为了帝国主义者即整个帝国主义的利益。帝国主义者为了利用中国商品进行自由竞争，掌握中国所有经济命脉，如海关、铁路、海路、盐业、银行等等，“但是没有封建主义残余的支持，帝国主义

---

① 中共中央党史研究室、中央档案馆编：《中国共产党第六次全国代表大会档案文献选编》上卷，中共党史出版社 2015 年版，第 417—419 页。

② 中共中央党史研究室、中央档案馆编：《中国共产党第六次全国代表大会档案文献选编》上卷，中共党史出版社 2015 年版，第 419 页。

者是很难剥削农民的”[1]。

李立三在报告中分析中国市场和国际市场的紧密关系，认为中国市场始终受到国际市场的影响。帝国主义者在力图把中国变成为帝国主义国家工业提供原料的国家。由于帝国主义向中国的渗透，农村中的手工业很快就会被摧毁。而这种老手工业被摧毁的同时，也建立了为外国工厂提供材料或原料的新型手工业。不仅在城市中集中了大量失业后备工人，而且在农村中也有很多无地的失业农民，他们是佃农的后备劳动大军。由于城市中后备劳动大军的增大，无产阶级的处境在不断恶化，工资减少，工作日延长，等等。帝国主义者在支持和利用封建主义残余，以便通过这些残余来剥削中国农民。而这种封建主义残余，也利用帝国主义的支持来加强其阵地和加重其剥削。它们彼此是紧密勾结在一起的。如果农民想推翻地主和土豪劣绅的政权，那他们不能不推翻帝国主义的在华政权。反之，如果他们想消灭帝国主义的在华统治，那他们不能不消灭土豪劣绅和地主的统治。

（5）关于资本主义与中国的土地问题。李立三的报告指出：中国农业的特点是半封建主义经济和资本主义经济在融合。如中国的富农，除了自己种地，除了雇用工人，他们还拿出部分土地出租，并且还要放高利贷。同时在外国资本的压力下，在帝国主义资本代理人的压力下，出现了高利贷者阶级，该阶级剥削农民，使农民失去土地，土地渐渐集中在金钱资本代表的手里。因此，“中国农民不仅需要战胜封建势力而且也需要战胜本土和外来的资产阶级，只有这样做才能取得胜利”[2]。

（6）关于土地斗争的本质问题。李立三认为：在中国，农民斗争的内容是反对地主、高利贷者、军阀和帝国主义。在中国，“农民斗争很迅速过渡到反富农斗争的趋势，这正是因为富农剥削农民既用资本主义方式又用封建方式，所以在斗争过程中富农经常转到反革命方面，转入反革命阵

① 中共中央党史研究室、中央档案馆编：《中国共产党第六次全国代表大会档案文献选编》上卷，中共党史出版社 2015 年版，第 419 页。

② 中共中央党史研究室、中央档案馆编：《中国共产党第六次全国代表大会档案文献选编》上卷，中共党史出版社 2015 年版，第 420 页。

营”[①]。因此，中国农民的历史任务是非常复杂的，在客观上如果没有无产阶级的领导他们是无法完成这个任务的。

（7）中国土地关系的发展前景是什么？李立三指出，在我们面前有几条路可走：第一条路是发展农村富农及富农经济。第二条路是俄国式的发展道路。第三条路是借助外国资本发展中国农业。第四条路是革命的道路，通过开展农民革命和消灭半封建关系，为农业资本主义的发展提供可能性。这也是一条不容易行得通的路。不过根据目前的客观条件，这条路即革命的道路是较为可行的。

（8）关于土地纲领问题。李立三指出，为什么农民提出土地分配这样的口号呢？有两个原因：一是因为小资产阶级对社会主义存在幻想。二是因为今日中国地少人多，出现了大量的流氓无产者。他们怀有重新获得土地的愿望。要求平分土地呢？也是受到了小资产阶级对社会主义的幻想的影响。这当然不是社会主义，但对于从事中国农民运动工作的许多中国同志来说，还是不清楚的。李立三说，“像毛泽东这样的同志，他可能现在也认为，我们那里存在社会主义，因为已经提出了这样的口号”。但是我们应该指出，这不仅不是社会主义，而且影响真正社会主义的发展。农村的社会主义，这意味着工业化，即发展大规模机械化集体生产和耕作。我们应该告诉农民，“在中国农村中实行平等几乎是不可能的。”“我们应该批评这种幻想”[②]。

但李立三认为：若是农民提出这样的口号，我们应该给予支持，一是因为这是广大农民群众的要求；二是因为在这样的口号下可以开展农民运动，消灭封建势力；三是因为这有助于中国资本主义的发展。所以党可以支持这样的口号，但自己不应提出这个口号。党一方面应该给予支持，而另一方面要进行批评。党应该告诉农民，能挽救农民的不是平均分配，而

① 中共中央党史研究室、中央档案馆编：《中国共产党第六次全国代表大会档案文献选编》上卷，中共党史出版社 2015 年版，第 421 页。

② 中共中央党史研究室、中央档案馆编：《中国共产党第六次全国代表大会档案文献选编》上卷，中共党史出版社 2015 年版，第 422 页。

只有在无产阶级领导之下开展斗争才能给他们带来彻底的解放。

在没收土地之后，毫无疑问要分配或重新分配土地。因此需要确定具体的标准来帮助实行土地分配。“目前中国革命的主要任务就是消灭封建主义残余，消灭地主、军阀和土豪劣绅，因为他们是阻碍农民获取土地的势力。一旦这些封建主义残余被消灭，农民就会自行采取措施分配土地”。[①]如何分配土地？这个问题，农民会在斗争中，在运动发展进程中和在消灭封建主义残余的过程中自己来解决的。

（9）关于土地问题的具体纲领。这是李立三所论述的农民问题的一个有机组成部分，主要有以下几点：

第一，政权问题。1.“在农村中土豪劣绅政权是压迫农民剥削农民的残酷工具。因此农民首先应该夺取政权并建立苏维埃式政权。”2. 不付赎金地没收地主的土地。苏维埃应该将土地分配给农民，特别是分给贫农和佃农。3. 没收全部土地，即宗族、寺院土地及其他公共土地。4. 没收国家或地方自治机关的所有空闲、未耕土地，作为土地储备，为分地给红军战士提供可能性。5. 森林、河流、草地及其他公共土地归苏维埃所有。6. 废除一切高利贷契约。7. 废除同农民签订的一切苛刻契约。8. 取消各种不合法捐税，代之实行统一的税制，引入累进所得税。9. 苏维埃政府应该采取措施帮助发展农业。包括改良灌溉系统；政府采取措施同自然灾害作斗争；政府承担对移民的关照；组织合作社，通过农业银行安排对农民的长期贷款；应该实行统一的货币制度和统一的度量衡制度。

李立三在这份土地问题具体纲领的结尾，提到了革命的转变问题。主要观点是，在一省或数省甚至在全中国取得政权并巩固苏维埃政权之后，应该实行土地国有化；应该把农村无产阶级组织起来，并在他们中间宣传共产党的任务和目标，向他们说明小农经济在资本主义国家的处境是没有出路的，向他们说明，只有社会主义社会才能使劳动群众摆脱任何剥削和压迫。

---

① 中共中央党史研究室、中央档案馆编：《中国共产党第六次全国代表大会档案文献选编》上卷，中共党史出版社 2015 年版，第 422 页。

2. 李立三关于农民土地问题的报告的第二项是农民运动问题。

（1）李立三首先分析当时农民运动的状况。他认为，当时农民运动的状况：一是农民的生活有很大改善；二是农民运动正经历着前所未有的高涨；三是农民运动发展不平衡；四是农民的要求在各地并非相同。在谈到农民的不同要求时，李立三对富农问题有较多的分析和论述。他认为："中国的富农是半资本家半封建地主。""存在着某个富农阶层，对谁都不满，对革命不满，对反革命也不满。但从总体上应该说，随着革命运动向前推进，富农必然会变成反革命因素。"对待富农中的反革命部分，我们当然应该进行斗争，而对待支持革命的部分，也就是还同中农和贫农一起行动的那一部分，我们应该坚持统一战线。"党应该尽量使更广泛的农民群众联合起来，建立贫农、中农和富裕农民的统一战线来同反动派作斗争，使富农保持中立。这是总方针。"但是，"这个总方针如何实行要取决于具体地区的具体条件"。① 李立三认为，"民族资产阶级已经转到反革命方面，这种情况不能不对农民的分化产生影响。农民问题，对于我们来说，归根结底是中农问题。如果我们不能把中农争取到自己方面，或至少使他们保持中立，那土地革命的胜利是没有保证的。因此我们党的任务是，要谨慎对待富农，率领所有其余农民群众，其中包括中农，争取资产阶级民主革命的彻底胜利。"②

五是关于土地分配中的中农问题。李立三指出：我们在农村的基础应该是雇农和贫农，但同中农的联盟也是必要的。"没收所有地主土地的口号，在目前革命阶段是最正确的。""如果我们提出平分土地，那结果会导致中农的动摇。"如果我们想使富农保持中立，那就应该认真做好贫雇农的组织工作，并应该在这方面拟订出明确的纲领。③

---

① 中共中央党史研究室、中央档案馆编：《中国共产党第六次全国代表大会档案文献选编》上卷，中共党史出版社 2015 年版，第 423 页。

② 中共中央党史研究室、中央档案馆编：《中国共产党第六次全国代表大会档案文献选编》上卷，中共党史出版社 2015 年版，第 424 页。

③ 中共中央党史研究室、中央档案馆编：《中国共产党第六次全国代表大会档案文献选编》上卷，中共党史出版社 2015 年版，第 425 页。

六是农民协会问题。李立三指出：现在有这样的说法，因为农民的斗争已经发展到武装斗争，农民协会中最积极的革命农民已转到了游击队，所以组织农民协会的工作减少了。但是李立三认为，在华中和华南，农民协会还具有很大的历史意义。农民协会进行了长期的经济斗争，我们应该千方百计发展这些组织，以便把农民组织起来开展斗争。为使“农民协会真正成为广大农民群众的组织，应该提出土地革命口号，将其作为中心口号”。在发生了所向披靡的农民暴动的地方，应该组建苏维埃。在已经存在苏维埃的地方，可以逐步取消农民协会。但在农民愿意保留农民协会的地方，应该保留。①

七是游击战争问题。李立三指出：在农村常常能看到这种情况，白天地主杀农民，而夜间则相反，农民杀地主。因为农民被逼得走投无路。游击战争的意义是什么呢？第一，提出了农民同豪绅、地主等作斗争的口号；第二，提出了土地革命和开展农民斗争的口号。现在还远不是广大农民群众都参加游击战争，所以我们的任务是尽量把所有农民都吸引到这些游击队中来。“红枪会本身是革命的，如果现在受到地主和豪绅的影响，成了反革命组织，那我们就更面临着把他们争取到自己的领导之下的任务。”②

李立三认为，农村的游击队具有相当大的势力，如果组织得好，它们可以消灭封建主的统治，并可以在农村建立红军。他强调：建立红军对于我们来说特别重要，因为没有红军，中国革命要取得胜利是非常困难的。所以我们应该利用游击队来建立红军。这是一个很重要的问题。我们应该特别注意使游击队同群众建立密切的联系。如果它们现在或将来脱离群众，那么群众就会把它们视为土匪。而且，李立三提出：游击队应该和城市工人群众联合起来。应该利用失业工人。应该关注他们，专门在他们当中做工作，因为失业工人往往要到农村去，常常成为那里暴动的组织者。在土

---

① 中共中央党史研究室、中央档案馆编：《中国共产党第六次全国代表大会档案文献选编》上卷，中共党史出版社 2015 年版，第 425—426 页。

② 中共中央党史研究室、中央档案馆编：《中国共产党第六次全国代表大会档案文献选编》上卷，中共党史出版社 2015 年版，第 426 页。

匪和民团当中有部分失业农民。我们应该关注他们并寻找接近他们的途径。

八是关于在农村中的党组织。李立三强调："我们党在农村中应该为自己提出任务，使农民运动的领导权掌握在工人手里，向农民说明土地革命的任务和工人在土地革命中的作用。""无论贫农还是雇农都可以加入我们党。为了我们党在农村的工作，应该把有经验的工人提拔到领导岗位上。"李立三认为，工作方法的制定，应该授权给新的党中央。

在报告中，李立三还讲到自发性农民暴动问题、民团等问题。在报告的最后部分，他提出他认为最重要的一些问题，作为讨论的内容。

一是关于土地问题的提纲，问题是：1. 土地问题。现在是否需要仅没收地主的土地，或者没收全部土地？2. 关于高利贷者的剥削形式问题。能否说他们阻碍生产？3. 帝国主义在中国是有助于农村工业化，还是相反妨碍农业工业化？如果说妨碍，那是为什么？如果说不妨碍，那帝国主义带来了什么？4. 军阀帮助地主剥削农民。但有没有军阀对农民的直接剥削？5. 关于豪绅问题。农村的豪绅起着很大的政治作用，需要讨论。6. 关于中国资本主义的发展道路问题：（1）资本主义的发展；（2）大地主的作用；（3）外国资本的作用；（4）革命的道路。为什么能和为什么不能沿着某一条道路发展？7. 关于纲领问题。这是最重要的一点。在讨论土地纲领时，我们也应讨论平分土地问题。

二是关于农民问题的提纲，需要讨论的问题有：1. 关于农民问题，提出了总的方针：贫农联合中农，孤立富农。2. 能否同非反革命富农实现联合？这个问题需要与平分土地问题联系起来讨论。3. 关于组织雇农问题。在南方应该如何组织？在北方又应如何组织？这是将来的问题还是今天的问题？4. 关于农民协会问题。5. 关于游击战争的领导问题。6. 关于自发性暴动的领导问题。7. 党在农村的工作。8. 关于同工人阶级的联系问题。

李立三希望代表们积极讨论这些问题。因为"在中国这个农业国家，不与农民联合，革命是不可能取得胜利的"[①]。李立三结束报告时，会场响起

---

① 中共中央党史研究室、中央档案馆编：《中国共产党第六次全国代表大会档案文献选编》上卷，中共党史出版社 2015 年版，第 427 页。

一片掌声。

（二）对农民土地问题报告的大会讨论

李立三在向大会报告农民土地问题的第二天，即1928年7月2日，大会的第15天，大会讨论农民和土地问题。发言代表共19位，依发言次序是：周恩来、江西的张世熙、指定及旁听代表王培五、广东的阮啸仙、四川的徐活荣、刘坚予、浙江的夏曦、湖北的任旭、中央委员瞿秋白，云南的正式代表王懋廷、陕西的张金刃、顺直王子清、参加代表方维夏、特约代表张国焘、顺直正式代表蔡和森、参加代表胡秉琼、参加代表胡大才、江苏正式代表王若飞、顺直的王藻文。

1. 周恩来在讨论农民和土地问题报告时，第一个发言。他认为：关于土地关系，在李立三报告中分析得很清楚，半封建剥削基础的应写一类，封建余孽不限于北方，南方也有，所以不需要另写一类。但高利贷剥削关系可以写一类。他同意蔡和森分析土地集中趋势的观点，虽然土地集中的趋势很慢，但应更清楚地指出，这样认识土地关系更清楚。①

同时，周恩来对农民分类及其分类标准，认为可以这样分类：富农、中农、贫农、雇农。不仅在生产消费方面分，以剥削来决定分类更重要。富农是半地主放高利贷者，同时雇用雇农；中农是自己耕作，不雇用农工，有的放高利贷不大，但剥削贫农的；贫农是耕地不足，要做别的工作，如打猎捕鱼，以补生活不足；雇农是农业工人；农奴，当然在少数省份有，决议应指出来，自耕农和佃农是一种小农经济，或小农有田不够，大农田数量多，不能有定数来规定。

第三，关于农村经济发展前途，周恩来认为：只有革命方法是最可靠。用帝国主义力量发展资本主义，把农民破产吸收到城市中来，虽然大会承认帝国主义稳定中国经济的企图是有的，亦不能绝对没有可能。我们的回答是，可能性极少。政治上说，瓜分中国是不能稳定的，经济上可瓜分，

---

① 中共中央党史研究室、中央档案馆编：《中国共产党第六次全国代表大会档案文献选编》下卷，中共党史出版社2015年版，第680页。

发展资本主义吸收大量农民到城市来，乡村间更变更，我们不能说改良道路是绝不可能，假使这样说那是科学的，我们回答说，肯定地回答说，改良的道路可能性很少。

第四，关于没收土地。周恩来指出：有的说富农是半地主，佃农依照土地政纲，便使用那部分土地。佃农与雇农在富农手里做雇佣劳动不同，他有生产工具，有土地使用，雇农不能适用平分土地原则，如农民要分生产工具，不能加以阻止。

第五，关于土地党纲。周恩来认为，合作社问题，夏曦曾提出过，在草案政治要求中说得不清楚。合作社应包括消费，生产都有之。周恩来提出："救济乡村失业农民"问题。他认为："小的土地革命顾不到这些。在事实上有已实行，如海陆丰实行救济年老的失业农民。""合理调剂要在土地党纲中提出，好像是太死板一点"。"至于手工业工人，雇农组织问题，在农民运动决议中已写出组织雇农工会，在土地党纲中，可以不提"。"关于苏维埃制度，许多同志说到，苏维埃决议中亦提到，但不能定出人数，因不是简单定全国组织法就够了。"①

第六，整个农民运动中心，为夺取土地而斗争，同时要反对军阀战争，这不仅限于北方，即南部亦需要的。周恩来指出："农民开始反苛捐杂税，尤其在新军阀割据下，把持地盘机关，增加苛捐杂税。我们应当领导反对增加捐税，如福建时发生这些斗争，这包括有夺取政权意义。说到合法运动，现在没有什么合法运动，只有夺取政权，打倒豪绅政权。"周恩来认为，这和大革命时期国共合作时，资产阶级合法是两回事。②

第七，富农中立问题。周恩来在发言中指出：乡村土地革命对富农是有利益的，非富农独立，与土地革命无关系。同时，如果富农是半地主，佃农会起来推翻。

---

① 中共中央党史研究室、中央档案馆编：《中国共产党第六次全国代表大会档案文献选编》下卷，中共党史出版社 2015 年版，第 680 页。

② 中共中央党史研究室、中央档案馆编：《中国共产党第六次全国代表大会档案文献选编》下卷，中共党史出版社 2015 年版，第 680—681 页。

第八，农民运动的政策。周恩来强调："我们农民运动的中心在雇农和贫农。一切政策根据这个中心来决定，来围绕中心参加进行的组织不能忽视中心，只为革命望前发展而参加"。我们政策到非党群众中不是用命令主义，我们主要是消灭地主阶级，非烧杀所能达到。"我们中心在雇农贫农，每处游击队有这个中心，取得领导权，经过雇农贫农实行我们正确政策"，我们必须站在无产阶级的观点上，取得中心。不仅是农民政权，而且游击队也要移转到真正贫农雇农来领导，"这是农民运动的中心政策"。①

第九，组织问题。周恩来认为，农民协会"现在仍是普遍的组织口号。有些地方不能适用，但可将一切秘密组织，不管用什么名义都好，问题是在找住中心。农民协会转到苏维埃最便当。""不过苏维埃组织建立，农协应取消。在全国总暴动不久将要到来时，建立苏维埃是非常重要问题。""当然要在工人阶级领导之下。在农村的手工业，要看形势，有的可参加农协。雇农应慢慢地成立单独组织，现在组织尚早，这是将来事亦应指出。""游击战争，主观上不能发动农民斗争，时常带土匪性无组织性，领导的中心政策，在城市与乡村相配合起来。""关于民团土匪问题，将在军事运动报告中说到"。②

2. 张世熙，来自江西的正式代表，时任中共万安县委书记、万安武装暴动负责人。他完全同意李立三报告所提出的观点，即：中国农民经济受了资本主义和半封建混合的残酷剥削，进到了很明显的破产状态中。他们除了革命外是别无出路的，他们的任务是要以革命手段来消灭阻止资本主义发展的障碍物。所以他们一开始就走上了反抗封建地主、豪绅、资产阶级、官僚、军阀、帝国主义的道路。因此他们的任务是异常复杂的。他们是要由民主工农革命的彻底完成而进到社会主义革命的前夜。因此他们只有在无产阶级的领导下，才能彻底完成他们的任务。但张世熙对土地政纲

---

① 中共中央党史研究室、中央档案馆编：《中国共产党第六次全国代表大会档案文献选编》下卷，中共党史出版社 2015 年版，第 682 页。

② 中共中央党史研究室、中央档案馆编：《中国共产党第六次全国代表大会档案文献选编》下卷，中共党史出版社 2015 年版，第 682 页。

表示了不同意见。他“主张要没收整个地主土地，包括地主经济在内，同时要分田地给雇农”。同时，他“不主张平分土地，因为在原则上，商品经济时代，是不能实现平分的，而且在事实上我们也没有方法来平分”，因为土地有肥瘠的问题。张世熙也不主张现在就实行土地国有。①

张世熙谈到农民问题，认为“革命到了某个时期，富农一定要反革命”。“不过这不是全部的，是一部分的，半自耕农的富农是不会反革命，自耕农的富农是会反革命的。”同时他还指出：“一切斗争的过程要从日常生活小的斗争发展起”。“雇农将来是有的，我们一定组织雇农，以保障他们在农民组织中的领导权。至于组织的形式可随各地情形而决定之。”“游击战争中是一定要转变到组织游击性红军，万安过去没有十分注意这一点，所以失败后就不易冲出去”。红军的建立，“不仅在失败时可以避免损失，而且可以帮助其他附近区域的发展”。张世熙本来还有“党在群众中的组织和农民意识”“游击战争”两个问题要说，但时间不够了，只得放到委员会再说了。

3. 王培吾是参加六大的代表、代号第 60 号。他在 7 月 2 日农民土地问题讨论时发言时首先声明，因为时间关系，他的讲话将不分为土地问题和农民问题。

（1）谈到土地关系，王培吾首先提出：什么是地主？换句话就是，地主是在什么条件之下决定的？李立三报告说，所谓地主，是将土地租别人耕种而自己不从事农业者。王培吾认为，决定地主的条件有二：一是如李立三所说，将土地租给别人耕种，自己不耕种的。二是以土地的数量来决定，就是多少亩以上的也是地主的。王培吾认为只讲第一个条件是不足的。②

（2）关于农民斗争的性质，王培吾认为，中国目前的农民斗争，其出现的主要原因是农村资本主义的发展，破坏了一切农村经济的生产方法，

① 中共中央党史研究室、中央档案馆编：《中国共产党第六次全国代表大会档案文献选编》下卷，中共党史出版社 2015 年版，第 682—683 页。

② 中共中央党史研究室、中央档案馆编：《中国共产党第六次全国代表大会档案文献选编》下卷，中共党史出版社 2015 年版，第 683 页。

这样就形成了农村经济的渐次破产，而另一方面使土地集中了。于是千万的农民失去了生产工具。为土地而斗争，正是农民斗争的实质。因此，“农民斗争主要的动力，是因为农村资本主义的发展”[①]。正是因为商业资本主义发展的结果，就形成了土地的集中，土地的使用权，所有权，被豪绅、地主、高利贷者所垄断了。千万的农民，穷无立锥之地，如要维持生活，如要找生产工具，不得不斗争。

王培吾认为，中国农民斗争的实质，是无土地者，少有土地者与土地的垄断者的争斗。这与俄国十月革命前的农民斗争不同，俄国十月革命前的农民斗争，是小商业资本主义化的成分与封建地主的斗争。因此，农民为了要反对土地的垄断者——地主——起见，必须要同时反对地主的政治势力——军阀、高利贷者；还必须联络一切农民——中农甚至富农——来反对地主。不过，王培吾认为：农民之联合富农，只是一个极短时期的策略，贫农将要很快地去反富农，而富农也将很快地要反动贫农。原因有二：一是中国的富农与俄国以前的富农不同，俄国的富农是地主的佣户，就是他对土地只有使用权无所有权，而中国的富农则是土地的占有者。二是中国的土地少而农民多，在将来土地不能够满足农民的要求的时候，他们一定会很快的提出平均的土地的口号。三是中国农村阶级斗争转变的急剧，是任何国家所未有过的。所以在这三种条件之下，我们知道富农将很快就要反动，我们一定要准备下力量去防备他，使得反动不能动摇我们的力量[②]。

（3）帝国主义与中国土地问题。王培吾的结论是：帝国主义者对中国资本主义发展具有两重性：首先，帝国主义资本的侵入农村，是中国农村资本主义发展的主要动力之一。同时，帝国主义者如永久保存中国的原料的供给者，如工业生产品的市场起见，他必定要一方面禁止着中国本国的资本主义的发展。因此，他将中国一切经济命脉——海关、交通、大企业

① 中共中央党史研究室、中央档案馆编：《中国共产党第六次全国代表大会档案文献选编》下卷，中共党史出版社 2015 年版，第 684 页。

② 中共中央党史研究室、中央档案馆编：《中国共产党第六次全国代表大会档案文献选编》下卷，中共党史出版社 2015 年版，第 684 页。

一一抓在自己手中，这样就形成了在城市中的工业不能发展，而农村的资本主义也不能很快地发展，所以帝国主义者又是阻碍中国资本主义发展的主要动力。正是因为这个缘故，所以，中国的土地革命带着一个非常大的反帝性；是反帝国主义的资产阶级民主革命阶级中的主要社会内容。

（4）土地关系发展的前途与土地政纲。王培吾声明，所谓土地政纲，他不能详细的提出，只说两个最高原则的问题。第一是没收一切地主土地的问题；第二是土地国有问题。在中国革命的客观与主观上来看，土地关系发展的前途，最大可能的要算第四条道路——革命的道路。但并非否认别的道路完全不可能。①

第一，关于土地政纲的问题。王培吾认为：没收一切地主的土地，在目前革命的阶段中，是唯一的口号。它是在整个全国范围内的一般口号的主干。它有三个最主要的意义：一是划明了乡村的阶级关系，使农民认清了地主阶级的存在。二是担负着广大的农民为自身利益——土地——而斗争。三是联合一切可能的封建地主势力。王培吾提出：在目前革命的阶段中提出这个口号，就能够保证着中农富农同我们联合战线，至少也可保证中农同我们联合战线合作，而使富农中立。

但是，王培吾提醒说：我们一定要注意到，在中国，因为南、北农村经济内容不同及革命不平衡发展的关系，在有少数小的区域，农民暴动成功或未成功的区域内，该地的农民一定会提出并且已经提出平分一切土地的口号，因而富农一定会反动了的。所以我们的党在这种情形之下，应该帮助农民的口号，而同样在这些区域内，要提出宣传土地国有的政纲，而作为最重要的口号。

第二，关于土地国有问题，王培吾认为，土地革命是民主革命最高的原则。当着土地国有的时候，就是资产阶级民主革命的完结，也就是社会主义无产阶级革命开始的时候。所以，目前还不能在全国范围内提出土地国有的口号。不过在少数区域，该地富农事实上已经反动了时，就应该马

① 中共中央党史研究室、中央档案馆编：《中国共产党第六次全国代表大会档案文献选编》下卷，中共党史出版社 2015 年版，第 684—685 页。

上提出。

（5）农协与苏维埃的问题。王培吾指出，农民协会在农民斗争的过程中，奏演了非常大的作用，所以我们现在的任务，还是组织农协，使广大的农民群众，紧绕着农协的周围。但是当着该地农民暴动已经成功的时候，应该立即转变农协为苏维埃。但是，这种转变是有条件的。为了保证富农的反动不至妨碍或动摇苏维埃政起见，一定组织贫农委员会，以保证着革命的转变。而贫农委员会一定要由纯雇农、纯贫农成分构成。

（6）平分土地的问题，王培吾指出：在中央通过的通告上，已作为口号提出，同时在数区域如平江、湘潭，已经实行过。但王培吾根据各位同志的报告及理论的分析，认为“这都是不对的”。其发生的主要原因，一是全党没有明确的、详细的土地政纲，对于暴动后处理土地的好办法，因此在暴动成功后，该地的同志没有方法去处理了；二是由于过去的实行，完全限于小的地方性，未能大规模的实行，以及在城市无产阶级有意志影响之下去实行。“所以就发生这种小资产阶级社会主义的意志”。要补救及免去将来再犯，只有实行以下的两个条件，才有可能。一是要尽量的发展城市的行动，农村行动相配合，使无产阶级的意志是能够影响到农民身上去。二是要尽量的宣传并解释我们的正确的、详细的土地政纲。“农民一切的小资产阶级性，甚至于一切原始的农民性，如烧杀、烧城市的行动，只有在这种工作之下，才能减轻。”①

（7）农民协会与共产党吸收党员问题，王培吾指出：中国党员的成分，目前有80%—90%是农民分子，这都是过去所谓党的农民意识有非常大的关系。自然在过去革命斗争至乡村的时候，党员成分的消长是难免的。例如在农村中，农民要求加入共产党，你能拒绝他吗？特别是在斗争的时期，自然不能拒绝。为什么形成大批农民自然要求入党呢？是因为农民协会的威权在该地已经降低了，党在农协中不愿发生党团的作用，甘愿以党代替了农协或农协与党混合。因此，农协在群众中失去了地位，就形成了农民

① 中共中央党史研究室、中央档案馆编：《中国共产党第六次全国代表大会档案文献选编》下卷，中共党史出版社2015年版，第685页。

对农协的忽视，而转目标于党了。在这种情况下，要尽量保护农协在群众中的威权；使大批的农民加入农协；慎重地吸收党员。[①]

4. 阮啸仙，来自广东的正式代表。阮啸仙在关于农民土地问题的讨论中发言指出：“土地政纲的土地革命，农村中土地的分配，这问题是跟着政权问题而来的，我们必须把土地交给小有地者。土地私有与土地国有，土地国有并非社会主义”。现在是一个由土地私有变到土地国有阶段中。在政纲上说，土地由苏维埃支配，但没有谈到雇农问题，雇农应有他特别的利益。所以，这点应该加上。政纲上土豪劣绅问题说得很少。而在广东，农民们打倒土劣的需要，甚至比需要土地的口号还厉害些。

阮啸仙还谈到策略路线的一个问题。在减租税的口号之下，富农是帮助农协的。后来反动势力反攻农民。富农是愿意牺牲他的利益与农民合作的。到了第三个时期即没收土地时期，富农是与我们分离的。甚至我们的同志他是富农的儿子，也动摇起来。阮啸仙对农民的分析是：一是富农——他是剥削农民劳动力的，另一方面他有商业资本与商利贷的剥削；二是中农——他有只能过活的土地，他有时也放债而利不高；三是贫农——他少有土地，他受地主及高利贷的剥削的。

阮啸仙批评大烧、大杀行动，是流氓无产阶级的行动，有的地方是暴动失败了引起的烧杀，但是还有些地方是不主张烧杀的。他们愿意把房屋留着办公处，或分给农民居住。他们对杀的问题是这样解决的：把曾经参加过反对农运动的人捉来，由审判委员会审判决定后再杀。对于无反动之可能的老妇少子，给予工做。农民是愿烧杀的，若我们去规定防止杀烧，就会形成一个不杀不烧的现象。这次大会应详细具体来规定一个农民政纲。训练农民武装，还可以破坏旧军队。游击斗争影响敌人甚大，使敌人军队瓦解。

现在游击队斗争的出路怎样？过去认为割据局面有可能，现在认为成问题。阮啸仙认为其原因：一是同帝国主义有关；二是同军阀统治有关。

---

① 中共中央党史研究室、中央档案馆编：《中国共产党第六次全国代表大会档案文献选编》下卷，中共党史出版社 2015 年版，第 686 页。

“游击斗争要发展到什么程度？这看我们本身与敌人阶级力量的比重怎样。如果游击斗争有广大群众发动，那么夺取城市可以干的。”但有帝国主义武装干涉和反动势力的压迫，虽然说反动统治不稳定，但是取得城市、保持永久存在是困难的。扩大农民的宣传方面是对的，使农民知道，没有城市工人起来做中心，则农民斗争胜利是不可能的。帝国主义不推翻，农民斗争的胜利亦是不可能的。如果割据有广大群众能发展是要得的。

阮啸仙不同意张国焘关于土地分配和政权问题的意见。阮啸仙说，土地分配不一定要有全国形式，农民打倒劣绅夺取乡村政权可没收土地，部分的政权建立和部分的没收土地，在斗争过程中是有可能的，而且是必须的。在没有全国工农政权建立或几省的建立，国有土地是不能的，因而禁止土地买卖的问题，实在无提出之必要。①

5. 徐活荣，来自四川。他在讨论农民土地问题时发言强调，“我们不要忘了现在革命的阶段”。他对草案与政纲上用地理的方法把中国南北分成两部分有看法。南方与北方固然有不同，但“在经济形式上决没有不同的地方”。“只能说革命的阶段上有点不同”。“中国的南部是反封建势力、反军阀、反帝国主义为夺取政权的斗争，在最近以来北方的农民也有夺取政权的要求”。四川的农运是抗租抗税运动。若用地理的方法把中国南北分成两部分，“将来就会使北方的土地革命忽略下去”，所以不应该分。至于说农民带地方性的，用经济形势去分析就更不对了。②

徐活荣认为，中国的土地关系是建筑在封建关系上面的，不是建筑在资本主义关系上面的。因为中国还有旧的官僚关系。中国的地租形式与欧洲是不同的。因此使农民破产的是一种非资本主义变形的剥削。笼统地说中国农民一方面是少有土地农民与封建势力之争，另一方面表示无地农民与少有者之争是不对的。

---

① 中共中央党史研究室、中央档案馆编:《中国共产党第六次全国代表大会档案文献选编》下卷，中共党史出版社 2015 年版，第 687 页。

② 中共中央党史研究室、中央档案馆编:《中国共产党第六次全国代表大会档案文献选编》下卷，中共党史出版社 2015 年版，第 688 页。

再者，对土地政纲的规定，应很详细的说明，怎样由资本主义过渡到社会主义。徐活荣认为绝不是李立三说的那样简单。觉得要有农村无产阶级，再一方面由小生产转变到大的生产，才能说到转向社会主义生产之可能。土地国有也应明白的规定原则。至于说到运用方面，自然可以依地而定。中国农民即刻需要的是土地的使用，绝不是需要土地的私有。所以，提出土地国有是不成问题的。“我们决不是用一点土地国有的宣传就可走到社会主义的，我们看中国这种小农经济，怎样使他走到社会主义啊！”①

关于农民问题、雇农协会，徐活荣认为在中国小农经济之下，只要在农协中设雇农部就可以了，不须说雇农协会。同时，苏维埃的组织与党的组织应分开，不要混合着，使农民分不清楚。应“明确的规定中农与贫农之加入农协”，“只能有雇农小农才能领导斗争，富农与中农他是在另一种环境之下，他是与我们有联合的可能的。若现在时期农协中还把富农中农混在一起，在我们的秘密组织上斗争上就会发生问题。”②

民团问题可能是今后工作的重要问题。但应和土地问题分开。在四川，民团的武装比军队武装要多，若“忽略了这种情形是不对的”。③但农民富农地主利用了民团。所以，应把这种组织看成反革命的军队一样，和在敌人军队中一样去做工作。这是防止土豪地主的武装时要特别注意的。

6. 刘坚予，同样来自四川。刘坚予在大会讨论农民土地问题时，首先强调要注意中国革命的性质和革命阶段，不应忘记“中国革命还是资产阶级民主革命，不过是在无产阶级领导之下。因此它具有走资本主义道路的发展前景”。“但是在现有的两个方案中，一个共同的精神是建立在对所谓中国革命不平衡性的分析基础之上的。它们把中国分为两个部分，即北方和南方。那里说，在北方，中国的运动只是反对捐税，反对帝国主义；而

① 中共中央党史研究室、中央档案馆编：《中国共产党第六次全国代表大会档案文献选编》下卷，中共党史出版社 2015 年版，第 688 页。

② 中共中央党史研究室、中央档案馆编：《中国共产党第六次全国代表大会档案文献选编》下卷，中共党史出版社 2015 年版，第 688 页。

③ 中共中央党史研究室、中央档案馆编：《中国共产党第六次全国代表大会档案文献选编》下卷，中共党史出版社 2015 年版，第 689 页。

在南方，农民运动已经直接为夺取土地而斗争。我认为，这是不符合实际的。”若硬把南方和北方视为两个不同的地区，那就必然会出现这样的现象：在北方，将忽视土地革命，也就是夺取土地，并使运动只针对捐税和军阀。而在南方则相反，将忽视抗捐税反军阀运动的意义，只发展直接夺取土地的斗争。“所以不能把北方和南方分成两个不同的地区”。[①]

刘坚予在发言中指出：在党中央机关刊物《布尔塞维克》中，有一篇文章专门讨论了土地纲领问题，文章作者把自己的分析建立在所谓亚细亚生产方式基础之上，并坚持认为，在中国可以直接较容易地实行土地国有化。但提交给代表大会的该方案，已经是以另一种分析为基础，即以中国半封建主义的土地关系为基础。“中国的土地关系，一方面是小私有者关系，而另一方面是半封建主义关系。”因此，“一方面小私有者农民同土豪劣绅和地主是相对立的，而另一方面无地和少地农民是同富裕农民相对立的”。“我们在农民运动中的困难就在于，一方面这些小私有者农民同封建地主和封建军阀是相对立的，而另一方面在农民之间也有斗争。我们应该提出的任务是：一方面要联合整个农民阶级反对封建分子，而另一方面要在农民当中开展阶级斗争。”[②]

刘坚予建议，在土地纲领中，“应该明确提出土地国有化问题，把它作为我们斗争的原则。但实行土地国有化的具体措施应该取决于具体的条件。现在中国的农民未在争取土地的占有权，而只是在争取土地的使用权。”关于农民运动问题，应该组建专门的雇农协会，因为农民看到苏维埃、党、农民协会、雇农协会等等许多各种组织时不太明白。以前农民协会几乎把所有农民都接纳为自己的成员。“而现在我们改变了关于农民问题的策略方针，说我们要同贫农和中农联合，使富农保持中立。”在这种情况下，“农民协会实质上应该变成贫农委员会，因为农民协会在农村组建苏维埃之前

① 中共中央党史研究室、中央档案馆编：《中国共产党第六次全国代表大会档案文献选编》下卷，中共党史出版社 2015 年版，第 689 页。

② 中共中央党史研究室、中央档案馆编：《中国共产党第六次全国代表大会档案文献选编》下卷，中共党史出版社 2015 年版，第 689—690 页。

是农民武装斗争的领导机构，反正富农永远不会参加对付反革命的武装斗争。”所以现在农民协会只是贫雇农的组织，否则农民协会在这种情况下就不能成为领导农民武装斗争的组织。不过在这种情况下，作为政治集团可以为所有农民组织专门的抗捐税运动，不仅有贫雇农参加，而且也有中农、富农，甚至一些知识分子和手工业者参加。“现在的农民协会作为暴动胜利后的贫雇农组织，应该转为苏维埃机构。”①

在土地纲领中提出了民团和土匪问题。刘坚予认为，这个问题应该分为两个部分。民团问题将是农民运动中的中心问题之一。例如在四川，由于军阀军队和土匪造反不断，出现了民团、土豪劣绅，以及部分学生的运动，他们积极地建立了民团。在四川，民团共有枪支 40 万支，而在每个县有 2000 支。此外，每个村都组建了专门的卫队。每个大地主家庭都雇用了几十名武装人员，他们不仅有步枪，而且还有毛瑟枪。因此，刘坚予建议代表大会提出对民团的策略问题。“指出这种策略应该像对正规部队的策略一样，因为民团虽然不在土豪劣绅的直接领导之下，但是他们的社会成分主要是农民，多数是贫农。我们应该在民团中有步骤地做工作，以便瓦解它们，并把它们的部分成员吸引到我们方面来。”此外，“还应提出反对收税建民团的口号”。应该向农民说明，他们不应该给地主交税，用来建民团。因为民团保护地主的利益。②

7. 夏曦，来自浙江。夏曦也在大会上发表了对农民土地问题报告的意见。首先，他认为农村的阶级分析，李立三采用毛泽东的“多余与不足”的方法去分析是不对的。应该根据三点：一是土地所有权与土地使用权；二是农业资本，因为资本多少他可以放高利贷和雇用劳动力；三是消费量。决定我们的策略，应注意以土地所有权与土地使用权与农业资本去决定富农、中农、贫农的标准。

---

① 中共中央党史研究室、中央档案馆编：《中国共产党第六次全国代表大会档案文献选编》下卷，中共党史出版社 2015 年版，第 690—691 页。

② 中共中央党史研究室，中央档案馆编：《中国共产党第六次全国代表大会档案文献选编》下卷，中共党史出版社 2015 年版，第 691 页。

第一，关于农村斗争内容问题，夏曦认为农村斗争的内容具有两重性：一是农民与官吏豪绅之争。如反抗苛捐杂税；二是无土地的与有土地者之争。这是我们应注意的。我们一方面领导农民斗争，一方面还要推动中农、富农的斗争。

第二，关于平分土地与革命转变的问题。有人以为平分土地或共同耕种，就是社会主义。夏曦提出："我们要注意怎样由资本主义转变到社会主义呢？这种小的农民生产，并不是社会主义的生产。转变到社会主义的条件是要工人取得对于农业的领导的问题。怎样巩固农村无产阶级问题，以及发展大规模生产的问题。平分土地并不是社会主义，也不是转变的必要条件。"但是平分土地的思想，有它的社会背景，这种思想是由于失业的农民所发生的，是无地与有地之争。

因此，关于土地分配问题，夏曦主张："1. 赞成草案的政纲，没收地主阶级的土地，我们党不必提出土地国有的口号，但须提出禁止土地买卖的政纲。2. 应在政纲中规定雇农及农村手工业者应增加工资，因为这样使无地的农民，他并不一定要分得土地才能生活。3. 森林公共土地及荒地及土地公司与地主经济均应没收归苏维埃所有，分给无地农民。4. 农村合作社在政纲中应提出，因为农民很需要这种组织。"①

第四，对富农政策问题。夏曦指出："我们对富农是不是永远不没收呢？不是的。我们是站在现时的革命阶段上来说的。"在革命发展的时局，富农是会叛变的，"因此我们应注意于巩固农村中的无产阶级的领导"。

第五，游击战争问题。游击战争，在有的地方农民是需要的。但是我们是不是要倚靠游击战争去启发群众呢？夏曦的回答是否定的，他认为"这是不对的"。"我们应由群众的战争转变到游击战争，并且应该很迅速的转变到非游击战争。但是由游击战争转变到地方暴动，这是要看城市和乡村的配合及周围的环境，不要冒险，致使敌人个个击破。"

第六，农民组织问题。我们不能机械地去组织，一方面可组织农协等，

---

① 中共中央党史研究室、中央档案馆编：《中国共产党第六次全国代表大会档案文献选编》下卷，中共党史出版社 2015 年版，第 691—692 页。

一方面可在农民斗争中，利用机会去组织如反抗捐税大同盟等。雇农工会或雇农部可斟酌情形，但在农村苏维埃成立的时候，农协已取消，我们即应组织雇农工会。在农民运动的初期，应使雇农在农协中占得领导的地位，所以最好组织雇农部。①

8. 任旭，来自湖北。任旭在大会发言中对农运土地草案及李立三的报告发表了意见。他先声明自己做农运是第五次全国代表大会后，时间不久，对于全国土地关系还不十分了解。但对中国南部农村的阶级斗争有一定了解，认为已经“发展到最高形式”。去年秋收暴动后，鄂南豪绅地主说：“宁可误杀一千，不肯放走一个”。黄安农民失败后跑出了2000多名很勇敢的农民，他们说：“我们的父母妻子都被杀了，房子被军队烧了，现在只剩下一个光杆，更好革命些！”他认为这证明了农民与地主阶级斗争觉悟程度。②

（1）关于农运决议草案，任旭表示大体同意，不过对主要策略的任务，不同意。他认为先要把富农究竟是什么东西弄清楚。李立三“听说的就是毛泽东之所谓有余钱剩米者为富农。”但决议案上又说是半地主。任旭说：“就我所知道，富农除了半地主雇佣劳动外，同时又是放高利贷的人。”“现在使富农中立，这是值得讨论的。决议上说原则上不让步，但事实上是不是让步呢？没收土地时要反对半地主的富农，让步或者要不没收，如果原则上事实上不让步，是不是做得通呢？”“中国的富农已经反对我们了”。任旭提出他“对于这个总策略”的修改：“中共目前主要策略的任务在于创造绝大多数被剥削的农民群众完全消灭中世纪的封建残余之广大战线。从雇农起至中农止，而使富农在某时某地不反对我们。”③

（2）关于农民的组织。任旭认为：“有人说有了苏维埃，农民协会就

① 中共中央党史研究室、中央档案馆编：《中国共产党第六次全国代表大会档案文献选编》下卷，中共党史出版社2015年版，第692页。

② 中共中央党史研究室、中央档案馆编：《中国共产党第六次全国代表大会档案文献选编》下卷，中共党史出版社2015年版，第693页。

③ 中共中央党史研究室、中央档案馆编：《中国共产党第六次全国代表大会档案文献选编》下卷，中共党史出版社2015年版，第693页。

要解散，这是不对的。我认为有了苏维埃之后，农协自然就渐渐消灭。”农协、农委会、苏维埃等，组织形式各地可不同，不必统一。同时无论南北，可以尽量地采用各种方式的组织，只要能够团结群众。[①]

（3）农运发展的问题。任旭介绍了湖北的情况，在国共两党未分家以前，农民组织有很大的缺点，各省各县都是一样。广东的琼崖、海陆丰，湖北的施鹤的占据，虽很有意义与必要，可是在政治上的作用不大。他认为：“我们主要的是向政治中心城市近郊以及交通要点去发展。要这样的发展组织才算准备革命高潮，才算是暴动的组织。”

（4）农民领袖问题。任旭指出：“南方许多地方农民领袖都不是雇农佃农，而是失业农民”。湖北黄安政府主席曹学楷是失业农民，“他很勇敢很忠实”。领袖问题与农民运动关系甚大。

（5）争斗方面。所谓大杀大烧，除一两个地方曾发生过，一般都是被敌人大杀大烧大抢甚至大淫，与农民无关。任旭说：“我是赞成杀尽豪绅地主的，尤其是农民失败后，敌人的反攻。经过敌人的大杀大烧大抢大淫的地方使农民恨极，争斗恢复，农民的报仇心理是制止不住的。要是在失败经过敌人大杀大烧大抢之后，马上我们就宣传农民在恢复争斗时不要烧杀，农民必以我们为书生。要是在恢复争斗时农民报服［复］的烧杀，我们去纠正，则农民恐将要以我们为敌人而怀疑我们，同时失业农民占多数的地方抢劫也是免不了的。我认为，在行动时去纠正这些是错误的。策略上可以不必写出，我们只有从积极方面领导农民，作没收地主建设苏维埃的争斗，才能减少这种现象。在争斗时，农民要杀尽豪绅地主甚至冤枉杀了几个也是不要紧的。现在害怕群众烧杀与以前害怕群众打土豪劣绅戴高帽子游行，同样是资产阶级害怕群众动手争斗的倾向。”任旭强调：“我这个意见在决议案未表决之前要再三说明，在表决之后我当然服从。”[②]

---

① 中共中央党史研究室、中央档案馆编：《中国共产党第六次全国代表大会档案文献选编》下卷，中共党史出版社 2015 年版，第 693—694 页。

② 中共中央党史研究室、中央档案馆编：《中国共产党第六次全国代表大会档案文献选编》下卷，中共党史出版社 2015 年版，第 694 页。

（6）红枪大刀会问题。任旭认为：“决议案上太简单了，只说以土地政纲影响之。我们应从反帝国主义、反军阀苛捐杂税直到宣传并实行土地政纲，影响他们夺取他们的群众，至于民团土匪，我认为要根本破坏之夺取其群众，不能利用。”

任旭在发言中还指出，农民无武装，是不可能建立红军的。在土地政纲中，对土地累进税，应有限制；土地国有是我们的政纲，但不一定把“国有”二字写出来，目前还没有这个必要。群众要公耕或平分都是可以的。不赞成马上写出土地国有。①

9. 瞿秋白。在农民土地问题的讨论中发表了六条意见。

（1）豪绅的问题。瞿秋白指出：决议草案上写出，“凡是强占亩产等，就是土豪劣绅。”瞿秋白认为，“这样说会使人不明白的，仿佛除此之外的人便不是绅士或土豪了。”以前的绅士阶级就是士大夫阶级，故带有贵族性，他们在外面赚钱，回乡来就要买田地或重利盘剥，变成了商业资本地主阶级——剥削阶级。现在与以前不同了，土财主、富商也成绅士，他们很普通的不但用经济势力，并且还用政治势力来压迫农民。其中的土财主、富商就是所谓土豪。所以，这个观念不清，对新策略是很有影响的。

（2）农民分化问题。瞿秋白认为，李立三所引毛泽东对于富农的定义：“有余钱剩米者为富农……，当然不合乎马克思主义。因为他不掌有生产工具为标准，只由消费方面看而不由生产方面看。”富农，剥削雇工，这特点是资本化的。乡村小资本家与城市工厂主无大分别，因为他主要是剥削雇工。中国富农不完全是资本化的，中国农村技术很低，不能多赚钱，自己做不完的就得出租，是半地主性（以地租为生）。而雇农与富农是相反的，他出卖自己的劳动力，做出来的生产品都归地主或富农。他的生活完全依靠自己的劳动力，他是农村无产阶级。

中国乡村是半封建的，所以有过渡的阶级，就是最小农。他一方面种

---

① 中共中央党史研究室、中央档案馆编：《中国共产党第六次全国代表大会档案文献选编》下卷，中共党史出版社 2015 年版，第 694 页。

自己的田，不够生活而向去做雇工（短工）或作长工以维持。他一面自己生产，一面出卖劳动力。他可算是农村半无产阶级。小农，则用不着做雇工，完全靠自己种地。即使自己生活不够而雇工，也是偶然的事情。至于中农，就是富农与小农之间的过渡。他完全靠自己，甚至雇人做工（偶然的）。这是农民内部的分别，在草案上应该增加上去的。[①]

（3）策略问题。瞿秋白指出：农村中最有力的是无产阶级与半无产阶级。中国雇农很少，富农也很少，有时做农民有时做工人（运输、码头）。半无产阶级数目最大，与无产阶级很模糊。他们是最好的先锋，是我们自己的力量。草案规定是对的，我们应该领导中、小农推倒地主。在这过程中，要使富农中立。因为在海陆丰与万安的事实，证明富农与其他农民无大利害的冲突。现在是农村无产阶级与半无产阶级领导中小农去打地主的斗争而使富农中立。前面任旭发言说联合富农与以前联合资产阶级一样的不可能，瞿秋白认为："其实事实上不是这样"。"地主如果已打得落花流水，富农一定也会反对我们，我们就要改变策略，现时使富农中立是对的。"关于土匪与红枪会，农民运动草案说得太简单了，瞿秋白赞成详细一些。[②]

（4）大烧大杀问题。瞿秋白同意任旭所说，但认为要说明"大杀大烧不是我们革命的目标"。如把"什么人都杀掉做目标，这是流氓无产阶级报仇的心理。是空的，不是无产阶级革命的方法。"我们的这次大会"并不是不准大烧大杀，是反对以大烧大杀为目标，这是应该告诉民众的。"因为烧杀是代表农民的愤怒，不能强加禁止，然而要注意往往执行者不是农民，只是我们机械的应用后规定杀多少数。这是不对的。我们要有组织地烧杀。八七会议"以前连戴高帽子也禁止了，当然是不对的"。[③]

（5）土地斗争。瞿秋白认为：决议草案已指明，不管中国的革命怎样

---

① 中共中央党史研究室、中央档案馆编：《中国共产党第六次全国代表大会档案文献选编》下卷，中共党史出版社 2015 年版，第 695 页。

② 中共中央党史研究室、中央档案馆编：《中国共产党第六次全国代表大会档案文献选编》下卷，中共党史出版社 2015 年版，第 695—696 页。

③ 中共中央党史研究室、中央档案馆编：《中国共产党第六次全国代表大会档案文献选编》下卷，中共党史出版社 2015 年版，第 696 页。

的不平衡，不管现在是抗捐抗税，农村的斗争总是为争土地。

（6）农民与社会主义问题。有同志以为平分土地或公耕就是社会主义，瞿秋白不同意这个观点，认为这是没有看清目前革命的阶段是资产阶级民权革命。“工厂未入我们的手，无论土地怎样分配，是不能转入社会主义革命的”。“土地国有，只是转变入社会主义的一个条件。公耕是小资产阶级的空想，然而我们不妨赞助。在俄国 1922 年托尔斯泰派主张公耕，苏维埃也帮助他们（因为是集体的经济）。”① 关于平均土地，瞿秋白指出：我们过去在武汉的错误就在于：一方面是完全没收，另一派又主张完全平均。“平均这办法是不可能的。就是革命成功了也不会有办法。所以我们的党纲决不能是平均地权。”“我们不要把党当成皇帝，像洪秀全或王安石下令分九等土地解决一样。详细的规定，大会是不可能，要因各地情况决定，要看农民的要求来决定。”“我们的空想应该去掉。”②

10. 王懋廷，云南的正式代表。王懋廷在讨论农民土地问题报告时发言，主要就农村的阶级分析和土地分配提出意见。他指出：“对于农村的阶级分析，现在我们材料很少，要明确的规定，是非常困难的。对土地分配的关系，不能以南北为绝对的分别开来”。土地分配，因为近郊的田地与穷乡僻壤的不同；近铁道两旁交通便利的地方的土地也比较好些；沿海的土地与内地的也不同；因为水利的问题，有水田、旱田也不同。土地也不能用数字来做计算，决定谁是地主，谁不是地主，“而应按照各地的情形来决定”。“分析农村的阶级的关系，不以地的多少规定有几等，应以当地实际情形来分。”③

王懋廷提出，要注意土地与政权的关系。在“土地问题里面，应当注意土地与政权的关系，封建的统治是有影响于土地的关系的”。“地主与豪

① 中共中央党史研究室、中央档案馆编：《中国共产党第六次全国代表大会档案文献选编》下卷，中共党史出版社 2015 年版，第 696 页。

② 中共中央党史研究室、中央档案馆编：《中国共产党第六次全国代表大会档案文献选编》下卷，中共党史出版社 2015 年版，第 696 页。

③ 中共中央党史研究室、中央档案馆编：《中国共产党第六次全国代表大会档案文献选编》下卷，中共党史出版社 2015 年版，第 698 页。

绅是很难分开的，地主就是豪绅，豪绅就是地主，在政治上的表现，并非两个阶级，亦有豪绅而很少的土地的，地主而不握政权。”“豪绅确实是代表地主的政权的，是不能分成两个东西的。”[①]

王懋廷认为，农村阶级的划分应以土地关系来划分。他认为李立三报告中关于农村阶级的划分，说得太模糊。他提出，应以土地关系划分农村阶级：第一，地主（附豪绅），依靠土地剥削农民。第二，自耕农，能够自己独立的、不受地主剥削，而不剥削农民。第三，佃农，自己没有土地，而租地主的土地来耕种的。第四，雇农，出卖劳动力的。成分这样四种就足够了。

农民组织的基础是什么？王懋廷指出：“雇农是我们在农村中的基础。这当然是对的。但我们要注意，很多地方是没有雇农。”“雇农既然很少，假若我们要以雇农为农民协会的基础，那我们在很多地方找不到基础了。所以我认为雇农是无产阶级政党在农村中的基础，但不是目前中国农民组织的基础。农民组织的基础是佃农，因为佃农是很广大的群众，他们的生活总是租田的，与雇农不同，实际生活是与雇农一样的”。王懋廷还认为：“乡村之中，封建势力是很有力量的，雇主与雇农之间，往往是有密切的封建的关系。他们的斗争，往往没有佃主与佃农之间那样明显”。所以，“以佃农为农民组织的基础是必要的，这样才能得到整个农村的领导。至于农村无产阶级的组织，应以手工业者与佃农合组之另组织农村工会。而农村工会加入农协，成为农协的领导力量。”

农奴问题。王懋廷指出，中国农奴虽不是普遍的，但很多地方是有的，如云南、贵州、广西一带很多。在云南农奴的形式，是在土司之下的农民，占人口五分之二（即 40%），大都是彝族。他们在文化上与汉人并无十分相差，而他们所受的剥削却是很大的。如安南、云南、贵州、广西一带，都有土司，这些土司，实际上就是大地主，他们对农民可以施以肉刑，任意加税。

---

① 中共中央党史研究室、中央档案馆编：《中国共产党第六次全国代表大会档案文献选编》下卷，中共党史出版社 2015 年版，第 698 页。

除了彝族，还有其他少数民族，“在农民问题中是很重要的问题”。陕西、甘肃、新疆、云南的回族都很多，云南、贵州、四川的少数民族，在民族感情上是很易团结。“他们的斗争，反抗是很有力的。我们在云南曾屡次讨论，很多同志反对这提出民族口号。我以为在农民运动中是值得注意这一问题的。”①

王懋廷在发言中还讲到游击战争问题，认为这“是今后农民运动中的主要出路。能在群众发展，是可以发动群众的”。同时，应注意“合作社问题”。“在苏维埃已成立的地方，可以做合作社运动，可以用合作社的方式去经营土地，可以少量的土地容纳多量的农民。为其建立起农业村合作社，对经济上、文化上是有很大的帮助的。”对于群众的意识问题，我们“要了解农民群众，不可以只赖主观。如其不注意这一点，很生硬的应用口号，这是很困难的。如苏维埃的口号，当然已经有了很长期的宣传。但是很多农民并未了解，农民很难懂这一名词。用工农兵代表会议的名是一样的内容，而且容易懂得。口号是要群众了解的，要是他们自己要的。”这“在农民运动中特别重要的”问题。关于土地国有，他认为“如原草案一样，不规定好些。土地国有这个口号，农民将以为行社会主义了。农民的私有观念很重，不能了解，或者竟要怀疑，问题是在这里。”②

王懋廷除了在大会发言外，还提供了一份关于“中国共产党与安南（越南古称）关系问题”的提议，指出“安南是法国在亚洲的根据地”，“云南与安南的铁路连接，云南的交通，完全在法国主义掌握之中，铁路工人，云南、广东、安南的各占三分之一。云南与安南界连一二千里，云南工作必与安南联合，然后可以得到胜利的前途。”王懋廷认为，“在政治决议中，应该指出安南工作，尤其对于安南职工运动，及一部分的兵士运动”，“并请出席国际代表团，提出国际，商量具体工作办法。”“这个问题

---

① 中共中央党史研究室、中央档案馆编：《中国共产党第六次全国代表大会档案文献选编》下卷，中共党史出版社 2015 年版，第 697 页。

② 中共中央党史研究室、中央档案馆编：《中国共产党第六次全国代表大会档案文献选编》下卷，中共党史出版社 2015 年版，第 698 页。

不仅与云南工作有关系，在反对帝国主义运动及二次大战发展中，都有很要（紧）的关系。”①

11. 张金刃，在会上代号第 130 号来自陕西。他在农民土地问题报告的讨论中发言，同意报告和决议草案大体主要的方向及原则，但也坦诚有一些不十分明白之处。

（1）土地关系问题。张金刃谈到他了解的一些情况：在山东、直隶，地主的土地就占了 20%，陕西的地主占 50% 的土地。他们的占有是用庙田、天主堂等方法隐蔽着的。还有更大的一部分就是商业高利贷资本统治的形式，在农民向他们借债时，必须要有担保人，还要土地做担保品，如其不能按时缴还，则拿收获了的谷子或土地。在汉中地主的田有 60%，在陕北有 30%。

（2）农民斗争的趋向。农民的斗争有些尚只是抗息、抗税。但向前进的时候是可以到土地革命的阶段的，土地革命谁都赞成的，即借高利贷的农民也赞成；因为他的土地实际上不属于他。所以中国乡村是地主与农民、劳动者与地主的争斗。总的方向是如此，原来草案上所说是对的。

“没收土地与土地国有，没收土地与平分一切，我们是不赞成的”。农民起来后，他并不懂得深奥的理由，他是要干起来的。那我们不可消极的不管，而应积极的赞助他们。苏维埃成立的区域就应以我们的口号来做宣传。公耕的办法是可以用的。土地国有问题，因资产阶级民权革命的阶段未完，所以不能立即实行国有土地。照目前的阶段应该地主土地没收了归苏维埃。自耕农对于他自己的土地有使用权。要大规模的生产时才能说到土地国有。

对于农民问题，张金刃认为总的策略是对的。虽然南方已到了土地革命的阶段，而北方尚是抗租抗税等运动，但不过是过程上的不同，北方有很快的由那些运动转变到土地革命的可能，到斗争一发生实际必至于此。“农民都是共同一致的要求，可以整个的联合，至多是富农中立，亦可与之

① 中共中央党史研究室、中央档案馆编：《中国共产党第六次全国代表大会档案文献选编》下卷，中共党史出版社 2015 年版，第 822 页。

合作，但到进了一步时，反对及于富农的利益时，他必然反动，而且转变得很快，立刻会反动。”①

张金刃指出：农民协会如要其存在是对的，以半佃农、佃农及贫农为其领导，然后到富农反动，容易转变组织形式。雇农在中国是很少，但不能说没有，满洲一带就有。“做短工的是非常之多”。如果说这些雇农与地主关系的而不反抗，这是不对的，在经济利益上还必然会冲突起来，在南方北方都有组织他们的必要。对没有土地的农民可以与他们组织支部，讨论他们本身的利益，这样可以使他们巩固起领导权。

关于游击战争，张金刃认为，“这是主要的斗争方式，最激烈的斗争方式，在北方一开始就发生这种斗争。这种斗争必定要是代表群众的意思，不可以成为暗杀队的形势。这种游击战争可以由小的影响城市，在乡村中则实行武装训练与建立红军的基础。”红枪会问题，在其中工作有两种结果。如只知道利用领袖，他们一为反革命利用，我们即失败，如河南的红枪会工作。再就是做红枪会下层群众的工作。“这些成分中是有革命的，我们应在他们之内工作，代表他们的利益，改变他们的领导，消灭这种组织使他们加入农民协会”。②

12. 王子清，来自顺直的代表。王子清在讨论农民土地问题报告时指出：“农民问题是很复杂的，非常的复杂。地主之中有不同：大的小的中的，自耕农也可以如此分。南方与北方又不相同，这是值得注意的。”同时，地主经济和地主这两个名词的解释分不清楚。俄国同志说，地主是雇用雇农为他耕种而不是租田给佃农。李立三报告说地主有特别的名词叫地主经济，又说，没收一切地主土地不是没收地主经济。这两个意见是不同的。王子清认为，地主经济也要没收。他还谈道：“在北方雇农比佃农更苦，想找工作找不到，做佃农又做不上。这一问题很明显，大家都要注

① 中共中央党史研究室、中央档案馆编：《中国共产党第六次全国代表大会档案文献选编》下卷，中共党史出版社 2015 年版，第 699 页。

② 中共中央党史研究室、中央档案馆编：《中国共产党第六次全国代表大会档案文献选编》下卷，中共党史出版社 2015 年版，第 700 页。

意。”[①]

王子清在发言还谈到农民与农妇的问题。他认为，农民运动在北方，只做了农夫运动，没有注意到农妇。而实际上，“农民协会会员的家人是值得我们注意的，做得好，她们可以帮助我们，不然她们就会妨碍我们，阻止她们的男人加入农民协会，甚至于告我们的密。因为她们顾虑她们的丈夫的生死，所以这一个运动值得我们注意的，应该与农夫运动同时并进。”[②]

王子清指出：“农民协会的障碍是红枪会与民团，现在这种组织都成为反革命的了，为豪绅所领导，违反小农贫农的利益，代替了军阀的扰乱，比军阀更凶些，所以我们在乡村中的工作，农民协会与民团红枪会应同时注意。”而且，“富农确是很快就要反动的，使他中立是对的。因为现在还在反帝国主义反军阀的阶段上，可以与他们同盟，可是要注意他们很快就要反动。”王子清还谈道，“在北方有大地主、中地主、小地主。小地主有些是家里人口很少，或者只有几个孤儿寡女，不能做工，于是出佃给佃耕种。现在看来，这些人未必反动。”到〈处〉杀地主豪绅是成问题的，“小地主是否一定要杀呢？这要有办法才好。”[③]

农民运动的口号问题。王子清提出：“要使农民懂得，适用，不可离农民太远，如以前空口叫打倒帝国主义一样。我们的口号要普通、易懂，如有些地方连抗租尚不能提出。”北方的抢烧杀比南方更甚，如磁县地方“天门会与红枪会激战，打了一年，死了一千人”。“这种行动，值得我们注意，应该引导他们到正当的道路上来”。“烧杀有时也可以用得”，可以伤敌之胆。

贫农、富农、中农的分别，李立三说毛泽东是以自己有余的算富农，自己可以自足的是中农，不足的是贫农。瞿秋白说这种分法是非马克思主

① 中共中央党史研究室、中央档案馆编：《中国共产党第六次全国代表大会档案文献选编》下卷，中共党史出版社 2015 年版，第 700 页。

② 中共中央党史研究室、中央档案馆编：《中国共产党第六次全国代表大会档案文献选编》下卷，中共党史出版社 2015 年版，第 700—701 页。

③ 中共中央党史研究室、中央档案馆编：《中国共产党第六次全国代表大会档案文献选编》下卷，中共党史出版社 2015 年版，第 701 页。

义的，但他所分的我不懂、尚未明白。如北方有些地方，土地多的人比少的更穷，因为他所受剥削多、人口又多所以如此。我以为毛泽东同志的分法比较明白。土地政纲，李立三说是党纲，瞿秋白又说是政纲，究竟是什么，我不明白。但我以为至少要加上一条："取消土豪劣绅反革命的财产归苏维埃，以为建立农民银行之用。"①

13. 方维夏，来自湖南，曾留学日本担任过湖南省教育会会长。1924年加入中国共产党。参加南昌起义。1928年到莫斯科中心大学学习。他作为代表参加六大，并在讨论中发言说："对于土地革命问题，主张制定简单的行动政纲，因事实上已有粤海陆丰、湘、醴、陵、赣（万安）曾成立苏维埃议分配土地的标准，将来数省再组织苏维埃时是要请中央颁布的。"

方维夏认为，"对于没收土地的标准，除没收一切地主土地外，对于富农的土地也主张有限制的没收其一部分"。因为富农是半地主行高利贷，一方面是雇农、佃农的剥削者，一方面是农村封建势力残余品，"为农民经济的破坏者，为帝国主义和军阀直接剥削中农、小农、贫农的工具"，故有限制、没收他的土地的必要。"对于西北及蒙古，以畜牧为业的富农亦应行同样的制限，没收他一部分的牧畜。"②

对于分配土地的标准。方维夏指出，"就全国看来，将来各地方苏维埃政府行分配时应采取下列各点：1. 土地肥瘠的差异；2. 耕种能力（包括劳动力和经营的资本）的差异。3. 气候的差异。4. 耕地面积与人口密度的差异。"对于分配的对象，土地分配的对象，应给下列的人员：佃农、雇农、兼业农、退伍士兵、失业农民。"没收得的土地归苏维埃所有分配，给耕种的农民后当禁其买卖。""合作社当以贫农为主并准中农加入，防止商业经济侵入、破坏农村经济，限制加入合作社。"

关于苏维埃的组织与成分当另规定。有的主张取消农协把苏维埃改名，

① 中共中央党史研究室、中央档案馆编：《中国共产党第六次全国代表大会档案文献选编》下卷，中共党史出版社 2015 年版，第 701 页。

② 中共中央党史研究室、中央档案馆编：《中国共产党第六次全国代表大会档案文献选编》下卷，中共党史出版社 2015 年版，第 701 页。

但海丰乡村只有农协，没有苏维埃组织。一般农民只知农协，不知苏维埃。苏维埃要经一定宣传使农民了解，把农协权力减少、成分改变，“苏维埃是唯一劳动群众政权形式，在革命胜利、反动政权推翻后必须建立的”。“土地税早应规定出来，废除一切苛捐杂税，改累进税。”“游击斗争关系割据局面，应当给予群众实际的利益”，如没收地主的土地及豪绅反动派的财产给贫苦群众，去发动群众。①

14. 张国焘。对土地问题和农民决议草案报告，首先表示“完全同意”，报告中说到农村经济、土地关系、农村阶级、对抗土地政纲等各点的分析“大体很对的，现在找不到更好的”，“只在分量上有差别，那里少一点或多一点，或统计不正确，但总的路线是对的，提出问题可研究的地方”。②

同时，关于土地政纲，张国焘认为“可以用作宣传，成立苏维埃地方，可以实行”。关于雇农问题，有必要解决。大地主之下雇农，尤其在北方之特别区，不要忽视。地主土地没收，大佃农土地亦没收，没收后是不是归雇农管理？这些问题都要解决，要多找些实事材料做参考。政纲草案的第八点应加入一条关于苏维埃调剂粮食问题，以前湖南禁止粮食出口，农协做的，应当加入。

张国焘提出，要“把农村零星斗争，变成范围广大，范围广大变成有无产阶级领导的斗争”。“关于土地问题和政权问题的关系，同志们都说得不十分充分”。土地问题与政权问题不应分开，过去农民协会在广东、湖南很发展，乡农协和区农协的确是苏维埃形式，有力的政权组织。县农协就不同了，只有机关存在。政权只乡区农协抓派到，很少争得县的政权。武汉时期的两湖县民会议，农民不懂得当时县民会议是合法运动，但也非和平的而要斗争，得采取武装斗争方能产生工农省民会议，合法立足打出来

① 中共中央党史研究室、中央档案馆编：《中国共产党第六次全国代表大会档案文献选编》下卷，中共党史出版社 2015 年版，第 702 页。

② 中共中央党史研究室、中央档案馆编：《中国共产党第六次全国代表大会档案文献选编》下卷，中共党史出版社 2015 年版，第 703 页。

的。这是过去很大的缺点，现在仍是这样。

张国焘对土地公耕的看法是，“等于在反动包围之中办新村一样，无多大意义。这是一种农民意识的表现，使农民运动范围缩小，成为局部的运动”。“应在决议中详细说明。使农民革命意识的扩大。”

现在农村有什么斗争？张国焘认为有几种形式。“第一种斗争形式是要得一县或数县建立苏维埃政权，可不可办到呢？可以办到的。在统治政权薄弱的地方可以办到的，是不是能持久？如果没有别的地方响应而起来，不能够持久的”。“第二种形式是游击战争。有人说游击战争不能发动农民，或者说发动影响甚小”。张国焘认为“可以发动起来，但有时不能”。“看我们工作和各地斗争条件怎样指导”。“第三种形式是提出很低的口号来发动，如减租减税来发动农民斗争”。在斗争过程中，一定要转很激烈的斗争，运用“杀土豪劣绅”口号来引导农民斗争，“杀尽土豪劣绅”口号亦可用。有很多地方农民运动的发展，以杀尽土豪劣绅来发动的。

在斗争当中，怎样使农民革命扩大？张国焘认为，“空口宣传没有用的，如果实行分配土地，一般农民不想再去冲锋，不想去打反动派，便守在一个地方，这是危险的”。“在一地建立苏维埃政权后的主要任务，在组织红军、扩大斗争，帮助附近农民暴动。依据土地政纲进行，解决土地问题是可以的，不过大城市统治小城市，小城市统治乡村”。比如苏维埃区域无上述几个困难，就可利用这种实事向农民宣传，扩大农民夺取城市革命意识，向农民宣传一定要与城市工人斗争相联系。“只有在扩大农民革命斗争，工人领导农民革命斗争的方针上，才能在斗争中联系乡村农民和城市工人在革命高涨时造成暴动，夺取几县或几省政权”。这些情形与现在农村相差甚远。“今天提出来，是以后工作计划时应注意到的。”①

从前解析关于帝国主义，只说土地革命是根本动摇帝国主义在中国农村剥削的基础，有所谓“土地万能说”。在农民问题决议草案中也有类似观点。两方面来说，反帝与土地革命相联系。“要不打倒帝国主义，革命胜利

① 中共中央党史研究室、中央档案馆编：《中国共产党第六次全国代表大会档案文献选编》下卷，中共党史出版社 2015 年版，第 703 页。

是不可能的。换言之，简单说解决土地问题，即是破坏帝国主义的基础，这是不完备的”。广泛说，即土地问题与政权问题关系，就是说土地问题解决与全国政权问题大范围的解决是同时的，非光解决土地问题，再来解决政权问题，或者有政权后再来解决土地问题。“政权得到，土地问题即已解决，土地问题解决，政权已经到手，二者不能分开。在小范围内是如此，在大范围内也是如此。”①

张国焘认为，农民土地问题决议上应说到“乡村中的天主教、耶稣教、华洋义赈会，有钱有势”，不仅是“帝国主义在乡村中的侦探，并且在政治上和经济上帮助剥削阶级”。四川代表提到南北政府一样，征取农民苛捐杂税，拉夫抽丁。因此在乡村有两种抵抗形式：第一种是无土地与有土地的斗争；第二种是小有土地者之下的民众与官僚军阀封建残余斗争。第二种抵抗形式不是根本解决土地问题，而是打击统治阶级的政权。其作用在实行这种政策时，团结雇农、贫农一直到中农，并使富农中立。利用这个政策，使富农中立，富农为自身利益，不致反对我们。任旭说：“富农中立，实事上是对富农让步”。在原则上不是让步，取消苛捐杂税，肃清土匪，对富农本身目前有利益的，另一方实行统一的累进税，于他们仍有利益，事实上可能使富农中立。

关于兵士问题。张国焘认为，兵士大部分是失业农民，这与农民问题有关系。我们对城市军队派同志去活动，送工人去亦可。“要兵士归农，农民给兵士土地”。“现在军阀制下军队，是募兵制，非征兵制，总计每年有70% 逃走的兵士。如果我们在军队里建设支部，可以整个把兵士转变过来。在有的地方也可鼓动逃兵到农民群众去，使农民斗争扩大，这是大家要注意的。”张国焘强调说：“在斗争中，农民夺取政权和土地革命不要分开，不能在小区域中专做平分土地的工作，同时一定要斗争范围大，把斗争群众扩大，拉到与工人斗争接上，与反帝接上，与反抗苛捐杂税的民众斗争

---

① 中共中央党史研究室、中央档案馆编：《中国共产党第六次全国代表大会档案文献选编》下卷，中共党史出版社 2015 年版，第 703—704 页。

接上，与兵士运动接上，如此农村斗争才有胜利的可能。”[①]

15. 蔡和森。在农民土地问题的讨论中也有发言。他认为：

（1）土地关系的最后趋势，报告没有指出来。报告中只从静的方面分析，没有从动的斗争方面说。静的分析是大地主少，中小地主多，结果垄断土地。中国情形与俄国不同，从静的分析确是如此。蔡和森认为：土地关系随经济关系而变更，应大略地指出趋势。趋势便是资本集中现象事实已有过。但发展不多。如垦殖公司、牧畜公司、南通大棉花场都是资本集中的表现。另一方面，军阀收买土地数量甚广，成大公司性质。资本主义的向前发展影响乡村的土地关系，使土地关系起变化走向一定趋势。

（2）豪绅阶级问题。土地问题决议案说到，豪绅资产阶级又有资产阶级地主，是不是豪绅地主成独立的阶级呢？瞿秋白分析中又分成两个阶级：豪绅阶级和地主阶级。蔡和森认为豪绅不能成单独阶级。因豪绅是地主在乡村的政权代表，农民运动开始反土豪劣绅是要夺取地主政权。农民攻打民团，起而夺取地主政权，农民反对地主为的要夺取政权，打民团能得到分配土地，二者都是土地革命现象，不能分割。

（3）乡村雇农与手工业工人问题。蔡和森认为，“乡村雇农与手工业工人应取一个看待不能分开。在乡村主要力量是乡村无产阶级——雇农和手工业工人。雇农数量不大，手工业数量则甚多，这个数目非乡村无产阶级之外的而是在其内的，雇农和手工业工人的组织应使联合甚至成一个组织。”

（4）富农地主问题。整个斗争分两方面：一方面反帝国主义，另一方面反地主和军阀，从整个战线看整个富农，他似可维持中立。但另一方面必须见到其危险即土地革命急剧进行他有迅速反动的可能。

（5）游击斗争方面。这个问题在策略上主要的问题，首先要问游击斗争方式是不是农民运动的主要方式？是主要方式，不但在南方，北方亦如

① 中共中央党史研究室、中央档案馆编：《中国共产党第六次全国代表大会档案文献选编》下卷，中共党史出版社 2015 年版，第 704 页。

此，以事实看，无论哪地，农民运动起来很快的转到武装斗争方面，阶级斗争一激烈，一定向这方面走。蔡和森指出：“1. 游击斗争与过去零碎斗争方式已改变，零碎斗争易被敌人分段击破。2. 游击斗争得到的是什么？从前说大一点游击斗争得到割据局面，现在切实说得建立红军得到训练农民武装，还有破坏旧军队。”游击斗争影响敌人甚大，使敌人军队瓦解，这不仅在组织农民武装和建立红军而已，现在的问题在于游击斗争的出路怎样？过去认为割据局面有可能，现在认为成问题。蔡和森分析说，这是有几方面关系，一方面与帝国主义有关，另一方面与军阀统治有关。

游击斗争要发展到什么程度？这要“看我们本身与敌人阶级力量的比重怎样”。如果游击斗争有广大群众发动，那么夺取城市可以干的。但帝国主义武装干涉和反动势力的压迫，虽然说反动统治不稳定，所以取得城市保持永久存在是困难的。蔡和森认为张国焘说要扩大农民革命的宣传是对的，使农民知道没有城市工人起来做中心，则农民斗争胜利是不可能的。帝国主义不推翻，农民斗争的胜利亦是不可能的。如果割据有广大群众能发展是要得的。

关于土地分配和政权问题，蔡和森不同意张国焘的意见。他指出：“土地分配不一定要有全国形式，农民打倒劣绅夺取乡村政权可没收土地，部分的政权建立和部分的没收土地，在斗争过程中是有可能的而且是必须的。在没有全国工农政权建立或几省的建立，国有土地是不能的，因而禁止土地买卖的问题现在无提出之必要。”①

16. 胡秉琼，广西人，1925 年加入中国共产党，当时在莫斯科中心大学学习。他参加六大并在讨论中对土地草案提出自己的意见。他认为：

（1）土地草案最后一页关于土地政纲中第二、第三、第四点，提出某种土地归某种人使用，很死板的来规定，这不大好。对雇农土地完全不顾到。事实上雇农占数量不少。湖南几县的统计，雇农占 10%。广西七县的统计，雇农占 12.7%。在苏维埃政权已建立的地方，地主被农民打倒，必

① 中共中央党史研究室、中央档案馆编：《中国共产党第六次全国代表大会档案文献选编》下卷，中共党史出版社 2015 年版，第 705—706 页。

有很多失业的雇农。对雇农问题，应该予以注意。这是第一条意见。

（2）草案中对中国农村新式经济，如大规模农业，没有说到。草案第九页说中国农村没有地主经济，这是不符合事实的。如江苏、山东、广东、东三省等地，还是有的。对这些地主经济没收与否尚成问题；假使没收，则大规模生产，应不应分散，亦成问题。胡秉琼认为，必要时可以没收，但不应分散，归苏维埃政府管理，收容雇农来耕种。

（3）关于农民的分类。胡秉琼认为：农民分类的标准，普通的以农民经济力量或他对土地的关系来分。第二种分农民做雇农、佃农、自耕农几类，但联共（布）对农民的分类概以农民经济力量为标准。俄国有的人把中国农民以土地亩数多少来分类，胡秉琼认为不适合于中国的。最适合的是共产国际第二次大会关于农民分类的标准，胡秉琼主张在草案里采用。

（4）草案第五项说：中国社会经济制度不是亚洲式的生产方法，并举出亚洲式生产方法的几个特点，胡秉琼认为这段文字不大重要，应取消，理由：一是“亚洲式”的名词是不科学的，亚洲经济发展规律，与欧洲无分别，只形式上表现差异；解释模糊，使人莫名其妙。

17. 胡大才。曾到欧洲参加勤工俭学运动，并参加过巴黎汽车厂罢工斗争。[①] 后被选派到莫斯科中心大学学习。他听了李立三的报告和各同志的发言，表示“大体上是同意的，但详细具体的地方”有几点补充。

（1）报告的统计材料太少，还应想方法补充。因为材料不详细，那么关于决定策略是不大正确的。我们现在所知道的，不过仅仅是南方集中些，北方分散些，如大江以南集中些，大江以北分散些，因为大江以南，是经过了太平天国革命的。

（2）胡大才认为，李立三说“买卖土地，是资本主义化了”，“这不是完全对的”。他提出，应该从剥削方法来看。如土地在地主手里，使用奴隶耕种，这是农奴制度；地主收纳一部分自然生产品的地租，这是封建的。

① 中共中央党史研究室、中央档案馆编：《中国共产党第六次全国代表大会档案文献选编》上卷，中共党史出版社 2015 年版，第 127 页。

如果用金钱缴纳地租这就是资本主义的方法。中国大部分在土地关系上的还是封建地租，如果说土地已资本主义化了，那么，决定策略时，反封建的口号，就不重复了。事实上，“虽然有很少资本主义化的倾向，但大部分还说不上。”①

（3）农奴制的残余，在农村中的尚有不少的这种痕迹，云南代表说到在云南的情形，就是一个例证。胡大才提醒大会应该注意。

（4）对于解释政策这一段，胡大才也有几点不同意见：

一是地主的定义。他不同意李立三报告的表述。他认为，应“以土地私有权剥削剩余劳动的多少来决定。其次富农、中农、小农的分野，也应该提出标准”。第一是雇佣劳动；第二是土地有多少是租得的或是自己的；第三是各种收入如牲畜、高利贷等，虽然不能完全死板的规定，但大概不能不依据这三个条件。

二是农民政策的阶段。李立三报告时曾说到俄国有三个阶段，但不大明了。胡大才重复说了一遍：第一，联合富、中、贫农，反对地主。第二，联合贫农使中农中立，反对富农。第三，巩固贫农，联合中农，反对富农。表面上看第三阶段好像是退步了一点，其实不然。因为这时候农村富农与贫农都减少了。中农的力量增加了，所以要与他联合。“在中国却不然，富农在目前，已不能全部都来革命了，有一部分的富农已对土地革命发生动摇了，我们只能希望他中立。”②

三是雇农要分土地的问题。有些同志以为雇农是要分土地的。胡大才觉得要看地方，如在大的农场用机器生产的地方，当然是不能分的。如果雇农在地主家中耕种，那是可以分地。“总之，以在什么条件下工作为定”。③

四是土地革命的转变问题。土地社会化现在还做不到。至于禁止买卖

---

① 中共中央党史研究室、中央档案馆编：《中国共产党第六次全国代表大会档案文献选编》下卷，中共党史出版社2015年版，第707页。

② 中共中央党史研究室、中央档案馆编：《中国共产党第六次全国代表大会档案文献选编》下卷，中共党史出版社2015年版，第707页。

③ 中共中央党史研究室、中央档案馆编：《中国共产党第六次全国代表大会档案文献选编》下卷，中共党史出版社2015年版，第707页。

或将土地归苏维埃，这都不必规定。因为在苏维埃革命高潮中，谁敢买土地。在党纲中应规定土地国有，但在群众宣传中最好是用“没收一切地主土地”的口号。还有一点要说的：农民协会在一般组织上是不能不给富农参加。“对付富农应该组织雇农部、雇农工会，在苏维埃政权下组织贫民委员会”。“有些同志说贫农委员会是农会，那是错的。”①

18. 王若飞在大会讨论农民土地问题报告时发言中指出：“这一次的土地政纲草案，把过去的关于土地错误的观点，都已根本纠正过来了，尤其在总的政治路线上是很正确的。因此我对此认为全部同意。但在材料的分析上没有说得充分，这里我要补充一些。”王若飞补充的内容如下：

（1）关于土地问题。土地占有关系可以分作四种形式：一是封建关系的。如云南、贵州的苗瑶族地区等。二是半封建关系的。如绝对的地主占有形式；相对的地主占有形式：当田、自卖主田、永佃权、强取掠夺、公有土地（实际上是豪绅所有）、自耕土地、军阀统治土地（如北方自耕农土地因军阀按亩苛捐，军阀就成全省土地的地主）。三是商业化的高利贷形式。因高利贷的关系将农民土地或抵押、或还债，归到高利贷者手里。四是资本主义形式。如江苏、山东、东三省都有的资本主义农业的经营，用电力吸水，用新生产方法来耕田。还有半资本主义的农业经营：如江苏沿海一带的垦区，每公司有几千亩或万亩以上土地，他们除修堤开水道外，仍是用旧的生产方法。

（2）关于土地集中情形。李立三报告比较简略，蔡和森补充了一些。王若飞认为还应该说到一点：中国土地集中情形与土地荒芜的发展，是同时并进的。在铁路近处及交通便利地区的土地大部集中在军阀豪绅商业化的地主手里。但在离开铁路或交通不便利的地方，因为战争关系和天灾、土匪，土地不但不能集中，而且渐入荒芜了。还有就是北方有比较多的大地主，南方大地主虽然有，但很少了。这在农村斗争中很明显的表现出来。在南方容易发展游击，北方却不易发展游击。因为北方大地主有武装，有

① 中共中央党史研究室、中央档案馆编：《中国共产党第六次全国代表大会档案文献选编》下卷，中共党史出版社 2015 年版，第 707—708 页。

土堡，游击队不但不易进攻他，而且很容易被压迫下去。

（3）关于生产方法、生产关系。王若飞认为：一是亚洲式的生产方法破坏，新技术又不能采用。二是旧方法，土地没有休息，在俄国是三田制，土地有相当的休息，中国是耕租制，土地没有一点的休息，肥料的增加。三是新方法，资本主义式的生产已经开始于中国北方，他们采用了电气的种耕灌溉，养蚕，植树，不过都是帝国主义所需要的原料才采取了新的生产方法。四是大的生产工具不能采用。

（4）农村经济的特点：一是半封建关系与资本主义关系之混合。二是小生产制。三是高利贷者、商业资本主义在农村中的统治。四是再生产之不可能。五是国家农业建设之破坏，水利管理破坏。六是各省情形不一致，南北气候不同。七是帝国主义在农村中的影响。八是资本主义在农村中的影响，没有好的技术发展。九是军阀在农村中的影响，军阀军队在农村的蹂躏。十是土豪劣绅在乡村中的影响。大地主和军阀的勾结。

（5）农村斗争的内容，政纲上已经指出，中国农村佃的剥削是建立在土地关系上的，是无土地与有土地之争、反封建势力土豪劣绅及帝国主义，还加上一个土匪，转变社会主义土地国有。在农村这种复杂情形之下，就要运用很正确的策略。

（6）农村争斗的前途，李立三报告已经指明，还分了四点。第四点便是革命之路。这条路是可能的，但仍不要忽视了前三点。前三点也有一点可能的。若把前三点看轻了，会使我们产生错误。军阀豪绅统治乡村是很厉害的，他一方面用资本主义的统治，另一方面用武力的统治。

（7）关于政纲，王若飞强调的内容有：一是没收土地分配，不许买卖抵押。二是农民保护法，雇农他应有特殊需要的利益。三是废除封建土地。四是公共地不分，留着建立农场。五是设法安插失业农民，给农民以土地。王若飞总的同意，但觉得规定时在文字和内容上应该通俗一点。

关于农运策略方面，王若飞强调：

1. 总路线联络富农、中农，以贫农为中心；

2. 对农民的分析同意秋白的分析；

3. 平分土地我们不必提出；

4. 对雇农及农村工人之特别的组织及保护法；

5. 目前农村工作主要之点：（1）使农村游击战争组织更加巩固；（2）培养干部人才；（3）武装增加与建立红军；（4）建立与巩固苏维埃；（5）与各方工作配合问题。

6. 工作组织原则。包括：（1）适合武装斗争、游击战争；（2）组织应简单：苏维埃、农协、党部；（3）农协组织可用，但有地方可以不用，他的领导权不在雇农佃农身上；（4）在不能组织农协的地方，应利用旧的组织，我们领导他转变到斗争上来；（5）一切组织干部配合；（6）党与苏维埃的组织应分开。

7. 关于农村斗争的形式。王若飞指出："我们应特别指出现时农村斗争，改良与和平斗争是不可能的。"这样我们只会走上武装斗争，"而武装最好的方法是游击战争，应求与工人配合"。王若飞认为应进一步解释，使游击战争建立与巩固苏维埃配合在一起，以巩固革命的区域。①

8. 王若飞认为还有若干问题需要在大会文件中加以体现，其中包括：（1）使斗争有组织；（2）不使行动失了宣传；（3）编制作战法；（4）在斗争了后应告诉农民，防止敌人反攻的方法；（5）继续斗争；（6）夺取武装；（7）肃清反动势力；（8）建立革命的纪律；（9）经常布置作战区域；（10）对军队的工作；（11）对流氓土匪工作；（12）与城市工人的联系；（13）斗争的方向应向乡村发展；（14）秘密机关经常存在与负责人的固定；（15）建立红军；（16）必要时也可以妥协。烧杀政策。在农民斗争起时，若农民知道这场斗争会胜利，他是不会烧的，他会要留着用的。若在斗争失败时，他就会烧杀起来。部分要求。"我们应去领导自发的部分要求转变到斗争上来。"②

---

① 中共中央党史研究室、中央档案馆编：《中国共产党第六次全国代表大会档案文献选编》下卷，中共党史出版社 2015 年版，第 709—710 页。

② 中共中央党史研究室、中央档案馆编：《中国共产党第六次全国代表大会档案文献选编》下卷，中共党史出版社 2015 年版，第 710—711 页。

19. 王藻文在农民土地问题讨论时发言，他想提请大家注意以下情况：一是，最近北方的土地保护税提高了，这与地方政权更迭频繁有关。而且这种税收不是定期的征收，期限是不断变化的。二是，在中国基督教会占有一定数量的土地。我们应该确定对这类土地占有制的态度。三是，某县农民不想去为没收土地而斗争。他们的口号是减少地租。所以，我们在为某省讨论策略口号时，应该注意到这一情况。①

（三）农民土地问题讨论的总结

代表们的大会发言结束后，李立三就大家发言中涉及的“重要根本问题”，作了简要的结论，并说明讨论中的次要问题将交到委员会处理。

1. 地主经济与富农。地主的定义是，自己的土地自己不耕种而出租，专门依靠他人的劳动。还要是不出租自己的土地，而经营土地剥削雇农，也是地主。带资本性的就是地主经济。富农与地主经济不同的。自己有多量土地，自己耕种者为富农（富农经济）。租他人的土地，自己经营，招请雇农耕种者，也是富农。地主土地是要没收的。有人以为凡有一雇农者即没收，是不对的。富农在政纲上规定是不没收的。只没收地主经济。②

2. 农村阶级分化的分析。资本主义侵入农村后阶级分化才发生，封建时代是没有的。严格的说起来，阶级分化的标准，是以生产工具、生产方法来决定。中农主要的不是剥削他人劳动，贫农是被人剥削者。中国不纯是资本主义的，是资本主义与封建的混合体。“中国富农带着半地主的性质，利用私有土地，同时以高利贷去剥削，因此中国的富农放债较多，不大去从事生产。”③

3. 土地关系。王若飞说有四种即封建的、半封建的、商业高利贷的、资本主义化的。政纲上所指明的是以上金钱买卖而用资产阶级的方法，并

---

① 中共中央党史研究室、中央档案馆编：《中国共产党第六次全国代表大会档案文献选编》下卷，中共党史出版社 2015 年版，第 712 页。

② 中共中央党史研究室、中央档案馆编：《中国共产党第六次全国代表大会档案文献选编》下卷，中共党史出版社 2015 年版，第 712 页。

③ 中共中央党史研究室、中央档案馆编：《中国共产党第六次全国代表大会档案文献选编》下卷，中共党史出版社 2015 年版，第 712 页。

不是说已经资本化了。李立三概括为两种即封建的、半封建的。云南代表所说的农奴制是封建的。

4. 土地决议和农运决议之南北差异问题。这是一个根本问题。我们说差异不是绝对的，而是相对的，关系是相对的。北方的土地关系封建成分多，农民运动之不平衡，不是主观能决定的。正因为南北经济之不同，才发生了不平衡。

5. 土地斗争的实质。这是决议案上的根本精神，它说明土地斗争是没有土地与小有土地的农民，向有土地者的斗争——夺取土地。这是非常正确的理由。没有土地的主要是指佃农与半佃农，而不是失业农民。有人说还有小有土地与大有土地的斗争。其实这是误解。张国焘说是夺取政权是不对的。[①]有同志说土地斗争有两种形式，一种是反对有土地阶级，一种是反对苛捐杂税。其实这两种都是土地斗争，根本不相矛盾，不过发展的阶段上不同罢了。

6. 豪绅阶级。议决案上说得很少，豪绅在政治上是代表地主，有的既是豪绅又是地主，地主豪绅是一个阶级。不过现在豪绅很复杂，他是小官僚，同时买办化商业化，豪绅对农民的剥削一方面是用经济，一方面是用政治势力，他是帝国主义军阀剥削农民的中间人，他是最压迫农民的，所以农民应该一齐反对他。这是一个很重要的口号。

7. 土地集中。蔡和森指出决议案上只分析现象未分析趋势，现在土地集中于大地主者很少，这是对的。不过决议案上是说到了的，但是说得很少，当然可以补充进去。它的意义、影响最主要的就是资本的集中，技术的提高意义，等于工业的发展，就是转变到社会主义的条件。

8. 平分与公耕。主张平分的很少，反对平分的很多，固然平分反对，可是农民要平分，党去反对也是不对的。要观察农民的要求，以取得他们，同时因为失业农民很多，平分土地不能说是社会主义，只能说是促进资本主义之发展。

---

① 中共中央党史研究室、中央档案馆编：《中国共产党第六次全国代表大会档案文献选编》上卷，中共党史出版社 2015 年版，第 428—429 页。

9. 政纲。有人对于公耕有一种幻想，以为公耕就是社会主义。如果农民生产电气化了，不是少数人的，大生产的，才能说是社会化。公耕绝对不是社会主义，还是团体的私有制。（1）分配土地给雇农，这个问题不必提出。这在地主经济下的是另一问题。政纲上是不能规定的。（2）雇工工资。我们常把他当作农民，这是不对的。因为他是农村工人，应该归入工人政纲条文上去，他是农村无产阶级，当然不能归入土地政纲。（3）禁止买卖。现在政纲上包括有，就是一切土地归苏维埃，不过没有坚决规定。因为农民因有买卖的，至于管理粮食等，不与土地政纲相干，故不列入。

10. 土地国有与转变。如果认为土地国有为社会主义的转变，便是否认目前革命的阶段。要转变必定要有下列几个条件：（1）无产阶级专政；（2）社会化；（3）乡村与城市之联系；（4）工农的联合。

这是决议案的总精神：一是“打破说无重大阶级斗争的观念，最主要的是土地方面”。二是“平分土地是小资产阶级的幻想，是危险的，是错误的”。①

（四）通过土地问题和农民运动决议案

经过大会报告、讨论和总结，中共六大通过《土地问题议决案》，分析了中国的土地关系，农民要求土地的斗争，中国土地问题的特点，中国农民力争土地斗争的意义，强调“土地革命是中国革命的主要内容，乡村阶级斗争正在深入。农民的土地革命，仍旧是中国革命现时阶段的主要内容。中国革命所经过的时期，并没有使农民得着胜利。不但如此，封建的地主豪绅和资产阶级的反动，暂时胜利了，他们的力量暂时团结而镇压农民，所以乡村里的统治阶级更加凶恶的压迫农民。同时，中国革命现时的形势，正在乡村里阶级矛盾和阶级斗争的剧烈与深入之中发展。”②

---

① 中共中央党史研究室、中央档案馆编：《中国共产党第六次全国代表大会档案文献选编》上卷，中共党史出版社 2015 年版，第 429 页。

② 中共中央党史研究室、中央档案馆编：《中国共产党第六次全国代表大会档案文献选编》上卷，中共党史出版社 2015 年版，第 867 页。

在此基础上，中共六大制定了中国土地革命的方针，即“目前资产阶级民权革命阶段中共产党的土地党纲”[①]。具体来说，就是“为了要完全消灭中国农村中所有的封建遗迹，为了要让农村中的阶级斗争尽量发展，所以中国共产党将要采取以下的方针：（一）推翻豪绅地主官僚的政权，解除反革命势力的武装去武装农民，建立农村中农民代表会议（苏维埃）的政权。（二）无代价的立即没收豪绅地主阶级的财产土地，没收的土地归农民代表会议（苏维埃）处理，分配给无地及少地农民使用。（三）祠堂、庙宇、教堂的地产及其他的公产、官荒或无主的荒地沙田，都归农民代表会议（苏维埃）处理，分配给农民使用。（四）各省区中的国有土地的一部分，作为苏维埃政府移民垦殖之用，分配工农军的兵士，供其经济上的使用。（五）宣布一切高利贷的借约概作无效。（六）销毁豪绅政府的一切田契及其他剥削农民的契约（书面的口头的完全在内）。（七）取消一切由军阀及地方衙门所颁布的捐税，取消包办税则制，取消厘金，设立单一的农业经济累进税。（八）国家帮助农业经济，如办理土地工程；改良扩充水利；防御天灾，等等。（九）一切森林河道归苏维埃政府经营管理[②]”，等等。

中共六大还通过大会报告和讨论，专门制定了农民运动决议案。在决议案中，回顾了中国农民运动发展的状况，说明了农民运动的高涨与发展的不平衡性，分析了农村中的阶级分化，确定了共产党的策略的路线。六大明确指出：“贫农与农村无产阶级在工人阶级领导之下而斗争，是土地革命的主要动力，而与中农联合是保证土地革命胜利的主要条件”，“在现在革命的阶段，共产党主要的策略，应该创设绝对大多数被残余封建势力剥削的农民群众的统一战线，从雇农起至中农止。无论在任何条件之下，要特别注意于贫农中的工作，防止富农的夺取农民组织的领导权，并须在农

① 中共中央文献研究室、中央档案馆编：《建党以来重要文献选编（一九二一——一九四九）》第5册，中央文献出版社2011年版，第403页。

② 中共中央文献研究室、中央档案馆编：《建党以来重要文献选编（一九二一——一九四九）》第5册，中央文献出版社2011年版，第422—423页。

民组织中，巩固贫农与雇农的思想上和组织上的领导。”[①] 其中涉及中国富农的特性与对于富农的策略。“凡富农现在已成为反动力量的地方，那么反富农的斗争，应与反军阀，反地主豪绅的斗争同时进行。在富农还没有消失革命的可能性，因受军阀官僚的压迫而继续斗争的时候，共产党应企图吸收富农于一般农民反军阀反地主豪绅的斗争之内。”[②] 决议还提出“平分土地问题”，注意发挥妇女、青年、农民协会及其他农民组织在农民运动中的作用，开展游击战，采取对付民团土匪的策略，加强工人阶级对农民的领导、农村中党的工作等重要方针。[③]

六大的其他决议案如政治决议案也有涉及农民土地问题的内容。如对“党在农民运动中的主要任务”明确规定：（一）农民运动的中心口号——是没收地主阶级的土地，交由农民代表会议（苏维埃）处理。（二）战术的路线是：主要的敌人是豪绅地主，无产阶级在乡村中的基本力量是贫农，中农是巩固的同盟者，故意加紧反对富农的斗争是不对的，因为这就混乱了农民与地主阶级的主要矛盾，但是并不是说要抛弃对于富农半地主的阶级斗争。（三）赞助农民的游击战争，而且要使他深入，使他团聚起来，引导农民到有组织的斗争，到自觉的创立苏维埃政权和实现土地革命的斗争。[④] 党的六大总结土地革命的经验教训，将没收一切土地的政策改为没收地主阶级一切土地的政策，还提出要联合中农，区别对待富农使之中立，保护工商业，并肯定了平分土地的政策。尽管在六大确定的土地政策中，土地所有权问题没有解决，仍主张土地公有，农民只有使用权，但上述基本正确的政策，对统一全党的认识，推动土地革命的发展，起了重要的作用。

---

① 中共中央党史研究室、中央档案馆编：《中国共产党第六次全国代表大会档案文献选编》下卷，中共党史出版社 2015 年版，第 878 页。

② 中共中央党史研究室、中央档案馆编：《中国共产党第六次全国代表大会档案文献选编》下卷，中共党史出版社 2015 年版，第 877 页。

③ 中共中央党史研究室、中央档案馆编：《中国共产党第六次全国代表大会档案文献选编》下卷，中共党史出版社 2015 年版，第 877—881 页。

④ 中共中央党史研究室、中央档案馆编：《中国共产党第六次全国代表大会档案文献选编》下卷，中共党史出版社 2015 年版，第 863 页。

六、决定了党的军事工作方针

六大总结党领导的军事运动和红军建设的经验，提出了加强军事斗争的任务。大会指出，必须努力扩大农村革命根据地，发展红军，实行土地革命，建立苏维埃政权。周恩来、刘伯承在六大上作了军事报告和补充报告；大会围绕这一问题进行了专题讨论，最后通过大会的决议案，将党的军事工作方针确定下来。

（一）周恩来的军事报告

枪杆子里面出政权，这是毛泽东在八七会议上提出的一个重要观点。中国共产党独立的大规模的领导军事工作，也是在大革命失败之后，开展武装反抗国民党反动派的斗争，逐渐积累起经验。总结党的军事工作方面的经验教训，讨论和制定党的军事工作方针，也成为中共六大的一项重要任务。

1928 年 3 月 14 日，在莫斯科召开了一次南昌暴动讨论会。5 月 16 日，又在莫斯科召开了一次南昌暴动讨论会。周恩来等部分六大代表参加了这次讨论会。周恩来在会上发言说，南昌起义后，当时情形造成了回广东的条件。起义军南下采取的路线，走赣东可能阻碍少些。在会昌是需要解决黄绍竑的，后来应该出寻邬。主力下潮汕是错的，到汕头后忽略了军事。[①]到 6 月 18 日中共六大开幕后，大会成立了由周恩来担任主持人的军事委员会。当时提交到六大作为会议材料的有《关于广州暴动的经过情形》和《南昌暴动至潮汕的失败》两篇文章，非常翔实具体地介绍了两次暴动的相关情况。

6 月 27 日，中共六大军事委员会召开第一次会议。根据大会的安排，各委员会的活动时间都是晚上 9 点至 12 点。所以，这天白天是讨论政治报告，有 20 名代表作大会发言，还有美国共产党代表致祝词。军事委员会会议只

① 中共中央文献研究室、中央档案馆编：《建党以来重要文献选编（一九二一 —— 一九四九）》第 5 册，中央文献出版社 2011 年版，第 422 页。

能利用晚上的时间召开。周恩来在会上的报告简明扼要，主要内容如下：

1. 回顾中共四大以后开展的军事工作

1925 年 9 月 28 日至 10 月 2 日，中共四届二中全会在北京举行。全会上讨论了军事工作问题，作出了决议，但周恩来说，“这个决议只谈到了国民革命军中的工作，没有涉及所有基本问题”。在中共五大上曾责成一位同志起草有关决议，但这个决议也没有回答基本问题。中共五大关于军事问题的决议迄今没有见到，但在《职工运动决议案》第八点中，大体上提出了党关于建立真正革命军队的方针[①]。米夫的草案只是小范围的工作计划。八七会议也没有涉及军事问题。现在我们提出了一些问题，但还要提出原则性的目标和军事工作的任务。

2. 总结教训，分析八七会议以前党所犯的错误

周恩来认为，八七会议以前党所犯的错误有 20 个，主要有以下的 6 个。

（1）帮助资产阶级巩固了军队。我们到达武汉时，这个错误没有得到纠正。我们以为，收买将领就足够了，而军队自己会跟着他走。我们对军队进行了训练，但忘了把它打乱。我们忘了阶级斗争。我们没有看到士兵的问题。只有推翻军阀，分给士兵土地才能解决这个问题。

（2）关于政治工作。我们在将领中间开展了政治工作，而没有在士兵中间做这项工作。现在对士兵的工作，不仅要提出生活问题，而且要提出士兵的政治发展问题。以前我们较好地开展了政治工作的地方，现在我们都有较好的联系和影响。

（3）在武装工人和士兵方面，我们没有明确而坚定的方针，例如，1924 年 10 月广州商团反对孙中山政府的叛乱时，我们就有可能武装工农。1927 年 3 月在上海工人起义时也是一样。但我们没有这样做。

（4）没有军事工作中心，也没有对这项工作的相应态度。我们把在其

---

① 参见《中共中央文件选集》第 3 册，中共中央党校出版社 1989 年版，第 83 页；《中国问题资料》，《莫斯科》1927 年第 7 期，第 20 页。

他工作中不好使用的较差同志派到军队中去。结果在军队中我们没有联系，没有受过训练的军人党员。

（5）对于红枪会我们没有给予注意。在这里我们也搞上层计谋，结果领导权掌握在豪绅手里。

（6）对帝国主义军队我们没有做工作，虽然这个过错不仅仅在我们身上。

3. 分析党领导上海、南昌、广州起义的情况

上海起义。当时我们没有看出在进行争夺领导权的斗争，没有利用那些跟随着我们的士兵和农民的支持。这次起义表明，工人是会战斗的。

南昌起义的错误是：没有宣布进行土地革命，也不知道它意味着什么。对什么是雇佣军没有作出正确的评价。让农民参军，但不知道为了什么。彭湃曾被指派去招募农民，但他给我们招来的农民很少。当时犯了战略性的错误。

广州起义失败的原因是五个方面：（1）它是在工人被击溃后发生的。（2）工人没有受过训练。（3）作战计划不好。没有进攻精神。根本没有撤退计划。（4）没有做士兵工作。（5）没有同农民建立联系。

4. 回顾近半年来的工作

周恩来认为，八七会议和十一月扩大全会后，没有完整的军事工作计划。最近拟订了计划，是很粗略的。我们没有搞懂什么是起义。这是盲动主义。我们不懂农民暴动的作用和意义。只是斯大林对我们说，要利用农民暴动来建立红军。但是，如果是别的什么人说这个话，人们就会说他是机会主义者。对海陆丰和其他地方的组织方面问题，我们很少给予注意。我们的武器很少。广州起义后，有一部分工人为了得到武器参加了军队。我们应该摧毁军阀军队，因为资产阶级利用它来镇压工农。广州的经验表明，可以摧毁军队，并把它吸引到工农方面。在军队中，士兵的处境很艰难。我们想组织他们举行哗变，即便他们还不能完全搞清楚政治问题。关

于对帝国主义军队的工作，周恩来指出：我们没有做工作，这是个大错误。特别要对日本军队做工作，组织日本士兵同工农联欢。关于军事机构，我们没有设立，没有做系统的军事工作，这是个错误。①

第二天即6月28日，六大军事委员会又召开了第二次会议，主要是征求大家对军事报告的意见。刘伯承在会上发言。他主要分析了“南昌起义失败的原因：1. 我们有两千人，而敌人有十万人；2. 党委没有集中起来；3. 提出了没收200亩以上土地的口号，这是不对的；4. 我们打着国民党旗子，在革命委员会中有13名国民党员；5. 没有下达命令系统，所有问题都进行了协商，但协商之后没有执行；指出了叶挺应率其所有部队出击的时机，但只出动了一个团；6. 我们没有安排内部侦察工作，因此未能提醒第十师离开；7. 我们有很多步枪，但我们不知道如何把农民吸引到我们方面来。”② 从这里可以看出，周恩来在六大上作的军事报告和刘伯承认的副报告，曾经在军事委员会中有过讨论。

5. 六大军事报告的主要内容

1928年7月3日，中共六大召开的第16天，周恩来向大会作军事报告。他的报告分为四部分：过去军事工作的主要错误；半年来的军事状况；论暴动；军事的主要任务与军事的今后工作。

第一部分，过去军事工作的主要错误。

周恩来指出，“党自从参加实际运动，就开始了军事活动。尤其是与国民党联合以后，在军队中和民众武装中，都开始了工作，可是错误也与工作同样的开始。”周恩来侧重检讨了过去军事工作的主要错误。

第一，不明了军事根本的任务。国民革命的初期，军事工作根本的任务是与资产阶级争领导权。一方面要夺取资产阶级的武装，一方面要武装

① 周恩来在中共六大军事委员会第一次会议上的报告记录，《共产国际、联共（布）与中国革命档案资料丛书》第7册，第501—503页；俄罗斯现代历史文献保管与研究中心馆藏档案，档案号：全宗514-1-426。

② 中共中央党史研究室、中央档案馆编：《中国共产党第六次全国代表大会档案文献选编》下卷，中共党史出版社2015年版，第760页。

下层的工农群众。当时我们不明白这种任务与不明白与资产阶级争领导权是一样的。我们还有一个根本的固定的机会主义的军事工作方针，就是为了联合战线，不能破坏国民革命军而要巩固国民革命军，这完全由于失掉了独立性所致。这种巩固国民革命军的工作方针，就是根本取消了军事工作的意义。我们不但对国民革命军是如此，就是对商团，也只希望国民革命军去打他，对民团，也要经过国民革命军来对付，总没有想法子将民众力量扩大或武装起来反对他们打倒他们。我们始终没有将农村中的民权来做政权的核心。我们无论在南方在北方都不去将武［群］众组织而武装起来，这是不明白根本任务的所在的结果。

第二，是对雇佣兵士的认识与收买将军做法有误。这是我们军事工作的致命伤。我们不懂得军阀的能暂存，完全是建筑在封建式的佣兵制上，他的基础工具，就是雇佣的士兵。许多做军事运动的同志自鲍罗庭以至于下级的干部同志，都视中国军队是雇佣性的，只要收买将军就可以将军队扒着，我们对蒋介石对冯玉祥对国民第二、第三军以及对唐生智，都是这个公式。我们对新军阀的产生也没有弄得清楚，不知道国民党也可以产生军阀，所以我们的军事工作，不从下层兵士着手，使他们的军队起阶级的分化，我们不能把流氓无产阶级的成分变更过来，这本来很有可能的。

第三，是政治工作与兵士运动有误。在国民革命军和国民军当中，要夺取军队夺取士兵，政治工作是必要的。但我们的政治工作，只变成姨太太工作，根本失掉了意义。

第四，下级军官与自己阶级军队之建立。“没有创造自己军队的决心”。[①]

第五，没有武装准备的决心。武装工农开始于商团之战，那时号召的八百人，如其有决心是可以将他们武装起来的，并且还要招募500个教导团。那时在黄埔有很多武装，有的是商团由香港运来的，有的是由俄国运来的。资产阶级那里对我们是让步，中山及蒋都赞成将800人调到虎门训练，但是党没有决心，因此只在黄埔受了很长时期的训练而没有得到武装。

① 中共中央党史研究室、中央档案馆编：《中国共产党第六次全国代表大会档案文献选编》下卷，中共党史出版社2015年版，第439页。

到他们在黄埔练兵，我们还是没有决心送工农分子进去。

第六，没有破坏帝国主义在华的驻兵。自省港罢工一直到封锁长江，帝国主义者派了很多军队来中国，我们是没有做工作的。这一个工作各兄弟党是应该负责帮助我们的。

第七，对于北洋军阀的军队没有做破坏的工作。很少注意，只是等待北伐来消减他们，而自己是毫无决心的。

第八，党对于军事运动没有系统的观念与工作。有许多同志说党特别注意军事运动，实际上并不如此，只是做军官运动，而毫无军事计划。[①]

周恩来在报告中指出当时中共军事工作中存在着一个根本性的错误观念：为了联合战线，不能破坏国民革命军，而要帮助国民党巩固国民革命军。这种巩固国民革命军的工作方针，就是根本取消了我们自己独立的军事工作的意义。结果，没有尽力发展工人纠察队，没有将农村中的农军发展起来，来做夺取乡村政权的力量。一旦蒋介石叛变，革命便遭受严重的挫折。南昌起义失败后，又产生了另一种偏向，即“抹杀一切军事工作，反对一切军事准备，军事技术的训练，都目之为军事投机”。事实上将取消军事工作。

第二部分，半年来之军事状况。

周恩来指出：因为有军事投机这个名词，于是对于军事，就不注意了，使我们一点成绩没有，这是主观方面的。客观上与工作方针有关。值得注意的是：

第一，这期间，“新军阀的全国反动形成新的割据，结果使军队大大的扩充”。

第二，“反动军队中工作之消沉，对于帝国主义的军舰工作未做。”

第三，“工人武装 。广东暴动之后，工人要求武装，武汉上海都发生影响，不过这是简单的认识，只知道要枪。工人武装要经常训练，因为过去与群众的关系不好，就不能够做了。上海的赤卫队，也没有什么成绩。

---

① 中共中央党史研究室、中央档案馆编：《中国共产党第六次全国代表大会档案文献选编》上卷，中共党史出版社 2015 年版，第 440 页。

广东自恢复后有五十余支部，但是没有好的训练。武汉自反动后还遗下一些武装，可是力量仍是弱小。其他城市没有军事工作。”

第四，农村军事。南方游击队的武装是遗留下或缴来的，没有变成有组织的游击。我们创造了游击队，但是总没有对游击的总的观念，失败之后，便跑上山。同时对民团土匪大刀会红枪会的工作未做好。

第五，“红军之建立与工作。由游击队之扩大，即变成红军之组织”。毛泽东在秋收暴动之后，农民军由湘而赣，夺城攻地，也是由游击队变成的。毛朱的游击队，军阀对他们没有办法，对土地革命怎样恐怕不知道。“红军之分开可以领导农民，这是比较有成效的。”

第六，党员军事化。这工作在城市秘密区域内非常重要，农村中的训练是比较城市容易。但是，我们没有派人去专门训练他们。军事原有人才也不能去领导农民的游击战争。“在中国只有广东过去的省港罢工纠察队长他们能领导群众斗争，他们能懂得群众的力量。”

第七，党的军事组织。在八七会议决定了党只要兵士运动委员会，没有军事组织——军事委员会。在许多的地方，暴动时自然地成立了军事委员会。

第三部分，关于暴动。

周恩来讲到上海三次暴动、南昌暴动和广州暴动的情况。

周恩来讲到，上海曾有过三次暴动。第一次暴动失败了，但“使工人知道要夺取武装”。第二次暴动对工人武装才有个组织，训练是没有的。第三次暴动，知道暴动要有个准备，用了种种的方法来训练工人，子弹枪支也比较多，但没有告诉群众要夺取武装。结果告诉我们，没有军队同农民的同盟者，我们的胜利是不久的。这回是指导机关有了很大的错误。我们的结论是：准备是充足的，但是缺少整个计划，说明“我们没有好的领导机关”。

南昌暴动，严格说不能算是工农武装暴动，只是军事政变，这个军事政变“负有土地革命使命，代表工农群众反抗意识。”在军事运动上看，南昌暴动的缺点在什么地方呢？第一，组织上和行动上指导机关是非常复杂不统一的，虽然党做主要的领导，军队不能完全受指挥。从各军师到各部，行动不一致的，对指挥机关的命令和办法，执行起来经常改变，部队内部观念不清楚，对土地革命甚至要反对。“乘胜进攻两湖，胜利比较多，影响两湖革命，也许更大”。但当时策略不是如此，军事计划非进取的而退守的，以为快到广东，攻下潮、汕有海口出路，取得苏联械弹的帮助。第二，指挥机关犹豫动摇，没有直下梅县，使敌人得以调动集中兵力，把我们分段击败。这是当时负责机关要负责的。负责机关表现无能，没有坚决执行土地革命，发动群众斗争，只单纯的军事行动。等到失败后，没有赶快到农民区域，又没有集中力量向敌人进攻，即到最后的五分钟，军事的计划仍是动摇。

广州暴动有世界历史意义，开中国革命苏维埃的新阶段，就暴动本身布置来说，在事前所谓调动群众是做得完备没有？未完备的。群众组织力弱，客观上罢工散漫，没有街道支部做群众核心。对机器工会工作甚坏，兵士运动工作不够，本身布置是不充分的。广州暴动最后五分钟是动摇。①

第四部分，军事的主要任务与军事的今后工作。

周恩来在报告中指出：为准备新的革命高潮的到来，工农群众武装暴动夺取政权，在夺取成千成万群众的同时，应开始实行有系统的军事政治、军事组织和军事技术的工作，以保证最近将来的革命胜利。② 具体来说，包括：1. 在军阀军队中的工作；2. 在其他武装组织中的工作；3. 在帝国主义军队中工作；4. 工人武装组织和训练；5. 农民武装运动；6. 建立红军问题；7. 党员军事化问题；8. 党的军事组织；9. 兄弟党的帮助。

关于红军的建立，周恩来指出：（1）红军的来源有游击队扩大的；军阀军队倒戈来的。由游击队扩大过来的占多数。一定要有地方苏维埃政权建立方能有红军组织，否则是游击队形式。红军建立，必须在地方苏维埃

---

① 中共中央党史研究室、中央档案馆编：《中国共产党第六次全国代表大会档案文献选编》上卷，中共党史出版社 2015 年版，第 440—441 页。

② 中共中央党史研究室、中央档案馆编：《中国共产党第六次全国代表大会档案文献选编》上卷，中共党史出版社 2015 年版，第 441 页。

指挥之下。（2）工农夺取政权后建立红军，红军的成分应是工人做主要成分，尤其是指挥官，须工人占多数。（3）建立红军原则，一是要改变雇用性，开始采取征兵制，经过宣传，先采自愿兵，从作战中渐渐改变而成。红军长期采取征兵制，非自愿兵，但退伍是有定期。二是军官须无产阶级化。军官不一定要工农分子，但一定要无产阶级化。三是红军一定有政治工作，党负责政治工作，政治部是党在军队中最高机关。红军绝对取消党代表，党代表是从国民党产生的，在苏联只有政治委员，由苏维埃政府派，但多半是党员。[①]红军建立后，不是保守在一个地方，而是要移动的，这与赤卫队的常在一地是不同的。红军要帮助苏维埃政权的发展。他还指出，红军一定要与群众打成一片，否则就"失了红军的阶级基础"。[②]

（二）刘伯承的军事补充报告

按照大会的安排，刘伯承在周恩来的军事报告之后，向大会作军事补充报告，又叫副报告，其内容主要偏重于在军阀军队工作方面。报告分为五部分：1. 帝国主义与豪绅军阀封建制度南北军阀是代表什么？2. 军阀制度本身的矛盾与必然的崩溃；3. 军阀军队的成分与其一般的情形；4. 对军阀军队工作；5. 党员军事化。[③]

1. 帝国主义与豪绅军阀封建制度南北军阀是代表什么？刘伯承认为："北洋军阀代表高等官僚及商业商利贷资本，而南方军阀是地主高利贷者民族资产阶级的联盟，这两种反动势力，对于工农的仇敌关系完全一样"。

2. 军阀制度本身的矛盾与必然的崩溃。刘伯承指出：国民党虽然成为豪绅资产阶级的军事联盟，他们阶级的利益是冲突的。"一般资产阶级的社会受着豪绅地主性的军阀之苛捐杂税重重压榨，而经济财政急剧的破坏，

① 中共中央党史研究室、中央档案馆编：《中国共产党第六次全国代表大会档案文献选编》上卷，中共党史出版社 2015 年版，第 437 页。

② 中共中央文献研究室编：《周恩来传（1898—1949）》修订本，中央文献出版社 1998 年版，第 212—213 页。

③ 中共中央党史研究室，中央档案馆编：《中国共产党第六次全国代表大会档案文献选编》上卷，中共党史出版社 2015 年版，第 443 页。

这是根本的矛盾点”。“这些条件使中国新的，更有力的革命高涨为农民暴动到处爆发不用说了。而这种影响不仅是军阀财政日趋于绌竭，军饷的无办法，而兵士暴动之发展，进一步与农民斗争贯串一气，必然的使军阀制度趋于崩溃。”①

3. 军阀军队的成分与其一般的情形。刘伯承分析认为：“在帝国主义经济侵略之下，与军阀混战局面之下，农村经济破坏，其中破产农民，除到城市作工，与当兵匪而外，就到佣兵制度的军阀军队当兵。”在城市产生的长期脱离生产的游民无产阶级，也是往军阀军队中去当兵。这是军阀军队中一般的成分。中国雇佣军队，他军队中组织系统、军事纪律军队离人民而孤立的状态，这是中国军队一般实际情形。也就是我们在军队中工作困难的地方。但是，军阀制度的本身已表现出许多矛盾，兵士与长官阶级冲突，其下级官与上级官权利斗争是跟着社会阶级的矛盾而存在的。其冲突之焦点就是在经济上。士兵运动可从下层士兵入手，但也不可忽视下级军官。“民团商团的武装，多半在雇佣的工人和农民手中，在此工农剧烈斗争的期间，他们必然的要受影响。他们同警察的武装组织，训练技术都较薄弱，是我们容易夺得武装的所在。”②

4. 对军阀军队的工作。刘伯承强调：在党的中心任务是夺取千百万的工农群众时，马上开始有系统的军事政治、军事组织和军事技术的工作，以保持工农群众在反对大批军阀军队斗争的胜利。在这工作中，对于军阀军队军事运动的主要任务，是要“破坏军阀军队和在政治上夺取军阀的军队，使很多百万的兵士群众都参加工人阶级与农民群众的阶级战线”。具体工作形式包括在士兵中做群众鼓动工作、在军队中成立党的支部和革命士兵们的组织、用各种方法帮助和发展士兵与长官的经济斗争，提出于士兵有切身利害而容易了解的口号，等等。

---

① 中共中央党史研究室、中央档案馆编：《中国共产党第六次全国代表大会档案文献选编》上卷，中共党史出版社 2015 年版，第 443—444 页。

② 中共中央党史研究室、中央档案馆编：《中国共产党第六次全国代表大会档案文献选编》上卷，中共党史出版社 2015 年版，第 444—445 页。

5. 党员军事化。刘伯承指出：中国一般人都有反对军队的心理。共产主义者对于军事，人人都要重视、学习，武装工农，领导工农，夺取政权。使用现代武器重要。现代技术条件下的战术如巷战如何设置障碍物、壕沟，如何侦探、救护、征发以及战地宣传等等，都应充分训练与学习。技术如造炸弹，后装弹药、修炮等的学习。研究复杂的暴动策略等。党员军事化，才能夺取政权，维持政权，巩固政权，才能说到中国革命胜利，世界革命胜利。①

（三）军事工作决议案的形成

中共六大上，军事报告没有安排大会讨论。原因是周恩来所说："关于军事报告，曾经开了两次委员会讨论，很多同志补充了一些材料，因此，报告后大会不加讨论，依仍交委员会再行审查。"② 这和其他报告专门进行讨论有所不同。另外，周恩来说明，补充报告一份是关于反动军队的工作，由刘伯承报告；一份是关于游击战争，由尹学先（阮啸仙）报告。而阮啸仙关于游击战的报告，迄今还没有见到，内容也不得而知。

六大期间，形成了一份军事工作决议案（草案），说明中国共产党作为中国无产阶级的先锋队，"在实行夺取工农群众的中心工作时"，"同时现在马上就开始实行有系统的军事政治，军事组织和军事技术的工作以保证最近将来工农群众在反对大批军阀军队（中国现存政权的藩篱）斗争时的胜利"，否则，"中国共产党就不能很顺利的进行组织和实行群众武装暴动的任务"。这份文件还总结了大革命时期国共合作期间中央机关所犯的最大机会主义错误之一，便是"在政治上夺取国民革命的部队"方面，"差不多完全没有做过什么工作"。同时，"没有充分的注意准备和指导农民群众的游击运动；没有把配合各种散漫而致失败的单个的农民暴动为自己的任

① 中共中央党史研究室、中央档案馆编：《中国共产党第六次全国代表大会档案文献选编》上卷，中共党史出版社 2015 年版，第 446—448 页。

② 中共中央党史研究室、中央档案馆编：《中国共产党第六次全国代表大会档案文献选编》上卷，中共党史出版社 2015 年版，第 434 页。

务。”“没有充分估计到工农的群众武装和工农的军事训练的革命意义，没有充分注意准备党里军事工作的有训练的指导人才”。①

决议案指出：“中国共产党对军事方面的工作应有下列数任务”：一是在军阀军队中的工作；二是在帝国主义者军队中的工作；三是党员军事化，要“特别注意养成相当的军事工作人才”；四是“工人群众的军事组织和准备”；五是“农民群众游击运动的准备。农民是受无产阶级的领导的中国革命的主要力量之一。故中国共产党应特别注意农民中的军事工作。”六是“建立红军问题”。“在工农暴动胜利及建立苏维埃政权的地方，本党应迅速将自己武装力量的组织从游击的形式”“改编而成立经常的红军。只有如此，本党方能巩固已得的胜利，且将此胜利扩大到邻近各地。”七是“党的军事组织”。“中国共产党的一切军事工作都应集中于中国共产党中央军事部”。八是争取“兄弟党之帮助”。②

这些内容和六大通过的政治决议案中的“军事问题与兵士运动”中的观点相当接近。后者强调：“中国革命中军事动力有一般的重要的意义，武装暴动的军事技术之准备又非常必要，新的革命高潮快要到来，都使共产党更要特别注意军事问题和兵士运动。”党的任务是：（1）广大的反对军阀战争运动，破坏军阀军队，努力争取兵士群众到革命方面来，提出“兵士应当得到土地或工作”“改良兵士的生活和待遇”等等口号，去发动兵士的群众斗争。（2）建立苏维埃区域内的工农革命军，扩大革命的正式军队，巩固军队中的党的指导。（3）最大限度地加紧工人和党员的武装训练，尽可能地建立工人自卫的秘密武装（纠察队等）。（4）训练党的军事人才，造成最可靠的工人和党员军官。（5）加紧与军事有关系的工人之中的工作（兵工厂等），加紧交通工人的工作，使这种工作与军事工作发生一定的关系。（6）开始有系统的破坏帝国主义驻华海陆军的工作，特别注意印度、安南

① 中共中央党史研究室、中央档案馆编：《中国共产党第六次全国代表大会档案文献选编》上卷，中共党史出版社 2015 年版，第 930 页。

② 中共中央党史研究室、中央档案馆编：《中国共产党第六次全国代表大会档案文献选编》上卷，中共党史出版社 2015 年版，第 930—933 页。

等的兵士运动。[1] 总之，六大肯定建立根据地和红军是决定革命新高潮的“更大发展的基础”和“主要动力之一”，确定党的军事工作方针是努力扩大农村革命根据地，发展红军，实行土地革命，建立苏维埃政权。

七、决定了职工运动方针

中共六大总结了五大召开后、特别是大革命失败后开展职工运动的经验教训，研究和讨论决定了职工运动方针。大会强调：“党的主要任务是争取工人阶级的大多数。使他们自己积极的赞助阶级的先锋队——共产党，信仰共产党而且自觉的接受党的指导”。为此，要恢复革命工会，领导群众的日常经济斗争，坚决反对“应用强制和命令的办法，反对强迫罢工、强迫进行武装斗争的办法”。[2] 按照大会日程，先是由中共领导人和赤色职工国际代表分别在大会上作关于职工运动的报告，然后进行大会讨论。然后在大会讨论的基础上作总结和结论，并通过职工运动的决议，从而将党的职工运动方针确定下来。

（一）关于职工运动的报告

1928 年 7 月 4 日，是中共六大召开的第 17 天。这天需要做的职工运动报告有两个：一个是中共方面向忠发的报告，一个是赤色职工国际代表格勒尔的报告。

1. 向忠发在大会上作报告

向忠发在大会所作的职工运动问题报告，分为四个部分。

（1）资本家的进攻问题。“国民党成了中国资产阶级同中国无产阶级作斗争的工具。中国资产阶级的斗争方法”，一是“实行最残酷的白色恐怖、

① 中共中央文献研究室、中央档案馆编：《建党以来重要文献选编（一九二一 —— 一九四九）》第 5 册，中央文献出版社 2011 年版，第 400 页。

② 中共中央文献研究室、中央档案馆编：《建党以来重要文献选编（一九二一 —— 一九四九）》第 5 册，中央文献出版社 2011 年版，第 396 页。

屠杀、枪决等”；二是“尽可能进行更广泛的改良主义宣传，欺骗工人”。“中国资产阶级同新老军阀和外国帝国主义达成了妥协，以便镇压中国革命运动。”“虽然在帝国主义者之间存在一些矛盾，但是它们在同革命的斗争中，在同中国共产党的斗争中是结成统一战线的。因此在这个时期中国革命运动已经处于新的形势下，其工作应该采取新的形式。”

（2）黄色工会问题。“中国反动势力感到，如果没有武装力量的强制行动，那就不足以把革命运动彻底镇压下去。他们也试图组织反革命联盟，通过它们来争取群众。”“现在他们按职业特征，按行业特征组织了黄色工会。”“我们需要把注意力放在这项工作上，因为在那里我们工作的危险性在增加。”“我们要反对中国资产阶级例如在上海所进行的改良主义尝试。”“如果完全不注意这项工作，那就会是一个大的错误。”“我们也要参加这些工会并在其中做工作。”①

（3）关于目前工作的中心任务问题。主要任务是掌握群众，是争夺群众。过去我们最主要的错误之一，是“把党的组织和工会组织混淆了”。“整个工会上层都是由我们党委派的”。在许多地方低估了黄色工会，始终认为黄色工会没有任何群众。采取强迫罢工等错误方法。摆在我们面前的具体任务，在组织方面，首先党组织应该严格区别于工会，“在工厂里应该组建工厂委员会”，或者其他什么名字。“但是这个组织的实质应该是，它确实是群众的战斗组织。”工厂支部，“应该变成在群众中进行教育和宣传的机构”。“工厂党支部应该严格区别于工会的基层组织。”

（4）红色恐怖问题。向忠发说，有俄国同志“指责我们，说我们喜欢搞暴动。过去我们党很广泛地使用了红色恐怖方法。在党组织中组建了红色恐怖队，为的是帮助工人杀害工贼和其他敌人。”“有时采用红色恐怖措施是为了强迫工人举行罢工。这是必然造成我们党脱离工人群众的方法。我们应该坚决同这种做法作斗争。”“应该把党内红色恐怖小组变成群众性的组织。”“我们应该千方百计促进和帮助把工人阶级武装起来，使之具有

---

① 中共中央党史研究室、中央档案馆编：《中国共产党第六次全国代表大会档案文献选编》上卷，中共党史出版社 2015 年版，第 449—450 页。

战斗能力。”①

最后，向忠发强调：“1. 我们应该坚决反对把党的组织和工会混淆在一起。2. 我们应该动员工人群众参加工会组织。3. 我们应该利用一切组织形式来建立地下工人组织。4. 党支部应该成为一切群众工作的核心。5. 不要放弃任何可以进行斗争的机会。在每次斗争中我们应该起领导作用。”“我们的任务是在以下口号基础上把成千上万的群众争取到党的周围：（1）打倒国民党；（2）打倒资产阶级；（3）打倒帝国主义；（4）打倒工贼；（5）全中国工人阶级联合起来，准备迎接新的革命高潮的到来。”②

2. 格勒尔向大会作副报告

赤色职工国际代表格勒尔向大会作了题为《中国职工运动之最近的任务》的副报告。格勒尔认为：“中国职工运动是一个最年幼的运动。”“中国工业化的程度虽然比较日本及印度为薄弱，无产阶级虽然比其他国家中要少，但我们看见中国的职工运动是日益巩固发展的，数量是日益扩大，在工人阶级中的政治影响及革命的作用也是日益扩大的。”其原因是什么呢？中国工人阶级中有什么特别的地方呢？格勒尔认为：“原因就在于中国很早就有共产党的成立，开始所有的罢工运动以及因罢工运动而发展的职工运动，在最开始的时候便已经在中国共产党的指导之下，共产党在开始的时候就已经给他以固定的阶级性及革命的意义。这是一方面的。在另一方面，这种运动是在民族解放运动之基础上而发展的。”“最后，帝国主义内部所发生的冲突，斗争，自然也是造成中国职工运动发展之顺利的条件。”而“中国工人运动中的缺点，在工人运动最发展最高涨的时代所形成的一些弱点，正是在反革命政变以后，在白色恐怖及秘密条件的下面，在完全没有

① 中共中央党史研究室、中央档案馆编：《中国共产党第六次全国代表大会档案文献选编》上卷，中共党史出版社 2015 年版，第 452—453 页。

② 中共中央党史研究室、中央档案馆编：《中国共产党第六次全国代表大会档案文献选编》上卷，中共党史出版社 2015 年版，第 453 页。

公开可能的时候表现得最为明显”[1]。

这次大会一个最主要的任务，就是不仅是要估计及明了过去的错误，并且最主要的乃在于根据对于错误的分析，过去的教训，而作出一个正确的结论，指出我们以后进行工作的正确的方法、正确的道路。格勒尔认为：“在现在中国革命的斗争中，工人运动比较农民运动的发展要落后，这是非常特别而且非常危险的现象。”“共产党以及他所指导的职工运动，应当尽可能的利用一切工人自己所发起的组织，要指导这种运动使他走到一个正确的道路上。”[2]

格勒尔指出：“经济斗争是职工运动工作中的基本内容”。必须“在日常的生活中都要能正确底拥护工人阶级的经济利益，能正确底施行罢工策略，只有这样我们才能造成与群众之密切的联系”，“职工会才有最坚固的基础”。格勒尔还提醒：“工人阶级乃是由各种各样的人集成的。他们虽然有共同的阶级利益，但同时也还有特别的某一部分工人的利益，在正确的指导及正确的经济斗争中也是要顾计到这一点的。”如铁路工人，他们时常几个月不能领得工资。假使我们想组织他们以进行经济的斗争，自然首先便应当根据他这一种的要求。“因此，经济斗争及拥护工人阶级之日常的利益，这是职工会工作之主要的内容”。要进行这种斗争，“经过这种斗争，来对工人进行阶级的教育，来组织他们”。[3] 格勒尔还谈到职工运动及农民运动的关系。他认为两者不仅没有冲突，“并且只有在工人运动及农民运动之正确的联合上，中国革命才能够得着胜利”。要注意乡村中之工人的组织、女工童工青年工人等问题。“这些在现在中国职工运动中都有很大的意义”。“在广州暴动的失败中，其有最大作用的就是在农民及在工人没有进行广大的群众工作。在暴动失败中军事预备之不充足也是有很大的作用。”

---

① 中共中央党史研究室、中央档案馆编：《中国共产党第六次全国代表大会档案文献选编》上卷，中共党史出版社 2015 年版，第 453—454 页。

② 中共中央党史研究室、中央档案馆编：《中国共产党第六次全国代表大会档案文献选编》上卷，中共党史出版社 2015 年版，第 455—456 页。

③ 中共中央党史研究室、中央档案馆编：《中国共产党第六次全国代表大会档案文献选编》上卷，中共党史出版社 2015 年版，第 457—458 页。

但同时，“假使以为准备暴动的时候，则职工会便用不着了，这是一个非常大的错误，是完全不对的”。“要尽量发展各种形式的群众组织”。[①]

（二）关于职工运动报告的大会讨论

1928 年 7 月 5 日，中共六大召开的第 18 天，大会讨论围绕职工运动报告和下发的职工运动草案进行。在大会发言的代表有项英、李立三、甘卓棠、梁亿才、余茂怀、张昆弟、邓中夏共 7 人。

1. 项英，时任中华全国总工会党团书记、中共江苏省委兼上海市委书记。他在发言中指出：昨天的报告有几个缺点，“只是说明国民党反动之后，反动势力向工人的进攻和过去的错误，偏重于过去的批评”，可是“批评只是依据现在的事实，而没有由过去的历史和党的情形上来看。因此，就不懂得过去错误的原因，而且使我们不能不去找新的工作方法。”他从几个方面说明职工运动报告中未充分的地方。（1）职工运动发展的特点。（2）党与职工运动的发展。（3）工会的发展与斗争的情形。（4）工会的组织。（5）小资产阶级问题。（6）反动工会。（7）中国工人的政治观念。（8）今后的任务。

项英认为，昨天的报告，只偏重于职工会方面。中国工人运动“因为客观的原因和党的领导而形成的，所以没有发生经济主义的危险和改良主义的可能”。党与职工运动的发展可以五卅运动为界分两大时期。在五卅运动前，“党确实是站在产业工人之中，产生工会，确实是由群众而起，党不但注意群众而且还注意了群众的行动。五卅之后，完全偏重于政治方面，职工运动只是随着北伐的政治力量而发展，这固然是对的，然而却把北方的工作忽略了”。“党的力量之薄弱，只关心像机关来工作，没有起核心的作用，到了反动时期职工会塌台，支部就代替了工会”。[②]

① 中共中央党史研究室、中央档案馆编：《中国共产党第六次全国代表大会档案文献选编》上卷，中共党史出版社 2015 年版，第 465 页。

② 中共中央党史研究室、中央档案馆编：《中国共产党第六次全国代表大会档案文献选编》上卷，中共党史出版社 2015 年版，第 713—714 页。

工会的发展与斗争的情形。中国的工人运动在“五卅前的初期无论何地都不是委派的，命令的，而是群众自己创造出来的，工作的方式就是用秘书甚至技术书记用感情和工作地位去影响他们，职务是真正由工人选出来的工人，那时的斗争没有强迫的，真正是群众的发动”，“委派是不对的，可是不能一概抹杀”，“我们的委派只是产业工会”。邓中夏从客观和主观两个方面分析了最近发生的很多的“命令与强迫罢工”错误的原因。中国职工运动的组织，“开始是统一的，由下而上的，以工厂为单位，与世界各国不同。”“中国的工会都包含有工厂支部与工厂委员会的作用”，格勒尔所讲的愈使人不明白。

项英从实际情况出发，分析反动工会及黄色工会的成分和性质。蒋介石“知道工人是压迫不下去的，同时他又要拉拢工人，在这种情形之下，就产生了改组委员会，他们进行的是劳资合作”。中国的工人运动中工人的政治组织，“对经济认识比较少”。而小资产阶级的上层是有雇工有剥削的，“再一种是无剥削的小资产阶级下层”。项英强调：“今后的任务是建立强固的工人阶级的力量。工人应积极领导农民斗争，来夺取政权。我们夺取政权有两方面，一方面是组织的，另一方面是宣传的，由这两方面去夺取群众。”①

2. 李立三，曾任中华全国总工会党团书记、中共广东省委书记。李立三在大会发言中主要介绍了“广州工会运动的情形”。他认为，和“中国别的地方的职运发展是在党的领导之下来发展的”有所不同，广州工会运动还受了许多别的组织的影响，如行会、无政府主义的影响。别的地方的工运发展，是以产业为中心。但广州的工人运动以店员、手工业者为主要，产业工人在其中不占领导的地位。“我们的党初作工运是由下层做起来的，初组织工联会，其所以能号召群众，是政治势力的影响，使他们受我们的影响，组织是建立下层群众上的，是从下而上的。但同时各工会是自己产生的，没有受别的影响。”省港罢工促进了广州工人运动，对广东工人有很

① 中共中央党史研究室、中央档案馆编：《中国共产党第六次全国代表大会档案文献选编》下卷，中共党史出版社 2015 年版，第 715 页。

大的意义。许多工会的成立是与这次罢工有关系的。“现在的农运中许多的指导人材都是在这次罢工工人中产生出来的。”①

李立三提出“党目前职工运动策略路线”等问题。他认为，项英把“命令罢工、强迫罢工、恐怖政策、委派制度”的历史来源说了，但对目前的危险还没有说。“只有委派没有群众，这是非常危险的。”红色恐怖的发生带有群众性的，但在许多地方是离开群众的。“要做群众运动”，“就要肃清这些错误”。关于组织问题，李立三表示，“完全不同意格勒尔的意见”，认为格勒尔“说的职工会与工厂委员会现在是不适用了，将来也许有用。”我们的口号是：“一个工厂支部建立一个秘密工会”。②

改良的危险是可能的。“我们要夺取群众，是需要懂得他的来源。”怎样做经济斗争？李立三提出：“斗争的第一步，是注意工人的日常生活”，从工人切身问题上做起，从少数上去做起，不要去做高条件的要求。“还应知道团结群众不是一次斗争能团结得起来的，而是在不断的斗争中去团结群众”。李立三还注意到“中国的女工的数量很大，她占男工之半”，“往往在一个整的工运落下去了。而她们起来了，这是我们不可不注意的”。③

3. 甘卓棠，时任中共香港市委常委。甘卓棠在发言中主要谈香港职工运动情况。“从五卅运动和省港罢工以来，虽恢复省港关系，香港情形仍未好，受着很大的打击，工厂停闭，破产的很多，如九龙船厂工人，从九千减到七千”，“失业工人日渐加多”，“工人生活，现在一般甚恶劣，失业工人有五万之多，对职工斗争有妨害”。“店员手工业工人，生活更加痛苦，每人穿衣都不够，除吃饭外，每人每月得 4—6 元”。“工人组织方面，各大工厂都有黄色工会和部分赤色工会，赤色工会在我们领导下”。“香港帝国主义对工人运动，在省港未罢工前，取压迫政策。经过省港罢工，感觉工

---

① 中共中央党史研究室、中央档案馆编：《中国共产党第六次全国代表大会档案文献选编》下卷，中共党史出版社 2015 年版，第 716 页。

② 中共中央党史研究室、中央档案馆编：《中国共产党第六次全国代表大会档案文献选编》下卷，中共党史出版社 2015 年版，第 717 页。

③ 中共中央党史研究室、中央档案馆编：《中国共产党第六次全国代表大会档案文献选编》下卷，中共党史出版社 2015 年版，第 717 页。

人力量强大，政策改变，利用流氓、一部分失业工人组织工业维持会，破坏工人罢工。”“专门侦探共产党行动，使我们工作更困难”。“现在香港党的政策改变，无产阶级联合贫民反对敌人进攻，发动工人阶级经济斗争。”①

甘卓棠还指出：“我们过去工作只注意机器工人，下层工人群众没有注意到”，“没有去领导斗争，这是大的错误”。树胶厂女工罢工，女工非常勇敢，结果失败。主要原因是党领导斗争的方法不好，没有深入群众，使资本家可造谣向工人反宣传。对于组织问题，甘卓棠认为，“首先是要恢复工会的产业组织”。工会是不是要公开？应尽可能在斗争中把工会公开。“只有工会公开，才能使工人认识自己的组织。在严重政治压迫下，可利用种种灰色名称和通俗组织，如俱乐部、姊妹团、兄弟团等，在斗争中，用工人自己组织去交涉”。“工会是工人组织，提拔在业工人群众中的积极分子”，“组织群众从最下层群众开始”，“每个工会应有党团组织，健全党团在职工会中的领导作用，对失业工人做宣传和组织工作”，“同时保障工人在罢工时的组织，建立工人武装组织”，“不要党来包办，对工人群众工作应注重海员、铁路工人，地方运输工人及一般产业工人”，“产业工人可以说是整个无产阶级群众斗争的领导者”。在斗争方面，应注重小的日常经济斗争，会合零碎小的斗争，成大的斗争，从经济斗争转成政治斗争。职工运动既应注意熟练工人，“同时应注意下层工人群众工作，这是最重要的”。②

4. 梁亿才，广东代表，工人出身，担任党支部书记，参加过上海三次暴动、广州暴动等斗争。他在职工运动报告讨论的发言中主要谈到中国海员运动情况。他认为，“1922 年香港海员发生经济的大罢工以前，那时中国共产党对海员运动工作，并未予以注意，至 1925 年省港罢工，和各〈地〉爆发五卅反帝斗争，海员表现出在斗争中的伟大和先锋领导作用。这

---

① 中共中央党史研究室、中央档案馆编：《中国共产党第六次全国代表大会档案文献选编》下卷，中共党史出版社 2015 年版，第 718 页。

② 中共中央党史研究室、中央档案馆编：《中国共产党第六次全国代表大会档案文献选编》下卷，中共党史出版社 2015 年版，第 719 页。

时起，党知道中国海员的伟大力量。开始注意海员运动工作，那时起，各地海员发生关系，开始在海员群众中有党的组织。”中国海路交通以香港上海为中心，分为太平洋线、南洋线、中国海线、内河线四条航线，工人工资各有不同。童工只有吃饭，没有工资。“从国民党清党时起，中外资本家联合一致向工人阶级进攻”，“说海员工会会员都是共产党员，港政府借此名目把工会封闭”。“我们工作感更困难，只暗中发动群众斗争”，“我们在群众中做宣传解释，宣布反动组织罪状。”

梁亿才认为，从国民党清党以来，海员并未减其勇气，坚持斗争，特别是“工人直接作一夺回海员工会运动”，“在广州起很大的影响”。“所以到广州暴动时，有 3 万工人参加，特别海员全体参加”。江门海员罢工响应暴动。汕头方面，海员群众夺回海员工会。上海海员反对招商局为孙传芳运并兵与军械，发生很大的罢工，要求保障工人生命利益；增加工资；恢复罢工工人工作等。在南洋一带，有海员总工会组织，内包括中国人和南洋工人，现有会员 700 人。“现在香港海员工会支部有八只船有支部，会员 800 人，所有会员都经重新登记，收会费只几个铜元。其他各地海员工作要重新整理。现在海员工作感受人才缺乏”，各地的海员运动，需要各地党切实帮助。海员是一个重要产业，过去表现伟大的力量，对海员工作应予以极大的注意。最后说到中国海员运动的特点，概括说可分四点：一是地方主义；二是海员群众对国民党信仰全失，认国民党的旗帜是屠杀工农的旗帜。在南洋线一带的侨外海员，因受狭义的宣传，对国民党多少存有残余信仰。三是香港海员有新的情绪，工人革命化，最近中外船东联合一致向海员进攻，使我们在工作上不无困难。四是海员工人寄宿舍分三种，有包工制，工头管理；雇主馆，几个海员组织请一先生，有独裁权；兄弟馆，选举负责人实行民主化，同时都有代表性。国民党利用包工制来束缚海员。[①]

5. 余茂怀，时任中共湖北省委常委，工人出身，曾参加过上海三次暴动、各种罢工。他代表湖北代表团在讨论职工运动报告时发言，主要讲国

① 中共中央党史研究室、中央档案馆编：《中国共产党第六次全国代表大会档案文献选编》下卷，中共党史出版社 2015 年版，第 720—721 页。

共分家以来湖北工作几次的大斗争。他说："湖北全省在国共合作时，有组织的工人有五十多万之多，都在湖北全省总工会领导之下，湖北总工会那时好像是第二个武汉政府"。"几次大的斗争，如领导武汉工人收回汉口英租界"。"那时租界是发生了什么问题，找国民政府解决不了，就一定要找总工会委员长向忠发。全省工人都集中在总工会下，做了几百次的罢工，这些罢工都得到了胜利。"①

余茂怀讲道：总工会下面组织有 15 个系统和 15 个县的总工会。国共分家的时候，国民革命军在武汉叛变，逮捕工友，强夺工会会址。我们党决定举行八二总罢工，其重要的意义：一是反抗国民政府的屠杀；二是响应南昌的暴动；三是反对国民政府滥发国库券；四是反对屠杀车夫。但我们犯了一个错误，就是发中央票给失业工人，不但给人以口实说我们收买工人，而且发得不平均，使工人内部起冲突。到了"八二"，车夫却上工去了。武汉 30 多万人，只 4 万罢工的。结果这次罢工失败。罢工后到十月，党的策略是建立秘密职工会组织反改组委员会，发动经济斗争，要求发薪等主要工作。但客观环境太坏。武汉工人遭受残酷的白色恐怖，非常害怕。到十月省委改组换了一种新的精神，这时的重要问题是失业问题，武汉 30 万工人，差不多有 20 多万工人失业的，各工厂都停止了。工人失业问题不能解决，秘密工会是无从活动的。那时不能不提出"反对停工，占据工厂"的口号。"布哈林同志深刻的批评了我们"。当时有些工厂为了反对我们罢工，就采取关闭工厂的办法。失业工人已增多，工人再不能失业了。于是，"我们只有提出占据工厂对付他，结果我们还是胜利了"。②

余茂怀接着说，10 月 17 日准备开全省工人代表大会，有些同志主张暴动后再开，可以在准备暴动中把工会打倒了。因为组织工农革命军，工人是很愿意参加的。于是拿工会做了招兵委员会，胆大的都来当工农军了。

① 中共中央党史研究室、中央档案馆编：《中国共产党第六次全国代表大会档案文献选编》下卷，中共党史出版社 2015 年版，第 722 页。

② 中共中央党史研究室、中央档案馆编：《中国共产党第六次全国代表大会档案文献选编》下卷，中共党史出版社 2015 年版，第 722—723 页。

胆小的也跑了，工会就重新打倒了。暴动前已组织有 3.3 万会员，但暴动指挥，是由党去执行而不要工会，这是错了的。群众在那时摩拳擦掌，准备暴动。上层同志有的也很忙，有的都睡觉去了。不久中央调郭亮、贺昌的命令到了，说我们暴动条件不够，于是郭、贺调走。我们只得下令停止暴动，说要继续准备。群众骂我们一会儿要暴动，一会儿又要停止，拿暴动当儿戏。这事中央也是要负责的。在准备暴动的紧急时候将负责同志调走，这是不好的。

余茂怀介绍，11 月 12 日，豫华、震寰纱厂开除女工十余人，其中是有我们的同志。可是我们在那里是秘密工作，上面的总工会也无形取消了。但有很多的女学生起来反对，各学校，尤其是女学校，都起来反对。厂主答应收回女工，但改组委员会不行。于是学生有喊“打倒国民政府，打倒国民党”等口号，市面上也惊恐异常，以为这是共产党造乱了。全体学生罢课，许多学生都到这两个工厂讲演。改组委员会来了，被工人打跑了他。政府派来了警长问谁是共产党，全体工人小孩子都高举其手喊道，我们都是共产党！警长也怕，跑了。工人自动的集合起来，共有几万人。

余茂怀在发言中特别提出：经费分配得太不公平，职工会的金钱太少。我们提出职工会经济独立，过去很多做职工运动的同志好多是因为金钱困难而牺牲了的。这一点，希望同志们要特别注意。草案上提出来建立工厂委员会。“听了项英同志的说话，我也反对这种工厂委员会。因为中国的工会性质是与西欧不同的，工厂委员会是西欧式的办法，在中国是不适用的。在中国我们是要从下层组织起来。我们要从兄弟团、姐妹团甚至帽子会、鞋子会做起。”工作方面，最需注意电业工人、市政工人，因为他们直接影响会非常大。[①]

6. 张昆弟，时任中共顺直省委常委、职运负责人、铁总书记。张昆弟在讨论职工运动报告时发言申明：第一是全国白色恐怖，党又忽略铁路工人工作，所以对于全国的铁路工作不能知道详细。第二，大会很多同志发

① 中共中央党史研究室、中央档案馆编：《中国共产党第六次全国代表大会档案文献选编》下卷，中共党史出版社 2015 年版，第 723 页。

言多注意铁路工人，倒是铁路工作非常腐败，这也是希望大会要进一步想方法。

张昆弟主要介绍党的铁路工作。“铁路工作在1922年就有了。在1921年铁路发生过罢工，就是陇海、京绥、京汉三处。到1922年，受了俄国革命的影响，工人都渐渐起来，组织下半年就做了经济斗争。他们的斗争一开始，就反对三种东西，一是军阀，二是帝国主义，三是交通系。”1922年，北京有了劳动组合书记部。到1923年“二七”发生，我们失败了。“这时期是由下而上的时期，不是委派、命令的时期。”第二个时期，由“二七”到“五卅”。这时期虽然我们还在直系压迫之下，但的确可以号召全国的铁路工人。五卅运动爆发，我们虽然没有罢工，但在开封、洛阳、北方各重要地方都是我们铁路工人领导反帝运动，不但领导了手工业者小商人，而且领导了一切市民参加反帝运动。这其间铁路总工会产生。有会员3万多人，在北京开了第一次代表大会。到1927年，在天津开第二次大会。这次大会，有会员10万余人，全国铁路工人都在我们影响之下。但我们在这里就发生了很大的错误。党派员做铁路工作，就把铁路分作几部分，某部分变为某人支配，这部分铁路就是他的，党就完全不理会了。从党的五大到现在，这个时期也可以说是机会主义与铁路工作时期，到现在各地都一点群众也没有了。问题之一是党代替了铁路总工会。之二是不相信工人群众。从前的铁路同志来找工作，都以工团主义的名义拒绝之。这时期就不能不受大的损失了。“大会是要特别注意这一点的”。①

张昆弟谈到全国铁路工人现状：“除了胶州、京奉两路外，其余各个铁路是都欠薪的。我们在组织上有八百三十二个同志，工会是很少的，只在广水、丰台、胶州有一点。铁路工人对政治上的认识，津浦、沪宁路较好”。南方有句话说：“希望共产党再来”。“在北方却不同，他们有点怕共产党，不是怕共产党不好，而是怕因此而杀头。”现在铁工的要求主要的是：1. 索薪；2. 恢复二七以前及与国民党合作时期所争得的条件。在胶济

① 中共中央党史研究室、中央档案馆编：《中国共产党第六次全国代表大会档案文献选编》下卷，中共党史出版社2015年版，第724—725页。

路可以扩大反日口号，因日本帝国主义要换工人。

张昆弟认为，今后任务中有几点很重要的，大会应该很明白规定在决议案上，不能再像五次大会决议上仅仅短短的提到一点。这几项任务是：第一，是要建立铁路工作系统。因为铁路在历史上是很有意义的。第二，工作应以大厂为中心。第三，目前的要求是索薪和恢复过去所争得到的条件。第四，是党与铁路工会的性质要弄清楚，不要党来代替工会。余茂怀在张昆弟发言后又作了一点补充京汉铁路的情况，认为“京汉路以长辛店、江岸为最重要”。可是河南的党没有注意。①

（三）职工运动报告的第二天讨论

中共六大原计划 7 月 5 日将职工运动运动问题讨论完毕的，但因大家发言踊跃，于是延到第二天即 7 月 6 日，继续讨论职工运动报告。这天是大会进行的第 19 天，共有 17 人在大会发言。他们是：王仲一、罗章龙、邓中夏、王若飞、丁君羊、唐宏经、胡均鹤、苏兆征、温裕成、蔡和森、任旭、刘义、周秀珠、徐锡根（或黄平）、江慧芳、温少泉、瞿秋白。

1. 王仲一，时任中共顺直省委常委、组织部部长。他在讨论职工运动报告的第二天发言，主要是补充张昆弟的意见，强调北方工作的重要。王仲一认为：“北方的主要工作就是铁路，次则是天津及唐山等矿区，开始是唐山曾发生过罢工，天津在五卅之后有五万工人的组织，至现在完全塌台（从冯玉祥战败时起）。其原因就是因为在短时中，没有根基，虽然有组织，而无斗争，事事顾及联合战线。一切问题交总工会解决，所以在国民军走后，组织完全消灭，谈到机会主义，北方同志恨之入骨，因为北方的工作是机会主义断送了。”②

王仲一指出：八七会议到现在，职工运动恢复是很困难的问题。“工人

① 中共中央党史研究室、中央档案馆编：《中国共产党第六次全国代表大会档案文献选编》下卷，中共党史出版社 2015 年版，第 726 页。

② 中共中央党史研究室、中央档案馆编：《中国共产党第六次全国代表大会档案文献选编》下卷，中共党史出版社 2015 年版，第 727 页。

同志离开了党。北方工人有一句话，就是说共产主义是好的，是我们工人的，可是共产党不是我们的党。这样叫我们怎样去工作去找线索呢？”所以“恢复是很少的”，“天津有一百多工人同志只有一部分同志对党的认识较深，百分之七十是肤浅的。”“唐山在以前有七百多同志，现存一百余，对党认识者不上一百，铁路有八百同志，现在有些地方工作还好（如京绥路）。在顺直者，十个都难找到，由此看来就知道北方工作的困难了。现在再不能派智识分子去工作了，熟悉的还可留三天，生疏者，一步也不能停留在工人中间，所以目前就是要恢复工人同志与党的关系。”①

王仲一还就职工运动、经济斗争、组织等问题发表意见。

（1）关于职工运动。王仲一大体同意大家的意见，但要增加一点即把中国工人运动的特点和中国工人的政治认识合拢来说。他认为中国的工人运动很难走到工团主义。因中国工厂，多在帝国主义手里，必然是要用政治斗争，没有专注经济斗争的危险。同时中国新兴资产阶级占很少数，在这情形之下，不管是经济斗争，它总带有政治意义。五卅之后党代替了工会。“要研究党与群众的关系，关系好，争取群众是很容易的，过去党团代替了党”。但没有一个好的党团。

（2）经济斗争。王仲一认为，经济斗争应该由小而扩大，但还不够，要提出一个中心口号即不断的斗争。斗争之后组织往往塌台。所以要经常地不断地斗争，巩固扩大组织。因为斗争停顿，群众就散了。

（3）组织问题。这是一个很重要的问题。“我们不是打坏灰色组织，而是要我们进去领导他们，封建思想自然消除，我们要在斗争中消除他的封建思想。”

（4）工人与小资产阶级问题。“布哈林同志说得很多，草案上恰恰相反，我是反对的。”“湖北的总工会有许多的店员手工业者”，这一点“要根据布哈林同志的意见加上去”。

（5）大批成年工人被开除，另代以女工或童工的问题。这是一个中国

① 中共中央党史研究室、中央档案馆编：《中国共产党第六次全国代表大会档案文献选编》下卷，中共党史出版社 2015 年版，第 727 页。

工人运动中的严重问题。对于我们的工作很不好。我们要争群众，一是要好的策略，要提出同等工作、同等待遇的口号，在此口号之下可吸收女工和童工。

（6）总的任务。现在最主要的是发展铁路、海员、市政、五金等产业工人。①

2. 罗章龙，自党的三大以来就参加中央工作②、时任中华全国总工会宣传部部长。罗章龙在职工运动报告的讨论中发言表示："不满意这短的时间，草草的讨论职工运动问题"，因此提出抗议。对于格勒尔所写的决议，罗章龙认为"应有很积极的精神，以提高我们对职工运动的注意"。在政治讨论时已经说明预备新高潮的到来。我们要夺取群众，这一点要加在头一段上。第一，就是竭尽全力深入产业工人中去，才能达到武装暴动的目的。第二，应该肯定工人一定是居领导地位，不良倾向在此路线上才能改正。第三，"真正的错误，就是我们放弃了阶级争斗。"在党的四大会上，"标语上不准写阶级争斗"。"这就是我们主要的教训。"③

罗章龙对报告与决议的意见列举如下：

罗章龙认为，我们党的生活，"应该在这次大会上有一个改正"。党的五大会前，负责同志说"你们在二七不过做工会运动，现在不同了，有军队了，……"今年一月的中央谈话，也有这种情形，以为农民走上了前，把工人对农民的领导模糊了，不知道党在职工运动上的任务。"过去不主张设工人部，改成了职工运动委员会，后来甚至名义也不存在了，怎么能够领导工人运动呢？这是主观上最主要的原因。"④

罗章龙认为，关于工人运动改良问题，"改良一定有经济背景的"。如

① 中共中央党史研究室、中央档案馆编：《中国共产党第六次全国代表大会档案文献选编》下卷，中共党史出版社 2015 年版，第 727—728 页。

② 中共中央党史研究室、中央档案馆编：《中国共产党第六次全国代表大会档案文献选编》下卷，中共党史出版社 2015 年版，第 125 页。

③ 中共中央党史研究室、中央档案馆编：《中国共产党第六次全国代表大会档案文献选编》下卷，中共党史出版社 2015 年版，第 728—729 页。

④ 中共中央党史研究室、中央档案馆编：《中国共产党第六次全国代表大会档案文献选编》下卷，中共党史出版社 2015 年版，第 729 页。

中国产业在帝国主义手里对工人的相当让步；政治相当的巩固帝国主义势力大的地方为要反对共产党而对工人的让步。在这两个条件之下，改良才有实现的可能。“可以断言中国产业中的改良是不可能的。”

罗章龙分析小资产阶级问题，认为：城市小资产阶级在工人起来时是同情的。店东反对的，不是经济的损失，而是反对打破封建关系，如店东对店员之学徒待遇等。所以，打破封建关系如在农村中一样的重要，只有这样店员才得起来。

关于工作方法，罗章龙认为：同志们说法很多，去年也曾提出，可是实现的很少。项英“提出要到工厂中去，这一点我觉得要写上去，我们要改进工厂中的工作，只有这个办法”。“所以到群众中去一定要提高到工厂中去的口号”。不断争斗之意义，就是在罢工或胜利之后，要有好的策略。过去在罢工胜利或失败之后，就算完结。我们要注意失败之后应该怎样？胜利之后应该怎样？王仲一说过去是工会主义，后来是党包办，这不是事实。关于工农的联合，应有具体的办法。过去派人去做农运，要工人参加农村暴动，要农民到城市来鼓动工人参加，这都未做到。罗章龙曾同黄平说过，“海陆丰的苏维埃，应该组织人去参观，现在虽然有工人同志来参观苏联，可是不如参观国内的农民苏维埃。如果这样，就能收很大的成功。”罗章龙还提出，不要忽略重要城市产业经常和国际联络的工作，现在唯一的是要赤色工会。要国际的帮助。①

3. 邓中夏。在 7 月 5 日关于职工运动问题讨论时已经发过言。7 月 6 日他再次发言，指出：会上的职工决议草案几乎是从五卅运动说起的，五卅运动前的没有说到。许多的同志不满意这决议案，因为里面没有一点具体的办法。而实行的办法在中国也许在此实用，在别的地方不适用。邓中夏认为：这个决议案上总的精神能纠正一切过去的错误，它说到了组织上的重要问题，工会与党的问题。我们知道党即工会、工会即党的错误，我

① 中共中央党史研究室、中央档案馆编：《中国共产党第六次全国代表大会档案文献选编》下卷，中共党史出版社 2015 年版，第 729—730 页。

们想做新的职工运动，这点是非常重要的。[①]

邓中夏指出：过去全国总工会中，既是党团，又是工会，失去了工会的独立性，要使工会独立才能使它发展。而且工会中没一个非党的群众参加，在工会会议的记录弄着党与工会分不明。铁路工作，党把它割成几段，铁工之所以受打击，这政策也很有关系。做职运的应去发展他的组织。产业工人中的党团问题，我们工会的系统是一连的，而我们的党团，地方的他属那地方，省的他属省委。命令罢工、强迫罢工、恐怖政策、委派制度，这许多的错误，项英加了许多历史的分析，邓中夏认为这些不大的重要，而重要的是纠正这种的错误。

关于红色恐怖，邓中夏认为不是说不能用，而是“我们总是先有恐怖后有斗争”，“往往把群众吓跑了，有的是用来对付敌人，而往往用到群众身上去，我们应把他变成工人的武装自卫”。关于对工人的政治煽动，邓中夏认为，“我们过去太轻视了黄色工会，觉它没有群众，因此我们始终没有一个确定的策略去对付它们”。邓中夏不同意项英对黄色工会的分析。他认为统一战线的问题在我们党内没有解决过，“谁也不愿去与黄色工会统一，并且在秘密条件下是不可能的，将来怎样？将来再说。”[②]

对于工厂委员会，邓中夏指出：项英认为有作用，李立三反对，提出一个党的支部建立一个秘密的工会。邓中夏认为：可以用“工厂委员会，去包含扩大的群众”，“不管反动工会的会员也好，革命工会的会员也好，不管信仰如何，我们都可以包含在工厂委员会中的”。“工会支部与工厂委员会是不冲突的”。

“对小资产阶级的态度问题是很重要的，我们也不能放了它，我们应去拉着它。”邓中夏认为这问题应同我们对付富农一样去对付它，我们有时可以拉着它，群众反对它，我们应去反对它。对于上述内容，邓中夏申明自

① 中共中央党史研究室、中央档案馆编：《中国共产党第六次全国代表大会档案文献选编》下卷，中共党史出版社2015年版，第730页。

② 中共中央党史研究室、中央档案馆编：《中国共产党第六次全国代表大会档案文献选编》下卷，中共党史出版社2015年版，第730—731页。

已将重新写过。[①]

4. 王若飞在讨论职工运动报告时发言，主要是针对格勒尔的观点。王若飞认为：格勒尔指出强迫罢工、命令罢工的恐怖政策的错误，但没有分析历史的发生，项英分析了。王若飞的补充是从社会基础上来说的：一是地方主义的影响；二是宗法社会亲族的关系；三是行会的关系；四是秘密社会关系的影响；五是与农村关系的密切；六是劳动后备军太多；七是女工多；八是浪漫流氓的心理；九是首领英雄主义的思想；十是各种工人生活状况之不同，他们在要求上斗争的倾向也不同。王若飞对机器工会的评价是：它对政治认识是有的，但斗争上比较落后，不能说它不革命，若在革命高潮时，它实站在领导的地位。

王若飞指出：格勒尔说我们中国有发生改良之可能，其所以发生是建筑在上层的。委派制度以前是由上层发生的，到了现在秘密时群众中不易产生上层负责人，这是不可免的，应找积极的办法，组织工会应由工厂的工人，或派人到厂中去工作。在中国工人的斗争中，恐怖政策，是不可能完全禁止的。工人要求红色的恐怖并不一定是在对付资本家，而是对付流氓，这与西欧不同。“强迫罢工是不对的，工人的自卫他不得不要。命令主义，在客观的社会基础是首领的英雄思想”。目前工作方法路线，决议案说，目前的策略是反对反动工会。王若飞提出的思路长期的刻苦的工作；工作人员打入工厂；由下而上建立群众组织；注意在大产业中，建立工作。[②]

组织问题。工厂委员会是要的，但工会支部是否要？工会支部在工厂是不能公开存在的。能加入秘密工会的人，已加入党内去了。在一个工厂中无派别可以不要。农村工人组织，要巩固无产阶级及半无产阶级，对乡村中的苦力，应使之加入工会，并用团体的名义去加入农协，并且领导农协工作。城市小资产阶级问题，对下层小资产阶级，我们应注意的，“反对

---

① 中共中央党史研究室、中央档案馆编：《中国共产党第六次全国代表大会档案文献选编》下卷，中共党史出版社 2015 年版，第 731 页。

② 中共中央党史研究室、中央档案馆编：《中国共产党第六次全国代表大会档案文献选编》下卷，中共党史出版社 2015 年版，第 732—733 页。

苛捐杂税，反帝国主义他是赞成的，他是革命的，我们建立了苏维埃的地方，还要他来做买卖。店员他们是雇用的工人，他们的生活很苦，同时很难担负过重的劳动。一是我们应维护他们的利益；二是店员手工业工人，他们反对封建关系，反对苛捐杂税，我们应该领导；　在苏维埃区域我们应注意他们的利益，同时也是我们利益，我们应该设法使他安全。”关于官办工会与反动工会。我们决不应只是去反对他，我们应宣传群众，使群众知道黄色工会是怎样的一个东西，我们应去争取他影响之下的群众。①

5. 丁君羊，来自山东。丁君羊特别希望大会注意山东的职工运动。他指出：山东有 10 余万产业工人，有 6 万是直接在日资本家的工厂的，是直接与帝国主义发生关联的，他们实在是反日的极大力量。山东职工运动，是从五卅开始发展，在五卅运动前后，青岛有 4 万工人，做了三次大罢工，被屠杀的有百余人。其他各地如济南、淄博都行动组织起来了。但从五卅后以至最近几个月以前，山东的职工运动是消沉至极点。

这是什么缘故呢？丁君羊分析说：一是失业的农民骤增，失业的熟练工人也非常的多，因此工人的地位就很危险了，他们都为保存自己的地位，不能不忍受痛，沉默下去。二是党的机会主义影响。五卅以后斗争是很少了，主要原因是党的等待主义，直至国共分家后，群众都感觉着极大的失望。

八七会议到现在，从党的政策改变后，各地组织渐渐发展了。尤其是济南事变以后，山东工农受了大的刺激，日本的士兵对于工农压迫得非常厉害，各地主要的产业区，如津浦大厂（机器厂）兵工厂和津浦路的一段也都停止了，这些工人就等于失业，所以“最近山东的革命潮流是非常的高涨。前几天报载大罢工三千多人，捕了三十多人，虽然被压迫下去，但总可以证明现在的革命运动的发展”，在济南方面也有很多工人要求维持生活，有了临时的组织。这些组织可以转变到正式的工会组织，至少可以组织起一部分群众来。

---

① 俄罗斯现代历史文献保管与研究中心馆藏档案，档案号：全宗 514-1-407，第 278—332 页。

丁君羊对于草案的意见，一是认为工厂委员会没有政治作用，没有下层小组，由实际斗争的方式过渡到职工会的组织。他觉得这种组织在中国是可以用的，但不信在中国会有在俄国那样的有力量，因为中国的一切经济斗争，马上转变到政治斗争上去。所以，可以说工厂委员会在中国有作用，而不会是像在俄国那样大。二是关于职工运动。丁君羊认为目前建立总工会的系统是不能疏忽的工作：如中华全国总工会系统；铁路总工会系统；海员总工会系统。“当然这种系统的建立，不是不要群众的，而是要免掉从前党代替工会的毛病”，可以由工人自己拿许多组织的名义，干许多吸收群众的工作，同时也比较容易接近群众。过去有铁总，“因为与党的联系不好，就把它取消，这是多么错误”。这种危险要“赶快纠正”。[①]

6. 唐宏经，来自东北辽宁。唐宏经认为，满洲职工运动，是全中国很重要的一部分。东三省有许多大工厂、铁路、矿山等，这些产业工人，约计起来，至少亦有50余万，像这样广大的产业工人的地方，如果我们党不注意他，把他放弃了，实在可惜，“可以说是犯了机会主义”。东三省过去的职工运动没有成绩可言，是因为我们党没有领导广大群众做经济斗争。过去行会性质工会的组织现在也没有了。党还只注意湖南、湖北、广东等地，而放弃满洲。唐宏经指出：“大连过去是有组织的，无论党和工会都有，上海广东闹得很凶的时候，在北方党和工会指导之下的工人，也同样做了一点，这是谁也不能否认的”。现在“北方所有的组织——党和工会，都被破坏了”[②]。

7. 胡均鹤，作为青年团中央代表参加大会。胡均鹤在职工运动报告的讨论中强调：“青工运动在职工运动中地位是很重要的”，在轻工业工厂里，童工青工要占60%—70%以上。过去职工运动“忽略了这一部分的青工”。“很盼大会，要有明确的规定是建立青工部的组织，以便将来有专门

---

① 中共中央党史研究室、中央档案馆编：《中国共产党第六次全国代表大会档案文献选编》下卷，中共党史出版社2015年版，第733—734页。

② 中共中央党史研究室、中央档案馆编：《中国共产党第六次全国代表大会档案文献选编》下卷，中共党史出版社2015年版，第735—736页。

指导青工的工作”。同时规定，在不妨碍整个工会工作时允许青年工人单独斗争，而且扩大斗争。[①] 胡均鹤还谈到对草案的意见。一是对小资产阶级的问题，应注意“在斗争中阶级利益上不可以让步，在每次运动如反帝运动可以联合他们”。二是过去各工厂的组织的基础，“要建立在下层群众身上”。三是红色恐怖，要分作两种，对厂外的包探巡捕，有害我们的工作行动，可以对他个人实行红色恐怖；对工厂中的包探工贼则不能用。但如果群众非打他不可，那么可以代替他们去打，但要群众一同去。[②]

8. 苏兆征，时任中共中央临时政治局常委、中央职工运动委员会主任、全国总工会主席。他在讨论中发言，大体同意中国职工运动最近任务的草案，同时也对党与工会问题、工厂委员会问题发表个人的意见。他回顾党的三大主张是党的一切工作应放在国民党内去做；工人运动不过是群众运动的一种，与学生运动、妇女运动是同等的。那时党受二七失败的反映，对职工运动不了解，不相信职工运动力量。以后职工运动发展，又把党与工会混合起来，用命令主义、委派制，占领机关，以为工人落后，分子复杂，夺取领导权，应占领机关。公开的时候，工会常委与党团相混合，强迫工人加入工会，否则没有工做、是反革命。这样，工人看工会是衙门，是一种官僚机关，不敢接近，工会没有民主主义，一切都由党包办。党实是看不起群众，不相信群众力量，等到白色恐怖一来，在秘密条件之下，组织倒台，工厂里只有党的支部，工会即党，党即工会，群众都跑光了。以前会费抽百分之几，现在几铜元工人都不愿拿出来。如果仍照以前老方法做工作，一定会使党与群众隔离，使党的力量日渐削弱。

苏兆征认为，工厂委员会“是唯一的下层的广大的工人群众组织，夺取群众的最好方法”。“以前在国内闹得好几年闹不清楚”。工厂委员会在西欧作用非常大。有的同志认为它不合中国实际情形。现在中国有黄色工会、

① 中共中央党史研究室、中央档案馆编：《中国共产党第六次全国代表大会档案文献选编》下卷，中共党史出版社 2015 年版，第 736 页。

② 中共中央党史研究室、中央档案馆编：《中国共产党第六次全国代表大会档案文献选编》下卷，中共党史出版社 2015 年版，第 736—737 页。

赤色工会、无派别群众、未组织群众。赤色工会的上层与下层脱离，工人怕加入赤色工会，以为“加入赤工会亦加入共产党，即要杀头”。“另一方面群众的生活痛苦”，时常发生自发的斗争，“只有组织工厂委员会是最适当、最迫切的方法。”“工厂委员会是工厂中的工人的组织，没有章程与会费，是领导群众做日常斗争机关，在名称上不一定要用工厂委员，叫它代表团、工资维持会、交涉团等等都好，只要是全厂群众或大多数群众的组织，一致为群众利益而奋斗。”而“工会支部是工厂委员会的中心”。第四次赤色职工国际世界大会对最近国际职工运动的中心任务，在夺取千百万群众，工厂委员会即是夺取群众的最好方法。①

9. 温裕成，来自江苏。温裕成在职工运动报告讨论时发言，认为大会发表的意见“偏于估量过去错误，指出委派制，个人恐怖，命令主义等不好的倾向，但对于目前工作重心在夺取千百万群众，很少说出具体意见和实际工作方法，有的说几句空话”。他对今后工作的意见：一是关于组织方面。过去国内工会组织以工厂为单位是有益的。“职工会是群众组织，须领导群众经济斗争，同时亦是政治斗争机关，在中国条件之下，经济斗争时常必不可免的转变到政治斗争”，如果职工会依产业组织，那么工厂委员会是需要组织的。秘密工会怎样建立起来？应以工厂支部为基础，找非党群众参加。工厂支部与秘密工会“分开组织”，“把党和工会的组织分开，健全工会中的党团作用，经过党团把党的意见转到群众中去”。还要注意青工工作、女工运动。特别是党的支部工作。“应以工会工作为中心，尽量介绍勇敢的进步的工人加入秘密工会，工厂支部应取领导作用，真正成为全厂的工人群众的核心。”二是“小资产阶级问题。在某一时期和有条件的，小资产阶级的下层群众，可以成我们的同盟者，但最高原则，以能有利于阶级斗争的发展。”②

---

① 中共中央党史研究室、中央档案馆编：《中国共产党第六次全国代表大会档案文献选编》下卷，中共党史出版社 2015 年版，第 737—738 页。

② 中共中央党史研究室、中央档案馆编：《中国共产党第六次全国代表大会档案文献选编》下卷，中共党史出版社 2015 年版，第 738—739 页。

10. 蔡和森，曾任中共中央政治局常务委员，时任北方局宣传部部长、中央驻北方巡视员。蔡和森在讨论职工运动报告时，主要发表了以下意见：

（1）大体同意职工运动决议案草案，认为这次大会上指出党的策略上盲动倾向的危险，同时在职工运动中指出委派制、强迫罢工等的危险，这些危险是使党与工人群众隔离，群众的斗争情绪亦日益减低的主要原因。应指出这些不好倾向的来源及经过等，使一般同志了解。目前这些不好的倾向的危险仍未解除，还应迅速地坚决地挽救过来。决议案前八段对于过去缺点一项说得很少，应增多上去。

（2）过去对职工运动的目前状况和将来趋势，在工作上感觉到很大痛苦。在国内总是估量反工会力量过少，改良主义在中国没有发展的可能，现在认为不对。格勒尔很明白地指出中国改良主义有特殊的中国形式，虽不同西欧改良主义一样有影响、有力量，但在一部分落后工人中，有相当的作用。如上海的八大工会。在现在秘密条件下，我们与群众接近困难。国民党对群众的欺骗，给予小惠，是有可能受影响的。国民党收买一批工头在群众中活动，我们应当注意。

（3）新的组织方法。在秘密状态之下，工厂委员会可以适用的，能取得广大的下层群众，用一切机会、用各种方法来，取得群众。现在的问题是，在同时要不要马上组织工会的工厂支部。实际上不能马上组织起来。在斗争过程中，把“群众中的中坚分子团结起来，同时把工人中先进分子吸收到工会支部中”，“才能在组织上建立赤色工会的系统”。“机会主义是在五卅斗争中发生的，同时委派制亦在机会主义发生后形成的，在党的机会主义时期，什么委派制、命令主义，特别表现利害。”八七会议以后流行的盲动倾向，“忽视城市工作，增加个人恐怖的手段，这是与盲动主义有关系的”[①]。

11. 任旭，湖北代表、时任中共湖北省委书记。任旭在讨论职工运动报告时发表意见：关于决议草案，认为总的方向大致是对的，不过精神是

---

① 中共中央党史研究室、中央档案馆编：《中国共产党第六次全国代表大会档案文献选编》下卷，中共党史出版社 2015 年版，第 740 页。

有些消沉。认为用动员群众，不如说争取群众，比较含有积极争斗意义好些。决议草案指出夺取群众比以前好得多。

任旭对决议草案的具体意见是：第一，工厂委员会这种组织是要的，是有作用的，可以夺取群众。第二，海员铁路工人是很重要，如其没有这些工人群众，暴动是空的。不可因重视大产业的工人而忽视他们。第三，失业工人问题。最主要的是停工失业的问题，要特别注意。第四，小资产阶级问题。赞成邓中夏的意见，“对付上层小资产阶级如对付富农一样。在反帝国主义中可以与他们共同一起，但不能对他们有任何让步。”第五，反动工会问题。“反对反动工会的领袖是可以的，反对他的群众是绝对要不得的！”第六，盲动主义与职工运动。应指出湖北去年年底罢暴政策，一罢工就要暴动。一方面才恢复，一方面又立即暴动，这是很错误的。因为盲动，把工会组织打坍台，也是盲动主义发生的大错误。第七，工人武装训练要注意。第八，在工运中不要乱提口号，只要是正确的，一两点都可以。

同时，任旭补充余茂怀的意见，认为国共分家后，湖北的职工运动，可分为四个时期：1. 反抗的运动。他不同意向忠发说“八二”罢工是命令的。因为“事前曾经召集活动分子开会，估量了自己的力量，然后才决定罢工的。这个罢工对于政治上是有意义的，有反抗的意义，有罢工的必要。工作方面自然有缺点，但如说这是与从前一样是用命令方式，这是不对的”。2. 发现运动。“八二”以后的发现运动工作没有做好，客观原因是党的溃散，不能领导；政治力量没有了，工会已经没有了；“八二”失败的影响；白色恐怖的严重。3. 停工问题。并非简单开除工人，而是一致停工，因此我们提出“反对停工，占据工厂”的口号，值得各地参考的。4. 恢复工会运动。“十一月开始有很大的成绩，可是因盲动主义的‘暴动’政策，结果又失败了。”①

① 中共中央党史研究室、中央档案馆编：《中国共产党第六次全国代表大会档案文献选编》下卷，中共党史出版社 2015 年版，第 741—742 页。

12. 曾钟圣，曾任汉口《民国日报》主笔、1927 年 9 月从武汉到莫斯科中山大学学习、参加中共六大。曾钟圣在职工运动问题讨论时发言认为，“总的来看，决议是正确的，但决议的精神有点消极。”他说“消极不是说我们必须拿起枪举行暴动，而只是说，决议中这样写道：我们应该动员群众。”动员群众，意味着群众好像已经做好了准备，机械地把他们动员起来。以前没有用过这个术语，而用“组织”。这个词更具战斗性。同时他认为组建工厂委员会“是需要的”，工会在反动时期需要更改名称。在决议中“正确地指出了产业工人的重要性和作用。过去我们党丧失了自己的面目，因为我们采用盲动主义办法迫使工人举行起义”。我们“完全忘了产业工人的重要性”。同时“也不应忘记苦力中的运动”。应该同“企业里大量解雇工会会员和共产党员的现象”作斗争。

曾钟圣认为，“武汉国民党政变后，我们遭到失败的最主要原因之一，是我们很猛烈地进攻了小资产阶级。”“小资产阶级上层一般都很接近资产阶级，我们不应该对他们作出任何让步。”“过去我们同黄色工会的群众作过斗争。”当然，这与盲动主义倾向有一定的联系。决议中只谈到工人纠察队的军事准备，但这是不够的。“应该在工人中组织五六人的小组，教他们学习军事。”当爆发罢工或者提出工人的要求时，应该把工人的注意力集中在一两个最重要的要求上，而不应该一下子提出太多的要求。

曾钟圣不同意说武汉 8 月 2 日的罢工是盲动主义罢工。因为当时“集中了二三十人并向他们详细地询问了工人群众的情绪。大家都说可以举行罢工，此外，这是对反革命进攻的一种反攻，这次反攻具有很大的政治意义。这次罢工遭到了失败，因为我们在技术上没有准备好。”“八月罢工失败后，以及由于白色恐怖的出现，运动削弱了，党也削弱了。由于这些情况产生了影响，要求付清旧债和工资的运动也遭到了失败。救济失业者的口号当时确实是总的口号，因为很多工厂都暂时停工了，在群众面前出现了失业威胁。但整个这次运动遭到了失败。一方面是因为客观条件不利，另一方面是我们没有做好工作。现在湖北工人的条件在日益恶化。企业主在进攻工人。从工人方面可以看到一些消极情绪。他们怕接近共产党人，因为若是特务知道了，就会把他们逮捕和枪毙。”①

13. 刘义，来自湖南。刘义在职工运动报告的讨论时发言，主要是简要地介绍了湖南职工运动的情况。他指出：“马日事变的时候，长沙有十余万群众，可是一些也没有发动。湖南是有工人的，除长沙之外，尚有水口山、安源山、锡矿山……等处，都有产业工人，这些地方的群众差不多被盲动主义断送了。”安源因有历史的关系，所以在 1927 年年底尚暴动三次，“损失了很多同志，不过现在工作仍旧是有的”。

刘义对决议草案的看法是：总的方向是对的，但也有令人不满意的缺点。一是北方产业工人很多，但没有行动起来，并不是他们不要革命，是因为我们的工作太少，没有去夺取群众。北方工人运动的重要应指出来，改变偏向的错误。注意南北工作的平衡问题。二是要注意不见工人只见农民的错误。以前没有注意到工人与农民的关系。此后知道了，转过来注意工农的关系，在暴动之中得着很多农民的帮助，他们也参加了苏维埃。三是失业工人对于工人阶级的关系很大，我们应有很好的策略。流氓农民很多人是没有职业的。但他们夺了很多枪，他们的领袖是很容易与豪绅妥协，这部分人要注意，拉他们过来。②

14. 周秀珠，来自广东的女工。她在讨论职工运动报告时发言，一是关于过去职工运动的错误；二是职工运动与女工问题。她认为，党过去对职工运动路线的错误，是过去职工运动工作的中心，在上层的领袖，拉住左派，信用个人的工作，对于下层群众的工作没有好好地做去，做当然也做了一点，可是没有以这件事作为中心工作。“其次以党包办工会，结果形成命令式与委派制来。”“使群众离开了我们”。项英解释“强迫罢工的行为，并非党做的，而是在五卅时候群众自己就做了”。周秀珠认为这样的解释是不对的，是把群众的行动与党的行动混合在一起了。在五卅时大部分

① 中共中央党史研究室、中央档案馆编：《中国共产党第六次全国代表大会档案文献选编》下卷，中共党史出版社 2015 年版，第 742—743 页。

② 中共中央党史研究室、中央档案馆编：《中国共产党第六次全国代表大会档案文献选编》下卷，中共党史出版社 2015 年版，第 743—744 页。

觉悟的群众要罢工，而不觉悟的群众不肯，觉悟的群众有他们的要求，“这是有很大的意义的，如此的群众行动我们就要赞成的。我们党去命令与强迫与这个是不同的。群众自己要如此，我们就要赞成他，这是夺取群众的方法。”

以后的工人运动又如何样做呢？周秀珠指出：“我以为要深入群众，组织群众及阶级观点的宣传，要在日常斗争之中，使群众认识阶级意识的觉悟起来。”这种认识是斗争胜利的保障，组织群众，宣传群众，领导群众，不是别的，而是要在普遍的（大规模的）日常斗争之中去进行，要在日常斗争之中去组织、宣传、领导，使他们认识我们。谁是敌人，谁是他的朋友，是为他们的。过去罢工失败中，往往是因为只注意于条件，使罢工不能一时解决，久延时间，致工人不能等待。我们今后要抓住每一次罢工的暴发点，要预备以后的斗争，不断的斗争。

周秀珠指出：女工问题是职工运动中的一部分，过去是将这两项工作分开的。应知道妇女在职工运动中的地位。女工有没有斗争呢？是不是革命的呢？回答是肯定的。女工勇敢的斗争精神，并能超过男工。她们的生活是比男工更痛苦。除了在工厂里的苦痛，还在家庭里封建宗法的关系压迫之下，没有自由，经济上、社会上都没有地位，这样生活之下，确是迫使她们斗争的条件。“女工还没有普遍的组织起来，这是我们党对女工没有注意，所得的结果。”党对于妇女问题是注意到的，不可以说绝对没有，从中央、省委到市委都有妇委的存在，工作怎样呢？在国民党未反动以前，全集中于小资产阶级的妇女运动。党对于妇女运动的不注意，女同志自己也是如此。要纠正过去的错误。从前妇委是一些知识分子，开会时很客气的不敢批评，一散了会叽叽喳喳地讲起来。这次大会我们必定要扫除这种现象。党以后对于妇女运动的注意，任何委员会，都要有女同志参加；任何运动都要有妇女参加；同时要做教育，宣传工作，提高妇女文化与知识。①

15. 徐锡根。来自江苏。他在讨论职工运动报告时指出：“对于工人罢

① 中共中央党史研究室、中央档案馆编：《中国共产党第六次全国代表大会档案文献选编》下卷，中共党史出版社 2015 年版，第 746—747 页。

工用强迫手段，红色恐怖，过去的时候就有了。”有些同志说是目前才有的，其实五卅运动的时候就有了。他以杨树浦的事实为例。他还说，工人对于工会是信仰的，因为工会为他们谋利益，但是不知道这是谁的东西，以为工会是共产党的，不是自己的。俄国同志说工厂委员会是工厂工人对内问题起作用的组织，我们在国内是只知道是参加工厂管理的组织。“这种办法是外国适用在中国不能用”。“因为工厂内有工厂支部，再加上工厂委员会，工人弄不清楚，就是负责同志也弄不清楚。”在中国工厂内组织工厂委员会与工会没有区别，所以“工厂委员会的名词可以不必用。”

徐锡根对失业问题的看法和向忠发有所不同。向忠发提出的解决办法是各地的失业工人组织起来向政府、向国民党示威请愿。徐锡根则提出：失业的干部，可以吸收到党部来工作；勇敢的同志，可以送到乡村中去参加农民的游击战争，或叫他们加入军队里去；普通的同志，应当帮助这些同志去工作。苏兆征说党不是介绍所，“但是在上海很多工人同志是很困难的，往往很多因此走到反动方面或做流氓。”

关于斗争方法，徐锡根认为应该发展支部，加紧领导小的斗争。“只要能解决失业问题，这种小的斗争是做得起来的。”再要注意，“可以用各种各样的办法”。“罢工之后，应特别注意，罢工的工人绝对的不许放他在家里等候，我们要每日每时的，想种种方法去领导他们，向总经理或厂主包围示威，或斗争之后，才能得到胜利。”①

现在能够看到的徐锡根在职工运动问题讨论时的发言是根据中央档案馆馆藏档案翻译刊印的。但奇怪的是其内容和黄平的发言内容几乎一样。而黄平的发言是根据中央档案馆馆藏俄文档案刊印的。虽然翻译件在文字表述上略有不同，但观点是完全一致的。②这样便出现了两个版本，问题在哪里？到底是徐锡根还是黄平？这需要查找和核实原始档案。但黄平的发

---

① 中共中央党史研究室、中央档案馆编：《中国共产党第六次全国代表大会档案文献选编》下卷，中共党史出版社2015年版，第747—748页。

② 中共中央党史研究室、中央档案馆编：《中国共产党第六次全国代表大会档案文献选编》下卷，中共党史出版社2015年版，第748—749页。

言说道“我的文化水平较低”，可以推测徐锡根的可能性更大。因徐锡根工人出身，而黄平是中学毕业后当过校对、翻译，还到苏联东方大学留学，在六大上担任副秘书长，协助秘书长工作。文化水平不能算低的。应是徐锡根而不是黄平的发言。

16. 江慧芳，来自广东。江慧芳主要做青年团工作。她在讨论中指出，对职工运动草案没有详细读过，各同志的讲话也因为别的会议不能都听到，但对过去职工运动的缺点有同感：一是对于青年工人的疏忽。“中国青年是非常之多的，任何产业之中都很多的。”“我们的党没有注意去领导他们起来，并且他们自己起来时，因党没有好的方法去指导他们，这是非常大的缺点。”二是女工方面，中国有很多女工人，生活非常痛苦。党的工作不好，男工还不赞助，并且讥笑侮辱女工。如“在职工运动中不注意于女工工作，将失掉大部分群众”。在工作之中，应很注意女工与男工之联合。三是没有注意“黄色工会下的群众”，“应取得他们的群众，而打倒他们的领袖”。四是以前没有注意工会的基础，只是宣传工会，白色恐怖一来完全垮台，口里说有群众，而实际是空的。今后的工作：一是要注意青年工人工作，在工会中组织青工运动委员会，公开的工会要有青工部的组织。二是要注意女工工作，特别是“女工特殊的利益”。三是要宣传训练工人。“从他们的切身痛苦说起”，慢慢地切实地加以训练，引导他们进行经济斗争。四是要尽可能争取组织公开。在黄色工会下，或是秘密的工会下，要有工厂委员会组织或用别种适合的名称来组织，来指挥斗争。①

17. 温少泉，来自江苏，出身工人，曾担任党支部书记，参加上海三次武装起义。他谈到上海职工运动的情形时说，在沪西一带的工厂，每个工厂都有兄弟团、姊妹团。这种组织对于青年工人及女工如何做工，是有办法的。还可开办小学校给工人的子女读书。而兄弟团、姊妹团等也可借此来活动，对于妇女运动是有些困难。“在困难的当中兄弟之间可以互助，

① 中共中央党史研究室、中央档案馆编：《中国共产党第六次全国代表大会档案文献选编》下卷，中共党史出版社 2015 年版，第 750 页。

捐钱救济”，“工人都能赞成”。由二三十个，渐渐的扩大。这办法很有成绩。[①]

（四）对职工运动问题大会讨论的总结

两天的职工运动问题讨论，先后共有24人作了大会发言。大会讨论结束后，中共方面瞿秋白、向忠发和赤色职工国际代表格勒尔分别讲话，对职工运动问题的讨论作了总结和结论。

1. 瞿秋白在7月6日发表讲话，说明了早上和赤色职工国际代表格勒尔互相商酌、提交六大讨论的《中国职工运动议决案》草案的修改意见，共有七个问题：

第一，政治路线问题。原草案没有一条能够与整个的政治路线联结起来。所以同意加上一段解释三层意思：一是以前的过去的最错误的倾向，就是在武汉时期的职工运动的方针简直不是阶级斗争的路线，总的方向完全是错的，职工运动的总方向是脱离了阶级争斗，有些甚至走到了阶级妥协的路上。二是新的高潮是没有，但是快要来到，职工运动是在新的任务之前，新的方向之下，在这个时候是要加剧深入阶级争斗。“要有广大的阶级争斗，才能领导起中国的革命。”三是以前在职工运动没有竞争者，这是太死板了。

第二，我们所提出的委派制问题。要注意不是委派制度本身的不好，而是在运用时的不得当，尤其到了最近更明显的暴露出来，这种方法竟成为党对群众的直接行动了。武汉失败之后，党与群众脱离关系，便以此为唯一的方法了。并不是一次都不可委派，问题是委派后不再继之建立真正群众的基础的方法。

第三，命令罢工问题。命令罢工是非常之坏的，不是政党的行为。命令不罢工是更坏的。这一定要说清楚。要说明这种错误的客观原因。

第四，关于小资产阶级问题。武汉失败的原因，不能说完全是为了失

---

① 中共中央党史研究室、中央档案馆编：《中国共产党第六次全国代表大会档案文献选编》下卷，中共党史出版社2015年版，第751页。

掉小资产阶级，如不失去小资产阶级就一定胜利。如说一定不要与小资产阶级联合，这是不对的。如果在政治上，对于反军阀、反帝国主义问题上是可以的。

第五，关于黄色工会问题。草案上应该说得更清楚一些，一种是政府官办的，一种是黄色工会，我们对于黄色工会与纯粹反动的是不同的。反动的工会完全只是一个机关，由国民党委派几个人来做，说不上什么加入。对于它，只有打倒和暴露。对于黄色工会就要用另一方式，如上海的邮务工会，他们是有一部分工人的。我们要加入他们之中去，团结群众，领导他们。除了黄色工会，还有帮口结合、兄弟团、姊妹团秘密结社等等。在职工运动之中，我们是要去实际了解，不是在形式上表面上来看的。

第六，工厂委员会问题。名称可以是工厂委员会、交涉委员会，或别种名词，是一种斗争的方式。这个委员会可以用反抗一件很小的事情来领导工人起来斗争。

第七，产业工人中的问题。总的精神是要集中于产业工人的身上，如铁路工人、海员、五金工人、大工厂工人等等。手工业人数多而产业工人组织少，这是危险的，但也绝不是丢弃了手工业工人，这是要注意的。①

2. 赤色职工国际代表格勒尔作总结发言

在 7 月 6 日瞿秋白讲话后，当天晚上，赤色职工国际共产党党团代表格勒尔就职工运动报告讨论作总结发言。他的总结发言约 1.2 万字，主要是针对一些“具有更重要的原则性意义的问题”，或是从和代表交谈中、发言中得知的“那些最不明确和引起怀疑和争论的问题”。

关于中国共产党工会系统的工作。国际代表认为，党在工会系统的工作在初期是正确的。一切工作都是顺利的。但决议草案只限于分析直接在反革命政变之前的那个时期，从 1925 年至 1927 年是什么情况。指出这个所犯的“任命、命令、强迫”等错误，“不是为了互相批评，而是为了找到今后工作的正确途径”。“我们的任务是，尽可能密切同群众的联系，掌握

① 《瞿秋白文集》政治理论编（5），人民出版社 1995 年版，第 651—659 页。

群众”。强迫工人罢工，“不会导致党和革命运动的结合，而会导致关系的破裂，导致脱离群众。这是错误的策略，将来不应再重复”。“红色恐怖，这是同一方针的继续。”自八七会议以来，“这个错误是十分清楚的，但一些同志在争论这些错误时，还是在试图美化实际情况，美化过去。这表明该方针最终还是没有被根除。”“代表大会应该讲出权威的话：这些错误犯过，没有必要美化它们，以后不应再犯这些错误。”①

关于黄色工会问题，对于黄色工会所具有的意义，它们在工人运动中所占有的地位和它们所造成的危害等的评价，还存在不同的意见估计。一个严重的错误是轻视对手，认为黄色工会没有群众。但是，应该看真实情况。我们可以同“这些半改良主义工会中的群众采取一些共同行动，以实现某些共同的目标”。这样的共同行动能使无产阶级队伍紧密联合起来，能使黄色工会中的群众看到，什么是红色工会，它追求什么，它的实践是什么样的，它的领导人是怎样的，他们能够使某一部分群众脱离黄色工会等。这样的行动是需要的，是可能的，也是有益的。这可以称为下层统一战线。在中国的条件下，同黄色工会的上层统一战线是完全不可能实现的。

关于职工运动的组织结构。这是会上“最引起争论、似乎最不明确的问题”。特别是工厂委员会问题。在中国有共产党人，有国民党人，有黄色分子，有行会分子，有完全冷漠的分子，所以在一个大的企业里，你们发现完全不是一个派别，不是一个政治派别，而是形形色色的人。要找到一个组织形式把这些不同派别联合起来，在现在的条件下，是极其重要的。工厂委员会就可以是这种形式。它的特点是只同该企业有联系，最好把它称为工厂内部委员会。它同工会支部有区别。“这是理想上的组织，把本企业的所有工人联合起来”。“它的缺点是，它不用阶级精神教育工人。”而工会具有更广泛的任务，一方面是经济斗争任务，另一方面是阶级教育任务，第三方面是文化任务。这两个彼此有本质区别的组织，可以互补、并列

① 中共中央党史研究室、中央档案馆编：《中国共产党第六次全国代表大会档案文献选编》上卷，中共党史出版社 2015 年版，第 470—472 页。

存在。①

关于小资产阶级的问题，共产国际执委会代表提出的方法，是“把小资产阶级分成两个阶层。一个阶层我们要努力同它接近，使它靠近自己，用它做自己的外围；另一个阶层，原则上我们要对它实行我们对一般资产阶级所实行的方针，正如对待资本主义阶层即对待剥削雇佣劳动阶层一样”。“但是，许多人还是提出了这样的问题：手工业工人不也是一类小资产阶级吗？不需要对它实行我们对小资产阶级所实行的策略吗？也就是说，我们要把他们从无产阶级队伍中开除出去吗？不言而喻，这是错误的处理方法。”“所有在大企业里或者小型工厂里或者手工业作坊里工作的人，如果他们所从事的工作是他们的生活来源，如果他们是靠自己的劳动，靠他们得到的工资生活，那么毫无疑问他们是无产阶级并加入这样的劳动大军，我们借助这支劳动大军，为了它的利益并依靠它来进行阶级斗争。”“在我们面前会出现关于无产阶级的各种派别和阶层的问题，以及关于各个派别对于我们来说的重要性和意义的问题。”“我们的主要基础是产业无产阶级，即工业无产阶级。”但一些同志还是表示担心，“好像我们对工业无产阶级没有给予太多的关注，我们并不会忘记另一个人数众多的雇佣无产阶级。”在中国的条件下，不能不考虑到贫民。“如果你们有以工业无产阶级即组织起来的无产阶级为代表的可靠的先锋队，这些贫民就会成为重要的辅助力量，在一定的时刻乃是一支巨大的爆发性力量。”②

会上一些同志质疑决议草案第四点讲到，工人运动同农民运动相比落后了。格勒尔解释：这不是说“工人运动是落后的”，而是说在中国革命的现阶段，工人运动同农民运动相比落后，“正是最具典型性和含有很大危险之处”。我们有过工人运动的迅猛发展，震动了农村。但“资产阶级背叛了，这给工人阶级造成了失败。然而农民运动都在继续发展。这完全正确。

① 中共中央党史研究室、中央档案馆编：《中国共产党第六次全国代表大会档案文献选编》上卷，中共党史出版社 2015 年版，第 473—474 页。

② 中共中央党史研究室、中央档案馆编：《中国共产党第六次全国代表大会档案文献选编》上卷，中共党史出版社 2015 年版，第 474—476 页。

但要知道，决议的这一点只讲无产阶级应该继续当运动的领导者。只有在这种情况下，农民运动不管它怎么强大，不管农民群众怎么组织起来了，他们怎么吸引人参加，但只有在有无产阶级领导的条件下，它才能产生充分的革命效果，才能真正推动中国革命前进。”由于工人遭到暂时的失败，“现在还是存在工人阶级意志消沉的事实”。由于这种情况，由于反动派的主要力量即反动派的武装力量把斗争矛头指向城市工人群众，工人阶级无法当农民运动的领导者。“农民运动有广阔的空间，在大量的农民群众当中，它处在比城市工人运动更有利的条件下。这种情况必须指出，但这根本没有指出工人阶级的落后。”明白这一点，就不会有特别的反对意见。①

“经济斗争可维护工人阶级的日常利益。”“这种斗争是工会工作和职工运动的基本内容，由共产党领导的革命职工运动不仅在高潮时期而且在特殊情况下，日益通过工会工作坚持不懈地联合起来和接近工人群众，并通过这种日常的看不见的无声工作，对工人进行阶级教育，教他们如何把经济斗争、切身利益的维护同政治，同阶级问题紧密地联系起来。”同时，进行经济斗争时，要考虑整个形势，要考虑本部分工人的重要性、他们的专门要求，并提出他们最重要的那些要求。这也是中国第四次劳动大会提出的总纲领中的要求。“应该善于提出局部要求并把这种局部要求同我们在党和工会问题上的总路线联系起来。”②

格勒尔最后指出：“中国共产党尽管年轻，但是它积累了在共产国际其他支部很少有的经验。它向每个人表明，虽然中国无产阶级犯了一些错误，但它首先展示了自己最宝贵的特性、自己的革命性、准备牺牲的精神和阶级的团结精神。而现在，你们用正确的手段、正确的策略武装起来的这个极好的无产阶级争得了工人群众，你们通过紧密团结的工会掌握了中国无产阶级，进而你们将加快新的革命高潮的到来，你们将用最好的方式使这

① 中共中央党史研究室、中央档案馆编：《中国共产党第六次全国代表大会档案文献选编》上卷，中共党史出版社 2015 年版，第 476 页。

② 中共中央党史研究室、中央档案馆编：《中国共产党第六次全国代表大会档案文献选编》上卷，中共党史出版社 2015 年版，第 476 页。

个无产阶级做好思想准备，承担落到它身上的重要历史角色。你们不仅要使它用革命精神武装起来，而且要使它成为钢铁般的队伍，以便用新的方式、高级的方式、苏维埃的方式争得工人阶级和农民的专政。”[①] 格勒尔讲完话后，代表们送上了掌声。

3. 向忠发作职工运动报告讨论的结论

在赤色职工国际代表作讨论总结之后，向忠发作了讨论的结论，因为他认为格勒尔对有的问题没有说明白，所以需要他再做些补充。

一是有些同志听了职工运动的报告，说：“将从前所有功绩都抹杀了，真岂有此理”。向忠发认为：我们应该注意这次大会的精神，我们要在批评过去的错误中，得到经验。

二是李立三说所谓黄色工会，不过是中国式的改良主义。这是不正确的，可以用事实来说明。“我们可以见到敌人是有一些群众的。我们要看敌人有多少力量，然后决定如何应付。”

三是项英否认有委派的事情，说武汉时期的是经过群众选举的。向忠发说，当时他也在湖北工作，是知道的。赤色职工国际讨论时对于这一问题也是很注意的。如武汉总工会的一万零八个职员，都是清一色的共产党。“委派制以前是有的，在当时武汉总工会犹如太上政府，一切问题都在总工会解决，如收回英租界事，群众要打巡捕房，国民政府没有办法，还是总工会去解决的。”200 多个工会都是我们委派的人。

四是组织结构的问题。向忠发认为：在这样新的环境之中，是要用新的方法的，“运用工厂委员会的组织是最适当的、最基本的方法，至于名称，如何叫法都可以，不关重要”。大家对于组织问题的讨论，请准备好意见到小委员会中再详细讨论。[②]

向忠发讲完后，中共六大有关职工运动的报告、讨论、总结便全

① 中共中央党史研究室、中央档案馆编：《中国共产党第六次全国代表大会档案文献选编》上卷，中共党史出版社 2015 年版，第 477 页。

② 中共中央党史研究室、中央档案馆编：《中国共产党第六次全国代表大会档案文献选编》上卷，中共党史出版社 2015 年版，第 478—479 页。

部结束。在大会讨论前，职工运动决议案在讨论前已经发到每位代表手中，请大家讨论并提出修改意见。除了大会讨论，还有小委员会可以继续进行。

（五）通过职工运动决议案

1928 年 7 月 9 日，中共六大通过《职工运动决议案》。该决议案回顾“五卅后工会的发展及武汉末期中我们工作路线的错误”，认为“工会未曾作为真正的群众的组织”。“群众仍然没有充分的动员，在日常工作中，还没有表现着充分的积极”。“对于职工会的指导人，几乎完全没有应用民主的选举制度”。决议案强调：党在职工运动中的“基本任务，就是动员所有的无产阶级群众来围绕着他的阶级组织”即党及职工会，“这是在职工运动公开存在的时候，所不曾充分解决的任务，现在逼着我们在艰难万倍的条件之下去解决它。这个任务不解决，则中国革命不能够得胜利的”。[①]

在组织问题上的基本策略任务是：“指导无产阶级之日常经济和政治斗争，反对反动工会，组织革命工会，用宣传与煽动的方法提高广大工人群众之阶级觉悟。只有这样，才能使党一方面促进新的革命高潮之到来，另一方面才能保证中国无产阶级在革命民众中间的指导作用”。对于是否取消工委问题，会上大多数代表表示不赞成。经过讨论，大会决定由出席共产国际六次大会代表团向共产国际执委会说明：在中国现在的情况下，工委的组织仍然需要，以后可能取消时再取消。同时决定将决议案的题目改为《中国职工运动决议案》。“现在之基本任务，就是动员所有的无产阶级群众来围绕着他的阶级组织（党及职工会）”[②]。

总之，六大提出的恢复革命工会，领导群众的日常经济斗争等职工运动方针，对会后职工运动的恢复发展发挥了重要作用。

---

① 中共中央党史研究室、中央档案馆编：《中国共产党第六次全国代表大会档案文献选编》下卷，中共党史出版社 2015 年版，第 883 页。

② 中共中央文献研究室、中央档案馆编：《建党以来重要文献选编（一九二一—一九四九）》第 5 册，中央文献出版社 2011 年版，第 436 页。

八、决定了党的组织工作方针

中共六大总结了五大以来党的组织工作经验教训，决定了党的组织工作方针。担任中共六大秘书长周恩来，除了负责整个大会的统筹安排、重要事宜，他还亲自作了党的组织工作的报告。大会围绕周恩来所作的党的组织工作报告，进行了大会讨论，有 12 人代表发言。在大会讨论的基础上，周恩来作党的组织工作的讨论总结，最后大会通过《关于组织问题草案之决议》，决定了党的组织工作方针就是要实现党的无产阶级化，“达到党成为工人阶级自己的群众化的战斗的党的目的”①。

（一）周恩来的组织工作报告

1928 年 6 月 30 日，是六大召开的第 13 天。按照大会主席团安排，由周恩来向大会作组织报告。报告分作四个部分：一是政治环境和社会基础；二是过去党的组织状况；三是组织上的基本问题；四是今后党的组织任务②。

1. 关于政治环境和社会基础

周恩来从四个方面分析了党所处的政治环境和社会基础。这四个方面是敌人的压迫、资本的进攻、农民减租、白色恐怖进。周恩来强调：“中国的白色恐怖可以说是全世界历史上所绝无而仅有的残酷”。“由陈赞贤被杀到东南遍地的大屠杀。在这时期大概死了十二万以上。”“从夏斗寅叛变到马日事变，以及武汉政府叛变、冯玉祥叛变和其他各地大小的屠杀，统计被屠杀的约十七万以上”。“由广州暴动到现在，这是最后的一幕。全国民众运动取消的当中，被屠杀的约在五万以上。”“总括的计算，被杀的有 31 万到 32 万左右”。此外，在监禁的尚有 4600 多人。“这里的数目，虽然不

---

① 中共中央党史研究室、中央档案馆编：《中国共产党第六次全国代表大会档案文献选编》下卷，中共党史出版社 2015 年版，第 896 页。

② 周恩来：《六大组织报告》，《党史研究》1986 年第 3 期。

能完全正确，可是总可以证明我们损失的巨大了”。[①]

周恩来指出，我们“曾做了不少的英勇的革命反抗”。武汉叛变、马日事变，我们都曾尽力反抗。秋收暴动，也是革命势力重新起来反抗。除了三次大暴动外，还有各地的游击战争。“我们在这些英勇的、长期的反抗中，重新得到新的力量的结合。”“中国在人口数量上是农民、流氓、工人居绝大的数量，他们所分布的地域非常的宽广。我们虽然受了大的摧残，依然保存着基础”。周恩来列举了工农群众的斗争：从 1927 年 11 月后，党领导了 47 次罢工斗争，参加罢工的工人达 318980 人。在农村，我们也领导 94 处斗争，广东不在内。参加的群众有 40 万人，以湖北为多。在广东、海南一处，共 80 万人，参加斗争的有 60 万人。在 94 处有 26 处夺取了县城，建筑了苏维埃，其余是在乡村建设苏维埃。现在乡村中还有 40 个苏维埃。在群众中我们可以领导参加实际斗争的有百多万。[②]

周恩来在报告中对革命营垒内部各个阶级即无产阶级、农民、小资产阶级、流氓无产阶级进行了分析。他指出：无产阶级“是中国革命的最高领导者，但终是幼稚，与西欧不同。可是，在我们党内外，总算是很健全的基础”。“农民的意识反映到党的组织上来”，“农民中有种种不同的倾向，有的是富农有的是贫农，他们在经济上是很冲突的。所以，农民的内部尚有分化的作用”。“中国的小资产阶级没有受过资本主义的洗礼。资产阶级叛变后，小资产阶级的上层分子也跟着叛变了，中下层的也动摇起来，反映到党内也有分化出去的第三党，到现在党内的小资产阶级的影响尚很显明，还含有一些封建性，这是一个值得我们注意的危险。”“农民本是保守性的，农民失业的流氓，加上了流氓性，所以他们是破坏一切的。这当然要影响到组织上来”。[③]

---

① 中共中央党史研究室、中央档案馆编：《中国共产党第六次全国代表大会档案文献选编》上卷，中共党史出版社 2015 年版，第 400—401 页。

② 中共中央党史研究室、中央档案馆编：《中国共产党第六次全国代表大会档案文献选编》上卷，中共党史出版社 2015 年版，第 401 页。

③ 中共中央党史研究室、中央档案馆编：《中国共产党第六次全国代表大会档案文献选编》上卷，中共党史出版社 2015 年版，第 402 页。

2. 过去党的组织状况

谈到党的组织状况，周恩来指出："党员的数量。现在我们有很夸大的数量，但没有法子保证是正确的。我们的总数有130194人，农民居多数，但海陆丰、醴陵一定要有很大的损失。所以总数是不能正确的。"成分大概是：工人百分之十点九；农民百分之八十七点六；士兵百分之零点八；知识分子及其他百分之六点九。农民与工人数量之比为八：一。从这个统计可以看到：党员"以农村为中心，矿山、铁路、城市比较少；""在地域上、数量上失了无产阶级的中心地位。""因此使群众对于组织的联系更为减弱。"

关于党中央与地方的联系。周恩来报告：第五届中央委员会委员31人、候补委员10人、中央监察委员7人。死的10名；开除的1名；叛党的1名；受处分的五名，现在21名。五大"会后的中央，他的工作是很混乱的，各部都是独立起来，常务委员会从没有开好，中央本身工作也毫无头绪"，尤其是从汉口乃至武昌，完全成了一个"满天飞"。"中央与各省的联系，更为混乱。各地区完全由各地区自行处理，中央是没有指导的。""中国共产党中央到此完全破产了。这时候，国际代表已到了武汉，召开八七会议，选出临时政治〈局〉委员九个，候补〈委员〉五个，临时政委负责一直〈到〉现在开大会。""中央从此才开始找到工作的头绪"[①]。

周恩来还指出："南昌暴动在组织上、形式上还要做国民党左派运动，这运动是交给谭平山做的。他曾在九江召集一个国民的［党］中央委员会议，但是他利用在国民政府党团书记的资格，完全由他自己干，他是不理会中央的。当时的前敌委员会，他也不参加。八七后设立南方区、北方区、长江区，北方区由蔡和森、王中［仲］一同志负责，南方区由张太雷同志负责，但南北两区到十一月扩大会议后，都取消了，因为都在工作上做了错误。"

八七会议后，在党的组织上"设立的长江区，共八省，由罗亦农同志

---

① 中共中央党史研究室、中央档案馆编：《中国共产党第六次全国代表大会档案文献选编》上卷，中共党史出版社2015年版，第403页。

负责，最主要的事件是改组湖南湖［省］委，派王一飞前去主持。”“十一月扩大会议只限各个主要的省份，因为那时是很严重的时期，有些地方是无法召集。在扩大会议改变了常委”，由 9 人改为 5 人。“组织局下分设各科，各科有联席会议。”临时政治局十一月扩大会议以来，“主要的精神，一是尽力吸取工农同志到党中负责工作，二是建立秘密工作。”[①]

周恩来指出，关于组织方面，临时中央八七会议后的精神发了三个通告一第 17 号、第 20 号、第 32 号。第 17 号通告，本是规定了改组的工农同志的名额，在当时是必需的。后来各地都发现不好的现象，所以第 32 号的通告详细指出改组的毛病，如太机械、太形式了，如上海的集体而不分工，以及北方和各地的反知识分子，凡组织上一切的弱点，都包括在内。十一月扩大会议决议对各地的工作要派人去经常直接的指导，在湖南、广东是曾做到了的。在浙江虽然没有派人去，但也召集了扩大会议。不过派到各地的指导者，都是偏于政策的解决，没有做到实际问题，只有派到广东的得到一些实际材料。其次是查办湖北省委。各省负责同志对中央的联系也比较好了，在接触上是多一点了，但大半是限于政治问题，对组织方面是很少的。尤切是对暴动问题，各地都来建议，甚至南洋、云南、四川、山西都主张暴动，其他是来向中央要钱。

周恩来在报告中接着讲到广东、北方党组织的改组情况。广东改组“加紧的汲取了工人，他们已从下级党部甚至到乡村都改组了”。但也有错误，第一是反知识分子；第二是处罚做不合当。北方党改组，第一次只改省委，没有下层的群众参加，这是一大弱点。第二次又改组，中央没有得到音信。后来得到报告和王仲一来到中央，才知道这是进一步的办法。中央批评顺直的决议，犯了极端的小资产阶级民权主义的错误，虽然是因为过去党太“家长式”了，但现在却矫枉过正，尤其是决议做得不正确。湘赣鄂三省省委都没有改好，但下层党部却都自动的改好了，但也走得太“左”一点。上海改组，从支部一直到省委，一直延到一月底。后又限期改

---

① 中共中央党史研究室、中央档案馆编：《中国共产党第六次全国代表大会档案文献选编》上卷，中共党史出版社 2015 年版，第 403 页。

延了。“改组如果不提高教育，结果要使党务停滞，这完全是对的”。在其他各省改组，有许多不好的现象，有好几省，他们把农人工人同志依然派到外县工作，使他不能够参加常委，如河南、浙江等地。①

根据周恩来的报告，中共六大召开时，各省党的组织状况是，共有省委 16 个，外南洋一临委，特委 37 个，县委 400 个，市委 36 个，区委 41 个，特支 138 个。省委指导机关成分，工人 34%，农民 14%，其他 52%。这内［里］面包含知识分子、店员等。常务委员会工人 31%，农民 7%，其他 62%。在这样的改组情形，只能算作一个初步。支部与党团问题：许多地方支部只能算作一个形式，不能发生作用。只有农村支部，他发展的形式较大，而尤以有苏维埃的地方更多。但乡村手工业支部很少。兵士支部，这支部很少，只是广州较好，如武汉、浙江，过去都有过支部，而作用很小。总之，“在这许多的支部中，党团的作用很小，因此形成支部的作用也是一样，上级的党团是一个包办的形式”。②

周恩来还分别谈到工业会及其武装组织；小资产阶级的组织、学生会问题；青年与妇女；党的损失与济难工作、纪律问题、宣传教育工作等。他指出：“全国工人由 734 个减到 81 个工会了。而这些工会都是秘密的，群众也很少。”学生支部现在只能做一点空洞的工作，从反动后我们与学联无关系了。八七会议后党团的关系不大密切，省委是比较好点。团的先锋主义从八七会议到十一月扩大会，在这中间有团代替党的事。妇运干部人才的缺少，工作人员“也不知道工农妇女的实际生活情形”。

周恩来报告：在中国许多的地方，我党都受了很严重的损失，干部损失很大。从中央到下层组织都没有过过秘密的生活。过去济难的工作是不好的，现在更成问题了。纪律问题在八七会议前是一个死的纪律办法，错了就开除或察看，以后更有不好的现象。十一月扩大会上说出了我们过去

---

① 中共中央党史研究室、中央档案馆编：《中国共产党第六次全国代表大会档案文献选编》上卷，中共党史出版社 2015 年版，第 404 页。

② 中共中央党史研究室、中央档案馆编：《中国共产党第六次全国代表大会档案文献选编》上卷，中共党史出版社 2015 年版，第 404 页。

没有政治纪律，党的指导机关应有政治的纪律，党的指导机关没有政治纪律是不对的。但是后来许多的地方用得一塌糊涂，“我们过去没有带教育性的纪律”。宣传教育工作。刊物共有69种，14省有刊物。但中央的宣传工作真成问题，中央的宣传品，文字上都不能使群众明白。训练班各省是有的，并且有专门分部训练班。支部教育工作更谈不上了。①

3. 组织的基本问题

周恩来报告的第三部分是组织基本问题。他认为：我们党的组织，在机会主义、盲动主义错误之下，使我们的组织发生了大的危险与困难。一是党的无产阶级化的问题。周恩来分析了党的成分，过去“是知识分子在党中占多数，产业工人很少。”“指导机关离开党的群众。工农分子没有实际工作”，这是八七会议前的情形。八七会议后“对工人同志又没有好的教育宣传，又没有注意在斗争中找工作人才”。二是支部生活的问题。党的“支部成了党的命令的传达所”，城市支部没有中心工作，乡村支部缺乏中心干部人才；支部的生活不健全，对党员缺乏基本的教育和训练。三是组织上错误的倾向。包括“国民党遗留下来的影响”；尾巴主义与盲动主义；极端的民主；怕去批评；不是随便何时、何地都选举；指导机关信用问题；纪律问题；反知识分子的倾向；雇佣工作问题；反对改组。②

在大革命失败后，地下党的组织条件有哪些？建立秘密党的条件是什么？周恩来指出：一是要建立秘密机关。我们“过去没有秘密工作的经验，也没有建立一个好的秘密机关”。在现在的反动形势之下，在城市中工作简直没有秘密机关，因此发生了逃避主义，向农村中跑，甚至农村中失败，暴动后同军队一起走。二是要通过秘密会议接近群众。要自己到群众中去，而不是把群众招来开一个会议就是接近了群众。三是工作人员的准备。四

① 中共中央党史研究室、中央档案馆编：《中国共产党第六次全国代表大会档案文献选编》上卷，中共党史出版社2015年版，第405页。

② 中共中央党史研究室、中央档案馆编：《中国共产党第六次全国代表大会档案文献选编》上卷，中共党史出版社2015年版，第405—406页。

是旧工作方法的淘汰。五是宣传品的分布。六是调查统计工作与不正确的报告。没有这几条存在，“我们决不能建立一个有秩序的、很有组织的党”。[①]

党与群众的关系。周恩来分析“我们党与群众的断绝原因”，“我们有时依政治势力来解决一切问题，若政治力量反革命了，我们也没有法了。”“党与群众的断绝，这是组织上的缺点。我们今后应有实际的口号，去夺取群众。”工会、农会、学联等都是联系群众的途径。

4. 关于今后党组织的任务

关于今后党组织的任务，周恩来认为：虽然“革命已走入一个新的阶段，党内外组织也开始了一种新的结合”，但“革命的先锋——中国共产党有隔离群众和削弱的危险”还很大。“我们必须在国际决议指示下，使在组织上巩固自己的政治影响，建立和发展工农革命的组织，并发展党的组织使党真能成为群众的斗争的革命党。”周恩来论述了“建立无产阶级党的主要条件”：（1）吸收广大的积极的产业工人入党，建立大的企业模范支部。（2）在广大的农民同志中建立中心的干部。（3）尽量的有教育方法，使工农同志加入各级指导机关。（4）实行党内民主主义，防止机会主义的复活。（5）在秘密党中各级指导机关的选举或指派，须视当时的条件如何决定。（6）严格的反对小资产阶级的意气之争，实行自我的批评。（7）肃清组织上的一切误倾向。（8）建立坚强的工厂支部，特别是大工业中的工作。（9）巩固党的集体的指导力量。（10）党的纪律和指导要使一般党员做到自觉的、真实的接受和遵守。（11）加强城市的党的组织。（12）训练积极的干部人才。（13）宣传马克思主义列宁主义的理论并使通俗化。（14）执行地下党必须具备的秘密条件。（15）建立支部的生活和巩固地方党部的组织。

周恩来还列出“党在群众中的组织任务”共 14 项。他指出，如“党不但要发展已领导的工农团体，并且要创造有更广大的群众的非党团体，不拘任何形式”；只要是“有群众的黄色工会，我们应加入活动”；“党应尽

---

① 中共中央党史研究室、中央档案馆编：《中国共产党第六次全国代表大会档案文献选编》上卷，中共党史出版社 2015 年版，第 406 页。

可能的派遣得力党员在工农群众中作教育工作”，“在军队土匪民团中，党均应发展自己的支部，以取得其群众”；在游击战争中建立红军和乡村苏维埃的工作，党的地方党部应加以极大的注意，“党应改变旧的一切命令群众压迫群众的方法，而坚决的去执行说服群众、引导群众的实际工作”，等等。①

（二）对组织工作报告的大会讨论

周恩来结束组织报告后，接着便开始大会讨论。共有 10 名代表作了大会发言。其代表和发言次序是：江苏正式代表项英，参加代表涂作潮，中央委员瞿秋白，湖南正式代表罗章龙、江苏王若飞，特约代表张国焘，湖北正式代表任旭、湖南何资琛、顺直王仲一、四川刘坚予，项英作了第二次发言。

1. 项英在组织报告的讨论中第一个发言。他指出：“解决党的组织问题，要使党成为真正工人阶级的先锋队，成为工人阶级的一部分，工人阶级的最先进的一部分，党的组织问题解决，就是对群众领导问题解决。我们党是无产阶级的政党，是无产阶级的先锋队，为什么工人群众认我们党为第三党或旁边的另外的一个组织呢？这真是奇事。”

项英从党的产生分析党的组织缺点的根本原因。他认为，中国共产党“受十月革命的影响和五四运动群众的影响而发生，当时少数激进的学生大学教授也有自由职业者，觉到没有好的民族革命的政党，因受十月革命的影响，从研究的小团体转到政党的组织”。“党的各级组织都是上级机关委派的指定的，这样政党与群众关系不密切，群众脱离了党。”因此，党的组织，第一点，应成为群众的领导者；第二点，应成为工人群众的一部分，最先进的一部分，不要认为是第三者或别的东西。

“由这样发生党的组织路线”，项英认为“是一种封建式的组织，实质上实行东方式的家长专制，没有一点民主，纪律是对人的，无论政治纪律

① 中共中央党史研究室、中央档案馆编：《中国共产党第六次全国代表大会档案文献选编》上卷，中共党史出版社 2015 年版，第 407—408 页。

也好”。“我对党的命令是服从的，对党的工作是做的”，“资产阶级的民主化，我绝对要反对的”。但“经常党会上如有人政治主张稍有不同，上级机关即认为观念不好，工作马上发生问题”，纪律成为“封建式的诸侯用来维持个人地位的工具”。

项英还指出，中国社会复杂情形，是不可否认的，中国人向来缺乏组织性，以英雄的思想和行动代替群众的组织。我们为工作可利用旧社会的弱点，但自己不要犯弱点。工会的组织没有群众，不相信自己的力量，这些在组织表现最大的缺点。而机会主义、盲动主义发生的重要原因，“在于党的组织根本路线非为群众而产生的，为要应用群众力量而做群众工作”。要使党的组织路线根本改变过来。“党的组织深入到群众中去，党的组织基础建立在群众身上！”“党应战胜无组织性的弱点，发展最高度的组织性，打倒官僚式衙门式的机关！”“到群众中去，深入群众中去！成为群众的核心”。①

2. 涂作潮在讨论组织问题报告时发言说：“现在中国是处在反动时期了，因此我们就要改变我们旧的工作组织形式”，“如三个工厂支部为要工作做的好，使敌人不会破坏我们，更应派一人去管理这三个支部与上级发生关系”。②

3. 瞿秋白在讨论组织问题报告时指出：大会应该认清我们目前最主要的任务：一是变成群众的阶级争斗的党；二是不但要有这样一个党，并且要组织工会和群众的组织，能运动群众的、去战斗的日常的斗争到武装斗争。

瞿秋白指出：中国共产党是工人阶级最先进、最觉悟的一部分，能领导自己的阶级和其他阶级进行革命。所以，党要认清阶级基础。现在党的无产阶级基础异常薄弱：在五大前智识分子占多数，工人分子占少数；现

① 中共中央党史研究室、中央档案馆编：《中国共产党第六次全国代表大会档案文献选编》下卷，中共党史出版社2015年版，第667—668页。

② 中共中央党史研究室、中央档案馆编：《中国共产党第六次全国代表大会档案文献选编》下卷，中共党史出版社2015年版，第668页。

在智识分子虽然走了许多，可以工人成分反降至10%，极多数成分是农民，占了80%。这是一个很重要的问题。这个问题可以影响我们一切。现在就是要怎样的改正过来，同时对于其他成分也是要注意的。我们不要变成国民党第二——各阶级混合的党。我们并不是排除农民。以党治国，表现在党权主义即命令主义，党与工会不分，与群众的组织不分。要知道群众可以组织广大的团体，在我们党团支部的核心作用之下进行工作的。争取群众的任务也就是要把这缺点打掉，方才不致成为空话。

瞿秋白认为，党应在产业工人中发生作用及吸收贫农分子；同时争取群众，要明白知道党与群众的正确关系。这是组织上争取群众必须注意的两个中心问题。除此之外，必须建立、巩固、发展工厂大产业工人支部，彻底肃清党权主义即命令主义，否则争取群众便是空话。①

4. 罗章龙在听取周恩来组织报告之后，在讨论中提出他“在政治委员会讨论和组织报告中所感觉到的”的问题。一是“我们的党不是无产阶级的党了。每年的决议案总是些老文章，小资产阶级的意识反映到我们的党内来，使我们很难的改造，这种现象离真正无产阶级的政党远得多，这是最重要的问题”。二是“农民意识的危险是未来的、是大的”。三是组织上削弱了，“应该在原则上组织上根本排除小智产阶级与农民小资产阶级的意识。”四是布尔什维克化问题。八七会议之后提出这个口号，“这次大会上应确切地扼要地把他的内容提出来”。

罗章龙还谈到过去工作的缺点。一是“湖南的改组。那时中央处分省委对暴动的软弱，后来中央又说那次暴动是应该取消的，这虽是过去的事，然而我们还不明白，希望中央给我们一个解释。”二是政治纪律。“过去执行纪律一方面太宽，另一方面又太严”，就是所谓“顺我者生，逆我者死”。“党内执行纪律以书记为主体，纪律宽也有好处，可是太宽，对于错太大的人而顾虑不罚他也是不好的。”三是工作方法。他觉得“工作方法都走上了绝路去了。”党与工会的原始方法不能应用了。“党成了军队的命令

① 《瞿秋白文集》政治理论编（5），人民出版社1995年版，第643—644页。

式，很不自然的领导群众，现在就是要参加在群众中的工作，这有讨论的必要，希望大家交换意见，掉换旧的方法，得到工作上的知识。”①

5. 王若飞担任过中共中央秘书厅主任、江苏省委组织部部长。他在发言中指出：组织的削弱是由于盲动主义而来的。关于过去组织上错误的来源，周恩来“说的很公正”，“过去是家长式的命令式的，与群众完全脱离，同时也是社会关系的使然。因为中国的无产阶级本身很少很弱，还保存着小生产的形式。现在不仅纠正智识分子，流氓无产阶级、农民的意识，而且工人中不好的倾向也是要改的。中国党的发展很短。起初是智识分子占据了指导机关，他们不了解工农生活，拿起主义来作革命工作。”②

王若飞认为，过去“党没有根本组织政策”，“搬了些莫斯科的东西回去，实际上是几个名词，怎样去组织是不了解的，组织是实现政策的工具，中央根本不了解，八年来支部未建立真正基础，只是命令式委派式的工作，这种倾向的来源，不在一方面，而是由社会背景而产生”。现在党的“最主要的任务”，是根据政治路线进行苏维埃革命，在组织上准备暴动预防脱离群众，建造秘密机关，成为坚固群众斗争的党。

王若飞批评党“本身不是无产阶级的组织了，是工人以外的组织内部的〈机〉关，绝对的集中家长制式的”，“群众与党的关系完全是包办的命令的，立在工人以外帮助的形式”。他还指出“党内小资产阶级意气之争”的危险。“现在的政治路线是不会错的，如果党的组织不好，就不会实现这个路线”。而产生这种危险的客观原因，就是中国的成分多半是小资产阶级，很少的工人中甚至也染了这种倾向，在政治纪律上表现出来。过去政策是动摇的，中央与各地犯了许多的错误；八七会议之后尚未完全消除，因为政策还是动摇的，所以错误不能改正。八七会议之后的纪律不能说服同志，甚至引起了对指导机关的不信任，而且发生不好的现象：硬干、消

① 中共中央党史研究室、中央档案馆编：《中国共产党第六次全国代表大会档案文献选编》下卷，中共党史出版社 2015 年版，第 670 页。

② 中共中央党史研究室、中央档案馆编：《中国共产党第六次全国代表大会档案文献选编》下卷，中共党史出版社 2015 年版，第 671 页。

极、铤而走险、拼命。王若飞认为，对犯错误的同志“要说服，不是不给工作”，在失败后“把责任推到别人身上去，甚至有些造谣”，这种现象很不好，“希望有这种倾向的人自觉”。①

6. 张国焘就如何组成布尔什维克的党的问题发表了意见。他指出：我们的目的就是要组成布尔什维克的党：其一，“就要使党的生存在群众中，成为群众的核心”；其二，“要使党成为无产阶级群众战斗的党”；其三，“要党的组织问题带有浓厚的教育意义。”他批评：“从前的组织是机械式的，旅莫支部式的、委派式的，现在还保存着。现在党只有少数人在群众中，大多数人失业了，变成了以革命为职业的人。可是，中国的革命职业家太多了，工人、农民、智识分子都是如此的。举一个例，在莫斯科有一千多人，将来回国怎样办呢？”②

张国焘还提出：如果“党只有一些机关，毫无群众的基础。如果国际的经济来源断绝，马上就会塌台。”他曾在 1927 年 12 月给中央写信说：同志们应该在工厂中和农村中找职业，才能在群众中生根。在群众中生了根，党的宣传和组织工作及群众的组织工作才能进行。同时，秘密工作能决定我们的生死。要改正忽视秘密工作的现象。现在初步的主要的问题是：到群众中去；生活在群众中；成为群众的核心。使党真正在群众中有了基础，秘密工作问题就解决了一半。

张国焘认为：现在要担任最重的任务，是夺取政权，使党成为真正布尔什维克的党，成为群众的核心。这口号恐怕是很难的，可以［是］别无办法，因为是我们必定要进行的办法。在职的同志外，失业的同志要去找职业，工人使之入工厂，使他们成为群众的核心，成为群众战斗的党，使组织问题有教育的意义。

7. 任旭在大会讨论时表示：对周恩来组织问题报告“百分之九十九是

---

① 中共中央党史研究室、中央档案馆编：《中国共产党第六次全国代表大会档案文献选编》下卷，中共党史出版社 2015 年版，第 671 页。

② 中共中央党史研究室、中央档案馆编：《中国共产党第六次全国代表大会档案文献选编》下卷，中共党史出版社 2015 年版，第 672 页。

同意的”，不过有点补充。大会提出“夺取千百万群众”口号，过去党的组织问题许多不好的地方要解决。一是湖北有“玩弄同志”这样一个口号。即党的负责人对某人有意见时，即停止其工作，迎合其个人意见，即派其工作。对其他组织任意解散。因为游击队名词不好，便把游击战争的游击队根本取消。还有个人的恐怖手段，洋火式的暴动，机关破坏还派别人去，自己当然不去等。此类的事实，确有“玩弄同志”的倾向，这与盲动主义有关系的。因此好的同志，只有埋头去死不敢说话。为的服从党的命令，怕机会主义的帽子来到头上，所以年底玩弄暴动牺牲很多同志时，一部分动摇同志便反动了。所以在解释党的组织与盲动主义时应指出来的。二是党内民主化的问题。下级同志的意见不能传达到上级指导机关。如去年湖北省扩大会外县全体特委同志联名上诉中央控告中央特委。中央置之不问，以为几个知识分子捣蛋，其实是群众的意志。三是政治纪律问题。政治纪律如像上下不平，“是对人的，不是平等的”。四是加入党后不活动的问题。有些党的负责同志，在政治环境好时，很能活动。可现在却不敢动，恐怕杀头。因此，同志对内对外，便不能活动。①

任旭接着说到他认为的“更大的问题”，并“希望从今以后不会发生这些事实”。一是在五大时，“会内有所谓顾情面一个问题，不在大会讨论而在会外来开小会来解决”。二是湖北问题。共青团同志同意，以后又到中央控告，还有些同志联名控告，是不是联名控告时，有所谓小组织的形成问题？三是有人说党内有派别，中央亦有派别，分什么莫斯科派、法国派。任旭认为，这“充分表现小资产阶级习气，封建残余思想。”要“打倒这些小资产阶级的封建思想及小组织。”②

8. 何资琛，时任中共湖南省委常委、组织局负责人。他在讨论组织报告时的发言中指出：“中央的组织报告中，一再声明有些事不甚正确，要同

① 中共中央党史研究室、中央档案馆编：《中国共产党第六次全国代表大会档案文献选编》下卷，中共党史出版社2015年版，第673页。

② 中共中央党史研究室、中央档案馆编：《中国共产党第六次全国代表大会档案文献选编》下卷，中共党史出版社2015年版，第673—674页。

志们加以指正，所以我关于党的改组问题，首先声明几句。”一是中央的组织报告上说湘鄂赣三省党的改组，是一种自然的改组。何资琛认为，湖南党的改组不好说是自然改组，而是“湖南省委是用了很大的功夫”。八七会议精神，只是一个雏形。关于党的许多基本问题，尚没有谈到。所以在十月紧急会议中，坚决的执行改组党的计划。湖南省委组织局的工作计划登在中央通讯上面。湖南的改组，不仅是改组指导机关，而是由上而下地从支部改组着手，至于提拔工农分子以及一切重要原则，只看现在湖南下级党部到省委是不是工农同志占多数就可以明白了。①

关于组织问题，何资琛大体同意许多同志所说到的过去组织上的错误和今后的方针。不过，关于过去的教训，他认为要在组织问题上指出来，那就是小派别的问题。他认为，任旭发言说到五大上的事，在这次大会上也有表现。那就是有同志说到莫斯科的东大派、所谓铁总派。小派别这个东西“在组织上是将要变成一个严重的问题，我们不能不指明出来”。不过这个小派，还够不上理论或是政策的不同的小组织，“而是一种乡土观念与感情结合，特别是党的一些小资产阶级的知识分子领袖欲所构成”。八七会议以后，他们感觉自己地位不稳固，加以自己内部之互相疑惑而酝酿渐大。这个影响与事实，“唯一的方法是要从党的改造上着手。在日常的争斗中排除这些不良倾向”。使党的组织上从下至上的关系“有好的组织的严密关系”。②

至于今后我们要完成政治上的任务，何资琛认为：“唯一的是组织群众在我们的领导之下来”。我们党的组织更要注意，将党的组织改善，然后才能领导群众的组织。而“党的改造，并不是改组几个指导机关就算是成功了的。这个原则非常重要”。这是第一。第二是“党的发展，要注意在政治经济交通中心地域的工作，不要向沙漠上走，自然也不要是完全忽略”。第

① 中共中央党史研究室、中央档案馆编：《中国共产党第六次全国代表大会档案文献选编》下卷，中共党史出版社 2015 年版，第 675 页。

② 中共中央党史研究室、中央档案馆编：《中国共产党第六次全国代表大会档案文献选编》下卷，中共党史出版社 2015 年版，第 675—676 页。

三是“党与群众关系的建立”。至于党的民主化，政治纪律，干部人才等非常重要，尤其是党的干部人要免除过去许多感情上的作用，而不注意其工作能力与政治思想，甚至党没有干部人才的统计以支配工作时，都随某个人感情为准，是党中有小派别的一个根源。“发展党与群众的组织的具体的办法，亦要有具体完善的规定才好。”①

9. 王仲一，时任中共顺直省委常委、组织部部长。王仲一在讨论党的组织问题时认为，有许多大的具体的问题都已说到，他感觉有三点需要声明。第一，很多同志提出都是原则上的。平心静气去审查求得病源，怎样去根本改造组织？原则多，还不够。第二，讨论中有的人说的多零碎事实，有的个人声明或解释误会说些感情挑拨的话，这在讨论组织问题应改正。第三，周恩来对组织问题的报告大致已有，但有的未说到，王仲一有点补充。他列出以下大纲，研究组织问题时应进一步地解决。

一是“现在中国的政治影响扩大而且深入群众，党的组织亦当改造”；二是党的组织与群众组织削弱。三是党与群众的关系一天一天的恶劣。四是各级党部与党员关系一天天不密切。五是党部与党部命令化。中央骂省委，同时省委骂中央，这样各级互相漫骂。六是党与国的关系，违反先锋主义，两方都要负责任。工农分子与智识分子，智识分子应工农化。男女关系。反对女同志的，因女同志不吃苦不努力，不愿到群众中去。另一方面因社会制度关系女同志不能有干才，这是困难地方。七是党与领袖，党内领袖有的进步有的落后，我认为党的领袖有三个条件：政治路线比较正确。如果是智识分子能了解一般实际情形。日常生活能刻苦耐劳工作积极。八是干部问题。老的干部已牺牲，新干部未养成。九是群众问题。群众怎样我们应加以研究，老实说中国群众比西欧落后，中国有产业工人不过五六十年。在半封建社会，有几亩田，无产阶级化实不容易。王仲一说：我做职运五六年尚觉到有部分工人有封建思想。反对工友窃人东西，我们要真正认识群众。不只做政治革命还要做文化革命。过去找同志，要找些

---

① 中共中央党史研究室、中央档案馆编：《中国共产党第六次全国代表大会档案文献选编》下卷，中共党史出版社 2015 年版，第 676 页。

领袖，老实的听话的人，不要顽皮分子。以后要找群众有影响分子。“握住群众核心”，“组织群众主要部分。”

王仲一列出研究组织问题时应进一步解决的一系列问题如：党员生活与群众生活问题。党员生活与群众生活隔离，群众生活不能反映到党内，我们同志与工友吃饭睡觉走路都不一样。民主集权原则问题。过去家长制无条件的集权，我们要反对；绝对的民主也许成群众的尾巴亦是不对的。铁的纪律，工作犯错误的同志应降下级工作，工作积极的同志应上升工作。分配工作，应定一标准适当分配工作。还有支部工作；党团关系；个人事情与政治问题；清党问题，把不好分子清出去；雇用革命与实际；批评与攻击；集体的指导，以前分权现在集权，工作要分工；教育训练问题；宣传问题；调查统计问题；秘密工作；机会主义与改造党的问题等。①

10. 刘坚予，时任中共四川省临时委员会代理书记。他听了组织工作报告后，表示大体同意，但也提出几点意见。

一是民主集中制问题。他认为，民主集中制“在应用上有伸缩的余地，有时用民主反对集权，有时用集权反对民主。中共产生与别国党产生有点不同，俄国党最初是许多小的组织、小派别，所以统一以后集中与需要多。我们党产生是有中央，然后有支部，在组织原则上，民主成分应多一点。”在具体工作中“怎样运用民主集中制原则呢？我以为上级机关支配人原则是对的，但须加以限制，对工作同志须加以正确的调查，知道党的各方人材，党的机关应由党的代表大会，或由党的群众大会选出，在特别情形可由上级党部委派或指定。”

二是政治纪律问题。刘坚予认为，在过去，执行政治纪律有些要的，有些无事实加以处分，反引起纠纷。各级同志犯错由该级党员大会解决，由中央批准执行。

三是党的机关组织问题。刘坚予指出，存在党的机关与群众离隔；秘密机构应改造。党的组织应接近群众、深入群众中去，同时在技术方面应

① 中共中央党史研究室、中央档案馆编：《中国共产党第六次全国代表大会档案文献选编》下卷，中共党史出版社 2015 年版，第 677—678 页。

改善。总之，机关一方面要群众化，另一方面要科学化，技术机关与指导机关应分开。技术机关不应更动，负指导工作同志应尽可能地不离开生产地位，以便接近群众。

四是关于征求党员。“恩来同志报告现有全国党员共十三万人，表示可疑样子，当然这个统计不太精确。”刘坚予指出：“计算党员以支部为标准，在支部的同志才是确实的党员数量。过去中央注意各地的工作有点偏重，在离中央远的党部，如四川不大注意，使党不能在各地普遍的平衡的发展。有时中央对各地批管不督促，组织报告对静的缺点去指出很多，对新的批评还很少，这点应该指出。”① 刘坚予于1930年5月7日在重庆牺牲，被追认为革命烈士。

11. 项英在大会讨论组织报告时，作了第二次发言。他声明：“上午恩来的组织报告中，他说上海在失败后支部还能开会的话，是与当时事实不合的。”“上海共分六大区，沪东失败之后区委消极，党支部十分之八九倒了台，三个工人工区会也不能开了，其余可以开会的只有店员支部，而且他们又不能行动起来。”“上海的讨论组织问题主要是讨论党与职工的问题，不是改组后的教育问题，产业支部塌了台，所以主要就是要使支部健全起来，改变旧的组织形式。”②

（三）周恩来作了组织问题讨论结论

大会讨论结束后，周恩来作了组织问题讨论的结论。他认为，各位同志发表的意见，有很多具体方法，补充了报告的未尽之意，也有几点说到主要精神，同报告稍有出入。这些都会提交到组织问题委员会去讨论。他把各同志提到的组织的根本问题归纳和说明如下：

关于组织削弱的问题。政治上的盲动主义是有重大影响的。但党的整

---

① 中共中央党史研究室、中央档案馆编：《中国共产党第六次全国代表大会档案文献选编》下卷，中共党史出版社2015年版，第678页。

② 中共中央党史研究室、中央档案馆编：《中国共产党第六次全国代表大会档案文献选编》下卷，中共党史出版社2015年版，第679页。

个削弱，不能专看这一方面。党的削弱根本方面，是“由于党非从群众中产生出来，党的指导机关非从群众斗争中产生出来。所以中央坚决提拔工农分子，提拔积极分子。我们要肃清小资产阶级的用感情的根性，使党的组织从群众中产生出来，从群众斗争中产生出来，成为战斗的党，这是全部主要点。”①

（四）通过《关于组织问题草案之决议》

1928 年 7 月 10 日，中共六大通过《关于组织问题草案之决议》，同时附有两个文件即《中国共产党组织决议案草案》和《组织问题决议案提纲》。两个附件分别是由共产国际代表瓦西里也夫和周恩来起草。周恩来在宣读组织决议案草案之前，特意作了说明。

组织问题决议案的起草和组织委员会的讨论过程比较曲折。先是共产国际执委会对于党的组织问题给了一个“解释书”，共产国际代表库丘莫夫据此起草了一个决议草案；而周恩来也将中国党的组织问题作了详细的报告，并由组织委员会进行了详细的讨论。因为共产国际对库丘莫夫的草案和周恩来的报告都不满意，所以主张再起草一个大纲。于是，周恩来又起草了《组织问题决议案提纲》。但组织委员会认为此提纲有很大的缺点，而库丘莫夫起草的决议草案又太偏于政治。组织委员会便提议以周恩来起草的提纲作基础，由国际代表瓦西里也夫再起草一个决议草案。

组织委员会认为，共产国际代表瓦西里也夫起草的决议草案有很多优点，但也有弱点。优点：一是把几个组织问题说得清楚明晰；二是说明了党在秘密条件下应当注意的问题，即当前夺取广大群众的具体方针；三是说明了需要培养干部人才；四是说明了在群众中的宣传和组织工作。弱点：是对于党在组织上的问题和危险未说明白，对于过去的错误也说得很少。组织委员会认为这些是需要补充的。为此，组织委员会向大会提出关于组织问题草案的决议提案：

---

① 中共中央党史研究室、中央档案馆编：《中国共产党第六次全国代表大会档案文献选编》上卷，中共党史出版社 2015 年版，第 414 页。

“（一）大会承认瓦西里也夫同志的草案作为组织问题决议案的基础，至于最后的修改，大会委托新中央与共产国际组织部共同执行。（二）对瓦西里也夫同志的草案应添上底下几部分：（1）根据周恩来同志起草的提纲的材料，指出中共组织工作中的主要缺点；（2）指出党与工会工作的区别；（3）指出新的干部的培养与党内教育训练的工作。（三）大会委托新中央在最近期间根据组织决议案与修改的章程，详细制定指导地方革命工作的方法：（1）工厂支部工作方法；（2）群众组织中的党团组织和工作方法；（3）各级党部组织法；（4）地方党部工作方法；（5）秘密工作的方法。（四）大会委托新中央与共产国际组织部共同规定国外的中国党员中的工作方法。（五）大会委托新中央根据组织决议案与修改后的章程，编辑一通俗小册，详细叙述中国共产党组织工作中过去与现在以及将来的任务，使一般下层的党的积极分子能够明了党的组织工作的状况。”①

根据大会一致通过的《关于组织问题草案之决议》，可以看出，中共六大决定党的组织工作方针时，首先是总结了五大以来的工作及经验教训，肯定环境虽然非常困难，但“党在组织工作上，仍然有不少进步”，保存了主要的党部组织；在党的指导机关工人化方面取得了相当的成绩；所有党部的工作加强了无产阶级分子的作用；在肃清思想上的非无产阶级分子方面做了许多工作；在苏维埃区域中党的组织有了增长。②同时，党在组织建设上也存在问题，主要是不够无产阶级化，具体表现在农民在党员成分中占到76%，而产业工人只占“极小数量”，且存在着“工人党员离党的现象”；指导机关工农化“进展仍是很慢”，许多地方存在着理论的缺乏，集体指导而无分工，各级党部关系不密切或者只是命令形式的关系；“没有大工厂、大企业的中心支部”，“没有支部的中心工作”，因而支部“不能成为群众的核心”，“产生不出干部人才”；强迫罢工，命令暴动的工作方

①　中共中央党史研究室、中央档案馆编：《中国共产党第六次全国代表大会档案文献选编》下卷，中共党史出版社2015年版，第891页。

②　中共中央党史研究室、中央档案馆编：《中国共产党第六次全国代表大会档案文献选编》下卷，中共党史出版社2015年版，第891—892页。

法；“极端民主主义”与“只有服从不容讨论”的倾向同时存在；否认一切纪律与机械执行纪律的惩办主义同时存在；认为“每个知识分子一定犯机会主义错误”的反知识分子倾向；雇佣革命思想与平均主义观念；不懂得如何取得群众与组织群众，党代替工会和农会直接指挥群众；忽视甚至割断了与小资产阶级下层群众的关系；在苏维埃区域，党还不善于建立红军和建设政权。总之，“机会主义的遗毒在组织上并未肃清”。[①]

在这种情况下，中共六大提出今后党的组织建设的任务，就是要“成为工人阶级自己的群众化的战斗的党”。为此，就要“吸收广大的积极的产业工人分子入党”，“使着无产阶级分子成为党的基础”，“工厂支部应当成为党部之组织基础，是使党和工人群众发生联系的机关”[②]。同时，要努力做到所有群众组织之中都有党团组织，以密切与当地工会、农会、学生会等组织的关系，“树立我们党在这些组织中的影响”；三是要建立起党章中规定的“少数服从多数，每个党员都服从指导机关的命令”的铁的纪律。但是，要“建筑在每个党员对于自己责任的自觉”的基础上，而不应当“机械地去执行”，尤其应当“坚决抛弃有些地方实行过的，对不同意地方党部书记的路线之同志，予以行政机关式惩罚及一般的机械应用纪律之事”。四是应当把从工人中选拔干部当作一项改善党的指导机关及其工作的长期的有系统的任务，“在这件事上，党内的任何动摇是不容许的”。五是“考核一个党员应该以其政治认识、纪律性及对工人阶级利益的牺牲……与广大工农群众的联系，他在这些群众中的威信和影响，指导群众的能力”等为标准；“如果与广大工农群众没有经常的联系，则不是一个真正共产党的组织”。还要求各地党组织要坚持党员标准，不要把党群混淆，“党不要企图把所有的倾向于革命的农民都加入了党”。这些有关党的组织工作的方针就是要争取群众，“达到党成为工人阶级自己的群众化的战斗的党的

---

① 中共中央党史研究室、中央档案馆编：《中国共产党第六次全国代表大会档案文献选编》下卷，中共党史出版社 2015 年版，第 896—897 页。

② 中共中央党史研究室、中央档案馆编：《中国共产党第六次全国代表大会档案文献选编》下卷，中共党史出版社 2015 年版，第 892 页。

目的”[①]。

总之，中共六大决定的党的组织工作方针，主要是围绕着“争取群众”，实现党的无产阶级化，使党成为工人阶级自己的群众化的战斗的党。周恩来1944年谈道：他在六大上“曾做了关于组织问题的报告，但那时所知道的材料也仅限于白区城市党的问题。”六大“对党的组织问题并未很好地讨论”。六大“没有认识到白区党应以积蓄力量为总的方针，只注意在组织形式上改变和缩小。”[②] 六大虽然存在片面强调工人成分、重视城市更胜于农村等缺点和不足的问题，但对六大后党组织的恢复和发展还是发挥了积极作用。

九、选举了新的中央委员会

选举新一届的中央委员会，是中共六大的一项重要议程，也是大会的最后一项任务。大会选举产生了新一届中央委员会，作为全党的领导机关，作为大会闭会以后、两次大会之间的全党的最高领导机关，领导全党贯彻和落实党的纲领和任务。选举任务一旦完成，大会就完成使命。

（一）新一届中央委员会的选举

每次党的全国代表大会，都将选举产生新一届中央委员会。1928年7月4日晚上7时召开的、由蔡和森主持的大会主席团第11次会议上，第一次讨论了第六届中央委员会的选举问题。此前，第五届中央委员会选出的中央委员33人、候补委员14人，共47人。到六大召开时，中央委员会成员牺牲6人，被关押1人，被开除的中央委员2人、中央候补委员3人，被开除党籍1人；现存中央委员23人，候补委员9人，共32人。其中，到莫斯科开会的共12人，中央委员11人，候补委员1人。

---

① 中共中央党史研究室、中央档案馆编：《中国共产党第六次全国代表大会档案文献选编》下卷，中共党史出版社2015年版，第901页。

② 中共中央党史研究室、中央档案馆编：《中国共产党第六次全国代表大会档案文献选编》下卷，中共党史出版社2015年版，第1063页。

在对第五届中央委员会人员现状进行了梳理后，共产国际代表米夫提出：在秘密党的条件下，中央委员会的人数应当缩小，以便于工作。同时他提议，中央委员会的选举办法，先由大会选出选举委员会，由委员会提出名单，再征求各代表团的意见；第一次名单可提出40人，将这个名单交各代表团圈定，然后由选举委员会归纳并提出候选名单。大会部分采纳了这两项建议。

经过讨论决定：第六届中央委员会设正式委员21人，候补委员11人。选举委员会则由蔡和森、李立三、瞿秋白、苏兆征、项英、余茂怀及共产国际代表1人组成。选举委员会先提出40人至45人的候选人名单，经大会主席团审定后，交各代表团征求意见，再由主席团归纳和制定候选名单提交大会表决。

7月8日下午6时，六大主席团召开第14次会议。在王凤飞主持下，听取了选举委员会对预选名单50人的介绍。经过大会主席团讨论，决定去掉贺昌、任旭、王若飞、夏曦4人，加杨福涛、陆沉、顾顺章3人，从而形成六大主席团提出的候选人名单。①

7月9日晨，大会主席团召开第15次会议。在周秀珠主持下，讨论通过了第六届中央委员会选举法，并决定向下午的大会报告。经大会通过的《中共第六届中央委员选举法》共7条：1. 大会主席团决定下届中央委员会正式委员21人，候补委员11人。2. 由主席团提出超过此数的名单（51人）交各代表团讨论之。3. 各代表团接到名单后，从名单中决定21人正式名单，11人候补名单。4. 如在名单之外另提他人者也请写上，但要注明正式或候补字样。委员总数仍为21人，候补委员11人。5. 各代表团将名单拟定后，于7月9日上午12时以前交大会秘书长周恩来或罗章龙转交主席团。6. 主席团根据各代表团名单（正式委员21人，候补委员11人）多数的意见再拟一正式名单提交大会表决。7. 大会根据主席团提交大会的正式名单（正式委员21人，候补委员11人）付各代表投票选举。如各代表

① 中共中央党史研究室、中央档案馆编：《中国共产党第六次全国代表大会档案文献选编》上卷，中共党史出版社2015年版，第179页。

不同意某人，可改换其自己愿意选举的人，以不超过正式委员 21 人、候补委员 11 人为原则。《选举法》还规定："如关于选举法中再不明了之处，请问秘书长"。[①]

按上述选举法和大会主席团提出的候选人名单，各省代表团分别拟出中央委员候选人名单。各代表团名单汇集后，编成统一名单，再交给大会讨论。

7 月 10 日上午，召开了大会主席团和各省代表团书记联席会议。会议在蔡和森主持下，进一步讨论了第六届中央委员会的选举问题以及大会闭幕问题。

关于第六届中央委员选举，首先由大会秘书长周恩来报告各代表团对 51 人名单的预选结果。之后，共产国际代表米夫提出正式委员 21 人、候补委员 11 人，共计 32 人的名单。正式委员 21 人候选名单是：向忠发、苏兆征、项英、彭湃、关向应、周恩来、蔡和森、张国焘、徐锡根、瞿秋白、毛泽东、罗登贤、余茂怀、顾顺章、杨殷、李源、李涤生、任弼时、杨福涛、李立三、周秀珠。候补委员 11 人候选名单是：卢福坦、史文彬、李维汉、邓中夏、王藻文、李子芬、夏文法、王仲一、甘卓棠、徐兰芝、王凤飞。

联席会议对这份名单进行了热烈讨论。在讨论中，瞿秋白提议：正式中央委员由 21 人增加为 23 人，候补中央委员由 11 人增加为 13 人。共计 36 人。会议经过反复讨论，最后表决通过了以下的正式候选名单：正式中央委员 23 人候选名单是：向忠发、苏兆征、项英、彭湃、关向应、周恩来、蔡和森、张国焘、徐锡根、瞿秋白、毛泽东、罗登贤、李涤生、余茂怀、顾顺章、李源、杨殷、任弼时、李立三、卢福坦、杨福涛、王藻文、张金保。候补中央委员 13 人候选名单是：罗章龙、史文彬、周秀珠、夏文法、王仲一、甘卓棠、邓中夏、徐兰芝、李子芬、王凤飞、王灼、唐宏经、刘坚予。

在 7 月 10 日上午的大会上，在通过了组织问题草案的决议和《中国

---

① 中共中央党史研究室、中央档案馆编：《中国共产党第六次全国代表大会档案文献选编》下卷，中共党史出版社 2015 年版，第 836 页。

共产党党章》之后，进行了第六届中央委员的选举。选举投票是秘密投票。按照大会决定，每一个代表均有权划掉名单中任何人的名字，填补新的候选人姓名。统计投票结果后，按所得票数重新排列名单，前35名或36名算是选举通过。[①] 选举的过程进展顺利，主席团与各省代表团书记联席会议确定的正式候选名单全部当选。大会最后选出23名中央委员、13名候补中央委员。当选人按得票多少排列顺序如下：

正式中央委员23人：杨福涛、顾顺章、向忠发、彭湃、徐锡根、卢福坦、李涤生、张金保（女）、苏兆征、关向应、罗登贤、毛泽东、杨殷、周恩来、李源、蔡和森、项英、任弼时、余茂怀、王藻文、瞿秋白、李立三、张国焘；

候补中央委员13人：徐兰芝、王凤飞、王灼、唐宏经、刘坚予、夏文法、史文彬、李子芬、周秀珠（女）、甘卓棠、邓中夏、罗章龙、王仲一。

中共六大同时还选举了中央审查委员会，正式委员3人：孙津川、刘少奇、阮啸仙；候补委员2人：叶开寅、张昆弟。中央审查委员会的任务是："为监督各级党部之财政、会计及各机关党之工作起见，党的全国代表，省县市代表大会，选举中央或省县市审查委员会。"[②] 中共六大将中共五大成立的监察委员会改为审查委员会，主要是受联共（布）的影响。1927年11月召开的联共（布）第十五次代表大会，将党的监察委员会改为审查委员会。受其影响，中共六大也将监察机构的名称作了相应的修改，原规定监察委员不得由中央委员及省委员兼任、可参加中央及省委员会议并有发言权等也不再适合审查委员，因而在相关文件中被删去。

中共六大选出的新一届中央委员会，有蔡和森、周恩来、项英、杨殷、徐锡根等24人到会，还有12人因各种原因没有到会。他们是：中央委员杨福涛、顾顺章、彭湃、卢福坦、李涤生、张金保、罗登贤、毛泽东、李源、任弼时共10人；候补中央委员2人：夏文法、史文彬。

---

① 中共中央党史研究室第一研究部编：《李立三百年诞辰纪念集》，中共党史出版社1999年版，第88页。

② 《中国共产党历次党章汇编》，中国方正出版社2006年版，第92页。

（二）选举结束后的讨论

六大选举结束后，汪泽楷主动要求发言，说明自己之所以提名陈独秀为中央委员，是“因为他有政治经验，对于党有很大的贡献，没有卑鄙污浊的行为，对于工作是很努力；虽然他以前是机会主义的，但他现在是接受了国际第九次扩大会议的决议案，既有政治经验，又有工作能力，所以我们提他还在党内的同志，我们不可以因有错误，就说他一钱不值。为何提出，因为要纠正他的错误，必需要在实际中去做，使他能接受党的新政策，接受党的批评，在新路线指导之下，在实际工作中使党巩固，以新的贡献，补偿过去的过失。”同样提名陈独秀为中央委员的刘伯坚也在大会上发言说：选举之后，没有别的话可说，希望被选举的中央，在新的精神之下工作好了。①

苏兆征对陈独秀不出席六大的做法进行了批评，认为：“独秀他自己破坏了共产党的民主集中制，国际屡次要他来，六次大会也要他来，他破坏了党的纪律”。同时也批评汪泽楷为陈独秀说话。“独秀有政治经验是不错的，但他并没有接受国际九次扩大会的决议，没有接受他错误的批评。”②

瞿秋白接着发言说：“独秀同志他是中国第一个从各派的社会主义者之中，企图集合马克思主义者，从工人的反应中团结了共产主义者，他的过去的工作是有历史意义的，他是有错误，党内全体同志及国际方面的同志都在希望他改正过来”。来自湖南、农民出身的陈海清补充发言说：要做工作何必一定要在中央，他有功绩，也有错误，不必多说，在实际工作中看。

向忠发也在会上发言说：“过去党有政治上组织上的错误；独秀工作是有历史的；主要的责任应加之新中央，这是对的。可是汪泽楷出席大会的态度与精神，给了大会什么影响？完全不是好的。不是布尔塞维克的态

---

① 中共中央党史研究室、中央档案馆编：《中国共产党第六次全国代表大会档案文献选编》下卷，中共党史出版社 2015 年版，第 839 页。

② 中共中央党史研究室、中央档案馆编：《中国共产党第六次全国代表大会档案文献选编》下卷，中共党史出版社 2015 年版，第 839 页。

度！！说独秀同志过去工作是有成绩，谁也没有否认。是否党对于他失望了呢？没有！国际及中国党都要他来，如果他是一个布尔什维克主义者，应该来！”[①]

蔡和森在发言中指出：“说到机会主义大家都要负责的问题谁也没有否认。我们同样也犯了错误的，独秀同志他是有一致的路线的，对于机会主义的批评，区别是看谁变得早些，并非是大会上有什么阴谋、捣乱、政客手段等的作用。八七会议中也是如此批评的，大会也如此批评了”，并且批评了八七会议以后错误。“没有什么人不要独秀改正过来”。“党内可以有批评，可是不能乱批评，这是使党没有利益的，不能使党巩固的。”

张国焘在会上发言批评汪泽楷说话的态度及语句是不对的，“内容可以不必追究”。“独秀同志过去自有他的功绩，错误是大家都同样负责，不在谁多谁少，仍旧可以为党工作”。“大会之中是有争论的”。“是对于政治负责，要争论出一个正确的路线，独秀不来此间是错误的，我们来此是为了将来中国革命长期的斗争，并非为了个人而争。”张国焘提议大会给予汪泽楷警告处分。[②]

青年团中央的李子芬认为，“大会快要闭幕，还闹出如此扫兴的事情来”，可见机会主义的影响。他严厉批评汪泽楷“到大会上来捣乱，实在不对”，是反对党的利益，代表了落后的思想。李子芬还指出，“独秀可以工作，革命的群众并没有丢开他，他有功绩，可是不能以此掩盖错误的责任”。[③]

王若飞也发表了自己的意见，认为“近两天发生的现象在讨论与争论中，有同志发生了误会，以为是某人攻击某人，这是不对的，这就是过去没有过正确的党的生活的原故。恩来同志已说过，在自己批评中才能找到教训，争论是布尔什维克党应有的。”王若飞说，“对于汪的话，同志们说

---

① 中共中央党史研究室、中央档案馆编：《中国共产党第六次全国代表大会档案文献选编》下卷，中共党史出版社 2015 年版，第 840 页。

② 中共中央党史研究室、中央档案馆编：《中国共产党第六次全国代表大会档案文献选编》下卷，中共党史出版社 2015 年版，第 840 页。

③ 中共中央党史研究室、中央档案馆编：《中国共产党第六次全国代表大会档案文献选编》下卷，中共党史出版社 2015 年版，第 840 页。

了很多很好的话"；但"对汪的批评可说是太过"，太动感情。[①] 王若飞还指出，"大家都认陈独秀的工作是有成绩的，过去的错误也很大，不是他一人负责，和森、秋白所说的是对的，谁改正，即可工作。""不一定工作就做中央委员"。汪泽楷在大会上的态度"是有缺点的，措辞不好"；但在此地提陈独秀当中央委员，"也是可以的"。[②] 陈独秀虽然没有被列入候选人名单，还是有代表提名陈独秀为中央委员，并使行了选举权，这说明中共六大选举的程序还是民主的。

党的六大没选陈独秀进中央委员会，是过于简单的、不正确的方法。毛泽东在中共七大上回答代表们提出的选不选举犯过路线错误的同志的问题时，回顾了六大选举以来的历史教训以及国际共产主义运动的经验。他说：犯过错误的不选，只是一种好的理想。但是，一个人在世界上哪有不犯错误的道理呢？过去我们图简单，爱方便，不愿意与有不同意见的人合作共事，这种情绪在我们党内还是相当地存在着的。六大没选陈独秀，四中全会没选李立三，这都不好，也没有保证我们党不犯错误，甚至犯更大的错误。原因是政治路线问题没有解决。[③]

（三）六届一中全会和中央政治局第一次会议

中共六大闭幕后，共产国际负责部门通知新当选的中央委员、候补委员乘专车到莫斯科城里开会。[④] 中共六届一中全会和中央政治局第一次会议先后在莫斯科举行。

1. 六届一中全会在莫斯科召开

1928 年 7 月 19 日，中共中央六届一中全会在莫斯科召开。出席会议的

---

① 俄罗斯现代历史文献保管与研究中心馆藏档案，档案号：全宗 514-1-407。

② 中共中央党史研究室、中央档案馆编：《中国共产党第六次全国代表大会档案文献选编》下卷，中共党史出版社 2015 年版，第 840 页。

③ 中共中央党史研究室、中央档案馆编：《中国共产党第七次全国代表大会档案文献选编》，中共党史出版社 2015 年版，第 598 页。

④ 中共中央党史研究室第一研究部编：《六大代表回忆录》，中共党史出版社 2014 年版，第 55 页。

中央委员和候补中央委员共23人。其中，中央委员12人：向忠发、苏兆征、项英、周恩来、瞿秋白、李立三、张国焘、杨殷、徐锡根、余茂怀、蔡和森、关向应；候补中央委员11人：李子芬、刘坚予、徐兰芝、周秀珠（女）、邓中夏、罗章龙、王凤飞、王灼、甘卓棠、唐宏经、王仲一。

除了在国内的中央委员罗登贤、任弼时、张金保、李源、杨福涛、彭湃、毛泽东、卢福坦、顾顺章、李涤生10人，候补中央委员史文彬、夏文法不能到会，还有中央委员王藻文因病请假。参加全会的还有共产国际代表布哈林、米夫两人。周恩来在报告了中央委员、候补中央委员出席和缺席情况之后，宣布出席会议的中央委员和候补中央委员都有表决权。会议推选向忠发为主席主持会议。

会议开始后，布哈林首先讲话称：今天，全会最主要任务是选举中央政治局和政治局常委。大会上一致通过了政治决议，决定了策略路线的改变，即从直接暴动改变到准备暴动，改变到夺取群众，组织群众。要执行大会的决议，先决条件是要有团结、巩固和统一的党中央。没有指导力量——中央机关的统一，要下层组织和群众统一是不可能的。过去，有的同志有右的机会主义错误，有的犯了“左”倾盲动主义错误。这些错误，中国同志要负责，国际代表鲍罗廷、罗易、罗明纳兹等也要负责。对于犯过错误的同志，只要拥护大会决定的政治路线，有一定的政治经验，仍可以选入政治局。只有将党的力量集中统一起来，才能担负起夺取群众，组织群众，准备新的革命高潮的任务。布哈林建议将有工作能力和实际经验的政治局委员留下一人或二人为中国党驻共产国际代表；至于留谁，由会议考虑决定。[①]

会议对于政治局由多少人组成以及人选问题，进行了酝酿，并以多数通过决定：政治局正式委员7人，候补委员7人。具体人选，经过酝酿，进行了选举，结果如下：正式委员7人是：苏兆征（22票）、项英（22票）、周恩来（21票）、向忠发（21票）、蔡和森（16票）、瞿秋白（16

① 中共中央党史研究室、中央档案馆编：《中国共产党第六次全国代表大会档案文献选编》下卷，中共党史出版社2015年版，第842页。

票）、张国焘（10 票）。候补委员 7 人是：关向应（22 票）、李立三（22 票）、罗登贤（18 票）、彭湃（17 票）、杨殷（17 票）、卢福坦（14 票）、徐锡根（14 票）。

当选为中央政治局常务委员的是：正式委员：向忠发、周恩来、苏兆征、项英、蔡和森。候补委员：李立三、杨殷、徐锡根。之后，又对上述选举结果进行了总表决，以 22 票通过。

在讨论留谁担任中国共产党驻共产国际代表时，布哈林提出留瞿秋白、张国焘二人。理由是：瞿秋白懂俄文，可以沟通中国共产党和共产国际的意见，因为只单纯地接受国际的指示是不够的。有些问题上有分歧、有争论，是有好处的，可以帮助国际更正确地指导中国共产党和消除隔膜。周恩来表示：不反对留瞿秋白和张国焘为驻国际代表，但他们驻国际应当是短期的，并应：（一）在短时间内为中国共产党起草出党纲；（二）将近几年中国革命的情况、斗争经验编写成小册子向国内外宣传介绍；（三）将各国和国际革命斗争的经验介绍给中国共产党；（四）沟通中国共产党同共产国际的以及同各国共产党的关系。

向忠发表示不赞成留瞿秋白，主张留张国焘和苏兆征二人。张国焘表示不反对留自己任驻国际代表。瞿秋白也表示不反对自己留国际，但希望早日回国去做群众工作。之后，经过表决，以 18 票赞成，通过瞿秋白、张国焘为中国共产党驻共产国际代表。①

2. 中共中央政治局举行第一次会议

1928 年 7 月 20 日，中共中央政治局在莫斯科举行第一次会议。出席会议的有政治局委员向忠发、苏兆征、周恩来、瞿秋白、项英、蔡和森、关向应、张国焘；政治局候补委员李立三、杨殷、徐锡根。共产国际代表米夫也参加了会议。

会议的议事日程有六项：一是中央各部组织及分工；二是各省工作大

① 中共中央党史研究室、中央档案馆编：《中国共产党第六次全国代表大会档案文献选编》下卷，中共党史出版社 2015 年版，第 841 页。

纲；三是中央最近工作大纲；四是驻莫代表团；五是调人回国，在俄学生教学计划，江浙同乡会问题；六是小委员会问题。[①]

确定了政治局各委员分工、中央工作机构的设置及其领导成员：政治局主席兼政治局常务委员会主席向忠发。政治局常务委员会由向忠发、周恩来、苏兆征、项英、蔡和森 5 人组成。会议还决定：中央设职工运动委员会、农民运动委员会、妇女运动委员会和组织部、宣传部、军事部和秘书处。职工运动委员会、农民运动委员会、妇女运动委员会，直属于中央政治局。而组织部、宣传部、军事部和秘书处，则直属于中央政治局常务委员会之下。秘书处为常务委员会之秘书处。各委员会、各部之下的组织和在工作上的相互关系，由中央常委按照国内的实际条件决定。会议确定了各委员会和各部、处的负责人。人员的职务分工如下：

中央政治局兼中央常务委员会主席向忠发；中央常务委员会秘书长周恩来；中央组织部部长周恩来（兼）；中央宣传部部长蔡和森；中央军事部部长杨殷；中央职工运动委员会书记苏兆征；中央农民运动委员会书记李立三；中央妇女运动委员会书记张金保；中央党报主笔蔡和森（兼）[②]

会议还决定：（1）中央政治局为了工作之便利，指定在莫斯科之政治局委员瞿秋白、张国焘、苏兆征、项英、周恩来为出席共产国际第六次大会代表团之主席团，委托主席团办理党的六次大会之各项未了事宜。（2）向忠发、李立三、蔡和森第一批即日回国，项英、周恩来、杨殷、苏兆征等准备第二批回国，其余陆续回国。（3）关于回国后的工作问题，会议决定：在中央政治局之大多数委员未回到国内之前，为了工作顺利进行而不致中断，国内之中央暂时维持原状；第一批回到国内的新中央政治局委员负指导和主持全党工作之责。[③]（4）指定邓中夏、余茂怀二人任中国共产党

① 中共中央党史研究室、中央档案馆编：《中国共产党第六次全国代表大会档案文献选编》下卷，中共党史出版社 2015 年版，第 843—849 页。

② 中共中央党史研究室、中央档案馆编：《中国共产党第六次全国代表大会档案文献选编》下卷，中共党史出版社 2015 年版，第 843—844 页。

③ 中共中央党史研究室、中央档案馆编：《中国共产党第六次全国代表大会档案文献选编》下卷，中共党史出版社 2015 年版，第 782 页。

驻赤色职工国际代表。（5）指定王若飞任中国共产党驻农民国际代表。[①]

这样，中共六大组建的中国共产党驻共产国际代表团简称驻莫代表团，便由瞿秋白、张国焘任中国共产党驻共产国际代表；邓中夏、余茂怀二人任驻赤色职工国际代表；王若飞任驻农民国际代表。1928 年底增选陆定一为中国共产主义青年团驻少共国际代表，1929 年初增派蔡和森为中共驻共产国际代表。[②]实际上，在中共六大前的 1928 年 3 月，便有中国共产党驻共产国际代表苏兆征。[③]但正式派出中共驻共产国际代表团则是在中共六大。这对中共加强同共产国际、苏联和苏联共产党的联系发挥了重要作用。

中共六大结束后，曾组织部分代表到苏联各地参观。如广东的王灼、黎国琼、邝璧清、成文、梁亿才、曹俊升；顺直的王子清、李占泉；福建的罗明、孟坚；河南的李鸣、徐兰芝；江苏的姜永和、朱松寿、温裕成、蒋云、严朴；湖北的祁松亭、法荣廷、任旭；浙江的钱志康、章松寿；四川的刘坚予、徐活荣；江西的曾文甫、张世熙；奉天的朱秀春；湖南的成中青、刘义、来耀仙、余驾先、胡德荣；安徽的龚德元；山东的郭金祥、黄文等。还有的代表本来准备参加这次活动，但后来又改变了计划，如江苏温少泉、陕西张金刃、山东丁君羊。参观结束后，代表们大都回国返回工作岗位，也有的留在苏联参加共青团第五次全国代表大会、共产国际第六次代表大会、赤色职工国际第四次大会后，才返回中国。

还有一些代表请求留在莫斯科学习。经中共中央决定："潘家宸、罗章龙、王备（海丰）、徐特立、方维夏、何叔衡、夏曦留莫学习""龚饮冰、霍锟镛、王茂廷（云南）、叶开寅、江西代表，回国工作"。[④]

---

① 中共中央党史研究室、中央档案馆编：《中国共产党第六次全国代表大会档案文献选编》下卷，中共党史出版社 2015 年版，第 848 页。

② 李永春编著：《蔡和森年谱》，湘潭大学出版社 2008 年版，第 330—331 页。

③ 尚金州著：《中共驻共产国际代表团历史》，人民出版社 2019 年版，第 1 页。

④ 中共中央党史研究室、中央档案馆编：《中国共产党第六次全国代表大会档案文献选编》下卷，中共党史出版社 2015 年版，第 848 页。

第三章　六大以后

中共六大后，中共中央通过各种途径传达贯彻大会精神，各地代表也纷纷返回工作岗位，按照争取群众的工作路线，落实六大精神。在六大正确的路线和方针指引下，党在工作中实行了坚决的转变，注意克服盲动主义和机会主义，党的组织在两年内有了较大恢复和发展，革命形势逐渐恢复和好转。

一、中共六大精神的传达与贯彻

中共六大精神的贯彻从大会召开期间便已经开始。六大精神的贯彻执行虽然各地情况不一，但大致可以分为三个阶段。

（一）六大精神提前向国内进行传达

六大路线的贯彻落实的第一阶段是六大结束前，六大制定的争取群众的正确路线就在不少代表的要求下提前向国内进行了传达。因为大会召开前全党的思想因为大革命的失败，对若干重大问题如革命性质、革命形势等认识并不一致。但到大会上后，经过斯大林、共产国际的指导和帮助，经过代表们对政治报告的学习讨论，思想有了很大提高。因此，还在大会召开期间，便有不少代表提出要将大会的正确路线及时通告国内。

1928 年 7 月 1 日，项英、罗章龙、孟坚等 29 人签名提议、交大会讨论一份提案，题目是："提议用大会名义致电中央政治局指示正确的政治路线"。其主要内容是：1. 中央政治局应完全根据国际执委第九次扩大会对中国问题决议案决定一切工作方针。2. 在全国范围内变立即暴动的口号为宣传口号，切实制止盲动倾向；但对群众自发的暴动或乡村游击式的暴动，仍应积极领导。3. 目前工作重心是挽救党与群众脱离的现状，在反帝运动、城市与乡村的日常斗争中，艰苦地动员群众和组织群众。[①] 从中可见代表们对大会精神的认可和对传达贯彻大会上述三项内容的高度重视。

当大会主席团值日主席在会上宣读这份提案后，共产国际代表米夫提议不立即发给中国党，并且不在大会上进行讨论。他的理由是：政治委员会尚未开始工作，大会也未作出决议，在这种时候以大会名义发给国内指示，不但会影响政治委员会的工作，而且会暴露秘密。另一方面，共产国际执委已有两次指示给中国共产党，可以保证共产国际执委第九次扩大会决议的执行。米夫的意见是将提案作为问题和研究材料提交政治委员会。

为了尽早将六大的正确路线在全党得到及时的传达和贯彻，王若飞等六大代表在会上同米夫进行了面对面的、针锋相对的斗争。王若飞在会上发言，反对米夫的意见，认为应立即去电国内。王若飞指出：共产国际九次扩大会对中国问题决议中共中央并未接受，有秘密的决议案。现在国内中央还以为有代表在此根据秘密决议办交涉，以为可修改国际决议，所以要有大会的电报去他们才能相信。现在大会同志及布哈林等之间，虽尚未有统一的意见决定出来，但是已有集中的政治路线——没有反对国际决议案的，所以可以打这一个电报。米夫说已经有电去中国，这个决议可以执行。王若飞认为：这不见得，国内当以为有代表在此交涉。至于说，妨碍政治委员会中的讨论，我以为是不见得的。在王若飞发言后，夏曦发言表示支持。他同意王若飞意见，主张打电报给国内，并认为十分必要。[②] 米夫不服气，继续在会上强调向国内发指示的严重性。但是，没有得到更多的响应。接着发言的刘伯坚支持王若飞。团中央代表关向应附议。经过一番争论，最后大会表决通过对国内给以政治路线指示。[③] 经过讨论，大会以

① 中共中央党史研究室、中央档案馆编：《中国共产党第六次全国代表大会档案文献选编》下卷，中共党史出版社 2015 年版，第 780 页。

② 俄罗斯现代历史文献保管与研究中心馆藏档案，档案号：全宗 514 － 1 － 406。

③ 俄罗斯现代历史文献保管与研究中心馆藏档案，档案号：全宗 514 － 1 － 406。

大多数代表赞成通过的决定是这样的：（一）赞成对国内给予政治路线的指示；（二）29 人提案提交政治委员会作为研究材料；（三）其他同志有意见可用书面形式提交政治委员会。

7 月 9 日，中共六大还没有结束，大会便通过《对国内工作的指示电稿》，及时地向国内传达了六大决议的精神。指示电首先对共产国际第九次执委会的决议案表示同意。同时指出："现在第一个革命浪潮以历次失败而完结，而新的浪潮还没有来，党的总路线是夺取群众，统一群众，团结群众于党的主要口号之下，加强日常工作，尤其是城市产业工人的工作。"指示电强调："党与群众的脱离是主要危险"。"全国范围之内暴动只是宣传的口号"，必须"坚决的反对盲动主义"，"决不能削弱对农民游击战争的指导"，"必须扩大苏维埃的根据地及加紧组织红军"；"最大限度地引进群众于反帝国主义运动，将这种运动与反国民党反军阀的斗争相联结起来"，党的主要的任务仍旧是推翻帝国主义统治，〈实行〉土地革命，力争工农民权独裁制的苏维埃的政权。继续坚决的改造党。[①] 指示电要求把"这一电报发到各地讨论"，以便在实践中得到及早的贯彻。《对国内工作的指示电稿》和六大通过的提案电报相比，内容大同小异，但内容更丰富、观点更明确。这封电报对国内工作发挥了积极作用。王若飞等人积极推动和促成此事，为六大路线的及时传达、贯彻作出了贡献。

此时，中共中央设立的留守中央，由中央临时政治局常委李维汉和任弼时、罗登贤组成常委，领导国内斗争。刘昌群则负责主持团中央工作并参加常委会议。从瞿秋白、周恩来等于 1928 年 4 月底 5 月初启程赴莫斯科后，李维汉、任弼时、罗登贤便从 5 月 9 日正式开始主持留守中央工作。他们日常开会的地点，是位于上海公共租界福州路天蟾舞台后面的云南路第 171 号、第 173 号楼上[②]。实际上，从 5 月 2 日起到 9 月新选出的中共中

---

① 中共中央党史研究室、中央档案馆编：《中国共产党第六次全国代表大会档案文献选编》下卷，中共党史出版社 2015 年版，第 937 页。

② 中共中央文献研究室编：《任弼时年谱》（修订版），中共中央文献出版社 2004 年版，第 95 页。

央派人回国前，以中央名义发出的文件，都是由留守中央主持发出的。留守中央还派人在天津安排和招待、转送赴莫斯科出席六大代表的有关事务。

（二）中共中央传达贯彻六大精神

在六大路线的贯彻落实的第二阶段，首先是新选出的中央领导人回国以后，六大路线的贯彻落实全面展开。为了及时传达大会精神、指导各地党组织工作，中共中央采取了一系列措施，如下发各种文件如通告、告全党同志书等，深入阐释和宣传大会精神，并派人到各地传达六大精神，有针对性地帮助解决地方问题，使大会路线的贯彻比较及时、得力，从而推进当时艰巨复杂的各项工作，在促进中国革命走向复兴方面发挥了重要作用。

1. 中共中央通过各种途径、采取各种方式，全力以赴传达贯彻六大精神。

除了印制下发中共六大通过的政治、土地问题、农民运动、职工运动、关于党纲、关于民族问题、关于组织问题草案、关于大会宣言、关于共产青年运动、妇女运动、苏维埃政权的组织问题、军事工作的决议案、草案等，中共中央还先后发出若干通告，仅九十月间就发出《中央通告第二号——第六次全国代表大会的总结与精神》《中央工作计划大纲》《中央通告第四号——关于宣传鼓动工作》《中央通告第七号——关于党的组织——创造无产阶级的党和其主要路线》《中央通告第八号——总的政治路线之正确的运动》《中央通告第七十四号——关于军事问题》《六次大会的报告大纲》等文件。

专门发给红军和地方工作的决议案也有《中央给润之、湘赣边特委及四军军长的指示》《中央关于湖南工作决议案》《中央给陕西省委的指示信》《中央致云南临委的信》《中央给贺龙的信》《中央关于浙江工作决议案》《中央给润之、玉阶两同志并转湘赣边特委信——关于目前国际国内形势和党的军事策略》等等。

到 1928 年 11 月，新中央回国后的“三个月中，各部各委组织已渐次建立起来。政治上已有五次通告，主要的是指示争取群众的策略和方法，纠正同志中各种或‘左’或右的倾向。中央发了告同志书指出党内各种不正确的倾向，积极的指出政治上、组织上、工作上的布尔什维克的路线，唤起全体同志团结于六次大会精神之下。此外组织、职工、宣传工作、士兵运动、济难工作、秋收斗争、年关斗争，都有极详细的通告。中央理论机关报（布报）已出一期，鼓动报（《红旗》）已出二期，党内训练教育刊物正在编辑，宣传部对各省宣传鼓动工作，依据实际材料，不断的给予指导。工委正在准备召集全总扩大会议。”①

到 1929 年 7 月间，中共中央下发的文件总数达 2900 件之多。这些文件，根据六大精神，就政治策略路线、组织路线、宣传工作、职工运动、农民运动、士兵工作以及苏维埃工作、红军的斗争、青年团工作等，提出了许多重要的指导意见。对于把全党的思想统一到六大路线上来，把党从由于大革命失败一度陷入混乱的状态中扭转过来，发挥了重要作用。

2. 贯彻六大精神，加强对各省工作的指导，整顿各地党组织。

据 1928 年 11 月 28 日中共中央政治局给共产国际的报告，新的中央回国 3 个月后，“已与江苏省委及广东、湖南、湖北、江西、直隶、河南、浙江、满洲、山西、广西、福建等省委代表讨论过各省工作计划。对于全国工作的布置特别注意上海、武汉、天津、广州、香港、青岛、满洲等产业中心尽可能予以直接的指导和帮助，因此中央首先派人巡视顺直和广东，现在已开始上海巡视工作。中央委员及健全工作人员都参加重要支部，中央对重要省份的指导，尽可能实行巡视制度。各省代表会渐次召集，重要省份中央派人出席指导”。中共中央还“准备于今年内召集中央全体会议”。②

根据六大精神，中央下发了不少对各省的具体指示，对各省工作提出

---

① 中共中央文献研究室、中央档案馆编：《建党以来重要文献选编（一九二一 —— 一九四九）》第 5 册，中央文献出版社 2011 年版，第 768 页。

② 中共中央文献研究室、中央档案馆编：《建党以来重要文献选编（一九二一 —— 一九四九）》第 5 册，中央文献出版社 2011 年版，第 768 页。

具体的指导性意见。如 1928 年 10 月 25 日，中共中央致信山西临时省委，要求按照党的六大决议健全省委机构，纠正过去个人指导工作的现象，恢复旧的组织，建立新的组织，特别注意在产业工人集中区域和佃农区域开展工作，等等。通过整顿各地党组织，领导机关的同志对过去“在苏维埃区域及革命高潮所在地，大半是整村或全家加入的”的党组织进行了整顿，如在湖南平江一地的党员就由原来的 7 万人整顿至 1 万人。整顿的同时也在发展新的组织，中央强调主要对象是工厂支部和工人，但实际的情况并不所愿。经过整顿，去掉了许多有名无实的党员，党员的数量减少了，但战斗力增强了。

3. 通过派巡视员等措施，到重要地方帮助整顿党的基层组织。

为了把党从削弱涣散的现象中挽救出来，巩固党的组织，加强党的战斗力，中共中央先后派出蔡和森、陈潭秋、刘少奇和伍豪（周恩来）等为巡视员到顺直、江苏等地指导工作。首先迅速而正确地解决了非常严重的顺直问题，接着又着手解决非常棘手的江苏问题。顺直问题直接影响到党在整个北方的工作。江苏则是国民党反动统治的政治、经济中心，也是党的中央领导机构的所在地。顺直和江苏（包括上海）党的组织状况和政治状况对全党的工作和影响极大。因此，顺直、江苏问题的解决，这使此地区工作“逐渐的表现成绩”，有了“相当的进步”，特别是上海的工作有了“不可忽视的成效”①。

在实施六大路线的过程中，“虽然遇着了不断的严重的阻障”，但是，全党同志依据六大的精神，“坚决斗争，冲破一切阻障，战胜党内许多不正确的倾向，才使全党同志对六次大会的决议得到相当的了解，才使六次大会的路线逐渐的运用到各种斗争与工作的策略上去”。因此，“一方面把党从削弱涣散的现象中挽救出来，得到重新巩固与一致的精神，另一方面在工作上也表现着党的进步，党与群众的关系，党在群众中的政治影响与领

---

① 中共中央文献研究室中央档案馆编：《建党以来重要文献选编（一九二一 —— 一九四九）》第 6 册，中央文献出版社 2011 年版，第 252、254 页。

导斗争的力量，都开始了新的进展”。这也是贯彻六大路线的结果。①

（三）六大代表回到各地贯彻落实大会精神

按照中共中央的统一要求，各地代表回国后回到本地，及时向本省党组织报告六大的决议精神，并特别强调要重点报告六大对中国革命性质的阐述，对中国革命政治形势的估价，以及土地问题决议精神。广东、广西、江苏、浙江、福建、江西、湖南、湖北、安徽、河南、河北、山东、东北、陕西、四川、云南，纷纷开始学习和贯彻六大决议精神。

1. 在广东，1928 年 11 月 16 日至 24 日，中共广东省委为贯彻党的六大精神，在香港召开了第二次扩大会议。出席会议的有中央巡视员、广东省出席六大代表、各特委、市委及部分县委的代表。会议完全接受六大的决议案，认为广东的革命形势同全国一样，是处在两个革命高潮之间，“党目前的总任务是争取广大的群众，积聚革命的力量，以准备在新的革命高潮到来时武装暴动的胜利”。会议批评了省委自全体委员会议以来“左”倾盲动主义的错误，并决定将过去实行的“没收分配一切土地”，改为“没收地主阶级的土地”还提出“中立富农”等政策。这对后来东江、琼崖农村革命根据地的发展，起了促进作用。

但是，会议也接受了六大的一些错误观点，确定把城市工作放在中心地位，要求将各级党的领导机关设在城市，对 1 月省委全体会议提出的“以乡村包围城市”的方针作了自我否定；在组织上，片面强调领导干部的工人成分的意义。会议虽然纠正了“左”倾盲动主义的一些做法，但并未从根本上克服“左”的错误。这对后来广东的革命斗争特别是城市工作，产生了不良的影响。②

2. 在广西，六大后的工作也有了新变化。9 月 2 日、3 日，中共中央

---

① 中共中央文献研究室中央档案馆编：《建党以来重要文献选编（一九二一——一九四九）》第 6 册，中央文献出版社 2011 年版，第 240 页。

② 中共广东省委党史研究室：《中国共产党广东地方史》第 1 卷，广东人民出版社 1999 年版，第 282—283 页。

分别致函广东省委和广西特委，指示将广西特委改组，成立广西临时省委，直属中央管辖，同时与广东省委发生关系。9月22日至26日，广西特委在梧州召开常委扩大会议，常委和各路巡视员及出席中共六大的胡福田参加会议。胡福田在会上传达了六大会议精神。会议正式宣布成立广西临时省委。会议认真学习了六大各项决议案，检讨了广西特委过去部署"夏收暴动"和"秋收暴动"的错误，决定以发动抗税、抗捐、抗租斗争为中心，发展党组织，深入宣传土地革命和苏维埃运动。[①]作出了有关党的改造与发展组织问题等项决议。胡福田接受中共广西省临委委派，准备回到桂平、平南负责恢复党的工作，不料行前在梧州被捕。胡福田坚贞不屈，英勇就义。广西党组织仍英勇顽强，继续领导当地的革命斗争。

3. 在江苏。1928年9月初，江苏省的代表陆续返沪。原省委书记项英调任全国总工会委员长和党团书记，省委工作仍由代理书记李富春主持。10月下旬，江苏省委听取了华少峰作的关于目前形势和我们的任务的报告，阐述了六大关于中国革命性质和任务的论述。省委常委讨论时，李富春提出，对于形势的估计，不能过分估量自己的力量和轻视敌人的力量，不应空喊革命高潮很快到来，革命高潮能否到来，党的领导是十分重要的。要执行六大争取群众，准备暴动的主要任务，在组织上，要从站在群众外边改变为深入到群众中去，整顿各级组织，使各地被找散的组织重新建立；在宣传教育方面，要有提高党员政治水平的具体计划，使党员切实了解党的政策，同时要扩大党的政治主张的宣传，使广大群众认识其出路何在。

10月31日，中共江苏省委发出了关于六大的报告大纲，阐述了六大的意义；六大关于中国革命性质与前途；根本任务与策略；职工运动；纠正各种错误倾向等有关精神，要求各级组织详细讨论和研究，正确了解大会精神，改正过去不正确的策略和工作路线，并特别指出要预防两种倾向，一是将争取群众与准备武装暴动相脱离，和平发展群众工作，即右倾倾向；二是忘记促进革命高潮到来的主要条件，忽视争取群众，对于时局过分估

① 中共广西壮族自治区委员会党史研究室著:《中国共产党广西历史》第1卷，中共党史出版社2004年版，第109页。

量，即“左”倾倾向，以正确实现大会精神。[①]1929年3月19日至23日，江苏省委开会，李立三作《党的第六次代表大会经过及目前政治报告》[②]。

4. 在浙江。1928年9月初，中央巡视员陈潭秋到浙江传达中共六大精神。他指出，目前革命的客观条件虽然很好，但是我们的主观力量却存在很大弱点，党的主观力量不能适应客观形势的需要。因此，“目前的政治任务绝不是全国或某省幻想暴动夺取政权，而是在如何取得群众，组织群众，武装群众，训练群众……组织扩大党的组织，建立党在群众中的基础，推进现在这一活跃的革命潮流使之扩大深入汇合达到全国范围的高潮。”不久，中央又来信，指示浙江省委，除了要坚决反对盲动主义外，党要加强工农群众的日常斗争，“尤其要将群众本身利益的斗争、反国民党的斗争与反帝运动联系起来。”要努力将全国大会的精神迅速传达到下级党部以至支部经过热烈的讨论而执行。[③]

为了贯彻六大精神，落实中央对浙江工作的指示，9月20日，浙江省委根据中共六大制定的纲领作出《浙江省目前政治任务决议案》，指出浙江党目前的政治任务，完全可以适用中央所指示的任务，主要是争取群众的问题。争取群众的方式：“一方面是要反对和平发展，一方面却又要纠正盲动主义，要在领导群众日常斗争中去取得广大的群众”。决议对反帝运动、职工运动、秋收斗争、党组织的改造及党团关系等作了具体部署。提出在斗争中改造党的组织，努力使一切工作归支部。[④]

5. 在福建。1928年10月间，出席六大的福建代表罗明回到福建。福建省委在福州召开扩大会议，由罗明传达六大精神。因文件未到，他凭记忆作了口头传达。传达时由一个同志作了记录，然后油印出来，发给大家

---

① 中共上海市委党史研究室：《中国共产党上海史》，上海人民出版社1999年版，第524—525页。

② 中共江苏省委党史工作办公室：《中共江苏地方史》第1卷，江苏人民1996年版，第169页。

③ 中共浙江省委党史研究室：《中共浙江党史》第一卷，中共党史出版社2002年版，第222页。

④ 中共浙江省委党史研究室：《中共浙江党史》第一卷，中共党史出版社2002年版，第222—223页。

学习。福建省委还按照六大精神讨论了暴动过的地区进一步开展游击战争的问题，并做了部署。然后，省委又安排罗明到厦门、闽西传达六大精神。

在闽西永定的合溪，闽西特委召开了扩大会议传达六大精神，闽西特委负责人邓子恢、张鼎丞和郭滴人以及各县的负责人参加了会议。罗明在传达中，大家提出了许多问题，如大革命是不是失败了，开展游击战争对不对，有没有前途，等等。罗明根据六大决议，着重讲了中国革命正处在两个革命高潮之间的政治形势，讲了党的任务是争取群众，积蓄力量，开展游击战争，实行土地革命，争取革命高潮的到来。大家听了很受鼓舞，克服了少数同志在困难中产生的一些消极思想和情绪。接着，特委又召开会议，研究贯彻六大精神的具体部署。

会后，罗明和邓子恢又去龙岩游击区，再往上杭，在上杭的县委扩大会议上传达六大精神。离开上杭以后又赶往长汀，在党支部会上传达六大精神，有十多名党员参加。听了传达后，大家讨论了发动农民斗争的问题。罗明说，军阀强迫农民开公路，沿路上许多农民拖儿带女，住在路旁，饥寒交迫，要使农民得到解放，就要发动农民起来斗争。经过传达贯彻六大会议精神，福建省党组织领导的农民武装暴动在闽西、闽南及闽北等地广泛展开，城市的职工运动也有了进展。特别是在闽西发动群众开展土地革命，建设苏维埃政权，开辟革命根据地大有进展。1929 年春，毛泽东、朱德、陈毅等率领的红四军多次从赣南进入闽西。毛泽东指导闽西特委组织调查研究，确定工作方针，并组织红四军分兵帮助各县扩大和加强党的队伍，发动和组织群众深入进行土地革命，巩固苏维埃政权和建设地方武装力量，为革命根据地的建立创造了极为有利的条件。

6. 在江西。江西党的六大代表，中共江西省委常务委员王凤飞、万安县委书记张世熙和永修县云山游击队长曾文甫等 3 人于 9 月从苏联返回上海。随后，王凤飞等回到江西，省委领导成员作了调整。10 月 17 日，中共中央政治局召开第八次会议，决定改组江西省委。其主要任务是：在全省传达贯彻党的六大会议精神，筹备召开全省第二次党代表大会，选举新省委。12 月 5 日至 8 日，中共江西第二次代表大会在湖口召开，出席代表

14 人。会议传达了中共六大会议精神，总结了八七会议以来党的工作，选举了新的省委机构，通过了政治任务、组织、宣传、工运、农运、军事、苏维埃、共青团等项工作决议。

11 月，中共中央派曾作为陕西六大代表的张金刃，担任中共中央巡视员到江西帮助省委并指导省即将召开的第二次代表大会的筹备工作。12 月 5 日至 12 日，中共江西省第二次代表大会先在鄱阳湖中开幕，后移至湖口县舜德乡王燧村举行。出席大会的原定 28 名，实到 20 名，代表全省共产党员近 5000 名。大会期间，中共中央巡视员张金刃为代表出席指导并作报告，冯任代表省委作了工作报告。各有关部门负责人分别对政治、组织、宣传、职工、农民、军事、苏维埃、C.Y. 工作等问题作了报告，并讨论通过了这些问题的决议。最后，选举产生中共江西省第二届委员会，领导全省各地的工作。

7. 在湖南。1928 年 10 月 4 日，中共中央政治局根据六大精神，作出《关于湖南工作决议案》，决议案分析了湖南的斗争形势，制定了湖南党组织的工作路线、方针，指出湖南党组织的主要任务是争取广大群众，扩大党的政治宣传，促进工、农、士兵运动的平衡发展，加强无产阶级在一切斗争中的领导作用，建立党的工作基础，准备革命高潮的到来。1929 年 1 月 4 日，毛泽东在宁冈柏路村主持召开中共红四军前委、湘赣边特委、红四、红五军军委、边界各县县委及共青团特委联席会议，传达了党的六大精神，着重研究了如何粉碎敌人对井冈山根据地的第三次“会剿”等问题，决定出击赣南，开辟新的根据地。4 月 12 日，中共湘鄂赣边特委根据地根据湖南省委指示在平江召开扩大会议，贯彻党的六大精神，决定进一步发展边区，成立临时政权组织等。

8. 在湖北。1928 年 10 月 20 日，湖北省委召开扩大会议，讨论并通过关于接受第六次全国代表大会决议案和关于今后工作方针决议案。号召湖北全省六千同志一致拥护与切实执行大会一切的决议案和精神，继续努力促进党的革命高潮之到来。[①] 1929 年 2 月有，党的六大决议精神传达到鄂

① 中共湖北省委党史资料征集编研委员会：《中国共产党湖北历史大事记》，湖北人民出版社 1992 年版，第 98 页。

西，鄂西特委认真贯彻会议精神，总结开展游击战争的经验，运用灵活机动的游击战术，取得反“清剿”的胜利，使原来被分割的根据地基本连成一片。

9. 在安徽。安徽代表龚德元在六大闭幕的第二天，便以安徽代表团的名义，向新的中央委员会提交了一份意见书，要求中央派干部到安徽，以健全安徽省临委在职运、军运、农运和妇运等方面的工作。并要求增加安徽党的活动经费。就个人方面，龚德元提出要求，希望在莫斯科进行短期学习培训。① 这个要求暂时没有能够实现。1928 年 9 月上旬，龚德元和其他代表一行 5 人，由原路回到上海，仍住上海“鹿鸣旅馆”。留守中央的任弼时来到旅馆，向回国的代表了解六大的情况。龚德元将自己记住的各项决议案及其基本内容，向任弼时作了较详细的汇报。任弼时听后很满意，嘱咐代表们回到各省后，要按照周恩来等领导人的指示，传达好六大精神。

此时，任弼时为解决安徽省临委内部矛盾问题，正准备到芜湖巡视。所以决定与龚德元同行，一道乘船到芜湖。9 月 20 日晚抵芜湖后，他们住在东方旅馆。21 日，与安徽省临时委员会的负责人见面。22 日，在东门外“出世庵”召集省临委会议，传达党的六大精神，听取临委关于全省工作的汇报。龚德元传达了六大决议案的基本精神，接着任弼时作了长达 3 小时的讲话。他首先称赞龚德元比较详细地带回了六大的基本精神，最后着重介绍了六大所争论的重大问题。这次会后，六大精神即通过各种会议以及省临委给各地的指示信，在安徽各地的党组织得到普遍传达。②

1929 年 5 月，中共中央在上海召开安徽工作会议，对党在安徽的工作进行了讨论和审查，认为安徽工作未能切实地执行党的六大提出的争取群众、准备暴动的总任务，党的无产阶级基础薄弱，既不能吸收工农分子特别是产业工人入党，也未能建立产业工人支部；领导机关自省临委起，偏重于空架的形式，不能切实地指导工作，致使党内产生纠纷及各种错误观

---

① 《安徽省六大代表团关于调干、工作经费问题给中央委员会的意见书》，1928 年 7 月 12 日。

② 杨默涵、郭淦春：《安徽代表出席中共六大的情况》，《安徽党史研究》1989 年第 3 期。

念。鉴于安徽问题严重，同月 24 日中共中央作出决议，暂时取消中共安徽省临委，而将安徽省划分为芜湖、阜阳、安庆、六安四个中心区域，各中心区域建立中心地方党部，由中央直接领导。

10. 在河南。六大结束后，河南代表团曾就回国问题给大会秘书处写信，一是说明李鸣（李鸣岐）要等徐兰芝参加共青团五大后两人一起回国。二是说明回国需要路费 340 元，还缺少生活用品和路上要看的书，要求“将旅馆名字，在某街，预先调查清楚，多找几处”。[①]1928 年 10 月 7 日至 9 日，河南省委召开第二次常委扩大会议，李鸣岐等向会议传达党的六大精神及中央给河南省委的指示。会议分析批判了过去在领导全省暴动工作中的“左”倾盲动主义，讨论了各地工作情况和政治形势，制定了河南省委 10 月至 11 月份工作计划。同时整顿了省委组织，通过《河南省委关于中央对河南工作方针的决议案的决议》。依照六大所制定的政治路线和省委扩大会议制定的中共河南党组织的目前任务及工作方针，李鸣岐等努力加强党的宣传、教育工作，极力改正过去党对群众命令多宣传教育不够的缺点，加强党在群众中的宣传工作，扩大党的政治影响，积极领导群众开展革命斗争。[②] 省委下属 3 个特委、3 个市委、1 个中心县委、26 个县委、27 个特支，党员由同年 5 月的 1600 余名，发展到 3000 余名。1930 年春，中共河南党、团组织得到了恢复和发展，革命形势逐步高涨。

11. 在河北。为了贯彻党的六大精神，更有力地领导北方革命斗争，中共中央政治局会议决定派政治局常委、组织部部长周恩来赴顺直，解决顺直问题。1928 年 12 月 11 日，周恩来来到天津，首先听取省委领导人的工作汇报。[③]12 月下旬周恩来在中共顺直省委扩大会议一说名为北方党的代表会议上详细传达了六大精神。他实事求是分析顺直党内问题，提出解

---

① 中共中央党史研究室、中央档案馆编：《中国共产党第六次全国代表大会档案文献选编》上卷，中共党史出版社 2015 年版，第 276 页。

② 侯志英主编、张玉鹏副主编：《河南党史人物传》第 4 卷，河南人民出版社 1989 年版，第 150 页。

③ 中共中央党史研究室第一研究部、中共黑龙江省委党史研究室编：《纪念中共六大召开 80 周年学术研讨会论文集》，中共党史出版社 2009 年版，第 632—634 页。

决问题的正确原则和途径，从而统一了认识，明确了方向，增强了团结，解决了问题。重新改组省委，使顺直党建立起一个健全的领导中枢，有力地推动了地方党的工作，在北方党的历史上具有重大意义。①1929 年 4 月，陈潭秋等赴河北邢台召开直南党的活动分子会议，传达六大决议精神，提出要求，1. 反对陈独秀右倾投降主义；2. 恢复和整顿原有党的组织，发展新组织；3. 积极领导抗捐、抗税、反军阀斗争，在斗争中发展党团和工会、农协组织；4. 注意团结中农和小资产阶级。会后成立了邢台中心县委，管辖直南 16 个县党的工作。②

12. 在山东。中共山东省委于 10 月上旬召开扩大会议，传达讨论了党的六大决议案。据时任中共山东省委巡视员的刘子久回忆，1928 年冬，山东省委在潍县西南乡的辛庄召开会议，由丁君羊传达六大会议精神。会议开了一整夜。同时决定派省委常委顾作霖等分别到淄川、青岛、即墨等地传达贯彻六大决议，还在济南召开泰安、高密、昌邑等地党组织负责人会议，广泛传达讨论了六大文件，统一认识。

11 月 30 日至 12 月 2 日，山东省委再次召开扩大会议，遵循六大精神，全面总结了过去山东党组织的各项工作，深入讨论了当时的形势和党争取群众的正确路线，以及山东在全国形势下的地位，决定完全接受六大的一切决议。并根据中共六大决议，作出政治、组织、宣传、职工运动等决议案。会议从理论认识上进一步纠正了“左”倾盲动错误，确定了山东党组织的主要任务是：争取群众，团结群众，组织群众，提高群众的阶级觉悟和政治意识，扩大一切日常大小的斗争，争取工人阶级的利益，把工农运动复兴的势头发展下去；改造党的旧有组织，创造新的基础，建立产业支部，在斗争中发展工农群众的组织，开展反帝工作和士兵运动，等等。

---

① 《中共中央北方局》资料丛书编审委员会编：《中共中央北方局》（综合卷），中共党史出版社 2002 年版，第 6—7 页。

② 《中共中央北方局》资料丛书编审委员会编：《中共中央北方局》（综合卷），中共党史出版社 2002 年版，第 121 页。

会议还调整了省委成员，在六大上当选为中央委员和政治局候补委员会的卢福坦继续担任省委书记。为了宣传党的六大决议，省委决定市、县委成立宣传部，区委、特支成立宣传干事会，支部指定宣传员1人。所有这些，都有力地推动了六大精神的贯彻和各地党组织的恢复和发展。①12月29日，省委组织部发出征收同志和发展群众组织计划表，要求各地发展新党员635名，工会、农民会、兵士委员会、工军、农军等群众组织新成员13990名。

13. 在满洲。7月11日，六大结束。东北地区出席六大代表唐宏经留下继续参加共产国际六大。这次会议从7月17日至9月1日，大约开了一个半月左右。会后还组织代表进行了参观访问。参观结束后，他经海参崴返回中国。9月，中共满洲临时省委在奉天召开第三次全满党员代表大会，唐宏经等几个参加六大的代表向与会人员传达了六大精神。省临委书记陈为人根据六大精神，总结和检查了前一段省委的工作，根据“中国第六次大会指出暴动政策下发生盲动主义的错误”，“审查满洲省委过去的政治指导也发生盲动主义的错误”。大会通过了《关于接受全国第六次大会决议案的决议》等。这对推动党的各项工作是有积极意义的。会后，省委各方面工作皆有好转。党组织的恢复和发展比较快。到年底，共有县委3个、区委3个、特支2个，党员270名。

10月初，周恩来离莫斯科回国到东北，路经沈阳时，他向满洲省委作了传达六大决议精神的报告。他在报告中阐明了中国革命的性质和革命的基本任务，指出当前的革命形势不是高潮，而是处于两个高潮之间；党的总任务不是进攻和普遍组织武装起义，而是积蓄力量，争取群众，准备新的高潮。他指出在政治上既要反对右倾机会主义，又要反对“左”倾盲动主义，而“左”倾盲动主义是党内的主要危险。周恩来的报告为满洲省委的工作指明了正确的方向。在此期间，东北的形势发生了较大变化。1928年6月4日，日本帝国主义为进一步侵略中国东北，制造皇姑屯炸案，炸

① 中共山东省委党史研究室著：《中共山东地方史》第1卷，山东人民出版社1998年版，第97—99页。

死奉系军阀头子张作霖。7 月，张学霖之子张学良出任东三省保安总司令。10 月，东北各地发生反对日本劫夺“五路”的收回路权斗争。在此情况下，中共满洲省委提出的首要任务就是组织发动工农群众，开展反对日本帝国主义侵略的斗争。

14. 在陕西。1928 年 10 月 8 日，中共中央给陕西省委发来指示信，指出“过去党的暴动政策犯了极深的盲动倾向，必须严厉的纠正。”指示省委以六大决议为准绳，克服只是幻想暴动，一味盲目的错误。收到指示信后，省委即派人去中央汇报工作，领取六大文件。12 月底，派到中央领取文件的人员带回了六大文件。1929 年 1 月旬，中共陕西省委在富平美原小学召开第四次扩大会议，根据六大精神，总结了“左”倾盲动主义失败的教训，检查了省委领导工作的失误。会后，共青团省委也召开会议传达贯彻共青团全国五大和省委第四次扩大会议精神。2 月，中共陕北特委在绥德西川张家岔召开扩大会议。这次会议主要传达党的六大和中共陕西省委第四次扩大会议精神及讨论在革命低潮中如何开展斗争等问题。会议要求积极开展兵运工作，组织党、团员到白军中去，争取武装力量①。

15. 在四川。1928 年 9 月 29 日，中共中央按照六大精神发出《致四川省委的信》，对四川党的工作方针与策略作了指示，提出要争取群众，建立与健全党支部，在斗争中从下层组织中选拔人才。10 月 13 日，出席六大的四川代表刘愿庵赶回重庆，寻找在渝党、团省委委员商议，准备召开紧急会议组织临时省委。12 月 18 日，刘愿庵、穆青、程秉渊、周敦婉等 5 名省委委员和 4 名川西特委负责人等在成都召开紧急会议，刘愿庵报告中共六大决议，临时省委报告工作。

1929 年 2 月 12 日，中共四川临时省委扩大会议在成都召开。刘愿庵在会上传达了党的六大精神，指出党的总任务是争取和发动群众，促进革命高潮的早日到来。会议总结了四川的革命经验，提出了纠正盲目暴动的倾向。还认为国内革命形势处于两个革命高潮之间的低潮，四川革命高潮

---

① 中共陕西省委党史研究室编:《中国共产党陕西历史大事记》，陕西人民出版社 1993 年版，第 90—93 页。

有到来的可能，应加紧争取群众，准备武装暴动。会议以六大精神为指针，结合四川情况，通过了政治、组织、宣传、职工、农民、妇女运动等决议案。3 月 26 日，四川临时省委发出通告，安排部署四川工作。通告对六大决议作了认真的阐述，指出四川党目前主要的政治任务，就是要落实六大提出的群众工作原则，努力扩大党的宣传，坚决的正确的提出党的口号——推翻国民党军阀政权，建立工农兵代表政权，没收地主阶级土地给农民，等等。六大精神的传达贯彻，在四川取得了明显的成效。①

16. 在云南。六大闭幕后，云南代表王德三和罗章龙一起从莫斯科回国。途经哈尔滨时，与正在东北的云南籍同乡楚图南和胞兄王复生相聚。四人都是在李大钊指导和影响下接受马克思主义、投身革命活动的。王德三将捆在腰间带回的部分六大文件取出，让王复生、楚图南阅读学习。他们一起叙谈党的六大精神和对云南时局的看法，讨论如何将六大精神和云南的实际相结合。

1928 年 11 月 11 日，王德三回到云南。随后便到全省各地巡视，向昆明、蒙自、个旧、阿迷、芷村等地党支部传达六大精神。12 月 11 日，他在昆明主持召开中共云南临时省委第三次全委会议，传达党的六大精神，并根据六大精神作出了《云南现状与党的任务决议案》，认为云南的政治现状和阶级关系，“目前还没有到总暴动的时期”，“社会的危机日益形成，统治的力量更加脆弱，这是我们争取群众的紧急时期。党在目前就是要在年关斗争中集中力量，去发动群众，团结群众”。党的任务就是积极“领导工农兵士斗争，争取工农兵士群众到党的周围来，形成与军阀对抗的革命政权，建立工农武装，以走向革命高潮。”决议案还提出，要“完成改造党的任务，创造健全支部生活”。1929 年 1 月初，原在上海和湖北担负党的领导工作的云南籍共产党员张永和，与从莫斯科学习后回国的李国柱被中共中央指派回到昆明。张永和带回了六大的全部文件。为进一步贯彻六大精神，健全和加强党的领导，1 月 19 日，临时省委在昆明召开扩大会议，

① 中共中央党史研究室第一研究部、中共黑龙江省委党史研究室编：《纪念中共六大召开 80 周年学术研讨会论文集》，中共党史出版社 2009 年版，第 665—673 页。

学习六大文件，王德三作传达报告。会后，省临委根据六大关于争取群众的总方针，深入工农群众，发展群众组织，加强了和群众的联系，并通过这些组织继续领导各地的革命斗争。[①] 通过贯彻执行争取群众的六大路线，党的工作逐渐恢复和发展，中国革命逐渐走向复兴。

共产国际在中共六大召开后，也为六大精神的贯彻执行提出要求。1928 年 7 月 25 日，共产国际六大通过的《关于中国共产党的任务》决议案指出：“目前，基本上不存在中国人民大众的革命高潮，在这种情况下，党的总路线是争取群众。”“党应该克服它脱离劳动群众的主要危险。这种危险包含在用强迫命令方法来取代对群众的说服教育方法的做法之中。”[②] 而共产国际六大提出中国共产党争取群众的口号，就是中共六大提出的十大政纲。

共产国际发现实际工作中出现偏离后，便及时纠正。如 7 月 31 日共产国际执行委员会东方书记处和中共出席共产国际第六次代表大会代表团于莫斯科给中共中央发来电报，认为应当“更加强有力地宣传”“苏维埃政权口号”而不是取消。电报批评中央第 54 号通告 17 条要求中提出的恢复“民众运动”、实行民众政权、“召集国民会议选举全国政府”三个口号“是不对的”。因为“取消了我们连一分钟也不应停止宣传的苏维埃口号”。“对其必须加以批判，并告知地方组织。”这就揭露了“军阀所拟定召开的把民众完全排除在外的国民会议”的真面目。[③]

（四）六届二中全会及其后对六大路线的执行

在六大精神的指导下，各地党组织得到进一步恢复和较大发展；在农村，红军和根据地进一步巩固和发展；在城市，党的组织和各项工作也有

---

① 中共中央党史研究室第一研究部、中共黑龙江省委党史研究室编：《纪念中共六大召开 80 周年学术研讨会论文集》，中共党史出版社 2009 年版，第 676—678 页。

② 中共中央党史研究室、中央档案馆编：《中国共产党第六次全国代表大会档案文献选编》下卷，中共党史出版社 2015 年版，第 944—945 页。

③ 中共中央党史研究室、中央档案馆编：《中国共产党第六次全国代表大会档案文献选编》下卷，中共党史出版社 2015 年版，第 946—947 页。

一定程度的恢复和发展。中国革命逐渐走向复兴。

1. 中共六届二中全会的召开

1929 年 6 月 25 日至 30 日，中共六届二中全会在上海举行。全会总结六大以来的工作，肯定六大路线的实施已取得了一定的成绩，“党的政治影响在群众中扩大，领导群众斗争的力量有相当进展，党与群众的关系已在开始恢复，党的削弱趋势已渐趋稳定，党员质量有相当改进，党内错误倾向有相当克服，党内逐渐走向巩固一致的道路”①。此时全党的党员数量是 6.9 万人。到 1928 年底，在上海，恢复建立了 7 个区委、140 多个基层支部，有 1200 多名党员。

六届二中全会基本上坚持了党的六大制定的正确路线，强调“党应更坚决的继续执行这一争取群众以备武装暴动的总路线”。确定继续深入土地革命，开展游击战争，扩大苏区，建立红军，纠正非无产阶级意识，加强公开工作和秘密工作等项任务。中共江苏省委向会议报告工作时，着重介绍把群众的日常斗争会合起来，走向公开的政治斗争，在组织上把秘密的党组织和公开的群众组织结合起来，尽可能采用公开名义组织群众斗争的做法。会议肯定了这一经验。

至 1929 年底，全国赤色工会会员及其影响下的工人群众约有 4 万人。到 1930 年 3 月，党员人数已由 1929 年 6 月的 6.9 万人，增加到 10 万多人。到 1930 年夏，中国工农红军发展到 14 个军约 7 万人，连同地方武装共约 10 万人。党在江西、福建、湖南、湖北、广东、广西、四川、陕西、山西、河北、河南、安徽、江苏、浙江等十多个省的 300 多个县的广阔区域里，建立了十几块农村革命根据地。

由于受到共产国际六大以来“左”的指导的影响，六届二中全会也沿续并发展了六大的缺点和错误。

（1）把共产国际六大提出的关于世界资本主义总危机“第三时期”的

---

① 中共中央文献研究室、中央档案馆编：《建党以来重要文献选编（一九二一 —— 一九四九）》第 6 册，中央文献出版社 2011 年版，第 259 页。

理论，作为观察中国革命形势，制定战略任务的依据。全会通过的政治决议案指出："世界革命已进到第三时期，即是世界革命各种的总危机进到异常激烈的时期"。在这个时期中，"全世界革命的火山都在冒火吐烟了"，"这些危机的爆发，便是世界革命巨潮的来到"。而这种"世界革命的激剧，可以增长中国工农劳动群众无限的革命勇气"，能够帮助中国革命的发展[①]。这种对世界形势的分析，认为资本主义总危机到来的"第三时期"的理论，成为后来发展起来的"左"倾冒险主义的重要理论依据。

（2）坚持把党的工作重点放在城市，强调加强职工运动，特别是铁路海员矿山等重要产业工人中的工作，这"是党的革命中重大的任务"[②]。当然，这个问题从全党来讲也都在探索，就是毛泽东，也是在 1930 年前后才解决的。在中国革命发展的战略重点问题上，全会仍然是放在城市的。

（3）在对待富农策略问题上，六大的基本政策是根据富农对革命的态度区别对待。六大《政治决议案》指出："故意加紧反对富农的斗争是不对的，因为这就混乱了农民与地主阶级的主要矛盾"；六大《农民问题决议案》更进一步论述了党对富农的策略：在富农还没有消失革命的可能性，因军阀官僚的压迫而继续斗争的时候，共产党应企图吸收富农于一般农民反军阀反地主豪绅的斗争之内；当富农动摇于革命与反革命之间的时期，在不妨碍贫农雇农斗争范围之内，党不应该故意加紧对富农的斗争，使其更快地转入反革命方面去，而变为革命的积极的仇敌。党在目前阶段中的任务，乃在使这种富农中立，以减少敌人的力量[③]。六大这种对富农区别对待的策略是正确的。却很快就受到共产国际的批评。1929 年 6 月 7 日，共产国际执委政治秘书处发来《给中共中央关于农民问题的信》，批评六大关于"不要故意加紧反对富农"以及对富农区别对待的政策，是"一些不太确切不完善的说法"，而这些说法又"为错误地解释我们在农民问题上

① 中共中央文献研究室、中央档案馆编：《建党以来重要文献选编（一九二一 —— 一九四九）》第 6 册，中央文献出版社 2011 年版，第 266 页。

② 中共中央文献研究室、中央档案馆编：《建党以来重要文献选编（一九二一 —— 一九四九）》第 6 册，中央文献出版社 2011 年版，第 285 页。

③ 中央档案馆：《中共中央文件选集》第 4 册，中共中央党校出版社 1989 年版，第 322、356 页。

的策略提供了某种依据”[①]。信中指责中国共产党在关于农民问题的讨论中，“非但没有修正第六次代表大会决议的不确切的说法，反而错上加错，企图从理论上来论证……无产阶级联合富农的必要性”[②]。共产国际这种“左”的指导，直接影响了中国共产党的策略变化，不久后作出的《中共中央接受国际对于农民问题之指示的决议》，把党关于中立富农的政策改为“坚决的反对富农”的政策，开始了党对富农政策的左转。

（4）在组织路线问题上，继续贯彻了六大上唯成分论的缺点。提出改善党的重要条件是吸收“产业工人入党”，并“使工农同志加入各级指导机关”；吸收党员的“主要条件在成分”，有的地方甚至规定工人“十块钱工钱以上的不要加入”。反映党在六大以后，仍然没有注意把一些有实际革命经验的知识分子党员放到适当的领导岗位。

（5）在党内反倾向斗争问题上，全会根据共产国际六大要求各国党开展反右倾的基调，强调“党在策略上所特别遇到的困难便是党内右倾思想的发展。这一右倾的危险绝不仅是继续着党内机会主义的残余而复活，他更有现实环境之下不可轻视的基础”。虽然全会也指出，“党在反对右倾的特别危险的时候，应放松对于‘左’倾的攻击的观念显然是不正确的”；却认为“左”倾危险自六大后已逐渐失去它发展的基础[③]，这种估计不符合当时党的情况的实际。同时，因为把反倾向斗争的主要精力放在反对右倾上，就在客观上为以后党内“左”倾冒险主义的发展，开辟了道路。

六届二中全会的这些“左”的思想理论和政策，使党的一些领导人头脑发热，看不清总的形势仍然是敌强我弱，而只看到革命形势的有利方面，从而增长了骄傲自满情绪；加以共产国际的错误指导和影响，以致在六届二中全会后不长的时间，就提出了比较系统的错误主张并加以实施，形成

① 中国社会科学院近代史研究所编译：《共产国际有关中国革命的文献资料》第 2 辑，中国社会科学出版社 1982 年版，第 23 页。

② 中国社会科学院近代史研究所编译：《共产国际有关中国革命的文献资料》第 2 辑，中国社会科学出版社 1982 年版，第 24 页。

③ 中共中央文献研究室中央档案馆编：《建党以来重要文献选编（一九二一 —— 一九四九）》第 6 册，中央文献出版社 2011 年版，第 290 页。

了立三“左”倾冒险错误。

2. 六届三中、四中、五中全会的召开

1930 年 9 月召开的六届三中全会纠正了立三路线对于中国革命形势的极左估计，停止了组织全国总起义和集中全国红军进攻中心城市的计划，结束了立三路线在中央的统治。[①] 但是，全会及其后的中央，对于立三路线的思想实质，都没有加以清算和纠正，认为李立三等只是“犯了些冒险主义的与‘左’倾关门主义的错误（仅仅是策略上的错误）”，因而党内的若干“左”倾思想和“左”倾政策，还是浓厚地存在着。

1931 年 1 月 7 日，中共六届四中全会在上海召开。会上向忠发代表中央政治局作报告，米夫代表共产国际远东局作结论。会上不断发生激烈的争论，米夫使用组织手段控制会议的进行。王明在会上发言，指责三中全会继续“立三路线”，点名批判瞿秋白，宣称必须从思想上、政治上、组织上全面彻底地改造党。会议基本上按照米夫以远东局名义同中共中央政治局事先议定的名单补选了中央委员和改选了中央政治局。王明被补选为中央委员、政治局委员，会后又被增补为政治局常委。四中全会以后，中共中央的领导权实际上由得到米夫全力支持的王明所操纵，以王明为主要代表的“左”倾教条主义错误统治了中央。六届四中全会后，王明“左”倾教条主义方针开始在各地贯彻，并逐渐显现出对革命的严重危害。1931 年 9 月，以秦邦宪（博古）为首的临时中央，继续贯彻执行王明的“左”倾错误路线。

1934 年 1 月，由临时中央召集的六届五中全会，不顾敌强我弱和第五次反“围剿”的不利形势，盲目地判断“中国的革命危机已到了新的尖锐的阶段——直接革命形势在中国存在着”；第五次反“围剿”的斗争“即是争取中国革命完全胜利的斗争”。在反对“主要危险的右倾机会主义”“反对对右倾机会主义的调和态度”等口号之下，“左”倾冒险主义错误被推向

---

① 参见《毛泽东选集》第 3 卷，人民出版社 1991 年版，第 961 页。

顶点。其最大恶果就是中央苏区第五次反“围剿”战争的失败和中央红军主力退出中央苏区。

在退出中央苏区和长征的军事行动中，“左”倾领导人又犯了逃跑主义的错误，使红军继续受到损失。党在其他绝大多数革命根据地（闽浙赣区、鄂豫皖区、湘鄂赣区、湘赣区、湘鄂西区、川陕区）和广大白区的工作，也同样由于“左”倾教条主义的错误而陷于失败。

3. 遵义会议的召开

1935 年 1 月召开的遵义会议，事实上确立了毛泽东在党中央和红军的领导地位，解决了当时最急迫的军事指挥问题，而且“实际上变更了一条政治路线。过去的路线在政治上、军事上、组织上都不能起作用了”①。遵义会议在危急关头挽救了党和红军。遵义会议后，中央红军在毛泽东等指挥下，根据实际情况的变化，灵活变换作战方向，迂回穿插于敌人重兵之间，摆脱了几十万国民党军队的围追堵截，克服了雪山、草地等各种自然环境中的恶劣条件，特别是取得反对张国焘分裂主义的错误，最后取得了红军长征的伟大胜利，到达硕果仅存的陕甘革命根据地，三大主力红军胜利会师。

红军长征的胜利，宣告了国民党反动派消灭中国共产党和红军的图谋彻底失败，宣告了中国共产党和红军肩负着民族希望胜利实现了北上抗日的战略转移，实现了中国共产党和中国革命事业从挫折走向胜利的伟大转折，开启了中国共产党为实现民族独立人民解放、国家富强人民幸福而斗争的新的伟大进军。长征的胜利，极大地促进了党在政治上和思想上的成熟。

全国抗战爆发后，中国共产党在洛川会议上制定了党的全面抗战路线和持久战战略，制定了抗日救国十大纲领，促成了抗日民族统一战线的正式形成。为争取实现民族独立、人民解放，中国共产党领导八路军、新四

---

① 中共中央文献研究室编：《毛泽东年谱》上卷，人民出版社、中央文献出版社 1993 年版，第 326—327 页。

军等人民抗日武装力量开辟敌后战场，创建抗日民主根据地，形成同国民党正面战场相配合的敌后战场，在抗日战争中发挥了中流砥柱的作用，党的组织和党员队伍也得到进一步的发展。

二、毛泽东和中共六大

毛泽东没有出席中共六大，但和六大有着密切的关系。他在大革命失败后的革命斗争艰苦实践，和六大的精神是完全一致的。陈毅曾指出："六大的精神正如毛主席所说，是揩干自己身上的血迹，埋好了同志们的尸体，继续战斗起来。当时反对机会主义盲动主义，争取群众，准备暴动，组织新的抵抗，采取苏维埃红军的形式，进行土地革命打游击。"[①] 毛泽东正是以他领导的革命斗争经验，实现六大提出的正确路线，同时又克服其不足和缺陷。

（一）毛泽东在六大当选为中央委员

在大革命失败后，毛泽东参加了八七会议，提出了枪杆子里面出政权的思想。八七会议后，毛泽东领导秋收起义，在井冈山创建革命根据地，开展土地革命，建立工农民主政权，实现了工农武装割据。因为毛泽东说了一句"枪杆子里头出政权"。就有人给他安了一个名字叫"枪杆子主义"[②]。毛泽东率领工农革命军上井冈山，开辟革命根据地，却被指责为"工作太右"，"烧杀太少"，没有执行"使小资产变成无产，然后强迫他们革命"的政策。根据中央 1927 年 11 月临时政治局扩大会议决议和 12 月 31 日给湖南省委的指示，毛泽东受到"开除中央临时政治局候补委员"和"撤销现任省委委员"的处分。而上山传达指示的湘南特委代表则误传为毛泽东被"开除党籍"。于是，毛泽东只能当师长，不能任书记了。由于

① 中共中央党史研究室、中央档案馆编：《中国共产党第七次全国代表大会档案文献选编》，中共党史出版社 2015 年版，第 556 页。

② 中共中央文献研究室、中国人民解放军军事科学院编：《建国以来毛泽东军事文稿》（1952 年 1 月—1958 年 12 月），中央文献出版社 2010 年版，第 326 页。

“左”倾盲动主义的严重干扰，使井冈山中心区域宁冈被敌军占领一个多月，刚刚建立的井冈山根据地陷入白色恐怖之中。

尽管如此，中共六大筹备时，中共中央曾专门给毛泽东和朱德部队留有代表名额，但因各种原因，毛泽东和朱德部队都没有代表出席。尽管如此，毛泽东在中共六大还是当选为中央委员。这和毛泽东参加中国共产党的创建，在大革命时期重视中国农民运动、八七会议上又坚决主张武装反抗国民党反动派有关。瞿秋白在中共六大的书面报告《中国革命与共产党——关于一九二五年至一九二七年中国革命的报告》中多次提到毛泽东和湖南的农民运动，称赞毛泽东写的《湖南农民运动考察报告》。周恩来在7月3日的《军事报告》中讲道“红军建立及其工作”，“由游击队到红军的建立”时，也专门提到“朱德与毛泽东的红军”[①]。湖南代表在大会讨论时也指出：“湖南自盲动主义实行以后，各县的组织完全溃散，甚至于消灭党员和革命部的屠杀在百分之七十以上，除平江一部及毛泽东、朱德二同志所率领之数千人以外，几乎没有党的群众的组织，甚至于连机关也没有”。在农民土地问题讨论时，有代表发言认为：贫农、富农、中农的分别，李立三说毛泽东的分法是：自己有余的算富农，自己可以自足的是中农，不足的是贫农。“毛泽东同志的分法比较明白”。[②] 所以，毛泽东虽然没有到莫斯科出席中共六大，仍然当选为中央委员，这和他自中国共产党成立以来所做的工作，所产生的重要影响和贡献是分不开的。

（二）对六大精神的传达和贯彻

在中共六大后，当选为中央委员的毛泽东，一方面认真地传达和贯彻执行，积极宣传六大精神，落实六大决议；一方面结合中国国情，探索一条和十月革命以城市中心暴动为特点不同的、以农村包围城市、武装夺取

---

① 中共中央党史研究室，中央档案馆编：《中国共产党第六次全国代表大会档案文献选编》上卷，中共党史出版社2015年版，第440页。

② 中共中央党史研究室，中央档案馆编：《中国共产党第六次全国代表大会档案文献选编》下卷，中共党史出版社2015年版，第701页。

政权，最后夺取全国政权的有中国特色的新民主主义革命道路。

1. 柏路会议传达讨论六大文件

中共六大的文件是1929年初传到井冈山的。[①]1929年1月4日至7日，毛泽东在宁冈县柏路村主持召开中共红四军前委、湘赣边界特委和团特委、红四军和红五军军委以及边界各县县委联席会议，传达和讨论刚收到的中共六大的决议案（政治、军事、土地、政权、农民、大会总结等六件），并针对井冈山根据地面临的军事威胁和经济困难情况，着重研究了粉碎湘、赣两省国民党军第三次“会剿”的策略和部署。

1月10日，由红四军主力组成的出击部队开始在茨坪、小行洲集结，毛泽东、朱德对他们进行政治动员，组织军事训练，并准备了宣传中共六大决议精神的《共产党宣言》。而这个署名中共红四军党部的《共产党宣言》，就是中共六大提出的十大政纲，即服务于党的六大争取群众路线的、争取群众口号，具体内容如下：（1）推翻帝国主义者的统治。（2）没收外国企业和银行。（3）在承认各民族自决权的情况下统一国家。（4）推翻军阀和国民党政权。（5）建立工农兵代表苏维埃政权。（6）实行8小时工作日，增加工资，救济失业者和建立社会保险制度。（7）没收所有地主土地。耕地归农民。（8）给士兵土地和劳动机会，改善士兵群众的生活。（9）取消所有政府的、军阀的和地方的苛捐杂税。实行统一的累进所得税制。（10）同苏联和世界无产阶级运动联合。[②]

以《共产党宣言》这个简洁明了的名字概括党的十大政纲，是毛泽东等人在传达贯彻六大精神中的一个创新。

2. 坳上会议传达六大精神

1929年2月17日，毛泽东同朱德率领红四军抵达江西吉安县东固地

① 通常以1929年1月的柏路会议传达六大文件为标志。但据陈毅说六大文件是1928年冬传到井冈山的。

② 中共中央党史研究室、中央档案馆编：《中国共产党第六次全国代表大会档案文献选编》上卷，中共党史出版社2015年版，第284页。

区。红四军在这里休整期间，毛泽东在东固坳上村云汉堂主持召开部队和地方党员干部会议，传达中共六大决议案的主要精神，会议结合本地情况讨论了形势、任务和斗争策略，统一了认识。3月下旬，根据中共六大“组织问题决议案”中要求在红军中建立政治部的要求，毛泽东将下井冈山前组织的工农运动委员会改为军政治部，毛泽东兼任政治部主任，谭震林兼任政治部副主任。每个纵队设立政治部，由党代表兼主任，支队大队两级不设政治部，只设党代表。红军政治部的设立，对加强红军的思想政治工作，提高部队战斗力，发挥了重要作用。

3. 给中央写信表示赞成六大精神

4月5日，毛泽东主持召开中共红四军前委会议，讨论中央二月来信，根据会议讨论精神，以红四军前委名义给中央写了复信，充分肯定和赞成六大提出的政治路线和组织路线，认为：“六次大会指示的政治路线和组织路线是十分对的：革命的现时阶段是民权主义，党的目前任务是争取群众而不是马上武装暴动。但革命发展是很快的，武装暴动的宣传和准备应该采取积极的精神”。[①] 毛泽东还表示赞成六大提出的发展农村斗争的主张，认为农村斗争发展了也是对城市斗争的支持。六大“指出了忽视农民革命的错误。中央此信有‘发展农村中广大的普遍的斗争’之言，这种意见才是对的”。[②] 毛泽东认为，无产阶级领导是革命的唯一关键，党的无产阶级基础之建立，大区域产业支部之创造，正是目前党在组织方面的最大任务，但同时农村斗争的发展，小区域苏维埃之建立，红军之创造与扩大，亦是帮助城市斗争、促成革命潮流高涨的条件。所以抛弃城市斗争沉溺于农村游击主义是最大的错误，但畏惧农民势力发展，以为将超过工人的领导而不利于革命，如果党员中有这种意见，我们以为也是错误的。因为半殖民地中国的革命，只有农民斗争不得工人领导而失败，没有农民斗争发展超过工人势力而不利于革命本身的。

① 《毛泽东文集》第1卷，人民出版社1993年版，第54页。
② 《毛泽东文集》第1卷，人民出版社1993年版，第55页。

毛泽东本着对革命高度负责的精神，对上级的指示中的问题的不足，敢于提出不同意见。毛泽东在给中央写的复信中，除了肯定六大的政治路线和组织路线的正确性，还对中央的二月来信提出了批评意见，认为："中央要求我们将队伍分得很小，散向农村中，朱、毛离开队伍，隐匿大的目标，目的在于保存红军和发动群众，这是一种不切实际的想法。以连或营为单位，单独行动，分散在农村中，用游击的战术发动群众，避免目标，我们从一九二七年冬天就计划起，而且多次实行过，但都是失败了。"毛泽东当时并不知道，让朱毛离开队伍是共产国际的主张。"中央若因别项需要朱毛二人改换工作，望即派遣得力人来"。毛泽东在提出不同意见的同时，也表示将服从中央的最后决定并不影响工作。中共中央政治局在收到毛泽东的复信后，于6月12日开会进行了讨论。会议认为：中央二月致毛泽东、朱德的信对分散红军等说法"是有些毛病的"，共产国际代表布哈林在中共六大提出分散红军的主张，是不知道中国的条件。现在是长期混战的局面，红军应采取集中游击的策略，集中更容易发动群众，分散甚至会被地主武装消灭，中央应坚决改变分散红军的原则。这样，中央采纳了毛泽东的意见，不再要求朱毛离开红军。

4. 兴国会议传达六大精神

4月中旬，毛泽东率红四军第三纵队抵达兴国县县城后，出席由中共兴国县委召集的党团员干部和活动分子会议，传达中共六大决议精神，要求大家带领群众开展反帝反封建运动。同时，毛泽东根据于都、兴国调查的实际情况和六大决议案，制定兴国县《土地法》。这个土地法规定："没收一切公共土地及地主阶级的土地归兴国工农兵代表会议政府所有，分给无田地及少田地的农民耕种使用。"这比4个月前制定的井冈山土地法有一个重要的变更，就是把"没收一切土地"改为"没收公共土地及地主阶级土地"，这是一个原则的改正，也是中国共产党土地革命政策的一个进步。5月上旬，毛泽东又在宁都县城召开的宁都县中共党员大会上，具体阐释了中共六大决议中提出的"十大政纲"，指出宁都党组织的紧迫任务是收缴反动武装，扩大赤卫队，开展土地革命，建立红色政权。

5. 批驳背离六大精神的取消主义

1929年11月28日，毛泽东致信中共中央政治局常委李立三，其中写道："独秀近来行动真岂有此理，中央的驳议文件已经到此，我们当普遍地宣传。"毛泽东所说陈独秀近来行动，是指陈独秀于这年8月5日致中共中央常委的信中，称中共中央"始终不认识革命失败与资产阶级之胜利，始终不认识现在是列宁所谓'革命二个波间过渡期'"，对"革命高潮过分的估量与宣传"，"在政治上工作上组织上一贯的错误路线"，等等，并将此信私下传播。[①]中共中央政治局10月5日召开会议，通过《中央关于反对党内机会主义与托洛茨基主义反对派的决议》，指出党内以陈独秀为代表的机会主义与托洛茨基反对派对于中国革命的根本问题陷入取消主义的观点，完全背离了六大与中央关于目前革命的根本策略，同时违背党的组织原则，进行分裂党的小组织活动，是党所不能宽恕的破坏党的行为。这就是毛泽东所说的"中央的驳议文件"。毛泽东赞成中共中央对陈独秀的批评，认为陈独秀的做法是错误的，其主张是同六大精神相背离的。

（三）对六大存在的缺点和不足的克服

在全党为挽救革命、寻找革命新道路而进行的艰苦斗争中，以毛泽东为主要代表的一大批共产党人，经过创建、发展红军和农村革命根据地的实践，在学习贯彻六大路线的过程中，根据中共六大制定的十大政纲，实行土地革命，建立革命根据地和工农民主政权，探索和创造新经验，逐步地提出了一系列正确的方针、政策和方法，解决了六大不曾解决或不曾正确解决的问题，逐步找到了一条推动中国革命走向复兴和胜利的道路。正如陈毅在中共七大上所说："毛主席虽然没有参加六大，但代表了六大的正

---

① 中共中央文献研究室编：《毛泽东年谱（1893—1949）》上卷，中央文献出版社2005年版，第291页。

确路线。这是从革命实践中提出的。”①

1. 创建井冈山根据地，实行工农武装割据，为中国革命探索出农村包围城市，最后夺取城市这条中国特色的革命道路打下了基础。

秋收起义后，毛泽东于1927年10月率领湘赣边界的工农革命军，开始创建以宁冈为中心的井冈山农村革命根据地的艰苦斗争。井冈山根据地的建立，点燃了工农武装割据的星星之火，为中国革命探索出了农村包围城市、武装夺取政权这样一条前人没有走过的正确道路。

实行工农武装割据，就是在中国共产党领导之下，把武装斗争、土地革命、建立革命政权三者结合起来。就全党来说，这时还没有解决以农村为工作中心的问题，中共六大也仍然是以城市为工作中心，但毛泽东提出的工农武装割据的思想为解决这个问题奠定了基础。周恩来曾指出：六大“对党的各项政策，大体上有了规定，如关于苏维埃区域的红军问题、工人工作、农民工作、土地政策等，都有单独的决定。但以现在的眼光来看，这些政策是缺乏策略观点的，深入地研究实际情况与群众观点非常不够，最明显的是不重视农村武装割据，搞军队和政权”。②

而毛泽东则在中国革命的实践中，把马克思主义的基本原理同中国具体实际相结合，根据中国社会和中国革命的特点，论证了红色政权能够长期存在并发展的主客观条件，提出了工农武装割据的思想。这些主客观条件是:（一）中国是帝国主义间接统治的经济落后的半殖民地国家。半封建的地方性的农业经济（不是统一的资本主义经济）和帝国主义对中国实行划分势力范围的政策，使反动统治阶级内部继续不断地发生分裂和战争。这种分裂和战争既然总是继续不断，小块区域的红色政权就能够利用这种矛盾而发生并长期坚持下来。（二）红色政权之所以在小块地区发生，是和大革命运动的影响有密切关系的。这样的政权首先发生和能够长期存在的地方，就是在大革命过程中工农群众曾经发动起来的地方。（三）小块红色

① 中共中央党史研究室、中央档案馆编:《中国共产党第七次全国代表大会档案文献选编》，中共党史出版社2015年版，第556页。

② 《周恩来选集》上卷，人民出版社1980年版，第179—180页。

区域能否长期存在，还取决于全国革命形势是否向前发展。中国革命形势是跟着国内买办豪绅阶级和国际资产阶级的继续分裂和战争而必然继续向前发展的，所以红色政权不但能够长期存在，而且还会继续发展。（四）有相当数量的正式红军的存在，是红色政权存在的必要条件。（五）共产党组织的有力量和它的政策的不错误，更是一个要紧的条件。此外，还需要有便利于作战的地势和能提供足够给养的经济力等。毛泽东阐明的工农武装割据局面长期存在和发展的条件是非常重要的。只有正确回答这个问题，才能既同那种怀疑红色政权能够存在的右倾悲观思想划清界限，又同那种认为可以无条件地在农村发动武装暴动的“左”倾盲动错误划清界限。[①] 这就为毛泽东创造性地提出农村包围城市、最后夺取政权的中国革命道路的理论奠定了基础。这是毛泽东坚持马克思主义中国化的硕果。

1929 年春天，正在莫斯科伏龙芝军事学院学习的刘伯承看到了从国内传来的油印小册子，上面刊载着 1928 年 10 月 5 日毛泽东同志为湘赣边区党的第二次代表大会所写的决议和 1928 年 11 月 25 日毛泽东同志写给中共中央的报告，也就是后来收入毛泽东选集的《中国红色政权为什么能够存在》《井冈山的斗争》。刘伯承看后，强烈地感觉到，武装斗争的确是中国革命的主要斗争形式，没有武装斗争便会失去一切。土地革命则是中国民主革命的基本内容，只有靠土地革命才能团结广大农民。而这一切，都有赖于革命根据地的建立和发展。1927 年的南昌起义，就是由于没有建立根据地和开展土地革命，最后连站脚的地方也失去了。激动不已的刘伯承拿着这两小册子，兴冲冲地去找左权和屈武，他一边念着文章，一边深有感慨地说：“毛泽东同志所提出的中国革命的道路问题及其所做出的正确科学的结论，为我们党开展革命斗争指明了正确的方向，创造性地运用马列主义，解决了中国革命的具体问题。我看中国革命的前途是光明的”。[②] 井冈山时期留下的最为宝贵的财富，就是井冈山精神，最重要的方面就是坚定

---

① 中共中央党史研究室:《中国共产党历史》第一卷（上册），中共党史出版社 2011 年版，第 326 页。

② 本社编:《刘伯承和他的战友们》，国防大学出版社 1992 年版，第 312—313 页。

信念、艰苦奋斗，实事求是、敢闯新路，依靠群众、勇于胜利。毛泽东为代表的中国共产党人无疑就是井冈山精神的创造者和践行者。

2. 提出建党建军纲领

1929 年 12 月，毛泽东为红军第四军党的第九次代表大会所起草了八个决议即古田会议决议。其中最重要的是关于纠正党内的错误思想的决议案，确立了思想建党、政治建军的原则，被誉为重要的建党建军纲领。在党的建设方面，古田会议决议集中体现着重从思想上建设党这一独特的党的建设道路，深刻阐述加强党的思想建设的极端重要性，指明党内各种非无产阶级思想的表现、来源及纠正办法。决议还提出加强党的组织建设的任务，要求“厉行集中指导下的民主生活”，发展新党员要注重质量，等等。在军队建设方面，决议则明确规定：“红军是一个执行革命的政治任务的武装集团”，必须绝对服从党的领导，必须全心全意为党的纲领、路线和政策而奋斗；批评认为军事和政治对立的单纯军事观点；再次提出红军“除了打仗消灭敌人军事力量之外，还要负担宣传群众、组织群众、武装群众、帮助群众建立革命政权以至于建立共产党的组织等项重大的任务”；强调要加强红军政治工作，特别是政治教育工作。

毛泽东在古田会议决议中不仅明确规定了红军的性质和任务，批判了不重视根据地建设的流寇思想和不愿做群众工作的错误倾向；还充分肯定党对红军的领导原则。强调必须从思想上、政治上进行党的建设，还必须加强党的组织建设，指出要在红军中健全党的各级组织，“厉行集中指导下的民主生活”，批判了极端民主化思想和非组织观点等错误倾向；阐明了军事和政治的关系，指出，“军事只是完成政治任务的工具之一”，批判了“军事好，政治自然会好”和“司令部对外”以及把政治机关隶属于军事机关的单纯军事观点。决议强调了进行马克思主义和党的正确路线教育的必要性、迫切性。决议指出，红军党内“存在着各种非无产阶级的思想”，最迫切的问题是教育的问题，要从教育上提高党内的政治水平，使党员的思想和党内的生活都政治化、科学化。决议对各种错误思想的表现、根源作了分析，指明了纠正的方法。确立红军处理军内关系、军民关系和瓦解敌军的原则。决议指出，红军官兵平等，官长应爱护士兵，保障士兵的民主权利，纠正打骂士兵等旧军队的管教方法，士兵要尊重官长，自觉接受管理，遵守纪律。决议重申红军必须遵守三大纪律和六项注意的规定，坚持军民团结。决议规定，优待俘虏兵，不准没收他们个人的财物，有伤给予医治，不愿当红军的发给路费释放。决议还规定红军宣传工作的任务。决议指出："红军宣传工作的任务，就是扩大政治影响争取广大群众。由这个宣传任务之实现，才可以实现组织群众、武装群众、建立政权、消灭反动势力、促进革命高潮等红军的总任务。"决议论述了红军政治工作的作风和方法，指出要"用马克思列宁主义的方法去作政治形势的分析和阶级势力的估量，以代替主观主义的分析和估量"，要注意对实际情况的调查研究，"党内批评要防止主观武断和把批评庸俗化"。①

总之，古田会议决议解决了以农民为主要成分的革命军队如何建成无产阶级性质的新型人民军队的问题，是红军及后来的八路军、新四军、人民解放军建设的纲领性文件。同时，为整个党的建设确立了一条马克思列宁主义的路线，也是党的建设的纲领性文件。周恩来曾经指出：关于党的建设问题。六大深入地研究实际情况非常不够，除了最明显的不重视农村武装割据，搞军队和政权；其次就是党的建设问题。而"毛泽东同志当时已经重视这些问题，这在一九二八年十月湘赣边界党的第二次代表大会的决议和一九二九年十二月红四军第九次党的代表大会的决议中，已经明白表现出来"②。毛泽东在古田会议决议中提出和论述的建党建军纲领，也从中共六大文件中汲取了正确观点、主张，但又有新的发挥和创造。所以，中共七大关于军事问题的决议指出："自六次大会以来，我党在军事工作方面，在毛泽东同志领导之下，在十七年的奋斗中，创造了一套完整的中国人民战争的军事理论，并且同人民一起，建立了八路军、新四军等这样巨

① 中共中央文献研究室编：《毛泽东年谱（1893—1949）》上卷，中央文献出版社 2005 年版，第 292—293 页。

② 《周恩来选集》上卷，人民出版社 1980 年版，第 179—180 页。

大的武装力量。”①

3. 制定正确的土地政策

1927年10月，毛泽东率领湘赣边界秋收起义的工农革命军，开始创建以宁冈为中心的井冈山农村革命根据地的艰苦斗争时，制定的土地政策是打土豪，分田地，废除封建剥削和债务；依靠贫雇农，联合中农，限制富农，保护中小工商业者，消灭地主阶级。1928年12月，毛泽东起草并制定、以湘赣边界政府名义正式颁布了中国共产党的第一部土地法《井冈山土地法》，其中规定“没收一切土地归苏维埃政府所有”，并“以人口为标准，男女老幼平均分配”。毛泽东在1941年出版《农村调查》时亲自为《井冈山土地法》写了按语，说明：“此土地法是1928年冬天在井冈山（湘赣边界）制定的。这是1927年冬天到1928年冬天整一年内土地斗争经验的总结。在这以前，是没有任何经验的。”从这里可以看出毛泽东在制定土地政策方面的创造性。同时毛泽东指出：“这个土地法有几个错误：（一）没收一切土地而不是只没收地主土地；（二）土地所有权属政府而不是属农民，农民唯有使用权；（三）禁止土地买卖。这些都是原则错误，后来都改正了。”② 这说明毛泽东对中国土地革命的路线和政策也有一个探索和认识过程。而六大文件的传达和贯彻也对毛泽东有所影响。

中共六大决议指出：“在有很多失业和贫苦的农民的地方，必然发生‘平分土地’的运动，如果这一口号为大多数农民群众所拥护时，共产党应加以赞助，因为这是彻底肃清一切封建余孽的口号，并且是直接动摇私有制度的。”③ 毛泽东认为，这些话大部分是正确的，因为它适合中国这类地少人多的情况（在北方每人平均只有三亩地，在南方每人平均只有一亩地）。同时，“这一段话里，只有最后一句不妥当，因为‘平分土地’的结果，并没有

① 中共中央党史研究室、中央档案馆编：《中国共产党第七次全国代表大会档案文献选编》，中共党史出版社2015年版，第616页。

② 中共中央文献研究室、中国人民解放军军事科学院编：《建国以来毛泽东军事文稿》中（1952年1月—1958年12月），中央文献出版社2010年版，第327页。

③《毛泽东文集》第2卷，人民出版社1993年版，第342—343页。

动摇全部私有制，只动摇了封建主义的私有制，使之变为农民的私有制”。[①]

毛泽东还认为，在土地问题上，对六大决议中关于没收地主阶级的土地，分配给无地或少地的农民的政纲，党内是没有争论的。争论是在没收后给富农分坏田、地主不分田，还是作为一般农民对待。中共六大决议指出，要向农民说明在现时条件下没有实行真正平等的可能，因此不要把农民引向绝对平均主义（例如侵犯中农利益，分田后不允许土地买卖，即不允许新富农产生）。而当时临时中央的领导人却违反六大精神，发明了一条“地主不分田、富农分坏田”的“左”倾路线，将南方一些地区受到农民称赞的土地分配法强迫取消，连同政治、军事、组织路线的错误，结果闹出一场革命的失败。[②]毛泽东在这个问题上曾被批评是“富农路线”，就是不赞成“左”倾政策。

毛泽东在领导土地革命斗争的实践中，集中集体智慧，逐渐提出了一条符合中国实际的土地革命路线和分配政策，其路线的基本内容是：依靠贫农、雇农，联合中农，限制富农，消灭地主阶级，变封建半封建的土地所有制为农民的土地所有制。土地分配政策是：没收地主阶级土地和一切公共土地，以乡为单位，以原耕为基础，按人口平均分配；分田方法是抽多补少，抽肥补瘦。

4. 提出实事求是、反对本本主义的思想路线

在贯彻执行六大路线的过程中，毛泽东在提出要纠正党内错误思想的同时，严肃批评了那种不作实际的调查和研究而主观主义地估量政治形势和指导工作的表现。他指出：“主观主义，在某些党员中浓厚地存在，这对分析政治形势和指导工作，都非常不利。因为对于政治形势的主观主义的分析和对于工作的主观主义的指导，其必然的结果，不是机会主义，就是盲动主义。至于党内的主观主义的批评，不要证据的乱说，或互相猜忌，

① 《毛泽东文集》第2卷，人民出版社1993年版，第343页。

② 《毛泽东文集》第2卷，人民出版社1993年版，第343页。

往往酿成党内的无原则纠纷，破坏党的组织”。[①]

针对着一些同志以教条主义的态度对待六大文件而置实际情况于不顾的错误。毛泽东在 1930 年 5 月的《反对本本主义》一文中写道：党内有一些同志以教条主义的态度对待中共六大决议案，以为“党的第六次全国代表大会的‘本本’保障了永久的胜利，只要遵守既定办法就无往而不胜利”。[②] 事实上是完全错误的，如果不做调查，不根据实际情况提出具体的政策和措施，六大的决议就不可能得到很好地贯彻实行。毛泽东认为，不注重调查研究，不注重研究中国的国情和当时社会的政治经济情况，生吞活剥地搬马克思列宁主义的原理和外国革命的经验，成天闭着眼睛在那里瞎说，这是共产党员的耻辱。毛泽东对我们既要本本主义，又要反对本本主义的论述，对党内教条主义倾向的批评，是中国共产党实事求是思想路线初步形成的重要标志。

毛泽东在创造性的贯彻执行六大路线方面取得的成就，得到了许多同志的肯定。1931 年 4 月 17 日，中共苏区中央局第一次扩大会议在江西宁都县青塘举行，会议通过的《接受国际来信及四中全会决议的决议》指出，在 1930 年 6 月汀州会议以前，毛泽东领导的红四军前委“路线是一般正确的，是执行中国党六次大会的正确路线的四军前委是坚决为工农政权而斗争，曾经坚决的反对过不要政权的流氓路线。前委坚决的执行土地革命来争取群众，关于土地革命的一切机会主义，曾作残酷的斗争，从这些斗争中贡献了土地问题许多宝贵的经验。前委对于红军有了正确的了解，建立了红军的整个制度，如建立党的领导，建立政治委员制度，建立士兵委员会，建立军需制度和筹款路线，特别是建立做群众工作的路线等。此外前委又认清武装地方群众，正确的执行城市政策。前委为了坚决执行这些任务，曾向盲动主义、机会主义、逃跑主义、流氓路线作了长久的坚决的斗争。”[③]

---

① 《毛泽东选集》第 1 卷，人民出版社 1991 年版，第 91—92 页。

② 《毛泽东选集》第 1 卷，人民出版社 1991 年版，第 115—116 页。

③ 中共中央文献研究室中央档案馆编：《建党以来重要文献选编（一九二一 —— 一九四九）》第 8 册，中央文献出版社 2011 年版，第 366 页。

在中国革命由大革命失败走向复兴，各革命根据地蓬勃发展的基础上，1931 年 11 月 7 日，第一次全国苏维埃代表大会在江西瑞金召开，宣布成立中华苏维埃共和国临时中央政府，毛泽东当选为临时中央政府主席。这是中国共产党领导的局部执政的重要尝试。中共在广大农村继续领导武装斗争，深入开展土地革命、建立工农民主政权，中国革命的星星之火形成燎原之势。

三、延安整风和中共七大对六大的争论和评价

全国抗日战争爆发后，中国共产党的组织迅速发展、壮大，新党员的增加，加强党的建设成为一项伟大的工程。毛泽东先后发表《〈共产党人〉发刊词》《中国革命和中国共产党》《新民主主义论》等重要理论著作，从思想上武装全党。从 1941 年 5 月毛泽东作《改造我们的学习》，到 1942 年 2 月开始全党普遍整风运动。针对着党内存在的主观主义、宗派主义、党八股，着力整顿学风、党风、文风。通过整风运动，惩前毖后，治病救人，树立马克思主义的作风，提高广大党员、干部尤其是党的高级干部的思想理论水平，增强党的凝聚力和战斗力。

（一）党史学习中讨论六大历史

延安整风运动的后期，从 1943 年 10 月 10 日开始，党的高级干部按照中共中央的决定，重新学习党的历史和党的路线问题。延安整风运动由普遍整风时期转入总结党的历史经验时期。这一时期的任务是在批判了主观主义、宗派主义和党八股以后，在党的干部进一步掌握了马克思列宁主义的基本原理和中国革命实际相结合这一根本方向的基础上，对于党的历史上的重大错误进行实事求是的彻底清算，并作出正式的结论。

为了更好地总结党的历史经验，在延安的绝大多数高级干部都参加了学习。中共中央书记处把学习党的历史文献汇成《两条路线》一书，作为这一阶段高级干部学习的主要文件。这本书对 1941 年出版的《六大以来》作了增删，增加了大革命时期和 1942 年、1943 年的文件，共收入建党以

来党内重要文献137篇。学习的方法，是首先学习抗日战争时期的路线问题，以后又学习大革命时期和土地革命战争时期的路线问题，然后再回到抗日战争时期的路线问题上来，即从现实问题出发，经过历史问题的学习，再回到现实问题上来。当时整风学习很强调联系实际，自觉地反省检查自己的思想和工作。同时，联系党的历史上的重大问题进行讨论。

学习中联系到党的六大，同志们的看法很不一致。特别是围绕党的六大路线是否正确，展开了热烈的讨论。有的人认为六大基本正确，有的人认为基本错误，两种意见争论激烈。有的人认为：六大是1928年在莫斯科开的，六大的基本路线是正确的，六大决议对形势的分析、任务的规定，现在看来，还是比较对的。当然也有值得研究的地方。后一种意见的理由是，六大对于农民问题、武装斗争问题和“以农村包围城市”等问题都没有正确解决。许多具体问题都错了，当然总的问题也就错了。因为学习六大决议的时间较长，提出的问题也较多，大会小会上争论得很激烈。当时在延安杨家岭中央礼堂召开了多次讨论会，两种观点都有代表在会上发言。党校也召开大会，让不同的意见自由发表，展开争论，前后经历了一个多月。在学习路线的高潮阶段，大家在会上、会外，吃饭，走路，访朋问友，话题都是六大问题。

为了正确对待党的历史，进一步统一认识，中共中央也多次讨论研究，提出了正确的指导原则。1944年2月24日，中央书记处召开会议，决定关于党的历史问题，确认王明、博古的错误应视为党内问题；成立临时中央与召开六届五中全会因为系得到共产国际承认，应视为合法，但须指出手续不完备；学习路线时，对于历史上的思想问题要弄清楚，对结论必须力求宽大，目前是应该强调团结，以便团结一切同志共同工作；“学习路线时，须指出党的六大基本方针是正确的，六大是起了进步作用的”[①]；对六届四中全会到遵义会议时期的工作，也不宜采取否定一切的态度，凡做得对的，也应承认它。

① 中共中央党史研究室、中央档案馆编：《中国共产党第六次全国代表大会档案文献选编》下卷，中共党史出版社2015年版，第73页。

（二）周恩来对中共六大的研究

根据中央书记处会议的精神，也为了帮助中央党校学员包括在校学习七大代表正确认识党的六大，1944 年 3 月 3 日、4 日，周恩来到中央党校大礼堂作了两次报告。周恩来认为，自己参加了六大的工作，又是当时的主要负责人之一，应当比别人认识更清楚些。因此，有责任把他对六大的思考和认识提供出来。在此过程，他不仅深入研究问题，还同当年参加过六大的一些同志交换意见，对报告做了精心准备。

周恩来关于六大的研究的报告，共分为六部分：一、中国革命的性质、任务和前途；二、中国革命的动力和阶级关系；三、大革命的经验教训；四、革命形势和党的策略；五、党的各项政策；六、六大本身及其影响。

周恩来扼要地分析了六大情况特别是六大的政治决议案，对六大的历史功过给予了科学的评价，认为六大关于中国革命的性质、任务、前途等问题的决定基本上是对的，六大决议基本上是正确的。六大重新肯定了中国革命是资产阶级性质的民主革命，纠正了陈独秀机会主义错误，指出了党内“左”的思想和中国当时革命的形势是处于两个高潮之间。

六大正确地估计到当时中国革命形势是处在两个高潮之间，但在对革命高潮和低潮的了解上，在策略路线问题上，有“左”的错误。周恩来还解释说，六大没有解决农村包围城市等问题，是因为召开六大时没有根据地代表参加，情况不了解。在党的政策方面，六大虽有大体规定，但缺乏策略观点。

中共六大的错误主要是在一些具体的实际问题上。一是不认识中国革命的特点是农民斗争与武装割据，中国革命的中心问题是农民土地问题。二是不认识中国阶级关系变化的复杂性，没有把策略观点着重放在争取中间阶级上。三是不认识革命形势发展的不平衡性，因而没有重视农村工作与建党工作。四是没有更认真地总结过去的经验教训，从而认识武装的重要等。在六大代表成分和大会时间的安排上也有缺点。代表成分不健全又没有充分的时间来研究，使问题不能得到深入讨论。而且，中共六大是在共产国际的直接领导下召开的，其正确和错误的地方，都受到了共产国际的影响。

周恩来还称赞了中央党校这场关于党的六大的争论是党内的思想大解放，是毛泽东领导整风学习的成就。他指出："近半年来，大家都在学习两条路线斗争问题。在学习大革命时期的文件中，大家对党的第六次全国代表大会的看法有很多争论，而且争论得很热烈。这是启发思想的一种争论。"①

周恩来关于党的六大研究的报告，实际上是为延安整风中关于六大的争论作了总结。周恩来对中共六大的研究，坚持了"合乎历史实际情况"的原则，对于全党正确地总结历史经验很有帮助。听了报告的老同志回忆说，周恩来结合历史事实，讲得很实际，如同旱地里下了一场透雨。他作报告时，首先作自我批评，说他是六大的主要负责人之一，当时没能深刻研究中国革命的经验，以致留下了许多问题。他对大家争论的问题作了解释。同志们听得饶有兴趣，信服和同意他这个总结性的报告。经过这一场大辩论，又听了周恩来的报告，学员们加深了对党内两条路线斗争的认识，进一步明确认识到我国革命的性质、任务、对象、动力以及特点等重要问题。

1944 年 3 月 5 日，毛泽东主持中央政治局会议，发表了关于路线学习、工作作风和时局问题的长篇讲话。他指出：我们自整风以来就是治病救人的，在清查党内历史中有人怀疑好像不是治病救人的方针，现在我们的方针，还是在思想上要清算彻底，组织结论要慎重和适当。4 月 12 日，毛主席在延安高级干部大会上作《学习和时局》的报告，对 1943 年冬开始的党史学习作了结论。他指出，中央认为，应使干部对于党内历史问题在思想上完全弄清楚，同时对于历史上犯过错误的同志在作结论时应取宽大的方针，以便一方面，彻底了解我党历史经验，避免重犯错误；又一方面，能够团结一切同志，共同工作。

他指出，我党历史上，曾经有过反对陈独秀错误路线和李立三错误路线的大斗争，这些斗争是完全应该的。但其方法有缺点：一方面，没有使

---

① 《周恩来选集》上卷，人民出版社 1980 年版，第 157 页。

干部在思想上彻底了解当时错误的原因、环境和改正此种错误的详细办法，以致后来又可能重犯同类性质的错误；另一方面，太着重了个人的责任，未能团结更多的人共同工作。这两个缺点，我们应引为鉴戒。吸取历史经验和教训，处理历史问题，就不应着重于一些个别同志的责任方面，而应着重于当时环境的分析，当时错误的内容，当时错误的社会根源、历史根源和思想根源，实行惩前毖后、治病救人的方针，借以达到既要弄清思想又要团结同志这样两个目的。对于人的处理问题取慎重态度，既不含糊敷衍，又不损害同志，这是我们的党兴旺发达的标志之一。同时，对于任何问题应取分析态度，不要否定一切。

针对许多党员干部在学习讨论中对六大的作用发生争论，认识不一致，有少数同志还提出，六大的路线基本上是错误的，企图否定六大。毛泽东不同意这个观点，而是充分肯定六大的路线和作用。他指出："六大的路线基本上是正确的，六大指出了革命的性质，提出了十大政纲，指出形势是两个高潮之间，反对速胜论，指出要争取群众。六大的基本精神是有群众观点的"。[①] 毛泽东认为，六大关于革命的性质、动力、前途、形势和策略方针等问题的决定基本上是对的。"第六次全国代表大会的路线是基本上正确的，因为它确定了现时革命的资产阶级民主主义性质，确定了当时形势是处在两个革命高潮之间，批判了机会主义和盲动主义，发布了十大纲领等，这些都是正确的"。但同时，"第六次全国代表大会亦有缺点，例如没有指出中国革命的极大的长期性和农村根据地在中国革命中的极大的重要性，以及还有其他若干缺点或错误。但无论如何，第六次全国代表大会在我党历史上是起了进步作用的。"[②]

毛泽东运用唯物辩证法的观点，对六大给予了全面科学的评价。随着革命力量的发展，六大提出的没有实行的任务，也可以提上党的日程了。如党的六大决定的准备城市起义的任务，没有也不可能在这十多年中间去实行。但是在七大后就可以实行了。毛泽东阐明了研究历史经验应当采取

---

① 《毛泽东文集》第 3 卷，人民出版社 1993 年版，第 95 页。
② 《毛泽东选集》第 3 卷，人民出版社 1991 年版，第 939 页。

的正确方针和态度，对高级干部关于党的历史问题的讨论作了总结，也为六大讨论作了正式结论。

这次关于党的历史的学习，大大提高党员干部的政治水平。当时在延安的老同志回忆说：周恩来作的关于六大的研究的讲话，毛泽东作的《学习和时局》的讲话，解决了大家在讨论中提出的重要问题，使认识水平大大提高了一步。还有人回忆说，彭真也作了一次报告，分析指出 1928 年在莫斯科召开的六大基本是正确的。

经过学习研究六大以来文件和召开党史座谈会，解决了若干有争议的历史问题，为党的六届七中全会的召开，并作《关于若干历史问题的决议》提供了重要的依据。六届七中全会通过的《关于若干历史问题的决议》，实际上是这次党史学习的系统总结，也为党的七大的胜利召开，做了充分的思想准备。1945 年 4 月，中共六届七中全会通过了《关于若干历史问题的决议》，对于我党历史上各次“左”右倾错误作了公开的批评和结论。至此，延安整风运动胜利结束。

（三）1945 年历史决议对六大的评价

1945 年中共六届七中全会通过的《关于若干历史问题的决议》，对中国共产党成立以来的历史经验进行了全面总结，对六大也有比较全面的评价。

对其成就方面的评价是：“一九二八年六、七月间召开的党的第六次全国代表大会的路线，基本上是正确的。它正确地肯定了中国社会是半殖民地半封建社会，指出了引起现代中国革命的基本矛盾一个也没有解决，因此确定了中国现阶段的革命依然是资产阶级民主革命，并发布了民主革命的十大纲领。它正确地指出了当时的政治形势是在两个革命高潮之间，指出了革命发展的不平衡，指出了党在当时的总任务不是进攻，不是组织起义，而是争取群众。它进行了两条战线的斗争，批判了右的陈独秀主义和‘左’的盲动主义，特别指出了党内最主要的危险倾向是脱离群众的盲动主义、军事冒险主义和命令主义。这些都是完全必要的。”

决议对六大的缺点和错误也有分析和判断。这就是在认为大会主要方面是正确的同时，另一方面，第六次大会也有其缺点和错误。它对于中间阶级的两面性和反动势力的内部矛盾，缺乏正确的估计和政策；对于大革命失败后党所需要的策略上的有秩序的退却，对于农村根据地的重要性和民主革命的长期性，也缺乏必要的认识。

但六大的缺点和错误并不足以掩盖其主要方面的正确的。正如决议所说："这些缺点和错误，虽然使得八七会议以来的'左'倾思想未能根本肃清，并被后来的'左'倾思想所片面发展和极端扩大，但仍然不足以掩盖第六次大会的主要方面的正确性。党在这次大会以后一个时期内的工作，是有成绩的。"①

"毛泽东同志在这个时期内，不但在实践上发展了第六次大会路线的正确方面，并正确地解决了许多为这次大会所不曾解决或不曾正确地解决的问题，而且在理论上更具体地和更完满地给了中国革命的方向以马克思列宁主义的科学根据。在他的指导和影响之下，红军运动已经逐渐发展成为国内政治的重要因素。党在白色区域的组织和工作，也有了相当的恢复。"②

总之，1945 年通过的历史问题决议对六大的有关论述，仍然是后来者了解和深化中共六大研究的重要参考。

在 1945 年 4 月召开的中国共产党第七次全国代表大会的预备会议上，任弼时指出：从六大到七大，时隔将近 17 年，这固属缺点，但也有其积极方面，在延期中发展了我们的力量，党的思想更加一致。党的代表大会最主要的任务之一是解决党的政治路线问题。党的六大制定的争取群众、进行民主主义革命的总路线是基本正确的，但也有一些缺陷。特别是在实际工作中出现的"左"倾冒险主义，给革命带来严重损失。③ 这是任弼时对六大的一个中肯的评价。

陈毅在 1945 年 3 月 1 日起草的建军报告中，回顾了人民军队建设的历史。其中也谈到六大。"一九二八年党的六次大会决议中指出'中国革命中

① 《毛泽东选集》第 3 卷，人民出版社 1991 年版，第 958 页。
② 《毛泽东选集》第 3 卷，人民出版社 1991 年版，第 958—959 页。
③ 中共中央文献研究室编：《任弼时年谱》（修订版），中央文献出版社 2004 年版，第 458 页。

军事动力有一般的重要意义’。又指出：‘建立苏维埃区域内的工农革命军，扩大革命的正式军队，巩固军队中的党的领导’。这些指示是符合当时情况的，是很正确的。”①

同时，陈毅也指出：“由于斗争环境的限制，各地红军游击队的最初建军经验不可能及时反映到党的第六次全国代表大会中去”，但六大“的基本精神在于指出中国革命的民权革命阶段的性质，提出争取群众、准备武装起义、建立苏区和红军的任务。这些正确指示，对各地启示非常之大。”陈毅指出：1928年冬，六大决议到达井冈山，大家在研究中即指出：毛泽东同志强调中国革命的民主性质，反对盲动主义，以及建立罗霄山脉中段政权革命根据地的办法是与六大决议符合的。“这是毛泽东同志超过全党的独特的卓见”，且较六大决议“更其前进突出，更其符合实际，故能别开生面，更其深入具体的发展了我们工农兵的革命事业”。②

1945年5月7日，陈毅在中共七大的华中代表团的大会发言中又指出：“六次大会是处在大革命失败后抓住了反机会主义盲动主义的情况。六大的精神正如毛主席所说，是揩干自己身上的血迹，埋好了同志们的尸体，继续战斗起来。当时反对机会主义盲动主义，争取群众，准备暴动，组织新的抵抗，采取苏维埃红军的形式，进行土地革命打游击。毛主席虽然没有参加六大，但代表了六大的正确路线。这是从革命实践中提出的。过去华中有同志曾认为当时采取苏维埃红军形式是不对的，其实当时老百姓对国民党恨得不得了，采取这种名字，表示独立奋斗的崭新姿态，代表了全国人民对国民党白色恐怖的反抗精神。正如毛主席所说的共产党名字是好的，不要改，是同样的道理。”“六大以后有缺点，当时不应采取全面进攻，这缺点以后成为立三路线的根源，但六大基本上而且主要方面是对的。”③

---

① 中共中央党史研究室、中央档案馆编：《中国共产党第七次全国代表大会档案文献选编》，中共党史出版社2015年版，第79、83页。

② 中共中央党史研究室、中央档案馆编：《中国共产党第七次全国代表大会档案文献选编》，中共党史出版社2015年版，第83页。

③ 中共中央党史研究室、中央档案馆编：《中国共产党第七次全国代表大会档案文献选编》，中共党史出版社2015年版，第556页。

参加过中共六大的刘伯承在七大上也谈到六大。他强调："要团结自己战胜敌人，这是毛主席的名言"。六大"我也参加过，是不够团结的"[①]，我们的七大是空前的团结。党的团结是成熟的表现，是胜利的保障。六大召开时中国共产党还不够成熟，因此会上还有不少的争论和意见，这是客观事实，也是可以理解的。

① 中共中央党史研究室、中央档案馆编：《中国共产党第七次全国代表大会档案文献选编》，中共党史出版社2015年版，第418页。

结束语　中共六大的重要意义、作用与不足

中国共产党自成立以来，为着实现民族独立、人民解放，国家富强、人民幸福的目标而不怕牺牲，英勇奋斗。每次召开全国代表大会，都是力图集中全党智慧和力量去实现不同阶段所必须完成的任务。而每次代表大会都有不同的内容，所发挥的作用不同，意义也有不同。中共六大也是如此，有成就也有不足。

（一）中共六大具有的重要意义

在中国共产党的历史上，“第六次全国代表大会的路线是基本上正确的”，“在我党历史上是起了进步作用的”[①]，是对六大地位和作用的充分肯定。它有巨大的历史功绩，但也有明显的不足之处。中共六大的路线是基本上正确的，主要表现以下几个方面：

1. 正确地指出了中国革命的性质、任务和前途。大革命失败后，中国革命进入共产党独立领导的新时期。在如何认识这时的社会性质，以及革命的性质、对象、动力、前途等关系革命成败的重大问题上，党内存在着认识上的分歧和争论。这就迫切需要召开一次党的全国代表大会认真加以解决。1927 年 11 月党内出现的“左”倾盲动错误，更加表明正确估计形势，认识中国革命基本问题的极端重要性。因此，尽快召开党的第六次全国代表大会，已刻不容缓。[②] 六大分析大革命失败后中国的政治经济状况，

---

① 《毛泽东选集》第 3 卷，人民出版社 1991 年版，第 939 页。

② 中共中央党史研究室著：《中国共产党历史》第 1 卷上册，中共党史出版社 2011 年版，第 260 页。

明确指出中国仍然是半殖民地半封建社会，“中国革命现在的阶段是资产阶级性的民权革命”，因为革命的当前任务都没有超出资产阶级革命的范围。大会批评了混淆民主革命与社会主义革命界限的所谓“不断革命”论的观点。规定现阶段中国革命的中心任务是消灭地主阶级，彻底实行土地革命；驱逐帝国主义，统一中国；武装起义推翻国民党政权，建立工农民主专政的政权。社会主义革命则是中国民主革命胜利后的前途。这些对中国革命的性质、任务和前途等若干重大问题的正确回答，使中国共产党对中国革命的认识有了很大的提高，有利于统一全党思想，达成共识，形成全党的凝聚力和战斗力。周恩来曾指出，六大前，中国党是不懂这个问题的。当时搞不清中国革命是民主革命，是因为对什么叫革命性质，革命性质是以什么来决定的搞不清；中国党历史上没有从理论方面搞清这个问题；还受到国际上一些错误思想的影响。“这些问题都须要六大解决，六大正确地解决了这些问题。”过去对中国革命的性质、任务和前途的模糊认识、错误认识得到了澄清和纠正。在复杂的形势、局面混乱的情况下，大体上统一了全党的思想，从而为共产党领导中国革命走向复兴和发展提供了重要的前提条件。

2. 正确地分析和评估革命的形势。大会正确地指出，当前中国的政治形势是处在两个革命高潮之间，即低潮时期，革命的发展具有不平衡性。这个时期，一般说来是没有广泛的群众的革命高潮，反革命势力超过工农。由于帝国主义势力不会轻易放弃在中国的特权，中国国内的社会矛盾在向前发展，统治阶级内部的冲突也在日益发展，新的广大的革命高潮是不可避免的。这样既坚定革命信心，看到革命的前途未来，不灰心丧气，又利用克服急躁、冒进情绪，从而为共产党人领导中国革命走向复兴和发展提供了重要思想基础。

3. 明确提出党的总路线是争取群众，准备起义，而不是立即举行全国性的起义。为了实现这个总路线，争取群众，就必须完成党在各项工作中的任务。党的组织建设和思想建设是必须加强的。必须积极恢复和发展各级组织，发扬党内民主，实行集体领导，肃清各种错误倾向，努力加强自身的战斗力及党的无产阶级化。这是加强党的自身建设、承担各项任务的根本保障。而争取群众，必须争取工人阶级的大多数。六大指出党在职工运动中的主要任务，就是争取工人阶级的大多数。为此，必须坚决反对强迫工人罢工和盲目实行武装暴动，必须用最大努力恢复革命工会，用一切力量团结统一无产阶级群众，尽可能地领导群众日常的经济斗争和政治斗争，发展工农群众组织，从而为共产党人领导中国革命走向复兴和发展提出了正确的方向，提供了重要的组织保证。

4. 正确总结党领导的军事运动、红军建设和土地革命的经验，提出了加强军事斗争，实行土地革命，建立苏维埃政权的任务。中共六大指出，必须努力扩大农村革命根据地，发展红军，实行土地革命，建立苏维埃政权。当然，六大也存在对农村武装割据重视不够的问题。农村豪绅地主阶级是革命的主要敌人，无产阶级在乡村中的基本力量是贫农，中农是巩固的同盟者。大会纠正此前应“没收一切土地”的错误主张，指出在土地革命中应无代价地立即没收豪绅地主阶级的土地财产，没收的土地归农民代表会议（苏维埃）处理，分配给无地及少地的农民使用；并且要保护工商业，反对均分小资产阶级财产的倾向。对于富农，则要根据其对革命的不同态度予以区别对待。在富农继续同军阀地主豪绅斗争时，要争取它。党在目前阶段中的任务，是使这种富农中立，以减少敌人的力量。这为共产党人领导中国革命走向复兴和发展提出了正确的任务和策略方针。

5. 正确的提出要反对“左”、右两种错误倾向。中共六大总结过去革命斗争的经验教训，提出反对“左”、右两种错误倾向。大会在指出大革命失败的客观原因的同时，进一步批评党的领导机关的右倾机会主义错误，认为这种错误是造成大革命失败的主要原因，其要害是放弃革命领导权。而在基本肯定大革命失败后党所进行的斗争的同时，批评了“左”倾盲动错误，并着重指出，盲动主义和命令主义是当前使党脱离群众的最主要的危险倾向。这为共产党人规避错误，少走弯路，领导中国革命走向复兴和发展提供了重要保证。

（二）中共六大在党史上的进步作用

中国共产党的历史充分证明，“无论如何，第六次全国代表大会在我党历史上是起了进步作用的。”[①] 中共六大认真地总结大革命失败以来的经验教训，对有关中国革命的一系列存在严重争论的根本问题，作出了基本正确的回答，集中解决了当时困扰党的两大问题，深刻地总结了大革命失败的教训，制定了十大政纲，提出了争取群众的总路线，加强党的战斗力等重要问题，从而有力地推动遭受严重失败的中国革命走向了复兴和发展。

1. 集中解决当时困扰党的两大问题，统一了思想。其一是在中国社会性质和革命性质问题上，针对党内普遍存在的认为民族资产阶级既然已经反革命，中国革命的性质便不再是资产阶级民主革命的错误认识，指出中国仍是半殖民地半封建社会，引起中国革命的基本矛盾一个也没有解决，民主革命的任务没有完成。大会明确了决定革命性质的不是革命动力，只能是革命任务。因此，现阶段的中国革命依然是资产阶级性质的民主主义革命。其二是在革命形势和党的任务问题上，明确了革命处于低潮，党的总路线是争取群众。党的中心工作不是千方百计地组织暴动，而是做艰苦的群众工作，积蓄力量。这两个重要问题的解决，基本上统一了全党的思想，对克服党内仍然存在的浓厚的“左”倾情绪，摆脱被动局面，实现工作的转变，对中国革命的复兴和发展，起了积极的作用。

2. 深刻地总结了大革命失败的教训，澄清了是非。八七会议正确地批评和纠正了党内的右倾机会主义错误，却没有来得及对大革命失败的客观和主观原因进行全面、深入的分析。而六大对中国大革命失败，分析其在客观上的五个方面的原因：一是帝国主义的力量强大；二是民族资产阶级背叛革命；三是地主领导的军队力量很大；四是工农运动发展的不平衡；五是小资产阶级的动摇。虽然有客观上困难，但并不是完全决定中国革命必然要失败。所以，中国大革命的失败还有主观原因，这就是当时党的指

① 《毛泽东选集》第3卷，人民出版社1991年版，第939页。

导机关的机会主义错误，具体表现在：一是对于中国革命性质及联合战线的任务，有不正确的观念，不能保持共产党的独立性，不能对于革命同盟者实行阶级的批评，不去动员革命力量，准备群众力量，有时反而去阻止群众运动的发展；二是无独立性无批评性只知让步政策，阻碍阶级斗争和土地革命，自愿断送革命的领导权。六大对大革命失败教训的总结，是基本正确的，符合实际的。这对于解除许多党员思想上的疑惑，更清醒地面对敌强我弱的实际情况，更好领导革命斗争是有帮助的。

3. 把争取群众、准备起义作为党的总路线，指明了工作方向和任务。解决党的路线问题，是党的代表大会最主要的任务之一。六大根据当时中国革命的复杂形势，总结大革命失败及以后革命斗争的经验教训，明确指出："现时的形势，一般说来是没有广泛的群众的革命高潮。中国革命运动发展的速度是不平衡的"；现时的政治形势是在两个革命高潮之间，即"第一个革命浪潮已经因为历次失败而过去了，而新的浪潮还没有来到，反革命的势力还超过工农"。在这样的形势下，六大把争取群众作为党的总路线，提出"党要用一切力量去加紧团结收集统一无产阶级的群众，使他们围绕党的主要口号，做极巨大的组织工作"，以"尽可能的领导日常经济政治斗争，以发展工农群众组织"。争取群众，是为了准备暴动。而准备暴动，就不是进攻，不是到处组织起义或举行暴动。根据这条总路线，六大在批判右倾机会主义的同时，特别指出了当时党内最主要的危险倾向是脱离群众的盲动主义、军事冒险主义和命令主义。六大制定的争取群众、进行民主主义革命的总路线，使全党明确了工作的方向和任务，这对于中国共产党走出大革命失败的低谷，复兴中国革命，极为重要。而六大后党内出现的"左"倾错误，恰恰是忘记了革命处于低潮的形势，放弃了争取群众的总路线。

4. 为中国革命的复兴和发展提出了各项工作的正确方针。六大提出了中国民主革命的根本任务，即消灭地主阶级，彻底实行土地革命；驱逐帝国主义，统一中国；武装暴动推翻反革命的资产阶级国民党的政权，建立工农兵苏维埃政权。同时在总的政治决议下，对工人运动、农民运动、政权问题、军事斗争、妇女工作、青年工作、宣传工作、民族问题等做出专门决议，为中国革命运动的复兴和发展提出了正确方针，为各项工作指明了方向和道路。六大在党的历史上第一次比较完整正确地提出了土地革命的路线和政策。基本解决了在中国的具体条件下如何进行土地革命的问题。还把土地革命和武装斗争、建立政权联系起来。这比中共五大以及八七会议都大大前进了一步。这对动员、组织农民参加革命，对推动中国革命，保卫土地革命的成果非常重要。六大专门成立了农民土地问题委员会，大会讨论农民土地问题时共有17人发言。最后讨论通过决议案。所以决议案也是集体智慧的结晶。六大在军事武装斗争、建立苏维埃工农民主政权等方面，也提出了重要的主张。所有这些都适应了复兴中国革命的迫切需要，为工农运动的发展，土地革命、武装斗争、工农民主政权建设的开展，作出了重要贡献。在职工运动方面，党的主要任务是争取工人阶级的大多数。在土地农民运动方面，规定党在农村的基本依靠力量是贫农；中农是巩固的同盟者，联合中农是保证土地革命胜利的重要条件；党在现阶段是采取中立富农的政策，以减少敌人的力量，在富农反革命时，要同对地主豪绅一样开展斗争；要保护小商业，反对侵犯小商人的均产主义的倾向等。

5. 为中国革命运动奠定正确的理论基础。毛泽东曾经指出："中国是一个经过了一次革命的、政治经济发展不平衡的、半殖民地的大国，而又经过了一九二四年至一九二七年的革命。这个特点，指出了中国革命战争有发展和胜利的可能性"。"这是一个最基本的问题，不答复中国革命根据地和中国红军能否存在和发展的问题，我们就不能前进一步。一九二八年中国共产党第六次全国代表大会，把这个问题又作了一次答复。中国革命运动，从此就有了正确的理论基础。"[①] 六大对中国革命的性质、前途、动力，革命的任务、革命的不平衡性等所做出的正确回答，为中国共产党探索中国特色的民主革命道路，奠定了重要的理论基础，在为马克思主义的中国化提供理论准备方面，作出了重要贡献。

① 《毛泽东选集》第1卷，人民出版社1991年版，第188页。

6. 及时地指导和推动了中国革命的发展。在中国革命的重要转变时期，中共六大承担起指导中国革命的历史重任，明确规定："目前党的总的任务是夺取广大的群众促进革命高潮更快的到来，准备在将来的革命高潮中以群众的武装暴动推翻国民党统治，建立工农兵代表会议政权，澈底完成革命"。[①] 六大还没有结束，就及时给国内工作发出指示，把六大最重要的、国内党组织急迫希望知道的精神传达到国内。这就是："现在第一个革命浪潮以屡次失败而完结，而新的浪潮没有来，党的总路线是争取群众、统一群众、团结群众于党的主要口号，加紧日常工作，尤其是城市产业工人之中的工作"。"党与群众脱离是主要的危险。全国范围之内暴动只是宣传的口号。坚决的反对盲动主义"。指示还规定要把"这一电报发到各地讨论。"[②] 六大精神的贯彻，有力地促进了各革命根据地的创建和发展，促进了国民党区党的工作的发展。在六大结束后的两年间，由于党的正确领导，"党在争取群众的斗争中不仅恢复和发展了自己的组织，在城市中恢复了工运，在农村中恢复了农会，而且在各地开展了游击战争，开辟了 6 个苏区，创建了红军，从而促进和发展了 1929 年底——1930 年初中国革命运动的新高潮。"[③] 在六大精神的指导下，中国革命从严重失败走向了恢复发展，呈现出新的生机。中共六大在中国革命历史进程中的关键时刻，起着从遭受严重挫败到走向复兴的承先启后的作用，对形成中国革命从失败走向复兴和发展的局面功不可没。

7. 推动了马克思主义中国化的进程。六大对大革命失败以来经验教训的总结，不仅为党制定正确路线，领导以后的革命斗争，提供了宝贵的借鉴，而且对马克思主义的中国化，具有重要意义。具体来说：

（1）推动了对中国革命基本问题的认识。在党的创立和大革命时期，

---

① 中共中央文献研究室中央档案馆编《建党以来重要文献选编（一九二一 —— 一九四九）》第 5 册，中央文献出版社 2011 年版，第 680 页。

② 中共中央党史研究室、中央档案馆编：《中国共产党第六次全国代表大会档案文献选编》下卷，中共党史出版社 2015 年版，第 937 页。

③ 中共中央党史研究室第一研究部编：《李立三百年诞辰纪念集》，中共党史出版社 1999 年版，第 95 页。

虽然党还没有形成系统的思想和理论，但已经提出了关于中国进行民主革命的一些基本思想，制定了反帝反封建的民主革命纲领，对中国社会性质、中国革命的性质、对象、动力和前途取得了一系列正确认识。大革命失败后，中国共产党独立领导土地革命战争，为毛泽东思想的形成提供了广阔的平台。作为毛泽东思想正式形成标志之一的新民主主义理论，涉及中国革命的性质、动力、任务、前途等一系列重要的理论内容，都和六大的讨论和决议分不开。换句话说，六大决议所明确指出的中国革命的性质、动力、任务、前途等问题，成为毛泽东《中国革命和中国共产党》等著述中有系统、精辟阐述的新民主主义理论的源头之一。但是，马克思主义中国化必须要求对马克思主义有所创新。新民主主义理论的提出就是一个重大创新。正如周恩来在六大的研究中指出的："以工农民主专政的政权，实现反帝反封建两个任务，基本的力量是依靠工农。这个政权是反对资产阶级的，但不是消灭资本主义。这个性质和任务的确定，基本上没有错，但不如毛泽东同志后来概括的无产阶级领导的人民大众的反帝反封建的资产阶级民主革命明确。"①

（2）推动了对中国革命道路理论的探索。以毛泽东为代表的中国共产党人，在实践中成功开辟了以井冈山为根据地的农村包围城市、武装夺取政权的道路，在理论上论证了具有中国特色、不同于俄国城市中心暴动的中国革命新道路。这和六大也有密切关系。毛泽东指出："那些具有一成不变的保守的形式的空洞乐观的头脑的同志们，以为现在的斗争策略已经是再好没有了，党的第六次全国代表大会的'本本'保障了永久的胜利，只要遵守既定办法就无往而不胜利。这些想法是完全错误的"。毛泽东坚持"共产党人从斗争中创造新局面的思想路线"，因为他知道，不实行这样的路线，"将会给革命造成很大损失"②。所以，毛泽东反对的本本主义，也包括反对把六大文件教条化的倾向。在这个意义上，对中共六大精神的贯彻过程，也是马克思主义中国化的过程和内容之一。六大提出的路线，在中

① 《周恩来选集》上卷，人民出版社 1980 年版，第 160—161 页。
② 《毛泽东选集》第 1 卷，人民出版社 1991 年版，第 115—116 页。

国革命实践中受到检验；其中一些不完全符合实际的观点，也受到质疑。如“中央依着六次大会的指示”，要求毛泽东、朱德“应有计划的有关联的将红军的武装力量分成小部队的组织，散入湘赣边境各乡村中进行和深入土地革命。”[①] 毛泽东等人给中央复信，提出了不同意见，批评了对革命悲观失望的情绪；同时依据六大文件曾批评忽视农民革命的错误，肯定中央要求“发展农村中广大的普遍的斗争”的观点，提出正确处理城市和农村工作的关系，特别要重视农民斗争的观点。还提出部队分散行动以保存红军和发动群众，“多次实行都失败”，所以不合乎实际，不能如此[②]。中央也曾给贺龙为书记的湘鄂西前委去信，要求部队分散游击，并要贺龙去中央工作。前委认真讨论了中央来信，不同意中央要求，并将意见及时报告了中央。[③] 可见，针对红军分兵提出的有关形势的估计、如何促进革命高潮到来、红军采取什么行动策略等问题，实际上也是围绕着如何从实际出发实现六大提出的任务，也是马克思主义中国化的具体过程。马克思主义中国化是一个历史性任务。正如周恩来所说，“我们党的布尔什维克化，是从党一产生就开始的，是逐步发展的”。六大正确的东西属于这方面。“六大也有毛病，犯了一些错误。但这些错误没有形成路线错误，没有形成宗派主义，虽然一些倾向是有的。这些，对以后的立三路线、宗派主义的形成是有影响的，但不能负直接责任。”[④]

在马克思主义中国化过程中，处于幼稚时期的中国共产党还不能把理论和实际紧密结合、在正确的理论指导解决中国实际问题。正像六大代表王若飞所指出：“过去搬了些莫斯科的东西回去，实际上是几个名词，怎样去组织是不了解的。”[⑤] 而这种脱离实际的错误，可能给党和革命造成严重威

① 1929 年 2 月 7 日，中共中央给毛泽东、朱德并转湘赣边特委的信，参见《井冈山革命根据地》上，中共党史资料出版社 1987 年版，第 239—241 页。

② 《井冈山革命根据地》上，中共党史资料出版社 1987 年版，第 296—298 页。

③ 《中国共产党史稿》第 3 卷，中央文献出版社 2006 年版，第 106 页。

④ 《周恩来选集》上卷，人民出版社 1980 年版，第 186 页。

⑤ 中共中央党史研究室、中央档案馆编：《中国共产党第六次全国代表大会档案文献选编》下卷，中共党史出版社 2015 年版，第 671 页。

胁。面对马克思主义中国化这项长期而艰巨的任务，先辈们的探索步履维艰，后人们应该理解其复杂的背景和历史，总结教训而不苛求。

（三）十大政纲是中共六大的重大成果

所谓政纲，可以说是政治纲领，即一个政党的政治任务和宗旨；也可以说是施政纲要。中共六大通过的政治纲领，从中国实际情况出发，特别是中国民主革命的性质出发，概括地提出了推翻帝国主义的统治、推翻军阀国民党的政府、建立工农兵代表会议（苏维埃）政府等十大要求。它把中共二大提出的民主革命纲领具体化，完整而系统地包括了党在当时新民主主义革命阶段中心任务和奋斗目标，是昭示社会的政治宣言，集中体现了党的性质、任务和宗旨，凝聚着全党的意志愿望和奋斗目标，在实现党的任务和目标的过程中，发挥着团结和统一全党力量的重要作用，成为号召、动员、组织群众的一面鲜艳的旗帜。

纲举才能目张、十大政纲的提出，是中共六大取得的一个重大成果。毛泽东充分肯定六大提出的十大政纲，认为“党的第六次代表大会所决定的十大纲领，就是新民主主义总路线下的具体纲领”。“六大决议案有一些错误，但根本上是对的。它根据对于当时形势的估计提出了中国革命的十大纲领，今天我们所做的基本上仍未超过这个纲领。”[①] 毛泽东对六大的十大纲领的高度评价，从一个方面说明其历史作用。周恩来也认为，六大提出中国革命的十大要求，“就是党在民主革命阶段的党纲”。“六大提出的十大要求基本上没有多大错误，就是将来到七大，也不会有多大的修正”。[②] 从十大政纲的内容看，涉及党在民主革命时期各方面的具体政策。虽然对党的各项政策，如关于苏维埃区域的红军问题、工人工作、农民工作、土地政策等，都有单独的决议和具体的论述，但在十大政纲中则有简明扼要的规定。这对于党的各项战略任务的实施和完成，都是十分必要的。制定十

① 《毛泽东文集》第 5 卷，人民出版社 1993 年版，第 139 页。

② 中共中央党史研究室、中央档案馆编：《中国共产党第六次全国代表大会档案文献选编》下卷，中共党史出版社 2015 年版，第 1055、1056 页。

大政纲，是中共六大的最大贡献。全国抗战爆发后中共提出的抗日救国十大纲领，实际是上对十大政纲的继承和发展。

十大政纲是中共六大取得的一个重大成果，也包括了集体的智慧和探索。还在 1928 年 1 月，中共中央临时政治局召开筹备六大的会议，任弼时就建议党的六大应修改党纲，规定党在现阶段最低限度的政治纲领。[①] 会议采纳了这个建议，并在六大上增加党纲议程。没有参加六大的陈独秀在六大前也提出了党纲问题。他指出："现在中国共产党已要实行暴动，夺取政权的党了，但是还没有一个党纲。因为没有党纲，所以由中央、省委，乃至区委、支部同志，大家对于中国革命中许多根本问题，都没有一个一致而明确的见解。在一些笼统的口号之下来作工。因此，在工作中发生困难"[②]。大会期间，也有六大代表提出制定党的政治纲领，为党指明工作任务和方向问题。因此，瞿秋白在政治报告讨论的总结中强调指出："革命性质已确定了，我们当然根据革命性质，来确定政纲，公布到全世界，使全世界劳动者或一切敌人都认识我们在目前的工作。我们只有这样，才可使中国共产党的政治面目与世界相见。"政纲最初概括为七条[③]，正式签订为十条。

1928 年 7 月 9 日，中共六大通过政治议决案中的"中国革命现在阶段的政纲"，主要内容如下：（一）推翻帝国主义的统治。（二）没收外国资本的企业和银行。（三）统一中国，承认民族自决权。（四）推翻军阀国民党的政府。（五）建立工农兵代表会议（苏维埃）政府。（六）实行八小时工作制，增加工资，失业救济与社会保险等。（七）没收一切地主阶级的土地，耕地归农。（八）改善兵士生活，发给兵士土地和工作。（九）取消一切政府军阀地方的税捐，实行统一的累进税。（十）联合世界无产阶级和苏

---

① 中共中央文献研究室编：《任弼时年谱》（修订版），中共中央文献出版社 2004 年版，第 88 页。

② 中共中央党史研究室、中央档案馆编：《中国共产党第六次全国代表大会档案文献选编》上卷，中共党史出版社 2015 年版，第 84 页。

③ 中共中央党史研究室、中央档案馆编：《中国共产党第六次全国代表大会档案文献选编》上卷，中共党史出版社 2015 年版，第 345—346 页。

联。文件还强调，“这十大要求，就是中国共产党现在争取群众，准备武装暴动，以推翻豪绅资产阶级政权的主要口号”[①]。这十大要求即十大政纲，集中反映了当时中国共产党的政治主张，也可以说是《共产党宣言》[②]。周恩来指出：“中国革命的十大要求，就是党在民主革命阶段的党纲。当时详细的党纲还产生不出来。详细的党纲应该有两部分，最高纲领和最低纲领。恰巧那时通过了共产国际纲领，就作为我党的最高纲领。‘六大’的十大要求是我党在民主革命阶段中的纲领，也就是民主革命阶段的战略任务。”[③]

十大政纲的提出，是对中共二大提出的反帝反封建的民主革命纲领的具体化和升华。在中共二大上，共产党人在分析国际国内形势和中国社会性质的基础上，提出在目前的历史条件下党的奋斗目标是：消除内乱，打倒军阀，建设国内和平；推翻国际帝国主义的压迫，达到中华民族完全独立；统一中国为真正的民主共和国。这实际上制定出了党在现阶段反帝反封建的民主革命纲领，即党的最低纲领。二大同时指出：党的目的是要“组织无产阶级，用阶级斗争的手段，建立劳农专政的政治，铲除私有财产制度，渐次达到一个共产主义的社会”。这表明，二大既坚持了一大纲领所规定的党的最终奋斗目标，即党的最高纲领，同时又结合中国实际，提出反帝反封建的民主革命纲领。中共六大提出的十大政纲反映了党对民主革命纲领认识的深化，也是对民主革命纲领的具体解读。党的政治纲领，就是党高举起的一面旗帜，是规定党走什么路的根本标志。中共六大的十大政治纲领，就是这样树起的一面旗帜，集中反映和代表了中国共产党当时的政治主张。

十大政纲的提出，适应着中国革命的迫切需要。毛泽东在1928年11月25日写给中共中央的报告《井冈山的斗争》中也指出：“中央要我们发

---

① 中共中央文献研究室中央档案馆编《建党以来重要文献选编（一九二一——一九四九）》第6册，中央文献出版社2011年版，第651页。

② 中共中央文献研究室编：《毛泽东年谱》上卷，人民出版社、中央文献出版社1993年版，第262页。

③《周恩来选集》上卷，人民出版社1980年版，第161页。

布一个包括小资产阶级利益的政纲，我们则提议请中央制定一个整个民权革命的政纲，包括工人利益、土地革命和民族解放，使各地有所遵循。”①此时的毛泽东还没有收到中共六大的文件，所以还提议和希望中央能够“制定一个整个民权革命的政纲”，说明当时在革命斗争中迫切需要这样一个可以“遵循”的纲领。而中共六大承担并圆满完成了这一任务。

中共六大提出的十大政纲，对中国革命、中国共产党的自身发展具有重要的指导意义。作为党在民主革命阶段中的纲领，中共六大结束后，中国共产党以各种形式对十大政纲进行贯彻和落实。中共六大党章规定，“凡承认共产国际和本党党纲及党章，加入党的组织之一，在其中积极工作，服从共产国际和本党一切决议案且经常缴纳党费者，均得为本党党员。”②而本党党员所要遵守的“本党党纲”，就是十大政纲。中共六大通过了新的党章，总结了党成立以后的历史经验，为党的建设提供了一个很好的基础，是党的建设过程中一个重要成果。但六大党章的 15 章 53 条中，涉及党员、党的组织系统、支部等等，却没有关于党纲的明确规定。换句话说，六大的党纲在哪里呢？可以说就在六大的政治决议案之中。到 1945 年中共召开七大时，党章和党纲才合为一个文件。这无疑又是党在制度建设方面的又一大进步。

中共六大提出的十大政纲，所阐明的中国革命的十大任务，对革命的发展、党的建设仍具有重要的指导意义。此前召开的党的第五次全国代表大会，虽然提出过党的民主革命纲领的实际内容，但并没有明确提出过党的政治纲领，更没有完整的概括为十大政纲。这也反映党在政治上、思想上、党的建设方面的进步。十大政纲是党的政治主张、口号的高度概括和凝练，为全党和全国人民指明了面临的任务，明确了前进的道路。毛泽东、朱德率领红四军主力向赣南闽西进军转战的过程中，以中国共产党红军第

---

① 《毛泽东选集》第 1 卷，人民出版社 1991 年版，第 958 页。

② 编委会编：《中国共产党历次党章汇编（1921—2017）》第 2 版，中国方正出版社 2019 年版，第 97 页。

四军军党部的名义发布的《共产党宣言》[1]，依据的便是六大决议发布的十大政纲。1932 年红军在福建靖城写下的红军标语之一便是《共产党的十大政纲》。20 世纪 30 年代初的《中国共产党党证》，上面也印有十大政纲，这就意味着十大政纲是每个党员必须遵循的准则。中国共产党在各地的宣传工作中，也把十大政纲作为重要内容。红军长征途中，也把十大政纲作为宣传、组织群众的重要思想武器。在红军长征经过的湖北新田、四川剑阁、四川名山、重庆酉阳、甘肃武山等地的红军标语中，都可以见到十大政纲。虽然有的标语在文字上略有区别，但基本精神和主要内容是完全一致的。[2]在中国共产党领导中国革命的过程中，十大政纲受到相当的重视和广泛的宣传，这对宣传中国共产党和红军的主张，扩大政治影响，对团结人民群众，教育鼓励广大党员牢记初心和使命，都发挥了重要作用；为广大红军指战员争取长征的胜利，提供了精神食粮和重要动力。

十大政纲的作用巨大、意义深远。毛泽东指出："党的第六次代表大会所决定的十大纲领，就是新民主主义总路线下的具体纲领"。而"无产阶级领导的，人民大众的，反对帝国主义、封建主义和官僚资本主义的革命，这就是中国的新民主主义的革命，这就是中国共产党在当前历史阶段的总路线和总政策"。毛泽东还强调，我们的纲领就是这样几个字："无产阶级领导的人民大众的反帝反封建的革命"，这就是我们的路线，我们的纲领。[3]周恩来也指出：六大提出中国革命的"十大要求是我党在民主革命阶段中的纲领，也就是民主革命阶段的战略任务"。周恩来认为，十大纲领主要的意义在于提出战略任务，"作为战略任务来看，十大要求没有什么不

---

① 中共中央文献研究室编：《毛泽东年谱》上卷，人民出版社、中央文献出版社 1993 年版，第 262 页。

② 如红军政治部的一条标语就是这样写的：一、打倒帝国主义；二、推翻国民党反动统治；三、铲除封建势力；四、镇压反动势力；五、消灭反动武装；六、实行土地改革；七、拥护工人利益，帮助工人实行劳动法令；八、武装工人群众；九、巩固与建立苏维埃政权；十、解放整个被压迫群众。参见《中国人民解放军历史资料图集》第 1 册，长城出版社 1981 年版，第 170 页。甘肃省党史研究室提供：红军书写在甘肃武山县的宣传标语之二。红二、红六军团在长征途中，也写有和中共六大的十大政纲大同小异的宣传标语。

③ 中共中央文献研究室编：《毛泽东在七大的报告和讲话集》，中央文献出版社 1995 年版，第 105—106 页。

妥的地方。作为策略任务来看，有些就不妥当。如第一条，反帝，是对的。第二条，没收外国资本的企业和银行，是对的，但策略上不一定采取强力没收的办法。第四条，推翻军阀国民党政府，现在抗战时期当然不提，但在整个新民主主义革命的过程中，要使革命彻底胜利，必须推翻它，这是不言而喻的。新民主主义革命的胜利，就是人民大众的胜利，国民党一党专政的政权是不能存在的。第五条，关于苏维埃，不管名词是否妥当，但苏维埃是工农代表会议，它与资产阶级的议会制度是有原则区别的。”“关于实行八小时工作制，是战略任务，今天在边区还实行十小时工作制，是策略问题。关于发给士兵土地，过去认为是很难实现的，今天在南泥湾就实现了。关于联合世界无产阶级和苏联，没有提到被压迫民族的问题，当然是缺点。”[①] 但总的来说，六大提出的十大要求“基本上没有多大错误”，就是到七大，也不会有多大的修正，不能只以抗战时期为限，因为抗战时期是民主革命的一个阶段。[②] 全国抗战爆发后中共提出的抗日救国十大纲领，实际是上对中共六大提出的十大政纲的继承和发展。毛泽东在 1948 年还讲，六大“根据对于当时形势的估计提出了中国革命的十大纲领，今天我们所做的基本上仍未超过这个纲领。”[③] 总而言之，旗帜鲜明地提出十大政纲，这是中共六大的一大亮点、一大成果。

1928 年 9 月 17 日，中共中央发出总结六大和宣传六大精神的中央通告第 2 号提出的“目前政纲”十条，和六大决议相关内容比较，第一、第十条完全相同，其他八条基本内容相同，但有个别文字不同。如第二条，后者为“没收外国资本企业和银行”，少一个字；第三条，后者为“统一中国，承认民族自决”，也少一个字；第四条，后者为“推翻军阀国民党政府”；第五条，前者把“苏维埃”三个字加括号，用以说明工农兵代表会议的俄文称呼，后者则表述为“建立工农兵苏维埃政府”，将苏维埃作为中国红色政权的名称；第六条，后者为“实行八小时工作制，增加工资

① 《周恩来选集》上卷，人民出版社 1980 年版，第 161—162 页。
② 《周恩来选集》上卷，人民出版社 1980 年版，第 162 页。
③ 《毛泽东文集》第 5 卷，人民出版社 1996 年版，第 139 页。

等”，比前者更为简洁；第七条，后者为“没收一切地主阶级土地”，没有再提耕地归农民的问题；第八条，前半句“改善士兵生活”一样，后半句有区别，后者是“给土地与工作”；第九条，后者是“取消一切捐税，实行统一累进税”，不再限定在“政府军阀地方”。总的来说，后来的十大政纲在文字上更为简洁。

（四）中共六大在党的自身建设史上翻开新篇章

中共六大，翻开了中国共产党建设史新的一页。党的全国代表大会，是党的最高权力机构。六大上的大会报告和代表的发言，大会通过的 13 项决议案以及其他文件，深刻地反映全党的认识水平，特别是在党的自身建设等方面，它迈出了坚实的一步。六大总结了党成立以后的历史经验，通过了新的党章，这是党的建设史上的新成果，为党的建设提供了一个很好的基础。六大党章虽然还有许多不成熟之处，但和五大后的党章相比，有不少进步和独到之处。中共六大是一次对党的建设影响深远的大会。

1. 六大党章反映了党的建设方面新进展

六大党章共有 15 章，依次为：名称、党员、党的组织系统、支部、城乡区的组织、县或市的组织、省之组织、党的全国会议、党的全国大会、中央委员会、审查委员会、党的纪律、党的财政、党团、与共产青年团的相互关系。和以往的党章相比，六大党章的章目和五大党章数量一样，但条文却由 85 条减少为 53 条。六大党章基本上保留了五大党章的重要内容，但在结构上有调整，内容上有修改。重要修改处如下：

（1）增加了“名称”一章。“定名：中国共产党为共产国际之一部分，命名为‘中国共产党’，为共产国际支部。”有人提出这是共产国际加强对中共控制的重要表现。实际上，中共成立不久，就在 1922 年 7 月的中共二大上通过了《中国共产党加入第三国际决议案》，决定正式加入共产国际，作为共产国际的中国支部。中共六大只是把这种已经正式确立的组织关系第一次写进党章，更加强调这种关系而已。

（2）在“党员”一章，重要修改之处是：一是去掉了党员候补期的规定。以后七大党章恢复了这一规定。二是各机关“高级服务人员”入党，“须有党员三人之介绍”，并附加规定：“介绍人应对被介绍者负责”，介绍不确实时“应受党纪之制裁，以至于开除党籍”。同时还规定：“在某种特殊情形之下，党的各级委员会均有直接征收或通过新党员之权”。三是脱离其他政党而加入本党的，“须经有党籍一年以上之党员三人介绍”，其普通党员经省委批准；其负责党员“则须经中央之批准”。四是“其他部分的政治组织或整个的政治集体，以及党的整个组织，加入或转入共产党时，必须经中央的决议”。一是对开除党员增补了以下的内容：“不服从开除决议者，可以上诉至最高党的机关。党的各级委员会在党员有反党行为时，有直接开除其党籍权”，唯应将开除之决议“通知被开除者所加入的下级党的组织”。

（3）“党的组织系统”一章，第一次比较详尽地规定了民主集中制的组织原则。五大后的党章规定了党的指导原则为民主集中制。六大党章在强调这一组织原则的同时，进一步的详细地阐述了民主集中制的三条根本原则①。具体来说：一是“下级党部与高级党部由党员大会、代表会议及全国大会选举之”。二是“各级党部对选举自己的党员，应作定期的报告。”三是“下级党部一定要承认上级党部的决议，严守党纪，迅速且切实的执行共产国际执行委员会和党的指导机关之决议。”“党员对党内某个问题，只有在相当机关对此问题的决议未通过以前可以举行争论。共产国际代表大会或本党代表大会或党内指导机关所提出的某种决议，应无条件的执行，即或某一部分的党员或几个地方组织不同意于该项决议时，亦应无条件的执行。”②此外，在省委之下、县委之上增加了一级“特别区”的组织。同时规定“为易于指导各党部工作起见，中央委员会，得按情形之需要，在数省范围内，成立中央执行局，或中央特派员。中央执行局和中央特派员，

① 《中国共产党历次党章汇编（1921—2002）》，中国方正出版社 2006 年版，第 83 页。

② 中共中央党史研究室、中央档案馆编：《中国共产党第六次全国代表大会档案文献选编》下卷，中共党史出版社 2015 年版，第 905 页。

由中央委员会指定之，并只对中央委员会负责”。还为便于“在其他民族工农分子中”工作，在“当地的党委员会之下设立少数民族工作部。”

（4）“支部”一章，强调党的基层组织是支部，要加强支部生活。六大党章指出：“党的基本组织是党的支部（工厂、矿山、作坊、商店、街道、农村、军队等），所有在该地工作之党员应一律加入支部。如有党员三人之上的地方，得成立新的党的支部组织，但须由县委或等于县委组织的区委批准之。”“支部任务：支部为使与工农联系起来的组织。支部的任务”，一是“用有计划的共产主义的鼓动和宣传，在无党的工农群众中实行党的口号与决议，使工农站到党方面来。”二是“以党的组织的力量积极参加工农的一切的政治的经济的斗争，以革命的阶级斗争的观点讨论他们的要求，组织群众的革命行动，为取得工农的一切革命行动的领导而斗争，努力工作以吸收工农参加中国的与国际的无产阶级一般的革命斗争。”三是“征收和教育新党员，散布党的出版品，在党员及无党工农中进行文化的和政治教育的工作。”① 还特别强调，党的活动要以支部生活为基础。因为，“没有支部生活，便没有党内生活，也就没有无产阶级党的基础”。② 并须有模范支部的建立。还要重视支部之上的地方党部即党组织的建立。“如无健全的地方党部，便没有正确的党的组织”，所以地方党部要最有威信的地方党员加入；要有当地大支部的积极分子加入；要和各支部有最密切的关系等等。“支部是群众中的核心。”③ 强调支部的作用，特别是强调党的集体领导原则等，对加强党的建设是十分有利的。另外，这一章去掉了五大党章中的“分支部”“通讯员”以及支部“三个月改选一次”等规定。

（5）关于城乡区委和市、县委这两章，都去掉了“三个月”召开代表大会或党员大会一次和“改选一次”的规定。

---

① 中共中央党史研究室、中央档案馆编：《中国共产党第六次全国代表大会档案文献选编》下卷，中共党史出版社 2015 年版，第 906 页。

② 中共中央文献研究室中央档案馆编：《建党以来重要文献选编（一九二一 —— 一九四九）》第 5 册，中央文献出版社 2011 年版，第 672 页。

③ 中共中央党史研究室、中央档案馆编：《中国共产党第六次全国代表大会档案文献选编》下卷，中共党史出版社 2015 年版，第 898 页。

（6）增加了“党的全国会议”一章，规定：“党的全国会议按通常规例一年召集两次，全国会议的成分及选举率（每若干人选举一代表）由中央委员会决定”；“党的全国会议决议案经过中央委员会审定后才发生效力”；“党的全国会议开会时，如恰当共产国际世界大会之前，经共产国际执行委员会之同意，可以选举参加共产国际世界大会之代表”。

（7）把五大党章的“党的中央机关”一章，分成了“党的全国大会”和“中央委员会”两章，去掉了“总书记”这个职务名称，其他条文仍旧。

（8）取消“监察委员会”改为“审查委员会”。内容是：“为监督各级党部之财政会计及各机关之工作起见，党的全国大会，省、县、市代表大会，选举中央或省、县、市审查委员会。”

（9）关于“党的纪律”一章，六大党章去掉了五大党章中关于：“党员不经党的许可，不得加入一切政治党派”；“已隶属一切政治党派者，加入本党时”“应正式宣告脱离”该党派；“党员未得党的同意，不得任国家机关内任何的职务。”

（10）在“与青年团的关系”一章，去掉了五大党章规定的“党的中央委员会应派中央委员任青年团中央执行委员会委员，各级青年团执行委员会书记应为当地党的委员会委员”；增加了“青年团得以自己团员的数量为比例选派代表出席党的一切代表大会”。

（11）进一步完善了党团制度。针对党团和党组织的关系存在的问题，六大党章更详细地阐述了党团的设立、党团的权利及其任务。规定：“在非党组织（如职工会，农会，社会团体及文化组织等）之各种代表大会和会议上及机关中，凡有党员三人以上者均成立党团。其任务在于非党的组织中，加强党的影响，实行党的政策，并监督党员在非党组织中之工作。党团得选举干事及书记进行日常工作。”“党团在处决自身内部问题及日常工作有自由权。在党部委员会和党团中发生不同意见时，党部委员会应协同党团代表重新考查问题，并通过决议，该决议党团应即刻执行。如党团有不同意见而上诉时，问题由最近之高级党部解决，但在上诉期间，仍应执行党委之决议。”“党委员会在讨论与党团有关系的问题时，应使该党团的代表出席党部的委员会之相当会议，有发言权。”“在于非党的组织中，加强党的影响，实行党的政策，并监督党员在非党组织中之工作。党团得选干事及书记进行日常工作”。“党团选举党团干事会，此干事会应得其所隶属之党部之批准。党团干事会在党团工作上，应对该级党部负责。”[①] 这些规定使党团作为党的一项组织制度更加完善和明确。

2. 按照党的章程定期召开党的代表大会

中共六大在严格遵循党章规定方面也有可贵之处。六大按照党的章程，克服诸多困难及时召开党的全国代表大会，这在党的历史上也是值得肯定的。中共五大后中央政治局会议通过的党章明确规定，党的全国代表大会每年由中央委员会召集一次[②]。此前召开的一大至四大，基本上都按照有关规定，定期召开党的全国代表大会。六大也基本上遵循了这一规定。虽然为六大的召开，仅是开会的地点就费了不少周折，先后考虑香港、澳门，或是苏联的西伯利亚，最后才落实到莫斯科。这从一个侧面反映出对党章规定的高度重视和自觉遵守。

3. 六大在党史上第一次制定选举法

六大的召开，选举产生了新一届的中央委员会，这就改变了八七会议前全党的工作主要由应急性成立的临时中央政治局加以领导的局面。而且，六大在党的历史上第一次制定选举法，并依照选举法，选举中央委员会[③]，这也是一项反映对选举工作高度重视的新举措。各省代表团首先分别拟出中央委员候选人名单。各团名单经主席团汇集后，编成统一名单，交给大会开展了激烈讨论。此后进行了秘密投票。按照大会决定，每一个代表均有权划掉名单中任何人的名字，填补新的候选人姓名。1928 年 7 月 8 日，

---

① 中共中央党史研究室、中央档案馆编：《中国共产党第六次全国代表大会档案文献选编》下卷，中共党史出版社 2015 年版，第 909—910 页。

② 中共中央文献研究室、中央档案馆编：《建党以来重要文献选编（一九二一 —— 一九四九）》第 4 册，中央文献出版社 2011 年版第 269 页。

③ 占善钦：《中共一大至六大对中央委员会选举的探索》，《党的文献》2008 年第 3 期。

大会主席团召开第十四次会议，听取选举委员会对六届中委预选名单 51 人的介绍。统计投票结果后，按所得票数重新排列名单，前 35 名或前 36 名算是选举通过。[①] 大会选出 23 名中央委员、13 名候补中央委员。六大是进行的差额选举。尽管共产国际片面强调工人成分，使六大代表中的工人成分在 88 名正式代表中占 41 人，在新一届中央委员中工人比例也较高，这种片面强调工人成分的错误做法给党的事业造成很大的损失；但就六大选举制定选举法并按其实施来讲，在党内是第一次。综上所述，虽然六大在选举中存在着过分强调工人成分，对知识分子干部不分别看待等问题的存在，但新一届中央委员会的产生，对于实现党的纲领和路线，对全党实行正确有力的领导，是十分必要的组织保证。

4. 在党和群众关系上有了新认识、新高度

六大在党和群众的关系问题上，把争取群众作为党的中心任务，把党的政治路线定位于争取群众，这是对党和群众关系认识的新提高、新发展、新高度。1922 年党的二大通过的党章中就要求党的一切运动必须深入到群众里面去。1925 年 10 月中共中央又指出，革命的命运取决于共产党会不会组织群众，依靠群众，引导群众。六大为了“准备在将来的革命高潮中以群众的武装暴动推翻国民党统治，建立工农兵代表会议政权，彻底完成革命”[②]，将夺取广大群众作为目前党的总任务。这说明中国共产党对党群关系有了新认识、新高度。中国共产党把加强和群众的关系，视为党的生命所在，充分反映着共产党在自身建设方面的进步和认识上的飞跃。中国共产党是人民群众利益的代表，只有密切联系群众，才能教育和代表他们的利益；只有依靠群众，党才有不竭的力量；只有相信群众，党才能获得胜利；只有同群众打成一片，才能发挥党的领导作用；只有取得群众的信

---

① 中共中央党史研究室第一研究部编：《李立三百年诞辰纪念集》，中共党史出版社 1999 年版，第 88 页。

② 中共中央党史研究室、中央档案馆编：《中国共产党第六次全国代表大会档案文献选编》下卷，中共党史出版社 2015 年版，第 985 页。

任，党才有旺盛的生命力和得到不断发展。把争取群众作为党的政治路线，把争取群众作为党的中心任务，这是中国共产党建设史上是一个十分重要的新举措，其意义十分深远。以后，党内出现的“左”倾的所谓的“进攻路线”，实际上是不顾客观实际，改变了六大争取群众的路线。结果给党的建设和发展造成了严重损失。

5. 提出了加强党内教育的新方法

针对当时党的实际状况，为改正和纠正过去的错误倾向和方法，中共六大提出要采用教育的方法、党内民主的方法、自我批评的方法、理论教育的方法，加强党内教育。“实行党内民主主义，防止机会主义的复活”，“严格的反对小资产阶级的意气之争，实行自我的批评”，“宣传马克思主义列宁主义的理论并使通俗化”，并说明这些都是保证“建立无产阶级党的主要条件”。[①] 克服国民党式的组织路线——命令主义、小资产阶级的意气之争、极端自由选举观念、尾巴主义与盲动主义，等等。中共六大后通过的中央通告第七号更明确地指出“党员的政治水平线本来很低”，自八七会议以后，从中央以至地方，“差不多都忽略了党内的教育训练工作”。所以，“党的政治路线和工作路线在一般同志中很难进步，甚至同志们犯了错误，很难纠正过来。因此党内教育训练工作乃异常之重要”。要“提高党员的政治水平线”。[②] 并说明党内教育训练的主要方法是“发展党内讨论”，特别是支部的讨论，使支部成为党员教育训练的中心；上级注意供给下级教育训练材料；中央及各省须创办专门登载教育训练材料及党内讨论的刊物；举办训练班，“训练教育宣传人才及党的干部等等”。[③]

---

① 中共中央文献研究室、中央档案馆编：《建党以来重要文献选编（一九二一 —— 一九四九）》第5册，中央文献出版社2011年版，第349页。

② 中共中央文献研究室、中央档案馆编：《建党以来重要文献选编（一九二一 —— 一九四九）》册中央文献出版社2011年版，第675页。

③ 中共中央文献研究室、中央档案馆编：《建党以来重要文献选编（一九二一 —— 一九四九）》第5册，中央文献出版社2011年版，第675页。

6. 在党内民主方面作出了新努力

六大在召开的过程中，民主空气比较浓厚，能够开展批评与自我批评，使党内民主生活出现了新气象。瞿秋白在1928年6月28日的政治报告结论中指出，这次大会充分发扬了党内民主，开展了批评和自我批评。他认为各地代表在讨论过程中对中央进行批评，是过去党的生活所没有过的新现象。“以前，所谓党即执委会，执委会即常委，常委即书记，可以决定一切！这次大会就不同，不仅受共产国际指示，而且受各地群众代表的指导。”代表们在大会上思想活跃，能够积极发言，讨论问题，因而形成大会上畅所欲言的局面。①虽然在大会讨论时有的发言人对报告有意见，观点也不完全正确，但大会给代表们提供了发表意见的平台，甚至非正式代表的指定和旁听代表也可以有发言权。这就出现了因为大会发言者极为踊跃，原定的大会讨论时间不得不延长的情况。大会还提出要取消“惩办制度”，反对极端民主化等。这对毛泽东在古田会议决议中提出纠正党内错误思想是有关系的。

总之，中共六大在中国共产党的建设史上翻开了新的一页。中共六大是中国共产党历史上一次有巨大历史功绩和进步作用的重要会议。它把经过严峻的血与火考验的共产党员重新组织起来，显示出共产党人为崇高理想和信念而奋斗的顽强意志；它把处于革命低潮时期的中共各级地方组织，通过党的全国代表大会再次凝聚在一起，显示出强大的、不可摧毁的组织力量；它帮助全党正确认识若干关系党的前途命运的重大问题；着重讨论和制定关系着党的前途和未来的路线和方针，为党的发展、逐渐成熟，奠定了一块可靠的基石。

（五）六大的不足和缺点

六大在探索中国革命的道路，实现马克思主义中国化方面有若干亮点，但也存在着不少的不足与缺陷。即使是六大上明确规定了的民主集中制的

① 《瞿秋白文集》政治理论编（5），人民出版社1995年版，第594页。

组织原则，有的也没有得到很好的执行。特别是犯“左”倾教条主义错误的领导者，在党内实行宗派主义，搞“残酷斗争、无情打击”，导致了第五次反“围剿”的失败，党的建设也遭受重大挫折。而就六大本身来说，其存在的不足和缺点也是明显的。

1. 对中国社会的阶级关系缺乏正确认识，否认存在中间营垒，把民族资产阶级当作最危险的敌人。这和斯大林的判断有关。他在对中共六大的指导中，没有认识到导致中共对革命基本问题产生错误认识的，正是他的中国革命“三阶段”论。这个“三阶段”理论中对中国社会阶级的分析是不正确。六大以斯大林的这一理论作指导，在对中国革命基本问题的认识上出现了矛盾的情况，即一方面正确地认定中国革命的性质是资产阶级民主革命，而另一方面则错误地认为民族资产阶级是最危险的敌人。这样，在实践中不可避免地会把应当争取和可能争取的广大中间阶级、阶层推到敌人一边，在政策上则容易出现混淆革命性质的“左”倾错误。在土地问题、农民问题上过分强调了富农的封建性，对富农的策略也写得比较含混等等。

2. 把党的工作重心放在城市，没有指出农村根据地在中国革命中的极大的重要性。正如毛泽东所指出：“第六次全国代表大会的路线基本上是正确的，但是未解决根据地问题，而提出准备暴动，夺取大城市。这在六大到现在都是不可能实现的，但将在七大以后去实行，七大以后我们必须实行这条方针。”[①] 从当时敌我力量的对比来看，马上夺取大城市是不可能的。六大虽然肯定了建立根据地和红军是决定革命新高潮的“更大发展的基础”和“主要动力之一”，但并没有把中国经济、政治发展不平衡的问题同农民战争真正联系起来，正确认识农村斗争对中国革命的特殊意义，而是仍坚持城市中心论，把城市工人运动的兴起看作新的革命高潮到来的决定条件，进而要求把党的工作重心放在城市。

周恩来指出：“依据当时的实际情况与理论水平，要求‘六大’产生一

① 《毛泽东文集》第3卷，人民出版社1996年版，第141页。

个以无产阶级为领导、以乡村作中心的思想是不可能的。”“当时要党不去用主要的力量与城市无产阶级联系，而把主要力量放在农村，这是史无前例的。共产国际的一切文献，一讲到无产阶级政党的领导，就是同工人运动联系在一起的。只有中国党经过长期的实践，证明在脱离城市无产阶级的情况下，也能够锻炼成为一个坚强的布尔什维克党，这才能得出这个结论来。”[①]一直到毛泽东 1930 年 1 月写下《星星之火，可以燎原》，提出红军、游击队和红色区域的建立和发展，是促进全国革命高潮的最重要因素。

在半殖民地半封建的中国，在大革命遭到失败、敌我力量对比极端悬殊的情况下，中国共产党人不可能像俄国十月革命那样，通过首先占领中心城市来取得革命在全国的胜利，而必须首先在农村建立革命根据地，积蓄革命力量，在条件成熟时夺取城市，最后夺取全国革命胜利。毛泽东提出的具有中国特色的革命道路，不仅是对大革命失败后党领导红军和根据地斗争经验的概括，是对马克思主义在中国创造性地运用和发展，也是对中共六大的缺点和不足的克服和纠正。周恩来在 1944 年关于六大研究的文章曾提到，1940 年“我到共产国际去，共产国际的领导同志都还担心我们离开工人阶级太远了。我说我们在农村里经过长期斗争的锻炼，有毛泽东同志的领导，完全可以无产阶级化。共产国际的一些同志听了之后大哗，不以为然”[②]。当时情况下把党的工作重心仍然放在城市，实际上就是没有认识到农村根据地在中国革命中的极大的重要性。正如毛泽东所指出：“六大至七大我们实际上走了根据地路线，现在也必须坚持根据地。”[③]党的六大决定的准备城市起义的任务，没有也不可能在这十多年中间去实行[④]。

3. 对中国革命的长期性估计不足。六大虽然承认当前没有革命高潮，不具备立即举行全国武装起义的条件，但对敌我力量对比悬殊和革命低潮

① 中共中央党史研究室，中央档案馆编：《中国共产党第六次全国代表大会档案文献选编》下卷，中共党史出版社 2015 年版，第 1062 页。

② 中共中央党史研究室，中央档案馆编：《中国共产党第六次全国代表大会档案文献选编》下卷，中共党史出版社 2015 年版，第 1062 页。

③ 《毛泽东文集》第 3 卷，人民出版社 1996 年版，第 141 页。

④ 《毛泽东选集》第 3 卷，人民出版社 1991 年版，第 946 页。

的长期性估计不足，认为革命高潮很快就会到来，到那时可以发动武装起义，夺取革命在一省或数省的胜利，以致整个推翻国民党新军阀的统治。大会接受共产国际关于世界已进入资本主义总危机的“第三时期”理论，认为这时期是帝国主义国家之间的帝国主义战争、帝国主义国家的反苏战争、反对帝国主义及帝国主义者武装干涉的民族解放战争和大规模的阶级搏斗的时期。资本主义总危机急剧尖锐化必然引起战争，战争引起革命，从而不可避免地导致资本主义制度的总崩溃。在1928年9月17日发出的《中央通告第二号——第六次全国代表大会的总结与精神》中就指出，当时的“国际形势方面正值第二时期（资本部分稳定时期）转到第三时期——即国际革命形势开始转入新的革命高潮时期；国内形势，正值广暴失败之后，旧的革命高潮业已过去，而新的革命高潮快要到来的时期。大会是当着这样革命转变的关头召集的”[①]。为此，共产国际要求各国党应当反右倾，实行进攻路线。这一理论影响到中国共产党对中国革命形势的估量，是后来六大路线未能坚持下去，党内连续发生“左”倾错误的重要原因之一。

4. 在组织上继续片面强调党员成分无产阶级化和“领导机关工人化”[②]。六大虽然提出了把党建设成为工人阶级的群众化的战斗的党的任务，却把党员成分无产阶级化作为一个亟待解决的严重问题。由于中国特殊的社会阶级构成所决定，尤其是中国革命的重心由城市转入农村后，农民及其他非无产阶级出身的党员在党内占绝大多数是一个正常的现象。在这种情况下，党要坚持工人阶级先锋队的性质，就要在不断增强党的阶级基础的同时，不断扩大群众基础，并采取有效的措施和途径，解决保持党的先进性的问题。然而，六大却没有正确认识和解决这个问题。

六大继续片面地强调注意中心区域和城市党的发展和巩固工作，吸收广大积极的产业工人入党，建立坚强的工厂支部并健全支部的组织和生活，改变工农成分的比例，以建立党的无产阶级基础。在这种片面强调党员成

① 中共中央党史研究室、中央档案馆编：《中国共产党第六次全国代表大会档案文献选编》下卷，中共党史出版社2015年版，第953页。

② 《周恩来选集》上卷，人民出版社1980年版，第180页。

分无产阶级化和指导机关的工人化思想的指导下，六大代表和大会选出的中央领导机构，片面追求“领导机关工人化”，要求工人要占多数，这使“很多较好的知识分子干部参加中央工作就受到限制”。[①] 在有选举权的 84 名代表中，工人占 41 人，约占比例为 49%。六大选出的由 23 名委员和 13 名候补委员组成的 36 人的中央委员会中，工人占 21 人，约占比例为 58%。

过去大革命中涌现出来的工人领袖虽然不少，但党对他们的教育不够。他们有的人没有经受过革命斗争锻炼，有的缺乏领导经验，因而并没有很好地承担起领导革命走向胜利的责任。党中央政治局主席向忠发和政治局候补委员顾顺章后来还当了可耻的叛徒。六大代表和选举中出现片面追求“工人化”，在党内也有一定市场。还在八七会议上，有同志发言就赞成湖南同志提出的多吸收工人来作领导的意见，称“湖南代表及其他同志说：要将群众意识来作党的指导和要吸收工人来作领导，这是很对的。”[②] 在六大上，也有同志发言，赞成出席大会的工人代表前所未有的多。在这种情况下，一些经过长期考验、有着丰富工作经验的知识分子干部受到冷遇，也就不奇怪了。

即便是这样，共产国际对中共仍然不够满意。直到 1940 年 3 月 11 日，共产国际执委会主席团通过的关于中国问题的决议还批评：“六大关于吸收无产阶级分子参加党的领导机关的决议未得到履行（在目前的中共中央组成中工人只占 11%）。”[③] 也是在这一年，共产国际领导同志还对到莫斯科治疗胳膊伤的周恩来表示担忧，说“我们离开工人阶级太远了”。对中国共产党能否保证和实现无产阶级化，“不以为然”[④]。这也说明共产国际对于中国国情、中国共产党的党情始终不够了解，并怀有一些偏见。

---

① 中共中央党史研究室第一研究部编：《六大代表回忆录》，中共党史出版社 2014 年版，第 26、28 页。

② 《罗亦农文集》，人民出版社 1999 年版，第 289 页。

③ 中共中央党史研究室、中央档案馆编：《中国共产党第七次全国代表大会档案文献选编》，中共党史出版社 2015 年版，第 49 页。

④ 中共中央党史研究室，中央档案馆编：《中国共产党第六次全国代表大会档案文献选编》下卷，中共党史出版社 2015 年版，第 1062 页。

5. 图简便省事，不愿意和有不同意见的人合作共事。毛泽东在 1945 年 5 月 24 日在第七届中央委员会的选举方针时曾讲到六大选举没有选陈独秀的问题。他说："我们曾经做过这样的事，就是六次大会不选举陈独秀到中央。结果是不是好呢？陈独秀后头跑到党外做坏事去了，现在看不选他是不对的。我们党是不是因为六次大会不选陈独秀，从此就不出乱子，天下太平，解决了问题呢？六次大会选举出的中央纯洁得很，没有陈独秀，可是我们党还有缺点，还是闹了纠纷，出了岔子，翻了筋斗，并没有因为不选他，我们就不闹纠纷，不出岔子，不翻筋斗。不选陈独秀，这里面有一条原因，就是为了图简便省事。在预备会上我曾讲过，过去我们图简单、爱方便，不愿意和有不同意见的人合作共事，这种情绪在我们党内还是相当严重地存在着的。"①

周恩来曾指出，"六大是有原则性的错误，对以后发生了坏的影响"②。1945 年中共六届七中全会通过的《关于若干历史问题的决议》指出："第六次大会也有其缺点和错误。它对于中间阶级的两面性和反动势力的内部矛盾，缺乏正确的估计和政策；对于大革命失败后党所需要的策略上的有秩序的退却，对于农村根据地的重要性和民主革命的长期性，也缺乏必要的认识。这些缺点和错误，虽然使得八七会议以来的'左'倾思想未能根本肃清，并被后来的'左'倾思想所片面发展和极端扩大。"③

邓小平指出："历史上成功的经验是宝贵财富，错误的经验、失败的经验也是宝贵财富。这样来制定方针政策，就能统一全党思想，达到新的团结。这样的基础是最可靠的。"④ 中共六大尽管存在着不足和缺点，但六大的路线基本上是正确的。中共六大总结大革命失败以来的经验教训，克服各种错误思想和倾向，进一步明确革命的方向和道路。六大以后的两年，全

① 中共中央党史研究室，中央档案馆编：《中国共产党第七次全国代表大会档案文献选编》下卷，中共党史出版社 2015 年版，第 597 页。

② 中共中央党史研究室第一研究部编：《六大代表回忆录》，中共党史出版社 2014 年版，第 28 页。

③ 《毛泽东选集》第 3 卷，人民出版社 1991 年版，第 958 页。

④ 《邓小平文选》第 3 卷，人民出版社 1993 年版，第 234—235 页。

党贯彻执行六大路线，中国革命出现走向复兴和发展的局面。中共六大在中国革命的困难情况下承担并较为圆满地完成了历史使命。它是推动中国革命由失败走向复兴的一次重要的大会，是中国共产党探索中国民主革命道路的一次重要的大会，是对中国革命产生了深远影响的一次重要大会。回顾总结这段历史，对于我们总结中国共产党百年奋斗的重大成就和历史经验，都是不可缺少的。

附录：主要参考文献和资料

中共中央书记处编辑的《六大以来——党内秘密文件》由人民出版社于1981年出版。俄罗斯现代历史文献保管与研究中心馆藏档案中保存着中共六大的相关文件。1980年由人民出版社出版的《周恩来选集》上卷，收入了周恩来关于党的六大研究的重要文献。1982年，中央档案馆编的《中共党史报告选编》一书，收录了党的六大相关的档案资料，该书由中共中央党校出版社1982年出版。《党的文献》在1988年第1、第4期刊登了1928年6月的《党的六大文献档案选载》。《中共党史资料》2007年第4期刊登了《有关中国共产党第六次全国代表大会的一组文献》。1989年至1991年，由中央档案馆编的《中共中央文件选集》第4、第5、第6、第7册，由中共中央党校出版社出版。其中收录了不少和中共六大有关的档案。2001年，中央档案馆编的《中国共产党八十年珍贵档案》中，收录了部分党的六大档案。该书由中国档案出版社2001年出版。2002年，中共中央党史研究室第一研究部组织翻译和整理了:《联共（布）、共产国际与中国苏维埃运动》（1927—1931）第7、第8、第10册，由中央文献出版社出版。2008年《党的文献》第3期登载了《周恩来六大报告和发言选载》。

还有不少出席、参加六大人员的选集、文集、回忆、传记、年谱等，从不同的角度反映了党的六大情况。如人民出版社1995年版的《瞿秋白文集》政治理论编（5），中共中央文献研究室编的《周恩来年谱》（1898—1949）（修订本），中央文献出版社1998年版。中共中央党史研究室第一研究部编:《关山渡若飞——王若飞百年诞辰纪念集》，中共党史出版社1996年版；中共中央党史研究室第一研究部编:《李立三百年诞辰纪念集》，中共党史出版社1999年版；《李文宜回忆录》，东方出版社2004年版；罗章龙《参加中共六大》，中共中央党史研究室、中央档案馆编：《中共党史资料》 总第77辑，中共党史出版社2001年版；《郑超麟回忆录》，现代史料编刊社1986年版；黄平：《往事回忆》，人民出版社1981年版；张国焘：《我的回忆》；丁基实：《参加中共“六大”的回忆》，《上海文史资料选辑》1982年第1期；杨之华：《回忆秋白》，人民出版社1984年版；《罗明回忆录》，福建人民出版社1991年版；唐韵超：《赴莫斯科参加中共六大的前前后后》，《中共党史资料》1998年第66期；《关于我在安徽省临委工作始末的回忆——访问龚德元记录整理》，杨默涵、郭淦春；张国焘：《我的回忆》第2册，东方出版社2004年版。王翘的回忆文章《有关中共六大的实况》；［美］盛岳著：《莫斯科中山大学和中国革命》。

还有一些人虽然没有到莫斯科参加大会，或者到了莫斯科没有参加大会，但在相关的选集、文集、年谱中也有相关记载的重要资料。按时间先后，可以见到如《毛泽东选集》第1、第3卷，人民出版社1991年版；《毛泽东文集》第3卷，人民出版社1999年版；中共中央文献研究室编：《任弼时年谱》（修订版），中央文献出版社2004年版；李维汉《回忆与研究》（上），中共中央党校出版社1985年版；房维中、金冲及主编：《李富春传》，中央文献出版社2001年版，第75页。王智涛著《从共产国际归来的军事教官——王智涛回忆录》，专门讲在苏召开的中共六大。

同中共六大有关的书籍还有很多。按时间先后，可以见到的有周国全、郭德宏、李明三著《王明评传》，安徽人民出版社1989年版；王辅一著《项英传》，中共党史出版社1995年版；唐宝林、陈铁健著：《陈独秀与瞿秋白》，中国青年出版社1997年版；《光辉历程——从一大到十五大》，中共党史出版社1998年版；熊经浴、李海文著《张浩传》，当代中国出版社1999年版；中共云南省委党史研究室著《中共云南地方史》，云南人民出版社2001年版；陈福康、丁言模著：《杨之华评传》，上海社会科学出版社2005年版；中共中央党史研究室第一研究部编《七大代表忆七大》上册，上海人民出版社2006年版；沙健孙主编：《中国共产党史稿》第3卷，中共文献出版社 2006 年版；中共上海市委研究室著《1921—1933：中共中央在上海》，中共党史出版社 2006 年版；张静如主编:《中国共产党全国代表大会史》(第二册)，万卷出版公司 2007 年版；中共中央党史研究室第一研究部、中共黑龙江省委党史研究室编《纪念中共六大召开 80 周年学术研讨会论文集》，中共党史出版社 2009 年版。2016 年出版的《邓中夏传》，等等。

相关的文章、文稿也有不少。赵朴老师《第六次全国代表大会》(一)，发表于《党史研究》1986 年第 1 期，可以说是中共六大资料收集和研究的开山之作。金冲及:《对中共六大的历史考察》,《党的文献》1988 年第 1 期。特别是为纪念中共六大召开举行的全国性的学术研讨会，由中共中央党史研究室第一研究部、中共黑龙江省委党史研究室编纂的《纪念中共六大召开 80 周年学术研讨会论文集》，中共党史出版社 2009 年版，收入论文若干篇。2015 年中共党史出版社出版的中国中共党史学会编:《共产国际、联共(布)与中国革命研究新论》中，也收入多篇有关中共六大的论文，如徐占信的《满洲里与中共六大》等。除此外，还有不少书籍的介绍和研究中共六大的文章，如赵朴《六大以来》和《六大以前》两书简介,《党史研究》1981 年第 1 期;《护送“六大”代表的交通站》,《哈尔滨日报》1986 年 7 月 9 日第 4 版；韩泰华《周恩来与党的六大》,《党的文献》1988 年第 4 期；李忠杰《加强对党代会历史的研究》,《中共党史研究》2006 年第 5 期；龙心刚、魏明《30 年来国内中共六大研究述评》,《党的文献》2008 年第 3 期。

还有一些著作、书籍中专节论述到中共六大，如钱震华、程维荣出版的《新民主主义革命时期中国共产党党内法规》2018 年版中的：“中共六大及其《党章》”；孙军著《马克思主义民族理论中国化早期进程研究》2018 年版中的“中共六大与少数民族工作的开展”；王铁仙，刘福勤著《瞿秋白》2015 年版中的“中共六大”部分。曲建武、冯敬一、张志荣著《历史上的今天 重要会议篇》2019 年版中的“中共六大与党对自身建设工作的探索”；卢洁总主编，董振瑞、茅文婷编著的《中国梦·复兴路》卷

1，中国民主法制出版社 2016 年版，专门介绍了“在莫斯科郊外举行的中共六大”。

相关的书籍、文章还有很多，这里就不再一一赘述。借此机会，向上述的作者、学者们表示衷心的感谢！

后 记

中国共产党第六次全国代表大会因为在中国革命和中国人民解放事业中发挥的重要作用，同时也因为召开地点在苏联莫斯科这一特殊性，受到了中国共产党领导人、党史工作者和其他史学工作者不同寻常的关注。根据实事求是的原则，根据近年公布的历史档案，同时也参考许多当事人的回忆、学术界已有的研究成果，把这次大会的背景、筹备、召开，大会的贡献、作用、意义，完整、客观、准确地加以记载和反映，便成为一部具有较强学术性的中共六大史应该承载的责任，这也是深化中国共产党历史研究，特别是党的自身建设史的需要。

感谢中共党史出版社吴江社长盛情邀请，撰写《中共六大史》是笔者期待多年希冀完成的一个项目。因为这个题材的重大和在境外召开的特殊性，在大量的档案文献没有完全或更多的公布前，要想完成这部著作是很困难的。但是，作为中国共产党历史上很有特点、很有影响的一次全国党的代表大会，又是一件党史研究中不可忽视、不可回避的重大事件。于是，得到人民出版社鲁静主任的支持和帮助下，笔者便以当时能够收集到的档案和资料为基础，撰写出版了《中共六大轶事》，并被中共中央党史研究室评为年度优秀图书。以后应黑龙江电视台约请，撰写了《中共六大记事》的电视脚本并拍摄播出。2013 年 3 月，又参与举办的中共六大展览。因为工作需要，收集、整理编辑中共六大档案，撰写中共六大纪念馆展陈大纲，在全国范围收集六大代表资料，笔者对这次大会召开的背景、筹备的过程、召开的情况、会后的影响、作用等进行了一定的梳理和研究，并将出席中共六大的 142 名代表及共产国际相关人员生平资料收入《中国共产党一大至六大代表名录》中，还收录了没有出席中共六大，但在会上当选为中央委员、中央检查委员会的人员生平资料，和同事一起编纂出版了《六大代表回忆录》。这些资料性、基础性的工作为进一步的研究提供了条件。在此前后，笔者撰写了《苏兆征对中共六大的重要贡献》《蔡和森与中共六大》《阮啸仙领导广东仁化暴动和参加中共六大》《中共六大代表与海参崴、绥芬河》《中共六大与共产国际、联共（布）的密切关系浅析》《共产国际与中共六大关系中的几个问题初探》《浅论中共六大的十大政纲》《试论中共六大的重要地位和作用》《毛泽东对中共六大精神贯彻的重要贡献》等文章，还参与《中共六大召开时的全国党员人数之考证》等文章的写作，这些文章大都在刊物或论文集刊发。

2015 年，经过众多同志、同事多年的艰辛努力，中共中央党史研究室、中央档案馆编纂了 178 万字的《中国共产党第六次全国代表大会档案文献选编》上卷、下卷，由中共党史出版社正式出版。其中绝大多数档案是第一次向读者公开。这为本书的撰写提供了更为充分并可利用的档案，也为中共六大历史的研究提供了更好的条件。因此，充分利用新公布的档案资料，成为笔者这次撰写《中共六大史》的一个突出特点，其中许多档案资料鲜为人知，读来很有收获。限于篇幅，笔者只能选择引用。同时，笔者主要参考了中共中央党史研究室出版的《中国共产党历史》第一卷等著作、周恩来关于党的六大研究的文章、毛泽东关于中共六大论述的观点，还参考了众多学者的研究成果，这也是需要说明和致谢的。

中国共产党在新民主主义革命时期面临的主要任务是，反对帝国主义、封建主义、官僚资本主义，争取民族独立、人民解放，为实现中华民族伟大复兴创造根本社会条件。在这 28 年的新民主主义革命时期的历史中，中国共产党先后召开过七次全国代表大会。而这七次代表大会都是党史上的重大事件，都是党史研究中不可或缺的部分和内容。笔者结合当初的本职工作初步涉猎其中，有一些初步的看法和体会同读者分享，因此有了中共一大至七大轶事这个系列丛书的问世，也在此基础上有了这本《中共六大史》。希望读者对本书的不足提出宝贵意见，为我们为铭记光辉历史，传承红色基因而共同努力。

衷心感谢东北师范大学郑德荣教授，他是我们的恩师、人生的楷模、永远的榜样。虽然2018年恩师以92岁高龄驾鹤西去，但他的教导、帮助、鼓励，永远伴随着我们前行。

衷心感谢许多领导、同事、朋友、亲人，不管我们在学习、工作、生活中遇到什么困难和挫折，总是给予鼓励和支持；同时也和我们一起分享收获新成果的快乐。我们对更加美好、更加幸福的明天，充满了信心和期待。我们能够走到今天，离不开恩师和众多领导、同事、朋友、亲人们的呵护和帮助，在此再次致谢！

最后还要感谢认真细心帮助审读书稿的专家学者以及提出的宝贵意见。

笔　者

2022年1月8日

2023年8月13日修订